KB118755

인공지능 시대의

교육방법 및 교육공학

5판

백영균 · 김정겸 · 변호승 · 왕경수 · 윤미현 · 최명숙 공저

EDUCATIONAL METHODS AND TECHNOLOGY

(5th ed.)

학지사

🎖 5판 머리말

요즘과 같이 혁신적으로 변화하는 속에서 교육도 끊임없이 진화하고 있습니다. 교육의 변화와 혁신의 중심에는 교육공학과 교육방법이 있습니다. 현대 교육은 새로운 기술과 접근방식을 통해 더욱 효과적이고 맞춤형으로 이루어지고 있고, 이 모든 것은 학생들의 학습 경험을 더욱 풍부하고 의미 있는 것으로 만들기 위한 노력의 일환이기 때문입니다.

이 책은 이미 출판되어 많은 관심과 격려를 받았던 4판 『교육방법 및 교육공학』의 개정판입니다. 저자들은 개정판을 내면서 교육자, 교사, 예비교사들에게 기존의 교육 기술과 방법을 새롭게 해석하여 제공하고자 합니다. 이 책은 교육과 공학 및 기술의 긴밀한 결합을 탐구하며, 교수-학습 분야에서 디지털 혁명의 측면을 다루고 있습니다. 지난 몇 년 동안, 교수-학습 분야에서의 혁신은 더 나은 학습 경험을 만들고, 학습자들에게 더 많은 기회를 제공함으로써 학습의 질을 향상시키고자 노력하고 있습니다. 이러한 혁신은 교사와 교육 전문가들에게 새로운 도전과 기회를 제시하고 있으며, 본 교재는 이러한 도전에 대한 답을 제공하고자 합니다.

이 책은 교육방법과 공학에 대한 서론, 교수-학습이론과 실천, 교수-학습의 방법과 교수매체, 에듀테크, 인공지능, 원격교육 등 다양한 주제를 다루고 있습니다. 이를 통해 교사와 예비교사 그리고 교육 전문가들은 학생들에게 더 나은 교육을 제공하고, 더욱 풍부하고 효과적인 학습 경험을 얻을 수 있도록 도와주려고 노력하였습니다. 이 책을 통해 교육의 미래를 함께 모색하고, 학습자들에게 더 나은 교육을 제공하는 데 도움이 되기를 기대합니다.

마지막으로, 이 자리를 빌려 학지사 김진환 사장님과 모든 직원에게 깊은 감사의 말씀을 전하고자 합니다. 이 책은 많은 연구와 헌신적인 노력의 결실이며, 출판사의 편집자, 디자이너, 출판 관리자들의 헌신적인 노력과 지원 없이는 이루어지지 못했을 것입니다. 감사합니다.

저자 일동

⬡ 차례

제10장 원격교육의 이해 311

제1장

교육방법과 교육공학 들어가기

    교육방법과 교육공학이라는 과목이 우리나라에서 생겨난 것은 교직과목 편성에 따른 편의에 기인하였다. 좁은 의미에서 교육방법이란 '가르치는 방식'이나 '수업목표를 달성하기 위해 사용하는 효과적이며 효율적인 수업 방식'이다. 수업목표를 정한 교사가 이를 달성하기 위하여 사용하는 도구라고 할 수 있다. 교육방법은 수업의 목표, 학습내용, 학습자, 주어진 시간, 교육환경, 교사의 교육철학 등 여러 요인에 따라 달라지게 된다.

    교육공학은 교육방법과 별도로 존재하지 않고 이를 아우르고 있다고 하겠다. 어떻게 하면 효과적이고 체계적인 교육을 할 수 있을까 하는 고민에서 출발하였고, 그 과정에서 수업의 여러 요소인 수업목표, 학습내용 분석, 학습자 분석, 수업설계, 수업전략과 방법, 평가, 매체의 활용 등 교수체제를 갖추게 되었다. 이 장에서는 교육방법 및 교육공학의 개념과 역사, 교수–학습의 절차와 요소에 대해서 다루고자 한다.

1. 교육방법 및 교육공학의 개념

이 절에서는 교육방법과 교육공학의 개념에 대해서 알아보고, 교육공학의 각 영역의 성격을 규명하고자 한다.

1) 교육방법의 개념

교육방법(teaching method)은 교수법과 동의어로 사용될 수 있는데, '교실 수업에 사용되는 일반적인 원칙, 교육원리 및 관리 전략'을 의미한다. 좁은 의미에서 교육방법이란 '가르치는 방식'이나 '수업목표를 달성하기 위해 사용하는 효과적·효율적인 수업 방식'이라 할 수 있으며, 교수형태, 교수전략이라고 부르기도 한다(이화여자대학교 교육공학과, 2001). 교육방법을 구현하기 위하여 교육활동을 수행한다고도 할 수 있다(University of Buffalo, 2023).

2) 교육공학의 개념

(1) 공학

우리가 교육공학을 이해할 때 가장 먼저 관심을 가져야 하는 말은 '공학'이다. 이 용어는 '테크놀로지(technology)'를 번역한 것으로 하드웨어적인 의미로 개념을 국한하여 사용하지 않기 때문이다. 교육공학자가 테크놀로지의 의미를 해석할 때는 갤브레이스(Galbraith, 1967)가 제안한 "현실문제에 과학적이며 조직적인 지식을 체계적으로 적용하는 것"(p. 31)이라는 정의를 받아들인다. 이런 입장에서 하드 테크놀로지(hard technology)와 소프트 테크놀로지(soft technology)로 구분하여 설명하기도 한다(Chyung, 2008).

하드 테크놀로지란 컴퓨터나 TV 등 하드웨어를 의미하고, 소프트 테크놀로지는 스키너(Skinner)의 프로그램 학습이나 켈러(Keller)의 PSI와 같이 학습의 심리사회적 틀이 되는 교수-학습 기법을 말한다. 소프트 테크놀로지를 다른 말로 하면 '과정(process)'이나 '문제에 대해 생각하는 방식'을 의미하며, '과정 테크놀로지(process technology)'라고도 부른다. 이 소프트 테크놀로지 또는 과정 테크놀로지가 교육공학의 핵심이라 할 수 있다. 하이니크(Heinich, 1991)는 교육공학을 테크놀로지의 하위 영역으로 파악할 정도로 테크놀로지가 교육공학의 근간을 이룬다고 하였다.

(2) 교육공학

교육공학은 Educational technology 또는 Instructional technology를 우리말로 번역한 것으로 교수공학이라고 불리기도 한다. 이 개념은 시대의 변화에 따라 바뀌어 왔다. 미국교육공학회(Association for Educational Communication and Technology: AECT)는 1977년 교육공학(educational technology)을 다음과 같이 정의하였다.

> "인간 학습의 모든 측면에 관련된 문제를 분석하고 그 문제에 대한 해결책을 고안, 구현, 평가 및 관리하기 위하여 사람, 절차, 아이디어, 장치 및 조직을 포함시키는 복잡하고 통합된 프로세스"(p. 19)다.

1994년 미국교육공학회(Association for Educational Communication and Technology: AECT)에서는 교육공학의 개념을 "학습을 위한 과정과 자원을 설계, 개발, 활용, 관리, 평가하는 이론과 실제"로 정의하였다(Seels & Richey, 1994: 9). 그러나 시대의 변천으로 교육공학의 정의를 새롭게 다듬을 필요성에 따라 2004년 AECT의 교육공학정의연구위원회에서는 다음과 같이 새로운 정의를 내놓게 되었다(AECT Definition and Terminology Committee, 2004).

> "교육공학이란 적절한 공학적 과정 및 자원을 창출, 활용, 관리함으로써 학습을 촉진하고 수행을 개선하는 연구와 윤리적 실천이다."
>
> "Educational Technology is the study and ethical practice of facilitating learning and improving performance by creating, using, and managing appropriate technological processes and resources."

직업윤리의 중요성이 부각되었고, 학습자를 능동적인 존재로 파악하여 학습에서 촉진자 역할이 강조되고 있다.

시대 변화를 반영하여 최근 다음과 같이 그 정의가 개편되었다.

> "교육공학은 학습 및 교육의 과정과 자원의 전략적 설계, 관리 및 실행을 통해 지식을 발전시키며 학습 및 수행을 매개하고 향상시키기 위한 이론, 연구 및 모범 사례에 대한 학문 및 윤리적 적용이다"(AECT, 2018).
>
> "Educational technology is the study and ethical application of theory, research, and best practices to advance knowledge as well as mediate and improve learning and performance through the strategic design, management and implementation of learning and instructional processes and resources"(AECT, 2018).

이 정의에서는 연구, 이론 및 윤리적 적용이 중요한 요소로 포함되어 있다. 모범 사례를 활용하는 것이 본 학문의 기반이라는 것을 명문화한 것도 특기할 만하다. 모범 사례는 교육계뿐 아니라 기업체에서 그동안 학습을 촉진시키거나 문제를 해결하는 중요한 수단으로 여겨져 왔다. 교육공학이 도구로써 뿐만 아니라 학습개선의 매개체로써 역할도 새로이 강조되고 있다. AI를 위시로 발전하고 있는 테크놀로지의 존재가 부각되고 있는 것이다. '전략적' 접근은 목표를 달성하기 위하여 합리적 의사결정과 자원을 배분하는 계획적 활동임을 강조하고 있다.

3) 교육공학의 영역

전통적으로 교육공학의 영역은 크게 다섯 가지로 나누어 볼 수 있다(Seels & Richey, 1994). [그림 1-1]에서 나타나듯이 각 영역은 상호 보완적이며 서로 영향을 주고받지만, 반드시 연속적인 관계는 아니다. 이론가나 연구자는 한 영역에 국한해서 활동할 수 있지만, 실무자는 대개 하나 이상 또는 여러 영역에 걸쳐 능력을 발휘해야 하는 경우가 많다.

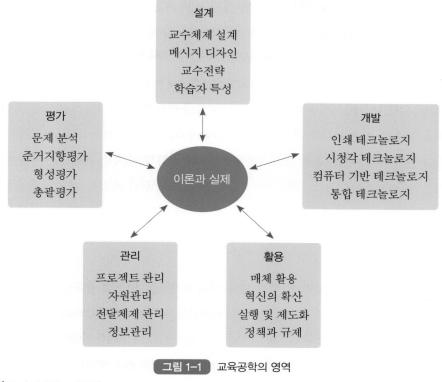

그림 1-1 교육공학의 영역

출처: Seels & Richey (1994).

(1) 설계

설계(design)란 학습에 관한 조건을 구체화하는 과정으로 교수심리학을 그 모체로 한다고 할 수 있다. 체제이론(systems theory)이 도입되면서 교수 행위를 일회적인 행사로 보는 것이 아니라 여러 요소가 서로 긴밀히 연결되어 영향을 주고받는 거시적인 입장에서 체계적으로 바라보게 되었고, 교육공학을 학문으로 정착시킨 원동력이 되었다. 설계 영역에 대한 연구와 실제는 다시 교수체제 설계(Instructional Systems Design: ISD), 메시지 디자인, 교수전략, 학습자 특성의 하위 영역으로 나누어 볼 수 있다.

교수체제 설계　교수체제 설계(ISD)는 분석, 설계, 개발, 실행, 평가의 단계를 포함하는 조직화된 과정이다. 분석이란 무엇을 학습할지 결정하는 과정이며, 설계란 어떻게 학습이 이루어질지 구체적으로 정하는 과정이다. 개발은 교수자료를 제작하는 과정이며, 실행은 개발된 교수자료를 실제로 적용해 보고 상황에 맞게 전략을 펼치는 것을 의미한다. 평가는 교수의 적절성을 따져 보는 과정이다. ISD는 선형적이고 반복적인 과정이며, 일관성과 완벽성이 요구된다. 하나의 과정이 결핍되었을 때는 그 결과의 질이 크게 달라질 수 있기 때문에 개개의 절차는 매우 중요하다.

메시지 디자인   메시지 디자인이란 메시지의 물리적 형태를 어떻게 조작할 것인가 계획을 세우는 것을 의미한다. 이것은 인지와 파지의 원리를 이용하며, 송신자와 수신자의 직접적인 의사소통을 돕기 위한 메시지의 물리적 형태를 결정하는 과정이다. 미시적인 수준인 시각기호, 페이지와 스크린에 관한 내용이 많으며, 매체와 학습과제에 따라 디자인이 달라진다. 활자의 크기, 페이지의 편집, 색상의 결정이 메시지 디자인의 예라 할 수 있다.

교수전략   교수전략이란 한 학습 단위 내에서 일어나는 학습활동을 선택하고 순서화하여 정하는 것이다. 교수전략에 관한 연구는 교수에 필요한 여러 구성 요소에 대한 지식을 축적하게 해 준다. 교수전략은 학습 상황, 학습내용, 바라는 학습 결과 등에 따라 달라지며, 동기나 정교화 등 학습과정이나 절차에 관련된 요소를 다룬다.

학습자 특성   학습자 특성이란 학습에 영향을 미치는 학습자의 경험적 배경이다. 이 영역에서는 설계 시에 고려해야 할 학습자의 특성에 관해 다룬다. 학습자의 동기에 관한 연구 등은 학습전략의 영역과 중복되기도 한다.

(2) 개발

개발(development)이란 설계에서 구체화된 내용을 물리적으로 완성하는 것을 말한다. 개발의 원류는 시청각 매체의 제작이라 할 수 있다. 영화의 제작은 시청각운동을 촉발시키고 현대적 의미의 교육공학을 정착시킨 시발로 볼 수 있다. 개발은 단순히 매체를 제작한다는 것 외에 다음과 같은 사항을 내포하고 있다.

- 내용이 중심이 되는 메시지를 담고 있어야 한다.
- 이론에 기반한 교수전략이 포함되어야 한다.
- 하드웨어, 소프트웨어, 교수자료 등 테크놀로지의 물리적 실재가 있어야 한다.

(3) 활용

활용(utilization)은 학습을 위해 과정(processes)과 자원을 사용하는 행위다. 곧 학습자와 학습자료 및 활동을 연결하고, 학습자를 이에 맞게 준비시키며, 수업활동 중의 학습자를 이끌며, 결과에 대해 평가하고, 조직 내에서 이런 행위가 지속될 수 있도록 체계화하는 일을 포함한다. 활용 영역은 교육공학의 영역 중 가장 오랜 역사를 가졌다고 볼 수 있다. 체계적인 설계나 제작이 이루어지기 전부터 학교현장에서 시청각 매체가 이용되어 왔기 때문이다. 21세기 초에 미국에 학교박물관이 생기면서 시각운동이 일어났다. 교사는 교실에서 극장영화와 단막극을 사용할 방법을 찾았고, 이에 교육목적으로 제작된 필름 시장을 형성하게 되었다. 1920년대 이미 도시 학교에서는 시각교육 예산으로 프로젝터, 스테레옵티콘(stereopticon, 초기 프로젝터의 일종으로 시각 효과를 위해 두 장씩 제작된 슬라이드를 투사하도록 만들어짐), 영화필름 대여, 호롱불 슬라이드 등을 지원하게 되었다. 매체의 활용에 관한 초기 실험연구도 이루어져 제1차 세계 대전 동안 군인 교육을 위해 개발된 영화의 효과를 민간인을 대상으로 알아보게 되었다. 1982년에는 하이니크(Heinich), 몰렌다(Molenda) 및 러셀(Russell)이 제안한 ASSURE 모델이 매체의 활용(media utilization)을 체계화하였다. ASSURE 모델이란 매체의 체계적인 이용을 위한 절차 모형으로 학습자 분석(analyze learner), 목표 제시(state objective), 매체 및 자료 선정(select media and materials), 매체 및 자료 이용(utilize media and materials), 학습자 참여(require learner participation), 평가 및 개선(evaluate and revise)의 절차를 거친다.

1960년대 후반에는 '혁신의 확산(diffusion of innovation)' 개념이 들어오면서 새로운 전기를 맞았다. 혁신의 확산이란 로저스(Rogers, 1962)의 저서에서 나온 개념으로 '새로운 아이디어를 받아들이도록 촉진시키며, 정보를 알리기 위한 커뮤니케이션 과정'으로 요약할 수 있다. 활용은 이 개념의 도입으로 매체의 단순한 이용을 넘어 새로운 매체의 적용을 하나의 혁신으로 인식하고, 정보 제공자의 입장에서 새로운 아이디어를 받아들이도록 설득하는 데 관심을 갖게 하였다. 또한 조직개발(organizational development: OD)의 개념도 도입되었는데, OD란 조직환경의 빠른 변화에 대응하기 위해 조직 내의 믿음, 태도, 가치, 구조를 변화시키기 위한 복잡다기한 교육전략을 말한다. OD는 조직의 계획된 변화를 야기하는 것을 목적으로 하는 것으로 개인에게 관심을 갖는 혁신의 확산과는 대별된다.

활용의 영역은 다음과 같이 구분할 수 있다.

매체 활용　　학습을 위해 매체를 체계적으로 활용하는 것이다. 다시 말하면, 교수설계 계획에 맞게 의사결정을 하는 과정이다. 영화를 수업에 활용하는 방법은 학습자의 특성이나 요구에 맞게 또는 교사가 바라는 수업의 결과에 따라 달라져야 한다.

혁신의 확산　　개인이 새로운 아이디어를 채택하도록 의사소통을 하는 과정으로, 인식, 설득, 결정, 활용, 확인의 단계를 거치며, 최종 목표는 변화다. 로저스(Rogers, 1962)에 따르면 개인이 혁신을 받아들이거나 거부하는 데에는 다섯 단계를 거친다. 첫째, 지식을 통해 존재를 인식한다(인식). 둘째, 일정한 태도를 형성한다(설득). 셋째, 수용할지, 거부할지 결정을 내린다(결정). 넷째, 활용해 본다(활용). 다섯째, 활용해 본 후 일정한 심리적 보상을 요구하며, 이를 변화시키고 발전시키는 재창조 현상이 일어날 수 있다(확인).

실행 및 제도화　　실행(implementation)이란 교수자료나 전략을 실제 현장에 적용하는 것으로, 교수혁신이 조직 내에서 개인에 의해 제대로 이용될 수 있도록 주변 환경을 조성해 주는 것을 말한다. 제도화(institutionalization)는 교수혁신이 조직 내에서 일회적 적용이 아닌 지속적이며 일상적인 형태로 이루어지며, 문화로 자리 잡는 것으로, 조직의 구조와 체제 내에 혁신을 통합하는 것을 말한다. 실행 및 제도화가 중요한 것은 과거 거대한 교육공학 프로젝트가 실행과 제도화에 필요한 적절한 조치를 해 주지 못함으로써 실패한 데 기인한다.

정책과 규제　　정책과 규제(policies and regulations)는 교육공학의 확산과 이용에 영향을 미치는 사회의 규칙과 행위를 의미한다. 여기에는 교육방송을 위한 법 개정, 저작권법, 시설과 프로그램의 설립 기준, 행정조직의 정비 등이 포함된다.

(4) 관리

관리(management)란 계획, 조직, 조정, 감독 등을 통해 교육공학을 통제하는 것을 말한다. 교수조직의 크기가 증가함에 따라 인적·물적 자원과 이에 따르는 설계와 개발의 노력이 달라진다. 관리는 성공적인 교수 처치를 위해 거시적인 측면의 변화가 요청된다. 관리 영역에는 다음과 같은 하위 영역이 있다.

프로젝트 관리   교수설계와 제작 프로젝트를 계획, 모니터링, 통제하는 활동이다. 프로젝트 매니저는 프로젝트의 수행이 원활하게 될 수 있도록 계획, 일정 관리, 조정의 업무를 맡는다. 또한 협상하고, 예산을 세우고, 정보 모니터링 체제를 수립하고, 프로젝트의 진행을 평가한다. 프로젝트 관리는 종래의 다른 프로젝트와는 달리 프로젝트 팀이 새로 구성되거나 단기간의 활동을 하는 경우가 많다. 그러나 프로젝트 매니저는 한시적 상사이기 때문에 영향력이 적다. 이러한 프로젝트 매니저는 정규 상사보다 더 많은 권한과 유연성을 가진다.

자원관리   자원관리란 자원을 지원할 수 있는 체제와 서비스를 계획·모니터링·통제하는 활동이다. 자원이라 함은 인적 자원, 예산, 시간, 시설, 교수자원, 물품 등을 말한다. 비용 효과성과 학습의 효과성을 정당화하는 것이 중요한 특징이다.

전달체제 관리   교수자료가 분배되고 전달되는 방식과 체제를 계획·모니터링·통제하는 방식과 관계된다. 예를 들어, 원격교육기관에서 교육이 이루어지기 위해서는 하드웨어와 소프트웨어, 학습자와 강사를 위한 기술 지원, 교수설계자와 강사를 위한 지침 등이 갖추어져야 한다. 흔히 전달체제 관리는 자원관리 체제에 의존한다.

정보관리   학습을 위한 자원을 제공하기 위해 정보의 저장, 전송, 처리를 계획하고, 모니터링하고, 통제하는 활동이다. 개발 영역에서 사용된 테크놀로지는 저장과 전달에 관한 기법이다. 전달과 정보의 전송 등은 통합된 테크놀로지를 통해 이루어진다. 정보관리는 접근성과 사용자 친근성을 담보하기 위한 중요한 요소다. 기업의 질 관리를 달성하기 위해 각광을 받고 있는 정보관리는 교육계에도 영향을 끼치고 있다.

(5) 평가

평가(evaluation)는 교수와 학습의 적절성을 결정하는 과정이다. 이 영역은 교육연구방법의 발달과 함께 성장하였다. 하지만 전통적인 연구와 다른 점은 전통적인 교육연구가 지식의 확대에 그 목표가 있다면, 평가연구는 프로젝트, 프로그램, 제품의 개선, 확장, 중단에 따른 의사결정을 하기 위한 자료를 얻는 것을 목적으로 한다. 평가는 확고한 가치 판단을 하기 위한 것이지 가설의 검증을 목적으로 하지 않는다. 평가 영역은 다음과 같이 나뉠 수 있다.

문제 분석   정보수집과 의사결정 전략을 사용해 문제의 속성과 범위를 결정한다. 문제 분석의 목적은 요구(needs)를 찾아내고, 문제가 교수적 처치로 해결할 수 있는 것인지 아니면 다른 접근방법을 사용해야 하는지를 결정하고, 한계, 자원, 학습자 특성을 파악하거나, 목표 설정, 최우선 과제 설정 등을 하기 위한 것이다.

준거지향평가   학습자의 지식, 기술, 태도가 미리 설정된 기준에 도달하였는지 측정하는 기법과 관계된다. 절대평가라고 부르는 준거지향평가(criterion-referenced evaluation)는 '90점 이상 득점한 학생 또는 20개 이상 맞는 학생은 시험을 통과한다'와 같이 기준을 정하고 이를 넘어선 학습자는 목표에 도달한 것으로 간주한다.

형성평가와 총괄평가   형성평가(formative evaluation)는 교수자료나 교수의 지속적인 개선을 위해 정보를 수집하는 과정이며, 총괄평가(summative evaluation)는 교수자료나 교수의 가치, 적절성을 측정하기 위한 정보수집 과정이다.

🔠 학습과제

1. 교육공학의 학문 분야를 나의 언어로 정의하고, 교육공학자(교수설계자)가 하는 일을 구체적으로 적어 봅시다.

2. 교수체제 설계(ISD)와 교수설계(Instructional Design)의 차이점을 말해 봅시다.

2. 교육공학의 역사

근대적 의미의 교육공학의 시작은 20세기 초라 할 수 있다(Saettler, 2004). 교육공학은 매체와 동의어로 사용되었지만, 그 후 과정(process)까지도 포함하는 개념을 갖게 되었다. 따라서 그 역사를 고찰할 때는 매체의 사용과 교육을 계획하는 교수설계를 동시에 고려해야 한다.

1800년대 말 미국 뉴욕주 교육국에서는 상당한 예산을 시각교육에 할당하였고, 1904년에는 시각교육국이 설립되기에 이르렀다. 1900년대 초 활동사진이 발명되어 유럽과 미국에서 그 교육적 유용성이 인식되었고, 이전부터 진행되었던 학교박물관 운동과 함께 여러 시각자료를 교육에 적극적으로 활용하기 시작한 것이다. 1920년대에서 1930년대에 이르는 동안 라디오, 녹음, 유성영화의 발전이 교수매체에 대한 관심을 낳았다.

체제이론은 교육공학을 하나의 과학적 학문으로 정착시키고 발전시키는 데 가장 큰 공헌을 했다고 할 수 있다. 교수에 있어서 체제적 접근방식이란 교수 행위를 전체적으로 바라보고 어느 한 요소에 대한 결정이나 변화를 줄 때 관련된 모든 요인을 고려하는 체계적이며 과학적인 접근방식이라 할 수 있다. 이외에 교육공학은 교수심리학과 체제이론(systems theory), 커뮤니케이션이론, 소프트웨어 개발이론, 인지과학 등 여러 분야의 영향을 받게 되었다.

다음은 교육공학 분야의 사건들을 연대기 순으로 정리하여 본 것이다.

1) 제2차 세계 대전의 군사 교육

제2차 세계 대전 동안 군인에 대한 대량의 체계적인 훈련과 교육자료 제작이 필요하게 되면서 교육공학은 비약적으로 발전하였다. 이때 비로소 교육공학 전문가가 탄생하였으며, 전문직으로서 위상을 갖게 되었다. 미국 공군은 1943~1945년 2년간 400개가 넘는 교육훈련 영화와 600개의 필름스트립을 개발하여 4백만 회 이상 상영하였다(Reiser & Dempsey, 2017). 독일군 참모총장이 전쟁패배의 원인을 빠르고 완벽한 미국의 영화 교육을 과소평가한 것이라고 밝힌 데에서도 그 효과를 알 수 있다.

2) 교수설계의 탄생

교수설계는 제2차 세계 대전(1939~1945) 중 여러 심리학자와 교육 전문가들이 수천 명의 군인을 위한 교육 자료를 대량으로 만들어 달라는 요청을 받으면서 시작되었다. 교수–학습 및 인간행동에 기초하여 훈련자료를 개발하게 되는데, 이 시기 교육 실패율을 낮추기 위하여 학습자들의 지적 능력, 운동기능, 지각능력 등을 사전에 판별하기 위한 테스트도 시행되었다.

3) 프로그램 학습과 교육목표

스키너(Skinner, 1954)는 「학습의 과학과 교수의 기술」이라는 제목의 논문에서 행동주의 원리에 기반한 프로그래밍 학습자료에는 작은 단계, 빈번한 질문, 즉각적인 피드백이 포함되어야 하며, 개인이 스스로 학습속도를 조정할 수 있어야 한다고 제안했다. 이러한 행동주의 학습기법은 우리나라에도 훗날 널리 적용되기도 하였다. 벤저민 블룸 등(Benjamin Bloom et al., 1956)은 학습의 주요 영역 중 인지적(지식) 영역과 정의적(감정) 영역에 적합한 목표를 제시한 '교육목표 분류법'을 개발하였다. 그 후 데이브(Dave, 1970), 해로(Harrow, 1972), 심프슨(Simpson, 1972)은 심동적(체육) 영역의 목표 분류법을 개발하였다.

4) 가네의 '학습의 조건'

가네(Gagné)는 교육 및 교육설계 분야에 크게 기여한 미국의 교육심리학자다. 그는 1965년 『학습의 조건(Conditions of learning)』이라는 저서에서 학습에는 여러 가지 유형이 있으며, 각 유형마다 다른 교육적 접근방식이 필요하다는 것을 제안하였다(Gagné, 1965). 학습을 언어적 정보, 지적 기술, 인지전략, 운동 기술, 태도 등 다섯 가지 범주로 구분하였고, 각 학습 유형에 따라 효과적인 교육을 위한 특정 조건이 필요하다고 주장하였다. '수업의 9가지 사태'에서는 학습자가 새로운 지식이나 기술을 습득할 수 있도록 모든 학습경험에 포함되어야 하는 9가지 단계를 제시하였다. 가네는 효과적인 학습경험을 창출하는 체계적인 프로세스인 교수설계의 선구자 중 한 명으

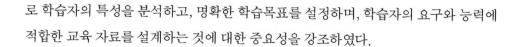

로 학습자의 특성을 분석하고, 명확한 학습목표를 설정하며, 학습자의 요구와 능력에 적합한 교육 자료를 설계하는 것에 대한 중요성을 강조하였다.

5) 준거참조평가

이전까지 시험의 대부분은 상대평가에 해당되는 규준참조평가(norm-referenced evaluation)라고 불렸으며, 공부 잘하는 학생과 그렇지 못한 학생을 판별하는 도구로 사용하였다. 준거참조평가(criterion-referenced evaluation)는 다른 사람의 수행 능력과 관계없이 개인이 특정 행동 또는 학습을 얼마나 잘 수행할 수 있는지를 측정하기 위한 절대평가로 볼 수 있다. 준거참조평가라는 용어를 처음 사용한 것은 로버트 글레이저(Robert Glaser, 1963)였다. 그는 학생의 초기 행동을 평가하여 교육 프로그램을 통하여 학생이 학습목표를 어느 정도 달성하였는지를 판단하는 데 사용할 수 있다고 밝혔다. 준거참조평가는 교수설계 절차의 핵심 요소가 되었다.

6) 교수체제 설계

1975년 미국의 플로리다 주립대학교는 군대 내에서 특정 직무를 수행할 수 있도록 개인을 적절히 훈련하고 군 조직 간에 이루어지는 교육과정 개발 활동에도 적용될 수 있는 교육체제 설계(Instructional Systems Design: ISD) 프로그램의 수립과 관련된 프로세스를 제시한 ADDIE 모형을 개발하였다(Branson et al., 1975). ADDIE 모형은 효과적인 학습경험을 설계하기 위한 체제적인 접근방식을 제공하는데, 분석, 설계, 개발, 적용 및 평가의 약자다. ADDIE 모형 이후 Kemp 모형(Kemp, 1977)과 Dick and Carey 모형(1978) 등 여러 교수설계 체제 모형이 개발되었다.

7) PLATO

컴퓨터를 교육에 통합할 수 있는 최초의 상용화된 컴퓨터 보조 교육 시스템 중 하나인 PLATO(Programmed Logic for Automated Teaching Operations)는 1960년대 일리노이 대학교에서 개발된 최초의 컴퓨터 기반 학습 시스템이다(Woolley, 1994).

PLATO 시스템은 컴퓨터 기반 터미널을 통해 대화형 교육을 제공하도록 설계되었다. 이 시스템은 교실 수업을 지원하기 위해 개발되었지만 개별 학습자를 위한 독립형 학습 시스템으로 인기를 얻게 되었다. PLATO 시스템에는 수학, 과학, 언어 등 다양한 과목을 지원하도록 설계된 게임, 시뮬레이션, 튜토리얼과 같은 다양한 대화형 학습 활동이 포함되어 있었고, 학습자의 진행 상황을 모니터링하고 퀴즈, 시험, 시뮬레이션을 포함한 피드백을 제공하기 위해 다양한 기술을 사용하였다. PLATO 시스템은 1970년대와 1980년대에 걸쳐 학교와 대학에서 널리 사용되었으며, 이후 많은 컴퓨터 기반 학습 시스템의 토대를 마련한 것으로 평가받고 있다.

8) 구성주의

교수설계 분야에서 구성주의 이론의 영향은 1990년대에 활발해졌다(변호승, 1996). 구성주의자들은 교사가 지식을 학습하여 전달하는 기존의 학습관을 비판하며 학습자가 자신의 지식을 형성하고 구성할 수 있는 실제 학습경험을 제공해야 한다고 주장하였다.

9) 이러닝

인터넷 보급률이 향상되면서 온라인 학습(또는 'e러닝')이 기업 부문에서 널리 보급되었다. 기업들은 신입 직원의 온보딩과 새로운 기술 개발에 온라인 학습을 활용하기 시작했다. 비디오 및 시뮬레이션을 포함한 풍부한 교육용 미디어가 가능해졌다.

Aa 학습과제

1. 제2차 세계 대전이 교수-학습의 발전에 어떤 기여를 하였는가 말해 봅시다.

2. 교수설계에서 규준참조평가보다 준거참조평가가 더 중시되는 이유를 설명해 봅시다.

3. 교수-학습 절차와 요소

교수 및 학습과정은 학습자와 교사 간의 상호작용으로 정의된다. 교육은 평가를 통해 파악된 요구를 바탕으로 교육과정에 따라 계획되며, 교사를 통해 실행된다. 따라서 교사는 교수-학습의 과정을 명확히 알고 이를 교실수업에서 이행해야 한다.

1) 일반적 수업 절차

교수-학습의 과정을 체계적으로 처음 정리한 사람은 로버트 글레이저(Robert Glaser, 1962)로, 그가 제시한 과정이 지금까지 수업의 기본 모형으로 불린다. 이 모형은 가르치는 것과 배우는 것 사이의 관계를 간단하고 적절하게 개념화하였으며, 초등, 중등, 고등 등 모든 교육 수준에 적용될 수 있다.

전체 교수-학습과정을 네 가지 기본 구성 요소로 나누어 설명한다.

① 1단계: 수업목표(Instructional objectives)

교육목표는 학생이 교육 단위를 완료할 때 달성해야 하는 목표다. 목표는 일반적으로, 구체적으로, 또는 행동적인 용어로 설명될 수 있다. 효과적이고 체계적인 교육이 이루어지기 위해 교육목표는 행동적인 용어로 명시된다.

② 2단계: 출발점 행동(Entry behavior)

모든 학습자는 교육-학습과정에 들어가기 전에 초기 행동이 존재한다. 이것은 학습능력 면에서 어떤 과목에 대한 이전의 지식이나 학습자의 수행수준과 같다. 수업을 시작하기 전에 학습자의 출발점 행동을 파악하는 것이 교사에게는 필수적이다. 수업의 도달목표는 종착점 행동(terminal behavior)이 된다.

③ 3단계: 교수절차(Instructional procedure)

교육과정에서 가장 적극적인 부분으로 수업목표와 출발점 행동에 따라 달라지는 교수법, 절차, 전략을 나타낸다. 이 요소는 이전의 두 구성 요소에 좌우된다.

④ 4단계: 수행평가(Performance assessment)[1]

학습자의 수행 행동을 확인하여 피드백을 제공한다. 필요에 따라 목표를 수정할 수 있으며, 교수절차를 개선하고, 수행을 다시 평가할 수 있다. 평가 기법은 관찰, 인터뷰, 평가 척도 등이다. 네 가지 기본 구성 요소는 모두 서로 상호 연결되어 있고 서로 영향을 준다. 만일 수행평가 결과 학습자가 설정된 목표를 달성하지 못한 것으로 나타날 경우, 교육목표를 달성하기 위해 필요한 사항을 개선할 수 있다.

그림 1-2 글레이저의 수업의 기본 모형

2) 수업의 요소

(1) 학습목표

학습목표는 수행된 활동, 교육 및 학습의 결과로, 학습자가 수업이 끝날 때 무엇을 할 수 있는지에 대해 간단하고, 명확하며, 구체적인 진술이어야 한다. 이를 가네(Gagné, 1965)는 학습 결과(learning outcome)라고 불렀다. 최종적으로 학생이 학습한 결과이기 때문이다. 학습목표는 지식, 기술, 태도라는 세 가지 학습 영역을 기반으로 할 수 있는데, 교사가 가르칠 내용을 정의하고, 학습을 명확하게 구성하며, 우선순위를 정하는 데 도움이 된다. 또한 학생들의 진도를 평가하고 스스로 학습에 책임을 지도록 돕는다.

교수–학습이론이 발달하면서 행동 용어로 학습목표를 기술하는 것이 정설로 굳어지기도 하였으며 비판도 많이 받았다. 그러나 행동주의 교수학습 이론가들도 행동 용어의 한계를 명확히 알고 있었고, 그 대안도 제시하고 있었다.

타일러(Tyler, 1949)는 '내용 요소'와 '행동 요소'로 구성된 학습목표를 제시해야 한다고 밝혔다. 행동 요소는 기대하는 행동 특성을 나타내게 되는데, 이것만으로는 유

---

1) 일반적으로 학교현장에서 사용하고 있는 수행평가 용어와는 다른 개념임.

용하지 않기 때문에 전체적인 내용 요소를 포함하는 2차원적인 표를 이용하여 학습목표를 제시해야 한다고 주장하였다.

(2) Mager의 학습목표

메이거(Mager, 1997)는 보다 더 세부적으로 구체적 수업목표가 지니고 있어야 할 요소 4가지를 다음과 같이 ABCD로 제시하였다.

- 대상(Audience): 행동을 수행할 대상
- 행동(Behavior): 학생들이 수업 후 할 수 있는 행동
- 조건(Condition): 학생들이 그러한 수행(행동)을 나타낼 때의 주요 조건
- 수락기준(Degree): 받아들일 수 있는 수행의 질과 수준

이와 같은 네 가지 요소에 대하여 좀 더 구체적으로 살펴보면 다음과 같다.

- 대상(A): 교사가 아닌 학습의 대상을 명확히 해야 한다. 학습자, 직원, 학생, 참가자, 훈련생 등.
- 행동(B): 학생들이 수업 후 할 수 있는 것(do)이나 수행(perform)할 수 있는 것이다. 행동은 글쓰기나 고장 난 기계를 수리하는 것처럼 가시적일 수 있으며, 더하기, 해결하기, 규명하기처럼 비가시적일 수 있다. 사용할 수 있는 용어는 기술하다, 작성하다, 나열하다 등이다. 이해하다, 알다, 음미하다 등은 수업목표에 사용할 수 있는 적절한 용어라고 할 수 없다. 행동 용어도 비가시적인 것은 명확한 '지표행동(indicator behavior)'을 덧붙이는 것이 더 확실하다. 예를 들어, '피콜로를 연주하다'는 명확한 가시적 용어이기 때문에 추가적인 설명이 필요 없으나, '정상 X–ray와 비정상 X–ray를 구별한다'로는 불충분하기 때문에 '정상 X–ray와 비정상 X–ray를 두 개의 파일로 나눈다'로 작성할 것을 요구할 수 있다.
- 조건(C): 학습의 결과를 나타내 보일 때의 중요한 상황이나 조건을 기술한다. 최종 행동만을 기술했을 때 충분한 정보가 주어진다고 할 수 없기 때문에 '조건'을 추가로 제시하는 것이다. 어디에서, 누구와 함께, 어떤 도구나 장치나 정보를 활용하여 그 행동을 수행하는가? 예를 들어, 앞선 '수행'조건에서 '100미터 달리기

를 할 수 있다'로 기술한 목표가 명확하기는 하지만, 우레탄 트랙에서 뛰는 것인지, 흙밭에서 뛰는 것인지, 또한 출발에 도움이 되는 스타팅 블록이 있느냐 없느냐에 따라 사용하는 기술이나 경기 기록이 달라진다.

- 수락기준(D): 학습자의 학습목표 도달 여부를 판정할 수 있는 최소 기준이다. 시간, 정확도, 비율, 질을 포함할 수 있다. '수행이 기준 시간 안에, 정확하게 진행되며, 질적으로도 우수한가?' 시간은 대체로 '10분 내에'처럼 기준을 설정할 수 있다. 정확성도 '10개 중에 9개' 등으로 수치로 표시할 수 있다. 질적인 측면에서는 합격 기준을 정학기가 쉽지 않다. 그러나 '둥글게 깎다'라는 표현도 수치를 이용하여 표현할 수 있을 것이다.

위의 네 가지 요소가 포함된 학습목표를 제시하면 다음과 같다.

<u>교사(A: 대상)</u>는 <u>과목이나 학년과 상관없이(C: 조건)</u>, <u>학습을 증진시키는 학교 정책 10가지(D: 수락기준)</u>를 <u>(문장으로) 제시(B: 행동)</u>할 수 있다.

<u>제시된 그래프를 보고(C: 조건)</u> <u>중학교 1학년 학생들(A: 대상)</u>은 <u>그래프에 나타난 통계정보 10개 중에 최소 9개(D: 수락기준)</u>를 <u>(숫자로) 표기(B: 행동)</u>할 수 있다.

그렇다면 '태도'에 관한 학습목표는 어떻게 할 것인가? 우리는 흔히 다음과 같은 학습목표를 보게 된다. "독서에 대한 긍정적인 태도를 형성한다." 또는 "수학에 대해 긍정적 감정을 갖게 된다."

이런 것을 '수행'이라고 볼 수 있는가? 아니다. 이것은 마음의 상태라고 볼 수 있다. 이를 수행으로 표현할 수 있을까? 예를 들어, 수업 후 학생들은 "안전이 중요하다는 인식을 갖는다."라는 목표를 세웠다면 이는 교사의 '추정'이지 수행은 아니다. 수행용어로 표현한다면 다음과 같을 것이다. "수업 후 학생들은 안전장구를 착용하고, 안전수칙을 따르며, 위험 상황이 발생할 경우 이를 보고할 수 있다."

(3) 행동적 학습목표의 장단점

행동적 학습목표는 교육을 계획하고 수행하는 데 다음과 같은 장점이 있다 (MacDonald-Ross, 1973).

① 교육에서 세부적인 형태 그 자체로 충분한 효과를 볼 수 있는 방법이다.

② 교사들이 명확하고 구체적인 용어로 생각하고 계획하도록 장려한다.

③ 교육자들에게 이전에 드러나지 않았던 가치들을 명시적으로 만들도록 한다.

④ 평가를 위한 합리적인 근거를 제공한다.

⑤ 교육방법의 선택을 이끈다.

⑥ 자기 개선 시스템의 기초를 형성한다.

⑦ 이 시스템은 내적 일관성을 달성한다.

⑧ 이 시스템은 이론에서 설정된 목표를 실현시킨다.

⑨ 의사소통의 매개체 역할을 한다.

⑩ 개별화된 교육의 기초로 삼을 수 있다.

이 밖에도 플랜과 게를라흐(Flan & Gerlach, 1979)는 행동적 교수목표가 교사들에게 가장 중요한 학습내용을 선택할 수 있도록 하며, 행동적 학습목표를 사용하는 교사는 자기 수업이 목표에 도달할 것이라는 자신감과 아울러 자기 과목의 중요성을 더 느끼기 때문에 직업적 기여도와 만족감도 더 느끼게 될 수 있다고 보았다. 또한 개별화 수업에도 유리한 이유는 행동적 수업목표를 활용하여 이에 기반한 수업계획을 수립한다면, 학습자에게 충분한 연습, 피드백, 자기 수정의 기회를 제공하여 필요한 역량을 길러 줄 수 있다고 밝혔다. 교육과정의 실행을 책임지는 행정가들은 특정 과목의 내용이 제대로 교수되고 있는지 관리하기 용이하며, 평가 결과를 통해 기준에 도달하고 있는지 파악할 수 있다. 따라서 교사의 교수능력 평가도 가능하게 된다.

이러한 여러 장점에도 불구하고 행동적 학습목표에 대한 비판도 많다.

첫째, 문제 해결이나 창의적 사고와 같은 고등 정신 기능을 측정하기 쉽지 않다.

둘째. 행동적 용어로 서술하는 방식은 측정하기 쉬운 암기와 같은 세부적인 목표에 치중하여 결과적으로 사소한 지식이나 기술의 습득에 치우칠 가능성이 있다.

셋째, 구체적 목표의 강조는 질보다 양에 치우치며, 분절적으로 교과내용을 다루기 때문에 전체적인 통합성을 기하기 어렵다.

그 외에도 다음과 같은 비판을 받는다.

① 조작적으로 목표를 기술하는 것은 철학적 기반이나 그 당위성이 모호하다.

② 목표 도출을 위한 명확한 처방전이 없다.

③ 예상치 못한 상황에 대해서 대처할 방법을 보여 주지 않는다.

④ 매우 많은 경로가 존재하므로 설계목표의 효율이 떨어진다.

⑤ 일부 영역에서는 사건 후에만 기준을 적용할 수 있다.

⑥ 평가 문항의 신뢰성을 보장하지 않는다.

⑦ 행동 목록은 지식의 구조를 적절하게 나타내지 못한다.

⑧ 학생-교사 상호작용을 약화시킨다.

(4) Benjamin Bloom의 수업목표 분류

교육자들은 오랫동안 사람의 사고를 발달시키기 위해서 무엇부터 해야 하는지 의문을 품고 있었다. 그 첫걸음은 사고의 본성을 규명하는 것이었다. 이 작업을 수행한 사람이 블룸이었다(Forehand, 2005). 1956년 블룸은 그의 동료들(Bloom et al., 1956)과 교육목표를 분류하는 프레임워크를 발표했다. 교육목표의 분류법(Taxonomy of Educational Objectives)으로 잘 알려진 이 프레임워크는 여러 해를 거쳐 완성되었고, 그 후 전 세계 교육자들의 지속적인 사랑을 받아 왔다.

처음에는 지식, 이해, 응용, 분석, 종합, 평가의 6개 주요 범주로 구성되었다. '목표 분류'는 그 후 블룸의 제자들에 의해서 '학습, 교수, 평가를 위한 분류'라는 이름을 갖

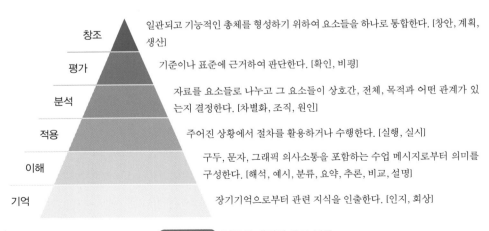

그림 1-3 블룸의 개정된 목표 분류

출처: Anderson et al. (2001).

게 되었고, 새롭게 개정되었다(Anderson et al., 2001). 새 분류는 기억(Remember), 이해(Understand), 적용(Apply), 분석(Analyze), 평가(Evaluate), 창조(Create)로 구성되었으며, 이 전의 명사 대신 동사를 사용하고 있다.

개정된 분류법에서, 지식(기억)은 이 6가지 인지과정의 기초이지만, 인지에 사용되는 지식의 유형에 대한 사실 지식, 개념적 지식, 절차 지식, 메타인지 지식 등 4가지 별도의 분류법을 만들었다.

표 1-1 블룸의 지식의 유형 분류

지식의 유형	내용
사실 지식	-용어에 대한 지식 -특정 세부 사항 및 요소에 대한 지식
개념적 지식	-분류 및 범주에 대한 지식 -원리 및 일반화에 대한 지식 -이론, 모델, 구조에 대한 지식
절차 지식	-주제별 기능 및 알고리즘에 대한 지식 -주제별 기술 및 방법에 대한 지식 -적절한 절차를 사용할 시기를 결정하기 위한 기준에 대한 지식
메타인지 지식	-전략적 지식 -적절한 상황 및 조건에 따른 지식을 포함한 인지 과제에 대한 지식 -자기 지식

블룸의 목표 분류 적용 사례 예시는 다음과 같다(Shabatura, 2023).

- **기억**: 뉴턴의 세 가지 운동 법칙을 기억해 말한다.
- **이해**: 뉴턴의 세 가지 운동 법칙을 자신의 말로 설명할 수 있다.
- **적용**: 발사체의 운동 에너지를 계산할 수 있다.
- **분석**: 위치 에너지와 운동 에너지를 구별할 수 있다.
- **평가**: 역학 문제를 해결하는 데 에너지를 보존하는 것과 운동량을 보존하는 것 중 어느 것이 더 적합한지 결정할 수 있다.
- **창조**: 에너지 보존의 원리를 다루는 독창적인 문제를 개발할 수 있다.

(5) 출발점 행동

출발점 행동은 학습을 시작하기 전 학습과제와 내용과 관련하여 학생이 갖추고 있는 선수 지식, 지적 능력, 동기, 사회문화적 배경을 의미한다. 여기에는 학생이 새로운 학습환경에 가져온 이전의 교육과 경험이 포함된다. 수업의 궁극적인 목표는 학생이 현재의 위치(출발점 행동)에서 교사가 원하는 위치(학습목표 또는 종착점 행동을 숙달한 상태)로 학생을 진전시키는 것이다(Russell, 1974).

출발점 행동은 선수학습 요소(prerequisite)와 구별된다. 선수학습 요소란 학습과제를 학습하기 위하여 학습자가 사전에 반드시 습득하고 있어야 할 필수 능력을 말한다. 예를 들면, 수학의 방정식을 풀기 위해서는 덧셈, 뺄셈, 곱셈, 나눗셈을 할 줄 아는 능력이 선수학습 요소가 된다.

출발점 행동과 선수학습 요소의 차이점은 출발점 행동은 학생이 학습과정에 가져오는 기술과 지식을 결정하는 과정인 반면, 선수 지식은 현재 주제와 관련된 경험이다. 전형적인 출발점 행동은 어떤 주제를 가르치기 전에 학생의 사전 지식과 태도를 평가하는 것을 포함한다.

출발점 행동의 진단을 위해서는 학습자의 발달 정도, 선수학습 요소, 선행학습 수준, 학습과제와 관련된 학생들의 흥미나 적성 그리고 학습사(學習史)를 확인할 수 있다. 선행학습 수준은 선수학습 요소와는 다른 개념으로 학습 예정인 학습과제에 대하여 이미 어느 정도 알고 있는가의 개념이다.

출발점 행동의 진단을 위한 방법으로는 학습과제 분석법, 사전학습 수준 검사지, 관찰과 면담 및 체크리스트, 심리검사 및 운동 기능 검사도구, 학습자에 관하여 작성한 기록물이나 과거의 학업성취도 결과물을 활용할 수 있다.

3) 학습내용의 분류

교수목표에 따라 가르쳐야 할 학습내용(또는 학습과제)이 선정되면, 학습 요소를 분석하고 학습 요소 간의 관계를 고려하여 가르칠 순서를 정해야 한다. 학습내용이 주로 교과내용에 관한 것이면 학습내용 요소 분석이라고 표현하며, 학습내용이 주로 학생이 수행해야 할 과제로 구성되면 학습과제 분석이라고 표현하지만, 둘은 구별 없이 사용되기도 한다. 학습과제 분류는 학자에 따라 다양하다.

(1) 학습의 조건

가네(Robert Gagné, 1985)는 그의 저서 『학습의 조건(The Conditions of Learning)』에서 학습의 조건을 개인과 집단이 사회에서 받아들여질 수 있는 관련 기술을 습득하는 수단으로 설명한다. 학습은 환경과 학습자 개인의 사고 과정에 영향을 받는 인간 행동의 직접적인 결과다.

가네의 학습 조건의 기초는 행동주의 이론에 있다. 그는 또한 특정 과제를 배우는 것은 학습경험을 구축하는 데 기여하는 논리적이고 순차적인 방식으로 이전, 학습 과제(선수학습 요소)에 의존한다고 언급했다.

가네는 학습에 존재하는 두 가지 유형의 조건인 내적 조건과 외적 조건이 있다고 밝혔다. 새로운 학습이 시작되기 전에 학습자가 이미 학습한 역량(선수학습 능력)이 학습에 필요한 내적 조건(internal condition)을 구성하며, 이러한 내적 조건은 학습과정에서 변형된다. 외적 조건(external condition)은 환경, 교사, 학습 상황 등 학습자 외부에 존재하는 다양한 자극을 의미한다.

(2) 학습 결과

가네는 학습내용을 5가지로 분류하고 학습내용에 따라 학습방법이 달라야 한다고 주장하였다. 그는 학습내용을 학습 결과(learning outcomes)로 명명하고 지적 기능, 언어 정보, 인지전략, 태도, 운동 기능의 다섯 가지 다른 영역으로 분류하였다.

① 지적 기능(intellectual skills)

상징체계와 상호작용할 수 있는 능력, 또는 절차를 따를 수 있는 능력으로 개념, 규칙, 절차를 포함한다. 언어 사용에서 사용하는 문법에 맞게 사용하는 능력, 수학에서 계산할 때의 규칙을 올바르게 사용하는 것, 과학적 원리를 일상생활에 적용하는 것 등을 말한다. 하위 기능으로는 변별학습, 개념학습, 규칙학습, 고차적 규칙학습이 있다. 이들은 복잡성 수준에 따라 계열화된다.

- **변별(Discrimination)**: 어떤 것이 다른 것과 일치하거나 다르다는 것을 인식하는 능력을 말한다. 어떤 대상과 다른 대상을 그 특성(시각적, 청각적, 촉각적, 후각적 또는 미각적)으로 구별할 줄 아는 것이다. 예를 든다면 십자드라이버와 일자드라이

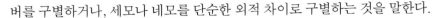

버를 구별하거나, 세모나 네모를 단순한 외적 차이로 구별하는 것을 말한다.

- **구체적인 개념(Concrete concepts):** 모양 또는 색상과 같은 고유한 특성 중 하나 이상을 기반으로 물체를 식별하는 능력이다. 정삼각형, 이등변삼각형 등을 삼각형으로 분류하는 능력을 말한다. 이 개념은 변별학습이 이루어진 이후에 습득이 가능하다. 관련이 없는 다양한 사물을 제시하고 각각의 사물에 대한 구체적인 질문을 함으로써 연습될 수 있다.
- **정의된 개념(Defined concepts):** 질량이나 온도와 같은 물리 개념, 주어나 목적어 같은 언어 개념, 루트와 같은 수학개념 등과 같이 사람 간의 합의된 추상적 정의에 의해 분류하는 능력을 말한다. 학생들에게 개념에 대해 알고 있는 모든 정보의 개요를 묻고 아이디어 사이에 결론을 도출하도록 함으로써 연습될 수 있다. 또한 문제의 개념에 대한 비디오나 시연을 볼 수도 있다.
- **규칙(Rules):** 주어진 상황이나 조건에 규칙을 적용하는 것이다. 예를 들어, 학습자가 영어의 형용사에 ~ly를 덧붙여 부사를 형성하는 규칙을 배우고 이를 다른 단어에 적용하는 것을 말한다.
- **고차적 규칙학습(Higher-order rules):** 문제 해결에 사용되는 더 복잡한 규칙으로 학습을 통해 여러 규칙을 결합하는 과정이다. 고차적 규칙을 이용한 문제 해결은 문단 작성, 외국어 말하기, 과학적 원리 적용, 사회적 또는 경제적 갈등 상황에 법 적용 등을 말한다.

② 언어 정보(verbal information)

사실이나 지식 정보를 언어로 표현할 수 있는 능력을 말한다. 선언적 지식이라고 부를 수도 있다. 언어 정보는 주로 사실, 장소, 이름이기 때문에, 사람의 기억에 단서를 제공하는 학습전략을 사용한다. 이미지와 기억전략을 사용하는 것은 학생들이 정보와 연결하고 더 쉽게 기억할 수 있도록 도와주며, 조직화, 정교화 및 리허설은 선언적 지식을 학습하는 데 도움이 되는 방법이다.

③ 인지전략(cognitive strategies)

학습자가 학습, 기억, 그리고 생각을 스스로 통제하는 과정을 말한다. 지적 기술이 외부의 숫자, 단어, 기호를 처리함으로써 환경의 측면을 지향하는 반면, 인지전략은 인지과정의 내부 프로세스에 영향을 준다. 학습자는 학습된 것에 대해 생각하고 문제를 해결하는 데 인지전략을 사용한다.

④ 태도(attitude)

사물, 사람 또는 사건에 대한 개인의 행동 선택에 영향을 미치는 내적 상태다. 개인 행동의 선택은 태도에 의해 크게 영향을 받는다. 예를 들어, 쓰레기 재활용에 대한 태도는 개인이 분리수거장에서 실제 여러 재활용품들을 어떻게 처리하는지에 영향을 미칠 것이다.

⑤ 운동 기능(psychomotor skills)

운동 기능은 근육의 사용과 관련된 움직임의 정확성과 유연성, 타이밍의 실행이다. 쓰기, 악기 연주, 스포츠, 그리고 자동차 운전 등이 이에 해당된다.

4) 학습내용의 분석

수업목표가 정해지면 가르칠 내용(학습과제)을 작은 교수단위로 나눈 다음, 어떤 것부터 가르쳐야 할지 순서를 정해서 가르치게 된다. 가르칠 내용을 작은 단위로 나누는 것을 내용 분석이라 하며, 학습자가 수행해야 할 과제를 세분하는 것을 과제 분석이라고 한다. 이에 기초하여 가르칠 순서를 정하는 것을 계열화(sequencing)라고 부른다. 과제 분석법에는 여러 가지가 있으나, 대표적인 방법인 위계적 과제 분석(Hierarchical Task Analysis: HTA)과 절차적 과제 분석(Procedural Task Analysis: PTA)이 있다.

(1) 위계적 과제 분석

복잡한 과제를 개별 과제나 단계가 식별될 때까지 하위 과제, 하위 하위 과제 등의 계층적 구조로 분류한다. 이때 하위 과제는 상위 과제의 선수학습 요소가 된다. 수학, 과학 등 본시 학습내용의 기초가 되는 학습 요소를 배우지 않으면 학습내용을 이해할 수 없는 것들은 흔히 위계적 구조를 가졌다고 할 수 있다. 위계적 과제 분석에서 도출된 요소들의 하위 수준을 먼저 가르친 후 상위 수준을 가르쳐야 한다.

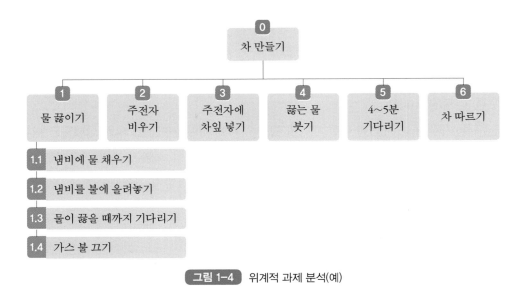

그림 1-4 위계적 과제 분석(예)

(2) 절차적 과제 분석

과제를 순차적인 단계 또는 과제 순서로 세분화하는 것이다. 과제를 완료하는 데 필요한 특정 과제 순서와 타이밍에 중점을 둔다. 손 씻기, 넥타이 매기, 신발끈 매기, 자동차 타이어 교체하기 등이 이에 해당된다.

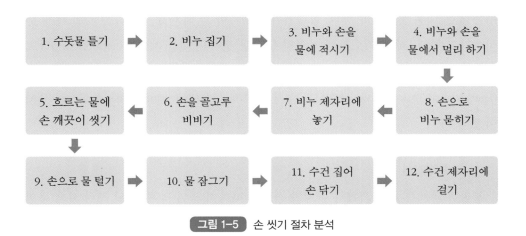

그림 1-5 손 씻기 절차 분석

5) 학습내용의 계열화

교수자가 가르칠 순서를 정하는 것을 계열화(sequencing)라고 하는데, 이때 가르칠 내용을 어떻게 묶을 것인가에 대한 의사결정도 필요하다. 한번에 가르칠 묶음에 어떤 내용을 포함시킬 것인가 정해야 하는 것이다. 가르칠 내용에는 학습과제나 지식, 기술, 태도 등도 포함된다. 라이겔루스(Reigeluth, 1999)는 "범위와 계열(scope and sequence)을 함께 고려해야 한다"고 밝히고 있다. 범위는 가칠 내용(what to teach), 즉 내용의 성격과 관련되며, 학습자에 필요하고 또 원하는 것이 무엇인가와도 관련된다.

계열이 중요할 때는 가르칠 주제들 간의 관련성이 높은 경우와 가르칠 교수 과정의 크기가 클 때다. 주제 간에 관련성이 없을 경우(예를 들어, 컴퓨터의 구조, 워드프로세서 사용법, 사진의 원리 등) 가르칠 순서는 학습효과에 별로 영향을 미치지 못한다. 주제 간에 관련성이 높고, 가르칠 교수 과정의 크기가 크다면, 가르칠 순서는 큰 영향을 미치게 된다.

계열화 방식에는 위계적 계열화, 절차적 계열화, 구체–추상 계열화, 연역적 계열화, 용이–곤란 계열화, 비계설정 계열화 등이 있다(Reigeluth & Keller, 2009).

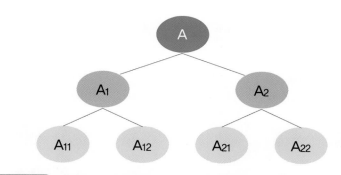

그림 1-6 위계적 내용의 계열화 순서는 A11, A12 → A1 → A21, A22 → A2 → A

- **위계적 계열화**: 위계적 과제 분석을 한 후 선수학습 요소에 해당하는 하위 요소부터 순차적으로 가르친다.
- **절차적 계열화**: 절차를 가르칠 때 진행되는 순서에 따라 배열한다.
- **구체–추상 계열화**: 학습내용을 구체적이고 물리적인 내용에서 출발하여 점차 추상적이고 상징적인 경험으로 이행한다.

- **연역적 계열화**: 일반적인 내용에서 구체적인 내용으로 제시한다.
- **용이–곤란 계열화**: 쉬운 것을 먼저, 어려운 것을 나중에 가르친다.
- **비계설정 계열화**: 점차적으로 도움을 줄이고, 수용 기준도 점차 중대시키는 방식이다.

한편 학습과제를 계열화하는 대표적인 방법에는 주제별 계열화와 나선형 계열화가 있다(Reigeluth, 1999). 주제별 계열화란 학습과제를 구성하는 구성 요소들의 위계적 계열화 모형에서 특정의 주제와 관련된 요소들을 완전히 학습한 후 다음 주제로 넘어가는 계열화 방법이다. 우리가 학교에서 이제까지 배워 온 가장 전형적인 방법에 해당된다. 중학교 과학의 '생물의 구성과 다양성' 단원과 '열' 단원을 순서대로 배우는 것을 예로 들 수 있다.

나선형 계열화는 학습과제를 구성하는 구성 요소들 간의 전체적인 조직 구조상에서 보다 단순한 상위 구조로부터 보다 복잡한 하위구조의 순으로 계열화하는 방법이다. 예를 든다면, 질병치료에 대해 배울 때 질병의 발병 원인, 증상, 치료법 등을 함께 학습하는 것이다.

주제별 계열화는 혼선 없이 한 주제에 대해 깊이 학습이 가능하다는 장점이 있다. 반면, 한 주제를 배운 후 다음 주제로 넘어간 후에는 처음의 주제를 다시 학습할 기회

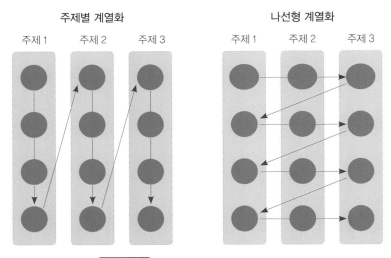

그림 1-7 주제별 계열화와 나선형 계열화

출처: Reigeluth (1999).

가 없어서 쉽게 잊어버릴 수도 있다는 단점이 있다. 나선형 계열화는 체계적인 종합과 복습이 가능하며, 여러 가지 주제 간의 상호 관계를 이해하고 종합하며, 과제 전체의 특성을 빠른 시간 내에 이해시킬 수 있다는 장점이 있다. 반면 단점으로는 한 주제에 대한 집중적인 심화에 방해가 될 수 있고, 수업전개의 흐름 전환 시에 학습자료를 준비하고 활용하는 데 불편함을 초래할 수 있다.

6) 수업의 원리

로젠샤인(Rosenshine, 2012)은 지난 수십 년간의 탐구를 통하여 습득된 인지과학, 최고 교사들의 수업경험, 그리고 학습지원 연구를 망라하여 효과적인 수업원리 10가지를 제시하였다.

① 이전 학습에 대한 짧은 복습으로 수업을 시작한다. 매일 복습하면 이전에 학습한 내용을 강화하고 풍부하게 기억할 수 있다.

② 새 자료를 작은 단계로 제시하고 각 단계마다 학생이 연습할 수 있도록 한다. 한 번에 소량의 새 자료만 제시하고 학생들이 자료를 연습할 수 있도록 도와준다.

③ 질문을 많이 하고 모든 학생들의 응답을 확인한다. 질문은 학생들이 새로운 정보를 연습하고 이것을 이전 학습과 연결하는 데 도움이 된다.

④ 모델을 제공한다. 모델과 예제를 제공하면 문제를 더 빨리 해결하는 방법을 배울 수 있다.

⑤ 학생들이 연습할 수 있도록 안내한다. 성공적인 교사는 학생들이 새 학습자료를 연습할 수 있도록 지도하는 데 많은 시간을 할애한다.

⑥ 학생들의 이해도를 확인한다. 각 지점에서 학생들의 이해도를 확인하면 오류를 줄이면서 자료를 학습하는 데 도움이 된다.

⑦ 높은 성공률을 확보한다. 교실 수업에서 학생들이 높은 성공률을 달성하는 것이 중요하다. 최소 80% 정도의 이해도를 보이는 것이 중요하다.

⑧ 어려운 과제를 돕기 위한 비계설정을 제공한다. 교사는 학생이 어려운 과제를 학습할 때 임시 지원과 도움을 제공한다.

⑨ 독립적 연습을 요구하고 모니터링한다. 학생들의 기술과 지식의 습득이 자동화

되기 위해서는 광범위하고, 성공적이며, 독립적인 연습이 필요하다.

⑩ 주간 및 월간 복습에 학생을 참여시킨다. 학생들이 지식을 잘 연결하고 자동화 하도록 광범위한 연습에 참여하도록 한다.

7) 교수-학습 평가

교육 분야에는 학생의 학습, 진도 및 성취도를 평가하는 데 사용되는 다양한 유형의 평가가 있다. 교육목표 달성 여부를 해석할 때 어떤 기준에 근거하여 해석하는가에 따라 상대평가와 절대평가로 구분하기도 하며, 교육평가의 목적과 시기에 따라 진단평가, 형성평가, 총괄평가로 구분하기도 한다. 또한 평가 문항의 작성 형태에 따라 객관식 평가와 주관식 평가로 구분하기도 한다. 다음은 몇 가지 일반적인 평가 유형이다.

- **형성평가:** 형성평가는 학생의 진도, 수업의 방법, 교육자료나 프로그램을 모니터링하고 개선을 위한 피드백을 제공하기 위해 학습과정 중에 실시하는 지속적인 평가이다. 형성평가는 수업이나 교육 프로그램의 약점을 파악하여 교수설계를 수정할 수 있다.
- **총괄평가:** 총괄평가(총평)는 일반적으로 단원, 코스 또는 학습이 끝날 때 수업의 가치를 평가하기 위해 시행된다. 총괄평가는 학생의 성취도를 요약하고 전반적인 성과 또는 특정 콘텐츠 또는 기술에 대한 숙달도를 결정한다. 기말고사, 표준화된 시험, 프로젝트 또는 포트폴리오 등이 있다.
- **진단평가:** 진단평가는 수업 전에 학생의 사전 지식, 기술 및 오개념을 파악하는 데 사용된다. 진단평가는 교사가 학생의 출발점을 이해하고 그에 따라 수업을 맞춤화하는 데 도움이 된다. 사전 시험, 설문 조사 또는 인터뷰의 형태로 진행할 수 있다.
- **규준참조평가:** 규준참조평가는 학생의 성취도를 규준(norm) 또는 표준 그룹과 비교하여 학생이 또래와 비교하여 어떤 순위에 있는지에 대한 정보를 제공한다. 이러한 평가는 대규모 표준화 시험에 자주 사용되며 백분위수 순위 또는 표준화 점수를 제공한다.

• **준거참조평가:** 준거참조평가는 미리 정해진 준거(criterion) 또는 학습 표준에 따라 학생의 성과를 측정한다. 학생이 특정 학습목표 또는 역량 수준을 달성했는지 여부를 평가한다. 루브릭 기반 평가, 역량 테스트, 또는 수행 기반 평가 등이 그 예다.

Aa 학습과제

1. 교사는 학습내용을 왜 분류해야 하는지 말해 봅시다.

2. 블룸의 개정된 목표 분류 6가지에 맞는 수업목표를 만들어 봅시다.

3. 여러 가지 교육방법 중 학습동기가 낮은 학생들에게 사용할 수 있는 것을 찾고, 그 이유를 기술해 봅시다.

4. 학습내용을 크게 나누어 보고, 이에 따라서 수업방법이 어떻게 달라져야 하는지 설명해 봅시다.

5. 효과적인 수업의 원리 3가지를 말해 봅시다.

참고문헌

박도순, 홍후조(2006). 교육과정과 교육평가. 서울: 문음사.

변영계, 이상수(2003). 수업설계. 서울: 학지사.

변호승(1996). 미래의 미국교육: 구성주의 시각 확산. 새교육, 4월호.

이화여자대학교 교육공학과(2001). 교육방법 및 교육공학. 경기: 교육과학사.

Anderson, L. W., Krathwohl, D. R., Airasian, P. W., Cruikshank, K. A., Mayer, R. E., Pintrich, P. R., Raths, J., & Wittrock, M. C. (2001). *Taxonomy for Learning, Teaching, and Assessing: A Revision of Bloom's Taxonomy of Educational Objectives*, Abridged Edition. Addison Wesley Longman.

Association for Educational Communications and Technology (2018). *The Definition and*

Terminology Committee. https://aect.org/news_manager.php?page=17578

Bloom, B. S., Engelhart, M. D., Furst, E. J., Hill, W. H., & Krathwohl, D. R. (1956). *Taxonomy of educational objectives: The classification of educational goals.* Vol. Handbook I: Cognitive domain. David McKay Company.

Borich, G. D. (2000). *Effective teaching method* (4th ed.). Prentice-Hall.

Branson, R. K., Rayner, G. T., Cox, J. L., Furman, J. P., King, F. J., & Hannum, W. H. (1975). *Interservice procedures for instructional systems development* (PDF) (TRADOC Pam 350-30, NAVEDTRA 106A Vol. 1-5 ed.). Fort Monroe, VA: U.S. Army Training and Doctrine Command. Archived (PDF) from the original on August 19, 2021. https://apps.dtic.mil/sti/pdfs/ADA019486.pdf

Chyung, S. Y. (2008). *Foundations of Instructional and Performance Technology.* HRD Press.

Dave, R. H. (1970). Psychomotor levels In R. J. Armstrong (Ed.), *Developing and Writing Behavioral Objectives.* Tucson: Educational Innovators Press.

Dick, W., & Carey, L. (1978). *The systematic design of instruction.* Addison-Wesley.

Flan, G., & Gerlach, V. S. (1979). *Behavioral Objectives: A Critical Review of Theory and Research.* Paper presented at the Annual Convention of the Association for Educational Communications and Technology. New Orleans, Louisiana, March.

Forehand, M. (2005). Bloom's taxonomy: Original and revised. In M. Orey (Ed.), *Emerging perspectives on learning, teaching, and technology.* Retrieved July 11, 2023 from https://www.d41.org/cms/lib/il01904672/centricity/domain/422/bloomstaxonomy.pdf

Gagné, R. (1965). *The Conditions of Learning.* Holt, Rinehart & Winston.

Galbraith, J. K. (1967). *The new industrial state.* Boston, MA: Houghton Mifflin.

Gates, B., Myhrvold, N., & Rinearson, P. (1995). The road ahead. Viking. (CD-ROM).

Glaser, R. (1962). Psychology and Instructional Technology. In R. Glaser (Ed.), *Training Research and Education.* University of Pittsburgh Press.

Glaser, R. (1963). Instructional technology and the measurement of learning outcomes: Some questions. *American Psychologist, 18*(8), 519-521. https://doi.org/10.1037/h0049294

Harrow, A. (1972). *A Taxonomy of Psychomotor Domain: A Guide for Developing Behavioral Objectives.* David McKay.

Heinich, R. (1991). The proper study of instructional technology. In G. J. Anglin (Ed.), *Instructional technology: Past, present, and future* (pp. 59-81). Libraries Unlimited.

Kemp, J. (1977). *Instructional Design: A plan for unit and course development*. Fearon-Pitman Pub.

MacDonald-Ross, M. (1973). Behavioural objective-*A Critical Review. Instructional Science, 2*(1), 1-52.

Mager, R. F. (1975). *Preparing instructional objectives* (2nd ed.). Pitman Learning.

Mager, R. F. (1984). *Preparing instructional objectives* (Revised 2nd ed.). Lake Publishing Company.

Mager, R. F. (1997). *Preparing Instructional Objectives: A Critical Tool in the Development of Effective Instruction* (3rd ed.). CEP Press.

Reigeluth, C. M. (1999). The elaboration theory: Guidance for scope and sequence decisions. In C. M. Reigeluth (Ed.), *Instructional-design theories and models: A new paradigm of instructional theory* (Vol. 2, pp. 425-453). Lawrence Erlbaum Associates Publishers.

Reigeluth, C. M., & Keller, J. B. (2009). Understanding instruction. In C. M. Reigeluth & A. A. Carr-Chellman (Eds.), *Instructional-design theories and models: Building a common knowledge base* (pp. 27-39). Taylor & Francis.

Reiser, R. A., & Dempsey, J. V. (2017). *Trends and Issues in Instructional Design and Technology*. Pearson.

Rogers, E. M. (1962). *Diffusion of innovations*. The Free Press.

Rosenshine, B. (2012). Principles of Instruction: Research-Based Strategies That All Teachers Should Know. *American Educator, 36*(1), 12-39.

Russell, J. D. (1974). *Modular Instruction. A Guide to the Design, Selection, Utilization and Evaluation of Modular Materials*. Burgess.

Saettler, P. (2004). *The evolution of American educational technology*. Libraries Unlimited.

Seels, B. B., & Richey, R. C. (1994). *Instructional Technology: The definition and domains of the field*. Association for Educational Communications and Technology.

Simpson, E. J. (1972). *The Classification of Educational Objectives in the Psychomotor Domain*. Gryphon House.

Skinner, B. F. (1954). The science of learning and the art of teaching. *Harvard Educational Review, 24*, 86-97.

Slavin, R. (1978). *Using Student Team Learning. The Johns Hopkins Team Learning Project*. Center for Social Organization of Schools, Johns Hopkins University.

Tyler, R. (1949). *Basic Principles of Curriculum and Instruction*. University of Chicago

Press.

University of Buffalo (2023). *Teaching Methods*. Office of Curriculum, Assessment and Teaching Transformation. https://www.buffalo.edu/catt/develop/design/teaching-methods.html

Woolley, D. R. (1994). PLATO: *The Emergence of On-Line Community*. http://www.ibiblio.org/cmc/mag/1994/jul/plato.html

제2장

교수-학습의 기저 이론

　교육에 대한 생각과 실천은 우리가 처한 시대에 따라 다를 수 있다. 마찬가지로 교수-학습을 바라보는 관점과 그를 실천하는 행동의 양식도 달라지게 된다. 이 장에서는 교수-학습의 기본이 되는 이론을 그 흐름에 따라 살펴보고자 한다. 즉, 행동주의, 인지주의, 그리고 구성주의의 관점에서 보는 교수-학습의 이론과 동향을 정리해 본다. 기저 이론을 살펴본 다음에 각 이론의 원리와 차이점을 살펴보고, 통합적인 관점에서 정리하며 교육 현장에의 적용에 대하여 논의한다.

1. 교수-학습이론의 기저 개관

교육활동을 성공적으로 수행하기 위해서는 교수-학습이론과 관련된 원리에 대한 이해가 필요하다. 물리학과 화학에서 얻은 기본 원리를 응용한 것이 공학이고, 생물학의 기본 원리를 응용한 것이 약학인 것처럼 교육의 기본 원칙을 응용한 것이 교수-학습이론이다.

하지만 교육방법에 대해서는 어떤 공통된 의견의 일치도 존재하지 않는다. 심리학자가 바라보는 교수-학습원리는 20세기를 지나면서 매우 크게 변하였다. 20세기 중반의 교육이론은 스키너(Skinner)가 예증한 행동주의 심리학의 원칙에 의해 크게 지배받았다. 이는 교육이 학생의 관찰 가능한 행동 변화와 주변 환경의 함수처럼 기술될 수 있다는 것이다.

1970년대에 행동주의적 패러다임은 인지심리학의 아이디어에 의해 확장되기 시작하는데, 교육현상에 대한 설명은 기억이나 동기와 같이 관찰 불가능한 개념에 의지한다는 것이다. 그러나 모든 심리학자와 교육자가 인지 원칙을 선호하고 행동주의 원칙을 포기한 것은 아니다. 어떤 행동주의 학자는 행동주의 이론과 방법이 최고였다고 주장하며, 소수의 인지이론가는 행동주의 심리학의 모든 견해를 버리고 전혀 새로운 방법을 연구한다. 그러나 대다수의 심리학자와 교육자는 단순히 행동주의 교육원칙에 인지주의 교육 원칙을 추가하고 있을 뿐이다.

1980년대에 이르러 새로운 교육 패러다임인 구성주의가 교육과 지도에 영향을 미치기 시작하였다. 구성주의 철학은 객관주의 또는 실증주의 철학을 반대한다. 객관주의 철학은 세계는 일치된 법칙을 따르고, 옳은 교육은 이러한 법칙을 이해하고 세상에 적용하는 능력을 기르는 것이라고 주장한다. 반대로 구성주의 철학은 과거의 패러다임(행동주의와 인지주의)이 피교육자를 교육자나 책, 다른 교육매체에 의해 세상에 대한 지식을 담는 물통으로 간주하였다고 주장한다. 또한 구성주의 철학은 피교육자를 능동적인 지식의 창조자로 바라보는데, 피교육자는 세상을 관찰하고 조작하고 해석함으로써 지식을 습득한다.

다음 절부터는 이 세 가지 교육 패러다임의 기초 원리를 서술하고자 한다. 이 원리를 이해하는 것은 실제 교육에서 가장 좋은 교육방법에 대한 토론을 이해하는 데 매우 중요하다. 또한 어떻게 멀티미디어를 효율적인 교육자료로 이용할 수 있는지에 대한 교육 디자이너 사이의 토론에도 매우 중요하다. 어느 이론적 관점에서 수업을 설계하고 수행할 것인가에 따라 교수매체의 고안, 활용은 달라진다.

> **Aa 학습과제**
>
> 1. 교수–학습의 배경이 되는 패러다임을 정리해 봅시다.
>
> 2. 교수–학습이론의 발전 과정을 개관하여 기술해 봅시다.

2. 행동주의 학습이론

1) 학습관 및 이론적 가정

행동주의 이론은 다윈(Darwin)의 진화론에 영향을 받아 손다이크(Thorndike, 1913)와 파블로프(Pavlov, 1927)에 의해 20세기에 시작되었다. 행동주의 이론에서는 학습을 "경험의 결과로 나타나는 행동의 비교적 영속적인 변화"로 정의하고 있다. 따라서 관찰 가능한 행동에 초점을 맞춘다. 이러한 행동주의의 학습에 대한 정의는 다음의 몇 가지 의미를 내포한다.

- 행동의 변화는 행동 잠재력의 변화다. 따라서 학습과 수행이 반드시 같은 것은 아니다.
- 학습은 비교적 영속적인 행동의 변화다. 그래서 신체적 피로, 약물에 의한 일시적 변화는 학습이라 할 수 없다.
- 경험의 결과로 나타나는 행동의 변화다. 여기에서 경험은 반복 연습에 의한 경험을 의미한다. 즉, 학습은 반복 연습에 의해 일어나는 것이다.

행동주의 이론의 근본 원리는 자극(stimulation)과 반응(response) 간의 연합에 있다. 자극이란 학습자에게 제시되는 모든 환경을 의미하며, 반응은 자극에 의해 발생하는 학습자의 행동을 의미한다. 이들 자극과 반응 간의 연합이 곧 학습이라고 보는 것이다. 이러한 행동주의 이론은 일반적으로 다음의 몇 가지 이론적 가정에서 출발한다.

- 행동주의는 대응 가능성(equipotentiality)에 가정을 두고 있다. 따라서 학습원리는 인간과 동물에게 모두 적용 가능하다고 본다. 이런 이유에서 인간을 '유기체'로 간주하며, 쥐, 고양이 등의 동물 실험 결과를 인간에게 적용한다.
- 인간을 유기체, 즉 '복잡한 기계'라고 가정한다. 따라서 인간의 행동은 복잡하기는 하지만 예측이 가능하다고 본다.
- 인간의 현재 행동은 선행 조건에 의해 결정된다고 가정한다. 그래서 행동주의에서는 외부로 나타나는 행동을 연구 대상으로 한다.
- 인간의 행동은 자연법칙에 의해 지배를 받는다고 가정한다. 따라서 과학적으로 연구되어야 하며, 인간은 쥐나 비둘기 등과 같이 생물학적 · 행동적 · 수량적 연구의 대상이 될 수 있다고 본다.
- 환경을 행동이 이루어지도록 작용하는 변인으로 가정한다. 따라서 행동의 변화를 목표로 하는 학습도 환경이 개체에 작용하여 나타난 결과로 본다.
- 인간의 행동은 환경의 조절에 따라 변화 또는 수정될 수 있는 것으로 가정한다. 그래서 환경을 적절히 조절하면 학습도 의도한 대로 조절이 가능하다고 본다.

2) 학습이론

(1) 고전적 조건형성이론

고전적 조건형성이론(Classical conditioning theory)은 구소련의 대뇌 생리학자 이반 파블로프(Ivan Pavlov, 1849~1936)의 실험을 기초로 주창되었다. 그는 굶주린 개의 타액 분비선을 수술하여 침의 분비를 외부에서 알 수 있도록 장치를 한 후 실험을 하였다. 실험 초기 고기를 보고 침을 흘렸던 개는 종소리와 함께 고기가 주어졌을 때에도 역시 침을 흘렸다. 일정한 시간에 종소리와 고기가 거의 동시에 주어지는 훈련이 반복된 후 개는 종소리만 듣고도 침을 흘리게 되었다.

　파블로프는 자신의 실험 결과를 설명하기 위해 몇 가지 개념을 설정하였다. 즉, 실험에서 고기에 대해 개가 침을 흘리는 것은 선천적인 반사이기 때문에 음식물(고기)을 무조건자극(Unconditioned Stimulus: US)이라 하며, 침을 무조건반응(Unconditioned Response: UR)이라 하였다. 또 개가 침을 흘리는 것과는 전혀 상관이 없는 종소리를 중성자극(Neutral Stimulus: NS)이라 하였다. 이 중성자극인 종소리와 고기를 결합하여 반복적으로 제시하였을 때 개는 종소리만 듣고도 침을 흘리게 된다. 이때 종소리를 조건자극(Conditioned Stimulus: CS)이라 하고, 조건자극에 의한 반사인 침을 조건반응(Conditioned Response: CR)이라 하였으며, 이러한 일련의 과정을 '조건형성'이라 하였다.

　파블로프의 고전적 조건형성 과정을 도식화하면 [그림 2-1]과 같다. 무조건자극에 대하여 무조건반응만 보인다면 이것은 학습이 일어났다고 볼 수 없다. 무조건자극과 조건자극이 반복적으로 제시되어 조건반응을 이끌어 낼 때 이것을 조건이 형성되었다고 하며, 곧 학습한 것이라 할 수 있다.

　고전적 조건형성이론은 학습이 매우 체계적이고 과학적인 방법으로 외부의 사건에 의해 유도될 수 있고, 그 결과는 예측 가능하며, 학습이 일어나는 환경의 속성을 변화시킴으로써 학습의 양과 가능성을 변화시킬 수 있음을 보여 주었다. 예컨대, 교

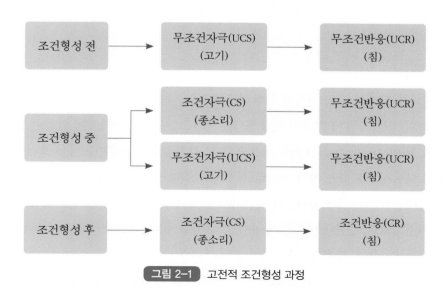

그림 2-1 　고전적 조건형성 과정

사가 학습자를 평소 무서운 벌로 다스린다면 교사에 대한 학습자의 두려움은 학교에 대한 두려움으로 발전하여 학교를 싫어하게 된다. 이것은 반대로 학습자가 학교에 대한 긍정적인 태도를 갖도록 조건화할 수도 있다는 것을 의미하며 생활지도나 학습 분위기를 조성할 때에는 유용하게 활용할 수 있음을 의미한다.

(2) 시행착오설

'자극–반응 결합설'이라고도 하는 시행착오설(Trial-and-error learning)은 손다이크에 의해 정립된 것이다. 손다이크는 굶주린 고양이를 문제상자 안에 넣고, 고양이가 페달을 밟거나 줄을 당겨 상자 문을 열고 상자 밖의 고기를 먹도록 하였다. 실험 초기 고양이는 창살문을 할퀴는 등의 행동을 보이다가 우연히 페달을 밟고 먹이를 먹었으며, 실험의 횟수가 증가함에 따라 페달을 밟고 상자를 탈출하는 시간이 짧아져 결국에는 즉각적으로 상자를 빠져나오게 되었다. 이 실험을 통하여 손다이크는 학습을 시행과 착오의 과정을 통해 특정한 자극과 반응이 결합됨으로써 발생하는 것으로 보았다. [그림 2–2]는 손다이크의 시행착오 학습과정을 나타낸다.

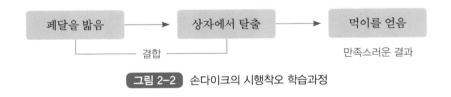

그림 2–2 손다이크의 시행착오 학습과정

(3) 조작적 조건형성이론

스키너는 알려져 있는 자극에 의하여 인출되는 대응적 행동(respondent behavior)과 알려져 있는 자극에 의하여 인출된 것은 아니고 단순히 유기체에 의하여 반사된 조작적 행동(operant behavior)을 구분하였다. 고전적 조건형성이론에서 조건반사는 동물이 의도적으로 하는 것이 아니라 실험자의 조작에 의해 기계적으로 일어나는 행동으로 대응적 행동에 속한다. 이에 반하여 조작적 행동은 외부의 자극 없이 자발적 또는 의식적으로 일어나는 것을 말한다. 스키너는 이러한 조작적 행동에 의한 조건형성 과정에 초점을 맞추었다.

스키너는 동물이 지렛대를 밟으면 먹이가 나올 수 있도록 고안된 스키너 상자

(Skinner box)를 사용하여 실험하였다. 일정한 시간 동안 음식을 주지 않은 쥐를 넣고 쥐가 지렛대를 눌러 먹이를 먹는 과정을 관찰한 결과, 쥐는 처음 3분에서 20여 분까지는 지렛대에 대해 반응 없이 탐색적인 반응만 보였지만 우연히 지렛대 반응으로 먹이를 얻게 된 후에 반응은 빠른 속도로 학습되어 계속적인 누가 기록을 나타냈다.

스키너의 실험에서 먹이는 쥐가 지렛대를 밟는 행동을 강화시켰다. 즉, 지렛대를 밟는 반응은 먹이라는 것에 의해 강화를 받았기 때문에 반복되는 것이다. 쥐의 이러한 행동은 환경에 스스로 작용함으로써 어떤 결과를 만들어(조작) 낸 것이며, 이와 같은 절차로 학습되는 과정이 곧 조작적 조건형성이다.

스키너는 실험 결과와 함께 손다이크의 이론을 확장하여 다음과 같은 몇 가지 기초적인 행동주의 규칙을 제시하였다.

- 긍정적 환경 영향(긍정적 강화, 보상)에 따르는 행동은 빈도수가 증가한다.
- 부정적 환경 영향(부적 강화)의 감소에 따르는 행동은 빈도수가 증가한다.
- 부정적 환경 영향(체벌)에 따르는 행동은 빈도수가 감소한다.
- 강화를 통해서 빈도수가 증가한 행동은 강화가 사라지면 빈도수가 줄어든다(소거).

조작적 조건형성 과정을 도식화하면 [그림 2–3]과 같다.

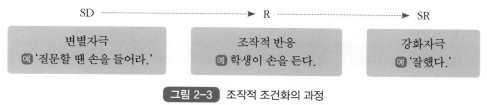

그림 2–3 조작적 조건화의 과정

※ 변별자극(Discriminative Stimulus): 조작적 반응을 유발할 수 있는 가능성을 증가시키기 위해서 하나의 신호나 단서로 사용하는 자극을 말한다. 이것은 행동의 원인이 아니라 단지 행동을 하도록 안내하거나 지시하며, 행동은 신호가 아닌 결과에 의해 조절되고 신호는 적절한 반응에 도움을 준다.

조작적 조건형성은 여러 측면에서 고전적 조건형성과 다른데(〈표 2–1〉 참조), 가장 큰 차이점은 고전적 조건형성이 행동을 유발하기 위해 자극에 관심을 두는 반면, 조작적 조건화는 자극보다는 유발된 행동의 결과에 관심을 둔다. 또한 고전적 조건형성에서는 자극이 반응을 추출(elicited)하지만, 조작적 조건형성에서는 반응이 방출

표 2-1 고전적 조건형성과 조작적 조건형성 비교

	고전적 조건형성	조작적 조건형성
자극-반응 계열	자극이 반응의 앞에 온다.	반응이 효과나 보상의 앞에 온다.
자극의 역할	반응이 추출된다.	반응이 방출된다.
자극의 자명성	특수반응은 특수자극이 일으킨다.	특수반응을 일으키는 특수자극이 없다.
조건형성 과정	한 자극이 다른 자극을 대치한다.	자극의 대치가 일어나지 않는다.
내용	정서적·부수의적 행동이 학습된다.	목적지향적·의도적 행동이 학습된다.

(emitted)된다.

조작적 조건형성은 다양한 과정을 내포하고 있는데, 그중에서 가장 중요한 것이 강화(reinforcement)다. 강화는 어떤 특수한 반응이 일어날 확률을 증가시키는 모든 사건을 말한다. 이러한 강화는 특징에 따라 긍정적인 반응을 보일 때 보상(좋아하는 것: 칭찬, 선물 등)을 주어 그 반응이 다시 일어날 확률을 증가시키는 정적 강화(positive reinforcement)와 혐오적 상황(싫어하는 것: 화장실 청소 등)을 제거 또는 면제하여 반응의 빈도를 증가시키는 부적 강화(negative reinforcement)로 분류된다. 〈표 2-2〉는 강화 유형과 벌의 관계를 나타낸 것이다.

표 2-2 강화와 벌의 유형

	효과	자극 제시()	자극 소멸()
강화	행동 유발	정적 강화(사탕 주기)	부적 강화(꾸중의 철회)
벌	행동 약화	부적 강화물을 가하는 벌(꾸중)	정적 강화물을 감하는 벌(사탕 안 줌)

※ 강화를 사용하여 행동을 통제하고자 하는 것을 행동수정이라 한다.

행동수정의 단계

- 원하는 행동을 설정한다.
- 언제, 어떤 행동을 해야 할지, 안 해야 할지에 대한 정확한 피드백을 제공한다.
- 목표 행동이 아닌 것은 무시한다.
- 원하는 행동이 일어났을 때 강화를 제공한다.

행동수정을 위한 방법

- 암시(prompting): 단순히 바람직한 행동이 일어날 때까지 기다리지 않고 원하는 단서를 제공하고 격려하는 것이다. 암시를 위한 자극 이전에 일반적인 자극이 제공되어야 하며, 계속적인 도움 없이 학습할 수 있도록 가능한 빨리 암시를 감소시키거나 철회해야 한다.
- 연쇄(chaining): 한 번에 학습하기 힘든 복잡한 반응을 형성하기 위해 단순한 행동을 순서적으로 연결하는 기술이다. 각 단계에 대해 단서를 주고 점차 단서를 줄여 간다.
- 조형(shaping): 목표 반응을 학생이 수행할 수 없거나 반응을 촉진할 방법이 없을 때 사용한다. 변별 강화를 제공하고 강화를 위한 기준을 변화시켜야 한다(스키너의 비둘기 실험).

3) 학습원리

앞서 살펴본 주요 행동주의 학습이론의 일반적인 학습원리를 정리하면 다음과 같다.

(1) 고전적 조건화이론

강화의 원리   조건자극과 무조건자극이 반복 제시될 때 무조건자극은 조건자극에 대한 강화의 기능을 갖게 된다. 이들 간의 연합 횟수가 증가됨에 따라 연합 강도는 커지며(침의 분비량이 많아짐), 일정 횟수 이상 증가하면 연합의 강도는 일정하게 된다(30회 이상 횟수가 증가됨에 따라 타액의 분비량은 일정하게 됨).

간격의 원리   조건자극과 무조건자극 간의 시간 간격이 조건반응에 영향을 준다. 조건자극과 무조건자극이 거의 동시에 결합될 때 조건형성이 가장 효과적으로 이루어진다. 무조건자극이 조건자극보다 선행하는 경우는 조건반응이 성립하지 않는다(역행성 조건화).

일반화 및 변별의 원리   조건형성은 자극일반화와 변별의 과정을 거친다. 자극일반

화는 조건화 과정의 조건자극과 유사한 자극에 대해 조건반응이 일어나는 현상을 말한
다. 예컨대, 실험에서 개는 조건자극인 종소리와 유사한 종소리에 대하여 침을 흘린다.
변별은 훈련 시 사용되었던 자극이나 어떤 한정된 범위의 자극에만 반응하는 경향성을
말한다. 예컨대, 개에게 종소리 대신 차임벨을 울려 주면 개는 침을 흘리지 않는다.

(2) 시행착오설

효과의 원리   어떤 일을 실천하였을 때 만족스러운 상태에 이르면 더욱 그 일을 계
속하려는 의욕이 생긴다(만족의 법칙, 결합의 강도 증가). 그러나 연습의 효과가 없다
면 의욕은 상실되고, 결국 포기하게 된다(불만족의 법칙, 결합의 강도 감소).

연습의 원리   모든 학습은 단번에 성과를 거두기보다는 꾸준히 반복적인 연습의
결과로 목표에 도달하고 성공하게 되며, 연습을 통해 향상되고 바람직한 행동의 변화
를 가져온다.

준비성의 원리   사전에 충분히 준비된 학습활동은 학습이 만족스럽게 잘 되지만,
준비가 되어 있지 않을 때에는 학습의 결과가 만족스럽게 되지 않고 실패하기 쉽다.

(3) 조작적 조건화이론

강화의 원리   강화적 자극(보상)이 따르는 반응은 반복되는 경향이 있으며, 조작적
반응이 일어나는 비율을 증가시키는 것은 강화적 자극(보상)이다. 즉, 행동은 그 행동
의 결과에 의해 지배를 받게 되어 유기체가 한 행동이 만족스러운 결과를 가져올 때
더욱 강한 행동의 반복을 가져온다.

소거의 원리   일정한 반응 뒤에 강화가 주어지지 않으면 반응은 사라진다(소거).
예컨대, 학습자가 공손하게 인사를 해도 윗사람이 인사를 받아 주지 않고 무시해 버
린다면 인사하는 빈도는 줄어들게 되고 마침내 인사 행동은 사라지게 될 것이다.

조형의 원리　　조형이란 실험자 또는 치료자가 원하는 방향 안에서 일어나는 다양한 반응만을 강화하여 원하는 방향의 행동을 습득하도록 하고, 원하지 않는 방향의 행동에 대해서는 강화를 받지 못하도록 하여 결국 원하는 방향의 행동을 할 수 있도록 하는 것을 가리킨다. 조형은 스키너의 이론에서 중요한 기법인 행동수정의 근거가 되는 개념이다.

자발적 회복의 원리　　일단 습득된 행동은 만족스러운 결과가 주어지지 않는다고 하여 즉시 그 행동이 소거되지는 않는다. 즉, 한번 습득된 행동은 보상이 주어지지 않더라도 똑같은 상황에 직면하게 되면 다시 나타난다.

변별의 원리　　변별이란 보다 정교하게 학습이 이루어지는 것으로 유사한 자극에서 나타나는 조그만 차이에 따라 다른 반응을 보이는 것이다. 예컨대, 어려서 어른에게 인사하는 법과 친구에게 인사하는 법을 구별하게 되는 것은 변별행동이다. 이것은 친구와 인사하는 방식으로 어른에게 인사하였을 때 그 결과가 달랐기 때문에 변별학습된 것이다.

강화계획　　스키너는 소거에 대한 저항을 높이기 위하여 적합한 반응의 일정 비율만을 강화하는 부분강화계획(partial reinforcement schedule)을 제시하고 있다.

4) 교수설계의 시사점

이상의 행동주의 학습이론이 교수설계에 주는 시사점을 다음의 몇 가지로 요약할 수 있다.

행동목표　　제시 바람직한 학습을 유도하기 위해 초기에 학습하기를 원하는 정확한 수행을 미리 제시하고, 학습목표는 수업이 끝났을 때 학습자가 성취해야 하는 결과를 관찰 가능한 행동목표로 진술해야 한다.

외재적 동기의 강화　　정반응이면 칭찬, 미소, 상 등 긍정적 결과를 주고, 오반응이면 무시한다. 부정적 통제보다 긍정적 강화 사용이 효과적이며, 늘 일관된 강화를 간헐적으로 준다.

수업계열   수업내용은 쉬운 것부터 어려운 것으로 점진적으로 제시하고, 복잡하고 어려운 문제를 단순한 것으로 세분화하여 제시한다(오반응 가능성 최소화, 바람직한 반응 유도).

수업평가   수업목표에서 진술된 행동의 계속적 평가와 피드백을 제공한다. 행동은 관찰 가능하기 때문에 정확한 평가가 가능하며, 평가를 위해 학습자에게 능동적 반응의 기회를 제공한다.

> **Aa 학습과제**
>
> 1. 행동주의 학습이론을 개관하고 이를 비판적 관점에서 정리해 봅시다.
>
> 2. 행동주의 학습이론이 주는 시사점은 무엇일까요? 행동주의 학습이론에서 배워서 활용할 수 있는 점이 있는지 정리해 봅시다.

3. 인지주의 학습이론

1) 학습관 및 이론적 가정

인지주의 학습이론은 행동주의 학습이론에 저항하여 생겨난 인간 학습이론이다. 이는 우리 눈으로 직접 관찰할 수 없지만 우리의 두뇌 속에서 벌어지는 외부 감각적 자극의 변형, 기호화 또는 부호화(encoding), 파지(retention), 재생 또는 인출(recall)이라는 일련의 정보처리 과정을 연구한다. 즉, 인지주의 학습이론은 외적 행동을 불러일으키는 내적 과정에서 학습의 의미를 구명한다.

행동주의 학습이론에서 학습을 상황에 대한 반응으로 보는 반면, 인지주의 학습이론에서는 문제 해결과 같은 방법으로 정보를 조직하고 재정비하는 과정으로 본다. 이에 따라 수업의 과정적 측면과 학습자의 인지활동, 사고의 측면을 중요시한다(복잡한 과제의 학습방법을 이해하는 데 도움이 된다.).

초기 인지주의 학습이론을 이끌었던 형태주의 심리학자는 몇 가지 점에서 행동주의자와는 근본적으로 다른 가정에서 출발한다(김언주, 1987).

- 행동주의와는 달리 자극과 반응의 중간 과정인 인간의 내적 과정(인지과정)을 연구 대상으로 한다. 내적 과정 중에서도 이해나 창조적 사고와 같은 고등정신과정을 연구 대상으로 한다.
- 학습단위를 '요소 간의 관계'로 보고 이러한 관계는 통찰에 의해 발견된다고 가정한다. 이것은 행동주의에서 학습단위를 '자극-반응 연합'으로 보고 주로 시행착오에 의해 일어난다고 보는 것과는 다르다.
- 인간의 학습과 동물의 학습 간에는 질적인 차이가 있다고 가정한다. 인간은 기계적·수동적으로 반응하지 않으며, 외부의 반응을 능동적·적극적으로 지각하고 해석하며, 판단하는 사고과정을 통해 행동한다고 본다.
- 전체는 부분의 합 이상의 의미를 갖는다. 인간은 낱낱의 부분으로 지각하는 것이 아니라 요소 간의 관계로 지각한다.

2) 학습이론

(1) 형태주의 심리학

1920~1940년대에 전성기였던 형태주의 심리학(Gestalt psychology)은 인간의 지적 현상을 연구함으로써 학습의 의미를 규명하려고 노력한다. 형태주의 심리학에서는 학습자가 상황을 지각할 때 낱낱으로 보는 것이 아니라 여러 부분을 조직하고 연결하여 조직된 형태(gestalt)로 지각한다. 즉, 학습자는 현상을 단편적으로 지각하는 것이 아니라 조직된 형태로 지각하려는 경향을 갖는다. 여기서 형태란 어떤 부분은 부분과 관련되어 전체를 이루며, 전체는 부분의 총합 이상의 성질을 지니고 있는 것을 말한다. 그래서 형태주의 심리학에서는 학습이 점진적인 연합에 의해 일어나는 것이

아니라, 어느 순간 문제 상황 속의 사물의 관계 구조(형태)를 파악하는 것, 즉 '통찰'에 의해 일어나는 것으로 본다.

베르트하이머의 이론   베르트하이머(Wertheimer)는 체제화가 모든 정신활동의 기초고, 인간은 자신이 지각하는 장이 체제화되어 있지 못하면 이를 하나의 형태로 체제화하려는 보편적이며 생득적인 경향성을 갖고 있다고 보았다. 이러한 지각 경향성을 지각의 법칙(law of perception)이라 한다. 다음은 지각의 법칙에 대한 내용이다(임창재, 1994).

- 유사성의 법칙: 개개의 부분이 비슷한 것끼리 연결되어 하나의 형태나 색깔의 성질로 지각되는 경향을 말한다. 예컨대, 유사한 동질의 한 쌍은 유사하지 않은 이질의 한 쌍보다 훨씬 쉽게 학습된다.
- 근접성의 법칙: 개개의 부분을 근접되어 있는 것끼리 하나의 의미 있는 형태를 이루고 있는 것으로 지각하는 현상을 말한다. 즉, 부분 간의 거리가 근접할수록 체제화가 쉽게 일어나며, 학습되기 쉽고 파지와 재생이 쉽게 이루어진다.
- 폐쇄성의 법칙: 불완전하거나 떨어져 있는 부분을 연결되어 완전한 것으로 지각하는 현상을 말한다. 예컨대, 우리는 한 면이 끊어진 불완전한 사각형 모양을 완전한 사각형으로 지각하는 경향이 있다.
- 연속성의 법칙: 처음 시작한 것을 동일한 형태로 계속해서 완성해 가는 현상을 말한다.
- 욕구의 작용: 사물에 대한 어떤 기대나 마음이 동일한 사물을 다른 각도에서 볼 수 없게 한다. 예컨대, 똑같은 크기의 원 안에 숫자 '100'과 '500'을 써 놓았을 때, 우리는 그것을 동전으로 지각하여 '500'이 새겨진 원을 선호하는 경향이 있다.
- 의미 부여에 따른 지각: 사물 자체는 무의미한 것이나 보는 사람이 어떤 의미를 가지고 사물을 보기 때문에 생각한 바와 같이 지각하는 현상을 말한다.

쾰러의 통찰이론   쾰러(Köhler)는 침팬지의 지적인 재능에 대한 광범위한 연구를 통하여 동물도 지적인 행동을 할 수 있다고 믿었다. 쾰러의 실험은 우회로 실험, 도구 사용 실험, 도구 조합 실험 등으로 대별할 수 있는데, 여기서는 침팬지를 대상으로 한

간단한 실험을 예로 든다.

쾰러는 침팬지를 폐쇄된 놀이터에 가두어 놓고 손이 닿지 않는 곳에 바나나를 매달아 놓았다. 침팬지는 바나나를 먹기 위해 손을 뻗거나 발돋움을 하거나 뛰어오르는 행동을 하였다. 이러한 시도가 실패하자 침팬지는 주변을 주의 깊게 살폈으며, 결국 막대기를 이용하여 바나나를 따거나 상자를 발판으로 삼아 바나나를 땄다. 가끔 침팬지는 주변의 나뭇가지를 부러뜨려 도구로 사용하거나 나무를 연결하여 사용하는 등의 도구를 제작하기도 하였다.

쾰러의 실험에서 침팬지는 시행착오 과정을 거치지 않고, 바나나와 사태, 도구의 관계를 발견하여 문제를 해결하였다. 쾰러는 침팬지가 이러한 관계를 발견하는 것을 '통찰(insight)'이라고 보았으며, 통찰학습의 과정을 다음 세 단계로 나누었다.

- 학습자가 문제 장면에 직면하게 된다. 이런 문제 장면은 일종의 인지 불균형 상태를 일으켜 학습이 일어나게 하는 동기를 유발한다.
- 문제 장면에 대한 탐색이 이루어진다. 탐색은 시행착오적인 것이 아니며, 목적과 수단, 요소와 요소 간의 관계에 대한 통찰과정을 의미한다.
- 통찰이 형성된다. 이때 통찰은 부분과 부분, 부분과 전체, 수단과 목표 간의 관계의 성립을 의미하며, 이전의 인지적 불균형 상태의 문제 장면은 균형 있는 구조화된 장으로 바뀌게 된다.

(2) 정보처리이론

1960년대에 발달하기 시작한 정보처리이론은 인간의 사고에 연구의 초점을 맞추고 있다. 즉, 인간이 외부 세계에서 획득한 정보를 어떻게 지각하고 이해하고 기억하는가에 대한 이론이다. 정보처리이론에서는 이러한 인간의 일련의 기억과정을 컴퓨터의 '정보 투입 → 정보처리 → 결과 산출' 과정에 비유한다. 즉, 컴퓨터는 부호화 과정을 통해 유입된 정보를 사용 가능한 형식으로 변환시켜 기억장치에 저장하고 저장된 정보를 다시 유출하는 정보처리체계를 갖고 있는데, 인간의 기억과정 역시 이와 같다는 것이다.

정보처리이론의 기본 가정은 인간의 학습이 학습자 외부에서 정보(자극)를 획득하여 저장하는 과정이다. 즉, 인간에게는 보고, 듣고, 느끼는 감각기관이 있는데, 이들

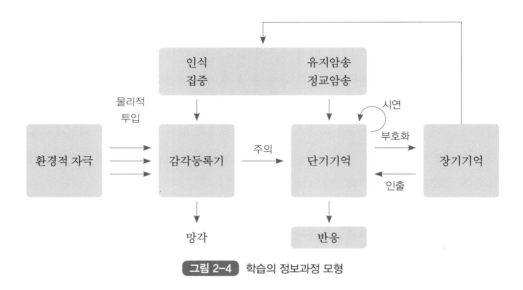

그림 2-4 학습의 정보과정 모형

감각기관을 통해 들어온 정보를 체계적으로 정리하여 두뇌라는 저장고에 보관하고 필요한 경우마다 이를 재생하여 원하는 곳에 활용한다고 본 것이다. 이러한 과정은 감각등록기 → 단기기억 → 장기기억의 단계를 거친다. 이 과정을 도식화하면 [그림 2-4]와 같다.

정보처리이론은 연구의 갈래가 다양하고 개념도 각기 다르지만, 일반적인 공통 요인을 정리한다면 다음과 같이 요약할 수 있다.

- 감각등록기(sensory register): 학습자가 환경에서 감각수용기관을 통해 정보를 최초로 저장하는 곳이다. 4초 이내의 매우 짧은 시간 동안만 아주 정확하게 기억한다.
- 단기기억(short-term memory): 단기기억 장치는 약 20~30초 정도 동안 약 7개의 정보 단위를 저장할 수 있다. 이 능력을 확장할 수 있는 방법으로는 정보 분할(각 정보 단위의 크기를 늘리는 것)과 시연(계속적으로 반복해서 외우는 것)이 있다. 책을 읽거나 생각하고 문제를 풀 때 새로운 정보와 학습된 정보가 섞이는 장소이므로 작동기억이라고도 한다.
- 장기기억(long-term memory): 장기기억 장치는 무한한 정보를 영구적으로 기억할 수 있는 곳이다. 이 장기기억에 저장되는 과정을 의미적 부호화라고 부른다.

장기기억은 정보를 유의미하고 목적지향적으로 연결된 의미망으로 변형하여 저장할 수 있다.

3) 학습원리

일단 단기기억에 저장된 정보는 쉽게 손실되기 때문에 기억을 위해 계속적으로 활성화하여야 한다. 단기기억 장소의 기억 활성화에 영향을 미치는 요소로는 다음과 같은 것이 있다.

유의미화(meaningfulness) 정보가 유의미할수록 기억하기 쉬워지며 학습자가 가진 지식의 구조, 경험, 준비도와 연결하였을 때 더욱 효과적인 학습이 된다.

순서적 위치(serial position) 순서적 위치는 목록에서 항목이 놓인 위치에 의해 발생한다. 다른 정보 때문에 간섭을 덜 받는 처음과 끝의 항목을 더 많이 기억하게 된다.

연습(practice) 연습을 많이 할수록 더 많이 기억한다. 연습에는 밀집된 연습과 분산된 연습 두 가지가 있는데, 분산된 연습이 반복학습 효과가 있어 더 효과적이다.

정보의 조직(organization) 단기기억 장치에서는 7단위의 정보만 수용할 수 있지만 여러 조각의 정보가 정보분할과 같은 기술에 의해 하나의 단위로 조작될 수 있다면 더 많은 정보를 기억하게 된다.

전이와 간섭(transfer & interference) 전이는 이전의 학습이 새로운 학습에 영향을 주는 것을 말하며, 정적 전이와 부정적 전이로 나누어 볼 수 있다. 간섭은 새로운 것이 이전의 것을 기억하는 데 부정적인 영향을 주는 것을 말하며, 소급적 간섭(새로운 정보가 이전의 정보에 영향)과 순서적 간섭으로 나누어 볼 수 있다. 부정적 전이와 간섭 효과를 최소화하기 위해서는 간헐적인 연습을 사용하고 단순 암기보다는 유의미 학습에 초점을 두면서 기억전략을 사용해야 한다.

기억술(mnemonic devices)   의미가 없는 자료를 유의미하고 기억하기 쉬운 이미지나 단어, 어구 등과 연결함으로써 기억을 도울 수 있다.

4) 교수설계의 시사점

이상의 인지주의 학습이론이 교수설계에 주는 시사점은 다음의 몇 가지로 요약할 수 있다.

학습자에 의한 목표 설정   인지주의에서 학습목표는 학습자가 스스로 설정한다. 교사는 학습자가 현재의 지식 수준보다 높은, 도달 가능한 목표를 설정할 수 있도록 도움을 줄 수 있어야 한다.

내재적 동기유발   교사는 학습자의 내재적인 동기유발에 힘을 기울일 필요가 있다. 내재적인 동기유발을 위하여 교사가 학습자의 현 수준보다 높은 문제 상황에 직면하게 함으로써 학습의욕을 촉진할 때, 학습자는 성취감을 맛보게 될 것이며, 내재적 동기는 강화될 수 있다.

교수방법   외적으로 관찰 가능한 학습의 결과를 강조한 행동주의에 비해 인지주의는 학습자의 내부에서 일어나는 인지과정에 관심을 두어 사고의 과정과 탐구 기능의 교육을 강조한다. 교사는 학습자 스스로가 새로운 정보를 처리할 수 있도록 인지처리 전략을 가르쳐 주거나 그것을 개발할 수 있는 교수방법을 모색하여야 한다.

수업계열   교사는 우선 학습자의 인지 발달 수준을 알고 그에 따라 적절하게 학습내용을 조직하여 제시하는 것이 무엇보다 중요하다. 예를 들어, 구체적 조작기에 기초한 설명은 전조작기의 유치원생에게는 비효과적이다. 또한 교사가 '지식의 구조'를 이해하고 이를 바탕으로 학습내용이 학습자에게 유의미하게 전달될 수 있도록 조직하여 제시할 때 학습효과는 증진된다.

수업평가   인지주의에서는 행동의 결과가 아닌 인지과정에 관심을 둔다. 따라서 평가의 중요한 대상은 기억력이 아닌 탐구력이다. 즉, 학습 결과보다는 학습과정이 중요하게 평가되어야 한다.

📖 학습과제

1. 자신의 경험에 비추어 학습이 효과적으로 잘 이루어지기 위해서 필요한 행동주의, 인지주의 학습이론별 요소들을 제시해 봅시다.

2. 인지주의 학습이론을 개관하고 이를 비판적 관점에서 정리해 봅시다.

3. 인지주의 학습이론이 주는 시사점은 무엇일까요? 행동주의 학습이론에서 배워서 활용할 수 있는 점이 있는지 정리해 봅시다.

---

4. 구성주의 학습이론

1) 학습관 및 이론적 가정

21세기 지식기반사회에서 요구하는 인간 육성을 위해서는 기존의 학교교육 체제가 아닌 새로운 패러다임의 학교교육 체제가 필요하다. 지식정보화 시대를 살아가고 있는 학습자에게는 다양하고 무수히 많은 정보 중에서 자신이 당면한 문제를 해결하는 데 필요한 정보를 신속하게 찾아내어 활용할 수 있는 능력이 필요하다. 따라서 학교교육에서는 학습자가 학습의 통제권을 가지고 자기주도적 역할을 수행할 수 있는 교육환경이 조장되어야 한다.

구성주의 학습이론은 1980년대 이후 교육 현장에서 나타나는 문제점을 해결하기 위한 대안적 교수-학습체제로 제기되었다. 구성주의 학습이론은 행동주의나 인지주의 학습이론과는 다른 학습관을 갖고 있다. 행동주의와 인지주의는 학습할 가치가 있다고 객관적으로 검증된 학습내용을 학습하기 위해 각 이론의 방법에 따라 학습한 후 그 성취 여부를 평가하는 공통점을 갖고 있다. 그러나 구성주의는 객관적인 지식의 존재를 부정하는 상대주의적 인식론에 근거한다. 즉, 구성주의에서 학습은 개인적 경험과 흥미에 따라 지식의 가치가 판단된다.

구성주의에서 '구성'은 활동의 결과가 아니라 학습자 스스로 설계해 나가는 구성과정을 의미한다(김영환, 1998). 따라서 구성주의에서 학습은 학습자 개인의 경험과 흥미에 따라 정한 학습내용을 스스로 구성해 나가는 과정이며, 결과는 그 과정을 수행할 수 있는 능력을 갖추었는가에 대한 확인으로 평가된다.

구성주의의 기본 가정은 학자에 따라 약간의 차이가 있으나 대체로 다음의 세 가지를 바탕으로 하고 있다(박인우, 1998).

- 지식은 인식 주체에 의해 구성된다. 개인이 지식을 구성한다는 가정에는 인식 주체의 능동성을 포함한다. 즉, 지식은 개인이 수동적으로 구성하는 것이 아니라 스스로의 경험을 바탕으로 능동적으로 구성한다.
- 지식은 맥락적이다. 지식은 인식 주체에 의해 구성되고 항상 상황 내에서 이루어지며, 그것이 습득된 상황과 관련된다. 따라서 우리가 습득하는 지식은 지식 습득의 맥락과 개인의 선수 지식, 경험 등에 따라 다르게 학습되며, 전이도 그 상황에 좌우된다. 이것을 '상황적 인지(situated cognition)'라 한다.
- 지식은 사회적 협상을 통해 이루어진다. 인식 주체에 의해 주관적으로 구성되고 상황에 따라 상이하게 구성되는 지식은 타인과의 상호작용 속에서 그 타당성이 검토되어 지식으로 형성된다.

2) 학습이론

(1) 인지적 도제이론

콜린스 등(Collins, Brown, & Newman, 1989)에 의해서 제안된 이 이론은 전통적 도제방법을 현대사회에서 요구되는 교수방법의 형태로 적용·변화시킨 것이다. 이 인지적 도제이론(Cognitive apprenticeship)은 전문가와 초심자 간의 특정한 관계 속에서 실제적 과제를 해결해 나가는 과정을 통하여 새로운 지식을 구성함으로써 개념을 발전시켜 나간다. 여기서 전문가는 초심자의 지식 구성과정을 도와주는 역할을 한다. 초심자는 전문가와의 토론이나 초심자 간의 토론을 통하여 사회적 학습행동을 습득하고, 자신의 인지적 활동을 통제하면서 인지능력을 개발하는 데 강조를 둔다.

또한 고차원적인 인지적 기술을 습득하고 배양하기 위한 방법으로 학습자의 내부적 인지작용과 활동을 자극하는 연속적인 자아성찰을 강조하고 있다. 자아성찰이란, 첫째, 내부 인지작용을 필요로 하는 실제 과제에 참여하면서 자신의 행동을 관찰하고 조명하며, 둘째, 자신의 행동을 전문가의 행동과 비교하며, 셋째, 교사와 학생의 역할을 바꾸어 실제로 실행해 봄으로써 자신의 제한적 시각을 넓히는 것을 말한다(강인애, 1995). 따라서 인지적 도제이론은 현실과 괴리되지 않은 실생활에서 전문가의 과제수행을 관찰하고 실제로 수행하면서 자신의 지식 상태의 변화를 경험하도록 하는 것이다.

이 이론에서는 학습방법으로 여섯 가지를 절차적으로 제시하는데, 이러한 절차적 방법은 다음의 세 단계로 구분된다.

- 1단계: 모델링(modeling), 코칭(coaching), 인지적 기반 구축(scaffolding). 인지적 도제 학습활동의 핵심 과정으로 관찰, 안내, 지원이 제공되는 실제 수행을 통해 인지와 메타인지가 통합된 기술을 획득하는 데 도움을 줄 수 있도록 설계한다.
- 2단계: 명료화(articulation), 반영(reflection). 전문가의 문제해결 과정에 대한 관찰에 초점을 두고, 학습자는 이 과정을 통해 자신의 문제해결 전략을 조절할 수 있도록 설계한다.
- 3단계: 탐색(exploration). 학습자 스스로 문제 해결을 위한 가설의 수립과 해결을 위한 탐색을 격려하는 독립적인 학습을 제공하도록 설계한다.

(2) 상황적 교수-학습이론

앵커드 수업모형(Anchored instruction model)이라고도 부르는 상황적 교수-학습이론은 CTGV(The Cognition and Technology Group of Vanderbilt University)에 의해서 개발된 수업 모형이다. 이 이론은 수업에서 실제 문제 상황을 교수매체(비디오, 컴퓨터 등)를 활용하여 학생에게 제시한 다음 가능한 대안을 찾아보도록 한다. 학생은 스스로 소집단별 또는 개별적으로 문제를 해결할 수 있는 방안을 실험해 본 다음 그 해결 방안을 찾는다. 이 수업에서 중요한 것은 문제 상황을 제시할 때 거시적 상황(macro context)을 앵커(anchor)로 사용한다는 점이다.

상황적 교수-학습이론은 다양한 교수매체를 활용하여 실제와 유사한 학습환경을 제공하고, 이를 통하여 학습자에게 단순한 사실적 지식을 제공하기보다 현실 상황에서 활용 가능한 지식을 제공해 주어 문제 해결력이 증진되도록 도움을 주는 데 목적이 있다. 이러한 상황적 교수-학습이론에서는 학습자의 관심을 집중시키고 문제를 파악하도록 하기 위해 문제를 이해하는 데 필요한 핵심 요소를 활용한다. 이때 효과적인 핵심 상황이란 문제 상황을 학습자가 인식할 수 있도록 도울 수 있는 것이어야 한다. 이러한 상황적 교수-학습이론의 수업모형 단계는 다음과 같다(허형, 1997).

- 비디오 상영을 통하여 학습동기를 촉진하고 문제 상황을 제시한다.
- 수학적 개념의 문제를 실제적 과제를 통해 이해하기 쉽게 이야기식으로 제시하여 문제 해결을 위한 상황을 창안한다.
- 문제를 해결하기 위하여 아동의 적극적 참여를 유도하고 아동 중심의 창안학습 환경을 조성한다.
- 여러 가지 사실적 학습자료를 함축적으로 제시한다.
- 아동이 복잡한 문제를 해결하고 활용할 수 있는 기회를 제공한다.
- 학습하고자 하는 개념이 어떻게 구체적인 상황에서 활용될 수 있는지를 제시하고 여러 가지 유사한 문제를 해결하게 하여 학습의 전이 효과를 높인다.
- 다른 과목과 통합된 복합적인 문제를 제시하여 교육과정과 연계한다.

(3) 인지적 유연성이론

인지적 유연성이란 여러 지식의 범주를 넘나들며 다양한 방법으로 연결하는, 급격하게 변화해 가는 상황적 요구에 대해 적응력 있는 대처 능력이라고 할 수 있다. 인지적 유연성이론(Cognitive flexibility)은 지식의 재현과 그 재현과정을 중시한다. 따라서 이 이론의 기본 전제는 지식의 특성과 지식의 구성과정에 있다. 이는 전통적 교수-학습 원칙에 의거한 단순한 지식의 습득을 지양한다. 대신에 비정형화된 성격의 지식을 습득하여 복잡성과 비규칙성의 특성을 지닌 고급지식 단계에서도 순조로운 학습이 이루어지도록, 특정 학문 분야의 가장 초보적인 단계부터 지식의 복잡성과 비규칙성을 포함한 과제와 학습환경을 제공해야 한다고 본다.

인지적 유연성이론의 학습원리는 다음과 같다.

- 주제 중심의 학습을 한다.
- 학습자가 충분히 다룰 수 있는 정도의 복잡성을 지닌 과제로 작게 세분화한다.
- 다양한 소규모의 예를 제시하는 것이다.

또한 이 모형에서 인지적 유연성은 과정기술(processing skills)의 유연성을 발달시켜 유연한 인지과정을 도울 수 있는 내용지식의 구조를 습득하도록 하기 위하여 유연한 학습환경이 필요하다. 이때 같은 내용을 다양한 방법 및 목적으로 학습할 수 있도록 한다.

스피로(Spiro)는 이와 같은 복잡하고 다양한 학습환경의 조성과 인지적 유연성이 있는 환경 구성을 위하여 컴퓨터를 통한 다차원적이고 비선형적인 하이퍼텍스트 시스템을 활용할 것과 하이퍼텍스트를 활용한 다차원적 접근과 비선형적 접근이 되도록 하기 위한 무선적 접근수업(random access instruction)을 권장하고 있다.

대부분의 고차적 지식(advanced knowledge)은 구조화되어 있지 않기 때문에 인지적 유연성 이론의 원리를 적용함으로써 치유할 수 있다. 이러한 문제를 해결할 수 있는 수업방법은 무선적 접근수업을 통해서 이루어지는데, 이는 곧 인지적 유연성 하이퍼텍스트(Cognitive Flexibility Hypertext)라 부르는 비선형적 컴퓨터 학습환경의 설계로 해결할 수 있다.

3) 학습원리

브룩스와 브룩스(Brooks & Brooks, 1993)는 학습활동의 장인 교실활동의 특징을 전통적인 교실과 구성주의 교실로 대별하여 설명하고 있다. 전통적인 교실의 특징을 살펴보면 다음과 같다.

- 교육과정은 기본 기능을 강조하며 부분에서 전체로 제시한다.
- 엄격하고 확고부동한 교육과정에 충실한 것을 높이 인정한다.
- 교육과정 활동은 주로 교과서와 연습 책자에 충실하게 한다.
- 학생을 백지판으로 생각함으로써 모든 정보가 교사에 의해 새겨진다.
- 교사는 일반적으로 교훈적 태도로 행동하고 학생을 위해서 정보를 제공한다.

- 교사는 학생의 학습을 확인하기 위하여 정확한 답변을 추구한다.
- 학생의 학습에 대한 평가는 교수 행위와 분리함으로써 전적으로 시험을 통해서 이루어진다.
- 학생은 주로 혼자서 공부하는 특징이 있다.

이에 비해 구성주의 교실의 특징은 다음과 같다.

- 교육과정은 큰 개념을 강조하며, 전체에서 부분으로 제시한다.
- 학생의 질문을 추구하고 그들의 질문을 높이 인정한다.
- 교육과정 활동은 주로 1차 자료나 조작적인 자료에 의존하여 실시한다.
- 학생을 사고자로 생각함으로써 세계에 대한 이론 개발에 역점을 둔다.
- 교사는 일반적으로 상호작용적 태도로 행동하고 학생을 위한 환경을 조성한다.
- 교사는 수업과정에서 사용되는 개념을 학생이 이해하고 있는가 확인한다.
- 학생의 학습에 대한 평가는 교수행동 과정에서 나타나며, 이러한 평가는 학생의 수업과정에서 보여 준 행동을 관찰함으로써 이루어지고, 학생의 발표와 포트폴리오를 최대한 활용한다.
- 학생은 주로 여럿이 함께 공부하는 특징을 가지고 있다.

구성주의는 그 기본 전제를 학습자 중심의 교육환경에 두고 있으며, 지식은 전수되는 것이 아니라 구성되는 것으로 본다. 지식 구성은 인지활동의 결과며, 의미 있는 지식의 구성은 질문, 혼돈, 불일치, 부조화 등에 의해 촉진된다. 그리고 우리가 만드는 세계, 즉 실재는 우리 마음속, 인지구조 내에 있다고 보므로 세계 또는 실재에 관한 다양한 관점을 인정한다. 따라서 구성주의적 교수-학습활동에서는 다음과 같은 점이 요구된다.

- 실제적 활동이 포함되는 복잡한 학습환경을 제공한다.
- 학습과정에 사회적 협상을 제공한다.
- 학습자의 다양한 관점이 고려된 표상 모델을 사용한다.
- 학습자 자신의 사고와 학습과정의 반성과 인식 기회를 제공한다.

• 학습자의 학습요구와 그 요구에 부응할 수 있는 방법 등을 제공할 수 있는 학습 환경을 조성한다(Driscoll, 1994).

또한 레보(Lebow, 1993)는 다음과 같은 점을 제시하였다.

• 학습자에게 학습하는 목적을 분명하게 이해시켜 주고 의미 있는 과제를 제시한다.
• 학습자가 스스로 학습활동을 전개할 수 있고 자신의 학습의도와 학습내용 간의 관련성을 파악할 수 있는 환경을 제공한다.
• 학습자가 스스로 의미를 구성하는 과정을 보조해 준다.
• 학습과정에 대한 자기조절 능력과 책임감을 갖도록 해 준다.
• 학습환경은 실제 환경의 복잡함을 그대로 반영해야 한다.
• 학습과정에 대해 반추해 볼 수 있는 환경을 제공한다.
• 인지적 도제학습이 이루어질 수 있도록 실제 전문가와의 상호작용이 가능한 환경을 제공해 주어야 한다.

학습자가 학습과정에서 능동적이고 적극적인 학습활동을 수행하기 위해서는 교사가 학습의 역동성을 이해하고 존중해 주어야 한다. 또한 학교교육이 학습자에게 탐구활동의 시간이 될 수 있도록 교실환경을 구성해 주어야 학습자 중심의 교육이 이루어질 수 있다. 성인의 모델과 환경 조건은 학습자의 자기주도적 문제 구성과 문제해결에 중요한 기초가 된다. 학습자가 해결하지 못한 과제에 대해 질문하고 학습자와 학습자 간의 상호작용이 이루어지고, 협동적 학습이 인정되면, 학습자의 아이디어가 충분히 발휘될 수 있기 때문에 학습자 중심의 교육이 이루어질 수 있다. 미국의 장학 및 교육과정 개발 협회(ASCD, 1995)에서 주장하고 있는 구성주의의 지도 원리는 다음과 같다.

• 학습문제는 학습자에게 적합해야 한다.
• 기본 개념 중심의 학습활동으로 구성한다.
• 학습자의 관점을 추구하고 존중한다.
• 교육과정 내용은 학습자의 수준에 적합한 교육과정으로 운영한다.

• 교수-학습과정에서 평가 실시를 제시한다.

4) 교수설계의 시사점

이상의 구성주의 학습이론이 교수설계에 주는 시사점은 다음의 몇 가지로 요약할 수 있다.

수업목표 및 수업평가   수업목표는 학습이 이루어지기 전에 수업설계자나 교사에 의해 미리 정해지는 것이 아니라, 학생이 과제를 가지고 문제를 풀어 가는 과정 중에 도출되어 학생 스스로 수립한다. 수업평가는 성취도 한 가지에 국한하지 않고 과제의 수행과정에서 연속적으로 이루어지도록 해야 한다.

학습내용   객관주의는 학습내용을 구조화 · 연계화하여 학습자가 완전하게 습득하는 것을 강조한다. 반면에 구성주의는 오히려 학습자의 수준에 맞게 정리되지 않은 복잡한 상태 그대로의 과제를 학습내용으로 하여, 학습자가 자신의 현 지식과 경험의 수준 및 관심에 따라 문제를 선택, 설정하고, 해결하도록 하는 데 초점을 맞춘다.

학습동기 유발   구성주의에서는 협동학습을 조장하여 개인이 맡아야 할 인지적 부담의 정도를 덜어 주기 때문에 학습자가 보다 적극적으로 학습에 임할 수 있다. 또한 학습자의 흥미, 관심 등에 비추어 학습자 스스로 학습목표를 설정하기 때문에 학습에 대한 흥미를 불러일으킬 수 있다.

수업계열   지식은 개인의 경험으로 구성되며, 학습은 개인의 해석에 의해 이루어진다. 그러므로 지식은 교사에 의해 전달되는 것이 아니라 학습자 스스로 능동적으로 구성하는 것이다. 따라서 교사는 학습자 개개인의 수준을 고려하여 그들 스스로에게 맞는 학습내용을 선정할 수 있도록 조언을 해 줄 수 있어야 한다.

학습과제

1. 전통적인 교실 수업이 안고 있는 문제점을 해결하기 위한 방안으로서 구성주의적 방법의 적용 가능성을 정리해 봅시다.

2. 구성주의 학습이론을 개관하고 이를 비판적 관점에서 정리해 봅시다.

3. 구성주의 학습이론이 주는 시사점은 무엇일까요? 구성주의 학습이론에서 배워서 활용할 수 있는 점이 있는지 정리해 봅시다.

---

5. 교수-학습이론의 통합적 적용

1) 기저 이론의 원리와 차이점

세 가지 주요 학습이론인 행동주의, 인지주의, 그리고 구성주의는 각자 독특한 학습원리와 접근방식을 가지고 있는데, 구체적으로 살펴보면 우선 행동주의 학습이론은 학습자의 행동을 중심으로 학습을 기술하고 있다(Ormrod, 2016). 이 이론에 따르면, 학습은 주로 외부 환경과 외부 자극에 의해 결정되며, 학습자는 피드백과 보상을 통해 특정 행동을 강화하거나 약화시킨다. 이렇게 행동주의는 실제 행동에 중점을 두고, 반복적인 연습을 통해 학습이 발생한다고 한다. 인지주의 학습이론은 학습자의 내부적인 인지과정과 사고과정을 강조한다. 이 이론에 따르면, 학습자는 주어진 정보를 받아들이고 해석하며, 의미를 부여하고 문제를 해결하기 위해 내부적으로 사고한다. 인지주의 이론은 학습자의 의식적인 사고, 기억, 이해를 강조하며, 학습은 지적 활동의 결과로 이루어진다고 본다(Ertmer & Newby, 2013). 이에 비하여 구성주의 학습이론은 학습을 의미 있는 패턴과 구조의 형성으로 간주한다. 구성주의 이론은 지식의 구축과 의미 부여를 중요하게 보며, 학습자는 새로운 정보를 이미 가지고 있는 기존 지식과 통합하는데, 이 때에는 학습자의 선행 지식, 스키마, 그리고 상황이 고려된다고 한다(Jonassen, 1991).

　따라서 이러한 학습이론들은 교육 분야에서 어떻게 학습자에게 접근하고 지원하는지에 대한 다양한 방식과 관점을 제시한다. 각 이론은 학습자의 역할과 학습환경을 이해하는 데 중요한 차이를 가지고 있다. 행동주의 이론에서 교육방법은 주로 명확한 목표와 피드백 시스템을 갖추는 데 중점을 두고 학습자가 원하는 행동을 반복적으로 연습하고 보상 또는 벌칙을 통해 행동을 조절하게 된다. 이러한 관점에서 교육자는 목표를 명확히 설정하고 학습자의 행동을 강화하거나 수정하기 위한 전략을 사용하게 된다. 인지주의 학습이론에서 교육방법은 학습자의 의식적인 사고, 기억, 이해 능력을 강조하며, 문제해결 능력과 비판적 사고능력을 개발하기 위해 다양한 전략을 사용한다. 교수자는 학습자의 지적 능력을 촉진하고 활용할 방법을 모색하게 된다. 구성주의 학습이론에서 교육방법은 학습자의 선행 지식과 경험을 존중하고, 학습자가 자신의 지식을 구축하고 확장할 수 있도록 돕는다. 교수자는 학습환경을 풍부하게 만들고 학습자가 자신의 개념을 개발하고 공유할 수 있는 기회를 제공하려고 노력하게 된다.

2) 교수-학습이론의 통합

　행동주의, 인지주의, 구성주의는 각각 학습에 대한 고유한 관점을 제공하며 다양한 학습이론의 중요한 측면을 강조한다. 그러나 이러한 이론들을 통합하는 접근방법도 중요하다. 통합적인 관점은 학습자가 외부 환경에서 행동하는 동안 내부적으로 정보를 처리하고 의미를 만들어 내는 복잡한 학습과정을 강조하는데, 이를 통해 학습자는 주어진 상황에서 필요한 행동을 수행하고 새로운 지식을 습득한다. 통합적인 학습이론은 학습자의 행동, 인지 프로세스, 그리고 지식 구축 모두를 고려하는데, 학습자는 외부 환경에서 행동하며 동시에 정보를 처리하고 내부적으로 의미를 생성한다. 이를 통해 학습자는 주어진 상황에 대응하고 새로운 지식을 습득하는 것이다. 예를 들어, 학습자가 어떤 작업을 수행하려고 할 때, 행동주의적인 관점에서는 목표를 설정하고 보상 시스템을 활용하여 원하는 행동을 강화하는 방법에 중점을 두고, 인지주의적인 관점에서는 학습자의 사고과정과 문제해결 능력을 개발하고자 노력하며, 이를 위해 정보처리 및 의식적인 사고를 강조하며, 구성주의적인 관점에서는 학습자의 선행 지식과 경험이 새로운 학습과 연결되어 의미 있는 지식을 구축하는 데 중요하다고 강조하는 것이다.

이러한 관점들을 통합하는 것은 교육 및 교수법의 다양성을 지원하고 학습자의 다양한 요구에 부응하는 교육방법을 개발하는 데 도움을 준다. 이러한 통합적인 관점에서 교수자는 학습자의 다양한 요구와 학습환경에 맞게 다양한 전략을 유연하게 조합하여 사용할 수 있다. 이러한 다양한 전략은 학습자 중심의 접근방식을 강조하며, 학습자의 다양한 능력과 필요에 부응하는 유연한 교육방법을 개발하는 데 도움을 준다.

교수-학습이론의 통합은 교육자가 다양한 학습 상황과 학습자의 다양한 요구에 맞게 유연하게 대응할 수 있는 강력한 접근법을 제공한다. 예를 들어, 교수자는 학습자가 처음 어떤 스킬을 배우는 상황에서는 행동주의적인 접근법을 사용할 수 있다. 이때 교수자는 명확한 목표를 설정하고, 학습자가 원하는 행동을 반복적으로 연습하도록 유도하며, 피드백과 보상을 통해 학습을 강화할 수 있습니다. 그러나 학습자가 좀 더 복잡하고 추상적인 개념을 이해하고자 할 때는 인지주의적인 전략이 유용할 수 있다. 교수자는 이 경우에 학습자의 내부 사고과정을 촉진하고, 문제해결 능력을 강화하기 위한 활동을 도입할 수 있는데, 학습자의 의식적인 사고, 기억, 이해능력을 활용하여 학습을 진행시킨다. 또한, 학습자가 이미 어떤 지식과 경험을 가지고 있고 새로운 정보를 그것과 연결시켜야 할 때는 구성주의적인 방법이 효과적일 수 있다. 교수자는 학습자의 선행 지식을 존중하고, 학습자가 새로운 정보를 기존 지식과 관련시킬 수 있도록 돕는다. 학습자가 자신의 개념을 구축하고 다른 학습자와 공유하도록 장려하는 것이다.

통합적인 접근법은 학습자 중심의 교육을 강조하며, 학습자의 다양한 능력과 필요에 부응하는 교육방법을 개발하는 데 도움을 준다(Ertmer & Newby, 2013). 이는 학습자들이 각자의 학습 스타일과 요구 사항에 맞게 지원을 받을 수 있도록 하는 데 큰 장점을 제공한다. 이러한 통합적인 관점은 현대 교육 및 교수법에서 많이 채택되고 있으며, 학습자 중심의 접근방식을 강조하며 학습자의 다양한 능력과 필요에 부응하는 교육방법을 개발하는 데 중요한 역할을 한다.

3) 교육 현장에서의 적용

교육 현장에서 학습이론을 적용하는 것은 교사와 교육자들이 학생들의 다양한 학습 스타일과 수준을 고려하여 보다 효과적인 교육을 제공하는 데 중요한 역할을 한다. 이를 위해 행동주의, 인지주의, 그리고 구성주의와 같은 다양한 학습이론들을 유연하게 조합하여 사용하며 학습자 중심의 교육을 실현한다.

행동주의적인 접근법은 학습자가 외부 환경에서 특정 행동을 수행하고 이를 반복하며 학습하는 과정을 강조한다. 교사는 이러한 학습자들을 위해 명확한 학습목표와 피드백 메커니즘을 활용할 수 있다. 예를 들어, 수학 공부에서 교사는 문제 풀이 연습과 함께 정확한 답안과 피드백을 제공하여 학습자의 행동을 강화할 수 있다. 초등학교 수학 교사는 학생들에게 덧셈을 가르칠 때, 학생이 올바른 답을 내면 즉시 칭찬하고 포상하는 것을 적용할 수 있다. 이렇게 하면 학생들은 올바른 답을 더 자주 내고, 특정 행동(덧셈)을 강화하여 학습한다.

인지주의적인 전략은 학습자의 내부 인지 프로세스와 사고과정을 중시한다. 이론에 따르면 학습자는 주어진 정보를 받아들이고 해석하며, 의미를 부여하고 문제를 해결하는 과정에서 자신의 지적 능력을 활용한다. 교사는 이러한 학습자들을 위해 학습환경을 논리적이고 도전적으로 설계할 수 있다. 예를 들어, 문학 수업에서 교사는 학생들에게 다양한 시와 소설을 읽고 분석하며 자신의 의견을 형성하는 과정을 촉진할 수 있다. 중학교 과학 교사는 학생들에게 화학 반응 메커니즘을 가르칠 때, 학생들에게 실험 결과를 분석하고 그 결과에 대한 이론을 구성하도록 유도한다. 학생들은 주어진 정보를 분석하고 자신만의 이론을 만들며, 이러한 과정을 통해 화학 개념을 이해한다.

구성주의적인 방법은 학습자가 이미 보유한 지식과 새로운 정보를 통합하며 의미 있는 학습경험을 만들 수 있도록 돕는다. 교사는 이러한 학습자들을 위해 학습환경을 개방적이고 상호작용적으로 구성할 수 있다. 예를 들어, 고등학교 역사 교사는 학생들에게 토론 형식으로 미국 민주주의의 원리와 동작 방식에 대해 토론하도록 요청한다. 학생들은 서로 다른 시각과 경험을 공유하고 토론을 통해 자신의 이해를 더욱 풍부하게 만들며, 개념을 구축하고 확장한다. 이러한 활동을 통해 학생들은 미국 민주주의에 대한 이해를 깊게 학습하게 된다.

이러한 다양한 이론들을 적절히 활용하여 교육방법, 교육자료 개발, 그리고 학습평가를 수립하는 데 도움을 주며, 학습환경을 최적화하기 위한 지침을 제공한다. 교사와 교육자들은 학습자의 다양한 요구와 학습환경에 맞게 이러한 이론들을 유연하게 조합하여 사용함으로써 학습자 중심의 교육을 실현하고 학습자의 다양한 능력과 필요를 고려하는 데 큰 역할을 한다. 이러한 접근법은 현대 교육 및 교수법에서 많이 채택되고 있으며, 학습자의 다양성을 고려하고 학습과정을 최적화하는 데 기여한다.

학습과제

1. 통합이론에 대해서 설명해 봅시다.

2. 교실의 현장에서 학습이론을 통합적으로 적용해 볼 수 있는 방안에 대해서 기술해 봅시다.

참고문헌

강인애(1995). 인지적 구성주의와 사회적 구성주의에 관한 간략한 고찰. 교육공학연구, 11(2), 3-20.

김언주(1987). 신교육심리학. 서울: 문음사.

김영환(1998). 한국교육공학계에 나타난 구성주의에 대한 비판적 탐색. 교육공학연구, 14(3).

김진호, 최철용, 박혜경, 강병재(2001). 교육방법의 기초. 서울: 문음사.

노은호, 민영일(2000). 교수-학습 방법론. 서울: 동문사.

박인우(1998). 학교교육에 있어서 구성주의 원리의 실현매체로서의 인터넷 고찰. 교육공학연구, 12(2), 81-99.

박성익, 강명희, 김동식 편(1998). 교육공학 연구의 최근 동향. 경기: 교육과학사.

윤운성(2001). 교육의 심리적 이해. 경기: 양서원.

이경화(2004). 창의성 계발과 교육. 서울: 학지사.

임창재(1994). 수업심리학. 서울: 학지사.

전성연(2001). 교수-학습의 이론적 탐색. 서울: 원미사.

허형(1997). 학교학습모형의 개념적 문제와 학업성취 수준. 교육과정연구, 제3집. 교육과정연구회.

황응연, 조숙자, 최해림, 조혜자, 정명숙, 최세리(2000). 교육심리학. 서울: 문음사.

Anderson, J. R. (1995). *Cognitive psychology and its implications* (4th ed.). Freeman.

ASCD (1995). *Constructivism facilitator's guide.* Alexandria, VA: Association for Supervision and Curriculum Development.

Brooks, J. G., & Brooks, M. G. (1993). *The case for constructivist classrooms.* Alexandria, VA: Association for Supervision and Curriculum Development.

Collins, A., Brown, J. S., & Newman, S. E. (1989). Cognitive apprenticeship: Teaching the crafts of reading, writing, and mathematics. In L. B. Resnick (Ed.), *Knowing, learning, and instruction: Essays in honor of Robert Glaser* (pp. 453-494). Hillsdale, New Jersey: Lawrence Erlbaum Associates, Inc.

Driscoll, M. P. (1994). *Psychology of learning for instruction.* Boston: Allyn and Bacon.

Ertmer, P. A., & Newby, T. J. (2013). Behaviorism, cognitivism, constructivism: Comparing critical features from an instructional design perspective. *Performance Improvement Quarterly, 26*(2), 43-71.

Hattie, J., & Timperley, H. (2007). The Power of Feedback. *Review of Educational Research, 77*(1), 81-112.

Jonassen, D. H. (1991). Objectivism versus constructivism: Do we need a new philosophical paradigm? *Educational Technology Research and Development, 39*(3), 5-14.

Lebow, D. (1993). Constructivism values for systems design: five principles toward a new mindset. *Educational Technology Research and Development, 41*(3), 4-16.

Ormrod, J. E. (2016). *Educational psychology: Developing learners.* Pearson.

Pavlov, I. P. (1927). *Conditioned reflexes: an investigation of the physiological activity of the cerebral cortex.* Oxford Univ. Press.

Thorndike, E. L. (1913). *Educational Psychology: The Original Nature of Man* (Vol. 1). New York: Columbia University.

von Glasersfeld, E. (1984). An introduction to radical constructivism. In P. Waltzwick (Ed.), *The invented reality* (pp. 17-40). New York: Norton.

[참고 사이트]

http://jinhaehome.or.kr/technote/read.cgi?board=%C0%DA%B7%E1%BD%C7&y_number=14

https://www.youtube.com/watch?v=0YOqgXjynd0

https://www.youtube.com/watch?v=BDujDOLre-8

https://www.youtube.com/watch?v=ybEiH0GWwuA

교사 중심 교수-학습방법¹⁾

 고대로부터 후세를 가르친다는 것은 중요한 사회적 덕목으로 여겼고, 이를 담당하는 전문직이 나타났다. 서양 역사를 본다면 기원전 5~4세기의 소피스트가 최초로 가르치는 일을 업으로 삼았다고 할 수 있다(Saettler, 2004). 소피스트는 준비된 강연, 즉흥적 강연, 자유토론 등 세 가지 방법을 주 교수법으로 사용하였다. 당시 큰 비중을 차지한 것은 수사법의 학습으로, 소피스트들은 수사법을 가르치는 데 이론과 실제를 접목시켰다. 이들은 우선 수사의 원칙과 이론을 가르친 이후, 모범 사례를 제시함으로써 학생이 이를 모방·분석·토론하고 실제로 연습해 볼 수 있게 하였다. 그 후 학습목표를 효과적으로 달성하는 여러 방법이 탄생하고 발전하게 되어 오늘에 이르렀다고 할 수 있다. 이 장에서는 교수-학습의 유형과 수업의 가장 기초가 되는 교사 중심의 수업방법에 대해서 설명하고자 한다.

---

1) 교사 중심의 교수-학습방법과 학습자 중심의 교수-학습방법의 구분은 주관적이라고 할 수 있다. 협동학습을 학습자 중심의 수업방법으로 분류할 수도 있으나, 여기에서는 교사가 사전에 치밀한 계획이 있어야 한다는 전제로 교수 중심의 방법으로 분류하였다.

1. 교수-학습방법의 유형

교수-학습방법은 여러 가지 기준으로 분류할 수 있다. 대표적인 방법으로 조이스 등(Joyce et al., 2015)이 제시한 사회형, 정보처리형, 개인형, 행동체제형 등 네 가지 유형이 있다.

1) 사회형

여러 명이 모여 학습공동체를 건설하고 집단의 시너지 효과를 얻을 수 있는 방법이다. 여기에는 학습 파트너(partners in learning), 집단조사(group investigation), 역할극(role playing), 법률조사(jurisprudential inquiry) 등이 있다.

- **학습 파트너**: 학생 간에 힘을 합쳐 작업할 수 있는 협동학습의 여러 형태를 일컫는 말이다. 여기에는 학생 간의 작업의 효과성, 의존성, 분업, 경쟁심을 높이는 방법들이 있다.
- **집단조사**: 민주적 과정을 학생에게 가르쳐야 한다는 듀이(Dewey, 1916)의 사상에서 그 연원을 찾을 수 있다. 학생이 문제를 정의하고, 문제의 다양한 측면을 탐구하며, 자료를 수집하고 가설을 세우며, 이를 검증하는 절차로 이루어진다. 교사는 이런 과정이 이루어지도록 활동을 조직하고, 학생이 정보를 찾고 정리하며, 충분한 활동과 대화가 일어나도록 도와야 한다.
- **역할극**: 학습자에게 갈등 상황을 연출하거나 다른 사람의 역할을 해 봄으로써 사회적인 행동을 관찰하고, 사회 가치를 생각해 보며, 사회문제에 대한 정보를 인지하게 하는 역할을 한다.
- **법률조사**: 공공정책의 수립이 필요한 영역에 대한 사회문제를 점검하는 사례연구로, 학생은 문제가 되는 사례를 분석하고 적절한 대응책을 설정해 볼 수 있다. 사회과목을 위해 고안된 이 방법은 사회정의, 평등, 빈곤, 권력의 문제뿐 아니라 이와 연관된 다른 과목에서도 적용이 가능하다.

2) 정보처리형

데이터를 수집 및 조직하고, 문제를 파악하여 해결책을 제시하며, 이를 전달하기 위해 개념과 언어를 개발하는 등 세계를 이해하기 위한 인간의 원초적 욕구를 증진시키는 방안을 강조한다. 이 방법에는 귀납적 사고(inductive thinking), 개념 획득(concept attainment), 과학적 탐구(scientific inquiry), 탐구 훈련(inquiry teaching), 암기법(Mnemonics), 창조공학(synectics), 선행 조직자(advance organizer), 지력 계발(developing intellect) 등이 있다.

- **귀납적 사고**: 학생이 정보를 발견하고 조직하여, 일련의 정보 간의 관계를 설명하고, 가설을 검증하도록 훈련하는 과정이다.
- **개념 획득**: 학생에게 조직된 정보를 잘 제시하고 개념을 학습하는 데 효과적이 되도록 구성되어 있으며, 귀납적 사고와 유사한 방법이다.
- **과학적 탐구**: 그 학문이 탄생하게 된 바로 그 방법으로 학술적 내용을 가르치는 것을 목적으로 한다. 자연과학과 사회과학에 주로 적용되는 이 방법은 과학자들이 사용하는 과학적 탐구방법을 그대로 가르치려 한다.
- **탐구 훈련**: 인과적인 사고를 하며, 질문하고, 개념과 가설을 세우고, 검증하는 데 도움이 되도록 설계한다.
- **암기법**: 정보를 기억하고 동화하는 전략이다. '태정태세 문단세……'처럼 조선의 역대 왕을 외울 때 첫 글자만을 기억해 리듬에 맞추면 단시간에 효과를 보듯 교사는 학생에게 정보를 제시할 때 학생이 손쉽게 정보를 흡수할 수 있는 방법을 이용해야 한다.
- **창조공학**: 학생이 문제해결학습이나 작문활동을 할 때 기존의 사고틀을 깨거나 어떤 주제나 사안에 대해 새로운 시각을 갖도록 하기 위한 목적에서 출발하였다. 학습자가 자주적으로 학습한 절차를 개인이나 집단활동에 활용할 수 있을 때까지 일련의 워크숍 형태로 제공한다. 애초 창조적 사고를 자극하기 위해 개발되었지만, 집단활동이나 학습 기술 개발에 도움이 되며, 학생 간에 온정적인 감정을 경험하는 데 도움이 된다.
- **선행 조직자**: 학생에게 학습할 내용에 대한 인지구조를 미리 제공해 주는 것으로

여러 다른 형태의 교수법과 함께 사용할 수 있다.

- **지력 계발**: 학생의 발달 단계에 교수법을 맞추고 학생의 발달을 증진시키는 데 목적이 있다. 주로 어린 아동이나 가정환경이 열악한 학생의 성장과 발달을 돕기 위해 사용되는데, 모든 교육현장과 다양한 내용에 적용 가능하다.

3) 개인형

개인형은 학습자가 스스로를 보다 잘 이해하고 자신의 미래에 대해 스스로 책임을 져, 보다 질 높은 삶을 살도록 하는 데 그 목적이 있다. 비지시적 교수(nondirective teaching)와 자아존중감 향상(enhancing self-esteem) 등이 있다.

- **비지시적 교수**: 로저스(Rogers)의 상담이론에서 탄생한 것으로, 학생과 교사의 파트너십을 강조하는 모델이다. 교사는 학생이 주체적으로 학습을 수행할 수 있도록 상담자 역할을 수행한다.
- **자아존중감 향상**: 매슬로(Maslow)의 영향을 받아 자아존중감과 자기실현 능력을 계발하는 것을 목적으로 한다.

4) 행동체제형

사회학습이론 또는 행동수정, 행동치료, 자동제어학(cybernetics)으로 알려진 이 모델군은 학습자가 자신의 학습수행에 대한 정보를 바탕으로 스스로 행동을 개선해 나갈 수 있다는 입장에 서 있다. 완전학습(mastery learning)과 프로그램 학습(programmed instruction), 직접교수(direct instruction), 시뮬레이션(simulation)을 들 수 있다.

- **완전학습**: 블룸(Bloom)의 이론을 바탕으로 만든 것으로 단순한 것에서 복잡한 것으로 학습 단위를 세분한 다음, 학생 개개인이 주어진 여러 자료를 순차적으로 학습해 나간다. 한 학습 단위가 끝날 때마다 학습 정도를 알아보기 위한 시험이 있고, 이를 통과하지 못하면 내용을 숙지할 때까지 다시 학습을 해야 한다.

- **프로그램 학습**: 정해진 목표를 달성하기 위하여 처음부터 마지막까지 설계된 대로 단계적으로 학습하는 것이다. 학습내용 제시의 순서가 일정하며, 학습이력을 기록하여 학습을 개별화하는 데 용이하다.
- **직접교수**: 학습목표 제시, 목표에 부합되는 학습활동 실시, 학습과정 관찰, 효과적인 학습을 위한 전략과 학습에 대한 피드백 제공 등으로 이루어진다.
- **시뮬레이션**: 현실 상황을 단순화한 환경을 제공해 교수 효과를 얻으려 한다. 학습자는 시뮬레이션의 목표를 달성하기 위해 현실과 유사한 요인을 고려한 활동을 해야 한다.

5) 다른 분류법

큰 틀에 의해 교육방법을 구분하기도 하지만, 커뮤니케이션의 유형에 따라 강의형, 토의형, 실험형, 독립형, 개인교수형으로 나누기도 한다(나일주, 정인성, 2006). 교육방법은 다양하기 때문에 일정한 분류 기준 없이 나열식으로 소개되기도 하며 (Reigeluth, 1999), 사례분석, 협동학습, 발견학습, 문제해결학습 등 여러 가지가 있다.

🅰 학습과제

1. 여러 가지 교수-학습방법 중 가장 관심이 가는 교육방법을 선택하고 그 이유를 설명해 봅시다.

2. 조이스 등(Joyce et al., 2015)의 교수-학습방법 분류의 특징을 말해 봅시다.

---

2. 교사 중심 수업방법

최근에는 교수-학습과정에서 학습자의 능동성이 강조되면서, 학습자가 적극적으로 참여할 수 있는 교수방법에 대한 관심이 높아지고 있다. 하지만 교사에 의한 전달식 강의수업이나 교사가 계획을 수립하여 주도적으로 학생들을 안내해 나가는 효율적 방식이 학교수업의 많은 부분을 차지하고 있으며, 이런 직접적인 교수법이 수업의 근간을 이루고 있어 간과할 수 없는 부분이다.

1) 수업의 9가지 사태

가네(Gagné, 1965)는 자신의 학습의 조건(conditions of learning) 모형에서 다섯 가지 학습과제 유형의 학습을 촉진하기 위한 외적 조건으로써 수업 절차인 수업의 9가지 사태(Nine events of learning)를 따를 것을 주장하였다. 이는 '주의 획득', '수업목표 제시', '선수학습 회상 자극', '자극자료 제시', '학습안내 제공', '학습수행 유도', '피드백 제공', '수행평가', '파지 및 전이 증진'이다.

(1) 주의 획득

학습자의 주의를 끌기 위한 자극을 제시함으로써 학습자가 학습활동에 참여할 준비가 되어 있는지 확인한다. 학습자의 주의를 끄는 몇 가지 방법으로는 다음과 같다(Center for Innovative Teaching and Learning, 2023). 교사의 주의획득 활동(외적 학습 사태)에 대해 학생들은 이를 수용한다(내적 학습과정).

- 새로운 것, 불확실한 것, 의외의 것을 제시한다.
- 생각하게 하는 질문을 던진다.
- 학생들에게 다른 학생이 답변할 수 있는 질문을 제시하도록 한다.
- 친숙해지기 활동을 수행한다.

(2) 수업목표 제시

학생들에게 수업목표나 그 결과를 제시하여 한 시간 또는 한 단원의 학습을 종료하였을 때 학습자가 결과적으로 무엇을 할 수 있어야 하는가를 알려 주는 것이다. 이 수업목표의 제시활동은 교사의 언어나, 그림, 도구를 이용하여 제시할 수 있다. 완성된 형태를 시범 보이거나 동영상 등을 통하여 직접적으로 보여 줄 수도 있다. 해당 수업 시간에 학습자들이 학습해야 할 수업목표에 대하여 분명하게 인식하면 할수록 목표에 초점을 맞춘 수업을 전개해 갈 수 있다.

(3) 선수학습 회상 자극

이전에 학습한 내용을 작동기억으로 불러오는 것을 말한다. 학습은 이전에 배운 내용에 기반하여 이루어지기 때문에, 지난 시간이나 이전에 학습한 관련 내용이나 경험을 언급할 수도 있고, 해당 학습과제의 학습을 위해서 학습자가 반드시 알고 있어야 할 선수학습 요소를 확인할 수도 있다. 예컨대, 이번 수업시간에 곱셈과 나눗셈을 공부한다면 학습자들은 이미 덧셈과 뺄셈을 할 수 있어야 한다. 이는 덧셈과 뺄셈을 하지 못하는 학습자들은 곱셈과 나눗셈을 배울 수 없기 때문이다. 이 경우에 덧셈과 뺄셈은 곱셈과 나눗셈의 선수능력이 된다. 그러므로 수업의 도입 단계에서 해당 학습과제의 원활한 학습을 위해 해당 학습과제의 선수학습을 확인하여 선수학습 능력에서 결손이 발견되면 이를 교정하거나 보충하는 처치를 수행한 이후 본 학습과제의 학습을 수행하여야 한다.

- 이전 경험에 대해 질문한다.
- 학생들에게 이전 개념에 대한 이해 정도를 묻는다.
- 이전 수업의 정보를 현재 주제와 연관시킨다.
- 학생들이 이전 학습을 현재 활동에 통합하도록 한다.

표 3-1 가네의 9가지 수업 사태

학습사태	내적 학습과정	외적 학습사태
1	수용	주의 획득
2	기대	수업목표 제시
3	작동기억으로 재생	선수학습 회상 자극
4	선택적 지각	자극자료 제시
5	의미적 부호화	학습안내 제공
6	반응	학습수행 유도
7	강화	피드백 제공
8	인출	수행평가
9	일반화	파지 및 전이 증진

(4) 자극자료 제시

주어진 수업목표의 달성을 위하여 가르쳐야 할 학습내용이나 학습경험을 학습자에게 제시하는 활동이다. 학습과제의 제시는 학습과제의 구성 요소를 확인한 다음, 학습자들의 학습능력 수준을 고려하여 각 구성 요소의 범위와 깊이를 어느 정도로 하여 학습자들에게 제시할 것인가를 결정하고, 구성 요소 간의 관계를 고려하여 제시 순서를 정해야 한다.

- 동일한 콘텐츠를 다양한 형태(비디오, 강의, 팟캐스트, 그룹 활동 등)로 제시한다.
- 다양한 미디어를 사용하여 정보를 제시한다.
- 학생들이 수업 시간 외에 수업자료에 접근할 수 있도록 한다.

(5) 학습안내 제공

자극자료를 제시하는 것만으로 학습이 이루어지지는 않기 때문에, 학생에게 제시한 학습과제에 대하여 학습자들이 어떠한 학습활동을 어떻게 수행하여야 할 것인가를 안내하는 활동을 말한다. 학습자들이 수행해야 할 학습활동에 대하여 매우 세밀하고 구체적으로 안내한다면 설명식 수업의 형태가 될 것이며, 학습안내를 최소화하여 학습자 스스로 자율적이고 창의적으로 학습활동을 전개해 가도록 한다면 발견식·탐구식 수업의 형태가 될 것이다.

- 필요에 따라 학습을 지원하고 서서히 비계(도움)를 제거한다.
- 암기법 콘셉트맵, 역할극, 시각화 등 다양한 학습전략을 모델링한다.
- 예제와 비예제를 사용한다.
- 사례 연구, 시각적 이미지, 유추 및 은유 제공한다.

(6) 학습수행 유도

교사의 안내에 따라 학생들이 학습과제를 실제로 수행해 보는 활동이다. 학생들은 학습활동을 개인적으로 수행할 수도 있고 집단적으로 수행할 수도 있다. 학생들은 학습과제를 자신의 현실적 상황과 관련한 새롭고 다양한 상황에 적용해 보는 것이다.

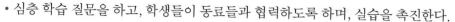

- 심층 학습 질문을 하고, 학생들이 동료들과 협력하도록 하며, 실습을 촉진한다.
- 서면 과제, 개별 또는 그룹 프로젝트, 프레젠테이션 등의 형성평가 기회를 제공한다.
- 학생들이 단순한 암기보다는 개념의 이해와 적용을 해 볼 수 있는 퀴즈를 치른다.

(7) 피드백 제공

학생들이 수행한 학습활동 결과에 대하여 확인하는 것이다. 학생들의 성과에 대한 피드백을 적시에 제공하여 학습을 평가하고 촉진하며 너무 늦기 전에 이해의 괴리를 인식할 수 있도록 한다.

- 확인 피드백은 학생들에게 그들이 해야 할 일을 했다는 것을 알려 준다. 이러한 유형의 피드백은 학생에게 개선점이 무엇인지 알려 주지는 않지만 학습자에게 용기를 준다.
- 평가 피드백은 학생의 성과나 반응의 정확성을 알려 준다.
- 교정 피드백은 학생들에게 정답을 찾도록 안내하지만, 직접 정답을 제공하지는 않는다.
- 서술적 또는 분석적 피드백은 학생들의 성과를 향상시키는 데 도움이 되는 제안, 지시 및 정보를 제공한다.
- 동료평가와 자기평가는 학습자가 자신과 동료의 수행에서 학습 괴리와 수행 부족을 파악하는 데 도움이 된다.

(8) 수행평가

제시된 수업목표에서 예상 학습 결과가 달성되었는지 평가한다. 현재 진행되고 있는 수업 프로그램이 별 무리 없이 진행되고 있는가, 학습장애나 어려운 점은 발견되지 않는가, 수업 진행의 속도나 수준은 학습자들에게 적합한가, 차시학습을 위한 준비가 되어 가고 있는가 등을 확인하고 해당 수업의 목표는 적절히 달성되었는가를 평가하는 활동이다. 이 평가활동은 교사의 언어를 통한 평가, 지필평가, 쪽지시험, 면담이나 관찰, 포트폴리오 등 다양한 방법을 활용할 수 있다.

(9) 파지 및 전이 증진

이번 수업에서 학습한 경험이 다른 유사한 상황이나 수업 사태에 적용하거나 일반화하는 활동이다. 수업시간에 학습한 내용을 학습자 자신의 주변 사태에 적용해 보도록 하는 기회를 제공함으로써 학습한 것에 대한 만족감을 높일 수 있다.

- 요약 · 정리활동이나 평가활동 등을 통하여 학습한 내용을 반복 적용한다.
- 학습한 개념을 이전 개념과 연결한다.
- 이전 시험에서 출제된 문제를 제시한다.
- 학생들이 한 형식으로 학습한 정보를 다른 형식(언어 또는 시공간)으로 변환하게 한다.

2) 오수벨의 유의미 학습

"교육심리학 전체를 하나의 원리로 요약한다면, 나는 이렇게 말하고 싶다. 학습에 영향을 미치는 가장 중요한 요소는 학습자가 이미 알고 있는 지식이다. 이것을 명심하고 이에 맞게 가르쳐야 한다"(Ausubel, 1968, p. vi). 이 말은 교육계에 회자되는 데이비드 오수벨(David Ausubel)의 책 서문에 있는 말이다. 교사의 언어가 중심이 되는 강의식 수업의 대표적인 이론은 오수벨의 유의미 학습이다. 학생들은 많은 정보를 시각이나 텍스트 자료를 통해 습득한다는 사실에 주목하여 어떻게 하면 많은 양의 정보를 효율적으로 전달하고 전이시킬 수 있을까 고심하여 만들어진 이론이다.

지식은 우리가 이미 가지고 있는 개념을 통해 사건과 사물을 관찰하고 인식하는 것에서 시작된다. 이 개념들의 네트워크를 구축하고 그것에 새로운 것을 추가함으로써

그림 3-1 오수벨의 학습 유형 분류

배우게 된다. 오수벨 등(Ausubel et al., 1978)은 아이디어, 이미지 또는 단어 사이의 관계를 나타내는 개념 지도(concept map)도 개발했다.

그는 학습을 수용학습(Reception Learning)과 발견학습(Discovery Learning), 기계적 암기학습(Rote Learning)과 유의미학습(Meaningful Learning)으로 구분하였고, 자신의 이론을 '유의미 수용학습'이라고 불렀다. 기계적 암기를 하지 않는 의미 있는 학습을 하기 위해서는 새로운 지식에 기존에 알고 있는 지식을 연결시켜야 한다고 믿었고, 선행 조직자(advance organizer)는 그 이론의 중요한 부분을 형성한다. 학습자는 논리적으로 유의미한 학습과제가 학습자의 인지구조와 관계를 맺을 수 있도록 근거를 제공해 주는 정착지식(anchoring ideas)을 가지고 있어야 하는데, 이 역할을 하는 것이 선행 조직자다.

선행 조직자란 수업의 도입부에서 학습한 내용과 새로이 학습할 내용을 연결하여, 학습과제에 대한 친숙함을 도모하기 위해 학습자에게 제시되는 추상적이며 포괄적 수준의 도입자료를 말한다. 선행 조직자는 강의, 토론, 영화, 실험, 읽기 등이 될 수 있다. 선행 조직자에는 비교 선행 조직자와 설명 선행 조직자가 있다. 비교 선행 조직자는 학습과제가 친숙한 경우 새로운 것과 기존의 것을 비교하는 것을 말한다. 예를 들어, 카메라의 구조를 설명한 후 눈의 구조에 대해서 학습하거나 울타리를 학습한 후 세포(세포막, 세포질, 핵)에 대한 개념을 학습할 수 있을 것이다. 설명 선행 조직자는 추상적 수준의 기본 개념이나 학습과제가 학생들에게 비교적 생소한 경우에 적용할 수 있다. 주기에 대한 개념을 학습한 후 주기율표를 가르칠 수 있다. 또한 포유동물에 대한 토의를 한 후 박쥐에 대해 학습할 수 있을 것이다.

효과적인 교수–학습을 위한 오수벨의 교수원리는 다음과 같다.

- **점진적 분화의 원리(progressive differentiation)**: 일반적이고 포괄적인 지식이 먼저 제시되고, 다음에 점차적으로 더 세부적인 특수 사례로 분화되고 진행되어야 한다.
- **통합적 조정의 원리(integrative reconciliation)**: 학습자의 정신적 역할을 의미하는 것으로 새로운 아이디어를 이전에 배운 아이디어와 의식적으로(정신적으로) 통합시켜 긴밀한 관련성을 맺도록 조직되는 것을 말한다. 점진적 분화의 원리에 의해 모든 자료가 개념화되고 순차적으로 제시된다면, 그리고 학습자가 이에 부응한다면 통합적 조정은 자연스럽게 따라 일어난다고 볼 수 있다.

- 선행학습의 요약 · 정리 원리: 교과의 내용을 계열적으로 조직하여 선행 단계의 학습을 분명하게 제시하였을 때 후속학습이 촉진되지만, 그렇지 못한 경우는 오히려 후속학습을 방해한다.
- 내용의 체계적 조직의 원리: 학문의 내용이 체계적으로 조직되어 있으면 학습의 효과를 높일 수 있다.
- 학습준비도의 원리: 학습준비도란 학습자의 기존 인지구조뿐만 아니라 학습자의 발달 수준을 가리킨다. 선행경험은 모든 선행학습을 망라해서 개인의 인지구조와 인지능력의 형성에 영향을 주는 것을 총칭하는 것으로서 누가적이며 발달적인 성격을 지닌다.

이러한 이론을 기반으로 조이스 등(Joyce et al., 2015)은 다음과 같은 선행 조직자 수업 모형을 제안하였다.

표 3-2 ▶ 선행 조직자 모형

단계	활동내용
1. 선행 조직자 제시	1. 수업목표 제시 2. 조직자 제시 • 결정적인 특성 규명 • 사례와 설명 • 맥락 제시 3. 학습자의 관련 지식과 경험 상기
2. 학습과제 및 자료 제시	강의, 토론, 영화, 실험, 읽기로 학습자료 제시 주의를 유지 학습자료의 논리적 순서 분명하게 조직자와 연결
3. 인지조직의 강화 학생들의 기존 인지구조에 새로운 학습자료를 정착(anchor)시키는 목적. 즉, 학생들의 인지조직을 강화(2단계에서도 어느 정도 이루어짐).	통합조정의 원리 사용 내용에 대한 비판적 접근을 활용 아이디어를 명료화 적극적으로 아이디어 적용(시험)

출처: Joyce et al. (2015).

3) 거꾸로 학습

거꾸로 학습(flipped learning), 거꾸로 교실(flipped classroom)은 미국의 고등학교 화학교사인 조너선 버그만(Jonathan Bergmann)과 동료 애런 샘스(Aaron Sams)에 의해 널리 퍼지게 된 수업 방식이다(Bergmann & Sams, 2012). 학교에서 수업을 듣고, 집에서 숙제를 하는 기존 방식은 효과적이지 않았음에 착안하였다. 수업에 흥미가 없는 학생들은 수업시간엔 딴짓을 하게 되고, 집에서 마땅히 도움을 받을 사람이 없는 학생들은 쉽게 숙제를 포기하는 경우가 많기 때문이다. 거꾸로 학습에서 학생들은 학교에서 들어야 할 교사의 수업을 집에서 비디오를 통해 시청하고, 학교에서는 교사의 지도 아래 과제활동이나 심화활동을 하는 것이다. 거꾸로 학습은 수업 개선에 대한 열망이 높아진 교사들에게 공감을 불러일으켰고, 전국의 많은 학교에서 시도되고 있다. 거꾸로 학습은 학생들의 자기주도학습 능력에 호소하는 방식으로 블렌디드 러닝(blended learning)의 한 형태로도 볼 수 있다. 우리나라 대학교육에서도 거꾸로 교실이 도입되어 여러 대학에서 시도되고 있다.

전통적 화학수업과 비교하여 제시된 수업의 기본 형태는 다음과 같다.

표 3-3 전통적 화학수업과 비교하여 제시된 거꾸로 수업의 기본 형태

전통교실		거꾸로 학습교실	
활동	시간	활동	시간
수업준비 활동	5분	수업준비 활동	5분
지난 과제 복습	20분	동영상에 대한 학생들의 Q & A	10분
새 학습내용 강의	30~45분	연습, 심화, 또는 랩 활동	75분
연습, 심화, 또는 랩 활동	20~35분		

출처: Bergman & Sams (2012).

거꾸로 학습은 여러 변형된 모습으로 적용되고 있고 수업 전, 중, 후 모델이 많이 사용되고 있다(University of Texas at Austin, 2023).

- **수업 전**: 학생들은 수업활동에 참여하기 위하여 준비한다.

• **수업 중**: 학생들은 주요 개념을 적용하여 연습하며 피드백을 받는다.
• **수업 후**: 학생들은 자기 학습 이해도를 점검하고 학습을 확장한다.

한편, 수업의 성공은 학생들이 동영상을 반드시 사전에 시청하고 본 수업에 임하는 것이다. 이것이 전제되기 전에는 수업 진행이 안 되기 때문에 교사는 퀴즈 등을 통하여 동영상 시청 여부를 확인하는 절차를 도입하기도 한다.

4) 협동학습

협동이 공유된 목표에 대한 개인 간의 관계에서 생기는 행동이라고 한다면, 단지 타인의 목표 달성을 도와주는 것이 주된 목표가 되는 협력과는 구별된다. 협동학습은 집단을 조직하고, 공동의 목표를 설정하며, 설정된 목표를 달성하기 위하여 공동으로 노력하고, 구성원끼리 도움을 주고받는 학습방법이다. 전통적인 소집단 학습과 비교할 때 협동학습은 긍정적인 상호 의존과 개별 책무성 그리고 동등한 성공 기회 등의 요소가 포함된다. 협동학습에서 학습자 개인의 목표 달성은 그가 속한 집단의 목표가 성취되었을 때만이 가능하다. 그러므로 집단의 목표가 집단 구성원 각자의 성취 수준에 의존하도록 그 구조를 설정해 놓음으로써 집단 구성원 각자가 열심히 공부하는 한편 집단의 다른 구성원을 도와주게 된다.

협동학습의 유형 많은 연구가 이루어져 일반화된 전형적인 협동학습의 형태는 다음과 같은 네 요소로 이루어진다.

• 학습내용의 제시
• 능력이 다양한 구성원으로 이루어진 팀 내에서 기능연습이나 개념 형성 활동
• 개별 학생의 학습성취평가
• 우수 팀 선정 및 칭찬

협동학습은 매우 다양하다. 케이건(Kagan, 1985)은 다음과 같은 여섯 가지를 논하고 있다.

(1) 팀 토너먼트식 게임법(Teams-Games-Tournaments: TGT)

이 방법은 팀 성취 분배보상 기법(STAD)과 함께 명확한 답이 있는 과제를 수행할 때 교사에게 유용한 방법이다. 예를 들어, 세 사람씩 앉을 수 있는 테이블에 5개 분단에서 각각 1명씩 나와 게임에 임한다. 각 테이블에서 교사의 질문에 가장 잘 응답한 학생은 3점, 다음은 2점 그리고 맨 마지막은 1점을 받게 되고(상대평가), 이들은 자기 소속팀으로 자신의 점수를 가지고 되돌아간다. 가장 높은 점수를 얻은 팀이 승리팀이 된다. TGT에서 소속팀 구성원은 동료교사 또는 코치 역할을 한다. TGT는 교실 프레젠테이션, 팀, 게임, 토너먼트, 뉴스레터 등 5가지 요소로 이루어져 있다.

- **교실 프레젠테이션**: 교사는 학습자료를 학생들에게 소개한다. 강의와 토론 형식 또는 시청각 자료를 기반으로 하는 활동을 포함할 수 있다. 학생들은 토너먼트에서 좋은 성과를 내려면 교사의 말에 경청해야 한다.
- **팀**: 다양한 성적이나 인적 요소를 가진 4~5명으로 구성되며, 주 목적은 토너먼트를 잘 준비하는 것이다. 교사가 학습자료를 설명한 후 팀은 모여서 학습을 시작한다. 각 팀에게는 활동지가 주어지는데, 일반적으로 이를 기반으로 서로의 학습을 확인하는 퀴즈 형태로 팀학습이 진행된다.
- **게임**: 게임은 학습내용과 관련한 단순한 질문으로 구성되어 있다. 이를 통해 학생들이 수업 발표 또는 팀 활동을 통해 습득한 지식을 확인하도록 만들어졌다. 게임은 책상에서 학생 3명이 경쟁하며, 각각 다른 팀을 대표해서 출전한다. 학생 한 명이 번호 카드 한 장을 뽑아 이에 상응하는 질문카드에 대해서 답변한다. 서로의 답변에 대해서 도전할 수 있다.
- **토너먼트**: 토너먼트는 게임이 이루어지는 구조라 할 수 있다. 대개 교사가 교실 프레젠테이션을 마치고 학생들이 활동지를 학습한 주 후반부에 이루어진다. 첫 토너먼트에서는 교사에 의해 학생들이 나누어진다. 과거 성취도 우수 학생 3인이 테이블 1, 그다음 3인이 테이블 2 순으로 앉게 된다. 첫 주가 지난 후 성취도에 따라서 테이블이 바뀐다. 우승자는 윗 테이블로 이동하고, 2등은 그대로 있게 되며, 3등은 아래 테이블로 내려가는 식이다.
- **뉴스레터**: 뉴스레터는 팀과 개별 학생들의 성취를 표창하는 주요 수단이다. 매주 교사는 전 주에서 있었던 토너먼트의 결과와 함께 팀과 개인의 성취도를 알리

며, 팀 순위를 집계한다. 뉴스레터 외에도 교사는 게시판, 특전 등으로 우수 팀에게 포상한다.

(2) 팀 성취 분배보상 기법(Student Teams Achievement Division: STAD)

슬래빈(Slavin, 1990)에 의해 개발된 팀 학습의 형태로, 게임을 퀴즈로 대체한 TGT의 단순화 버전으로 볼 수 있다. 팀 전체의 학업성취도가 팀 구성원 각자의 학업성취도에 영향을 받게 함으로써 팀 구성원 간의 협동을 절실히 요한다. STAD는 다음과 같이 5단계로 진행된다.

- 학급 전체에게 학습과제를 제시한다.
- 주어진 정보를 충분히 이해시키기 위해 동료교사 형태에 의한 분단학습을 한다.
- 개인별 성취 정도를 측정하기 위해 쪽지시험(quiz)을 본다.
- 개인별 성취 정도를 점검한다. 대개는 지난 시간의 성취점수와의 차이를 구한다. 팀 내의 개인별 성취 정도를 평균하면 그 팀의 성취 정도가 결정된다.
- 가장 높은 성취를 나타낸 팀이 표창을 받는다.

(3) 지그소 학습법

지그소 교실(Jigsaw classroom)은 아론슨(Aronson)에 의해 1971년 미국 텍사스 오스틴에서 처음 사용되었다(Aronson, 2023). 미국의 인종차별이 철폐되어 백인, 아프리카계, 그리고 히스패닉 청소년들이 처음으로 같은 교실에서 수업하게 되었다. 그룹들 사이의 오랜 의심, 두려움, 불신은 혼란과 적대감을 고조시켰고 도시 전역의 학교 복도와 운동장에서 갈등과 주먹다짐이 벌어졌다. 학교 당국의 요청으로 교실을 관찰한 아론슨은 교실의 경쟁적인 환경에 의해 집단 간 적대감이 증폭되고 있다는 결론을 내렸다.

지그소 학습법의 핵심은 동료 간에 높은 수준의 상호 의존 체제를 요구하는 것이다. 예를 들어, 어떤 단원을 공부할 때 각 개인에게는 그 단원의 한 부분에 해당하는 정보나 과제를 제시하여 완전히 습득하게 하면서도 그 단원 전체에 대해 책임을 지게 한다. 따라서 학생은 자기 그룹 내 다른 학생이 가지고 있는 정보나 자료를 모두 이해해야 한다. 이렇게 하기 위해서는 다음의 두 가지가 선행되어야 한다.

• 각 그룹 내의 개인이 갖고 있는 정보나 과제가 서로 달라야 한다.
• 학생이 역할학습을 할 때, 그룹 내에서 문제 해결을 하기 위해 생각을 교환할 때, 또 그룹 활동을 준비할 때와 같은 상황에서 충분히 팀워크나 의사소통 등이 연습되어 있어야 한다.

이 협력 패러다임 안에서 교사는 촉진하는 자원자가 되는 것을 배우고, 유일한 자원이 되는 대신 학생들과 학습과정을 공유한다. 선생님은 학생들에게 강의를 하기보다는 학생들이 적극적으로 참여하고 자신이 배우는 것에 대해 책임감을 가져야 한다는 점에서 상호 학습을 용이하게 한다.

지그소 II(Slavin, 1978)는 STAD와 결합하여 학습할 내용 전체를 모든 학습자에게 제공하되 전문가가 특정 영역에 집중하여 정리하거나 연구하도록 하였다. 이후 퀴즈 학습시간을 제공하는 지그소 III 등으로 변화를 거쳐 최근에는 다음과 같이 10단계가 사용되고 있다. 교사는 다음과 같은 10단계에 맞춰 수업을 진행하면 된다.

• 1단계: 학생들을 5인 또는 6인 지그소 그룹으로 나눈다. 그룹은 성별, 인종, 능력 면에서 다양하게 나눈다.
• 2단계: 각 그룹에서 가장 성숙한 학생 한 명을 리더로 임명한다.
• 3단계: 하루의 수업을 5~6개의 영역으로 나눈다. 예를 들어, 제2차 세계 대전에 대해서 학습한다면, 한 지그소 그룹에서 철수는 전쟁 전 독일에서 히틀러가 권력을 잡게 된 것을 연구하는 책임을 맡는다. 또 다른 조원인 영희는 강제 수용소를 취재하도록 배정받는다. 희수는 전쟁에서 영국의 역할을 할당받는다. 서우는 소련의 기여를 연구한다. 영수는 일본의 참전을 맡는다. 명지는 원자 폭탄 개발에 대해 책임을 진다.
• 4단계: 각 학생에게 하나의 영역을 학습하도록 지정하고 그 자료에만 직접 접근할 수 있도록 한다.
• 5단계: 학생들에게 최소한 2회 이상 자신의 영역을 읽고 숙달할 시간을 준다. 학생들이 이것을 외울 필요는 없다.
• 6단계: 각 지그소 그룹에서 한 명의 학생이 동일한 영역에 할당된 다른 학생과 합류하도록 하여 임시 '전문가 그룹'을 형성한다. 이러한 전문가 그룹의 학생들에

게 해당 영역의 주요 요점에 대해 논의하고 지그소 그룹에 발표할 내용을 연습할 시간을 준다.

- 7단계: 학생들을 지그소 그룹으로 다시 모은다.
- 8단계: 각 학생에게 그룹에 자신의 영역을 발표하도록 요청한다. 그룹의 다른 사람들이 명확한 설명을 위해 질문을 하도록 권장한다.
- 9단계: 교사는 그룹에서 그룹으로 이동하여 과정을 관찰한다. 문제가 있는 그룹(예: 지배적이거나 파괴적인 구성원이 있는 그룹)은 적절한 개입을 한다. 그룹의 학생 리더가 이 문제를 해결하는 것이 가장 좋다. 교사는 리더가 요령을 터득할 때까지 어떻게 개입해야 하는지 속삭여 줌으로써 훈련시킬 수 있다.
- 10단계: 세션이 끝나면 교사는 학습자료에 대한 퀴즈를 낸다. 학생들은 이 학습 과정이 단지 재미와 게임이 아니라 정말 중요하다는 것을 빠르게 깨닫게 된다.

(4) 그룹조사

그룹조사 방법은 다음과 같이 6단계로 나뉜다(Sharan & Hertz-Lazarowitz, 1980).

- 주제를 정한 후 학생의 관심사에 따라 해당 주제별로 그룹을 만든다.
- 정해진 주제에 대한 세부 학습 과제(learning task: 앞서 정해진 주제를 대주제라 한다면 그에 속하는 소주제를 말함)를 설정하여 팀 구성원에게 배당한다.
- 조사를 실시한다. 학생은 자료를 수집하고 정리·해석하며, 결론을 이끌어 낸다.
- 보고서를 작성한다. 중점적으로 보고할 내용이 무엇인지와 어떻게 일목요연하게 보고할 것인가를 결정한다.
- 전시(展示), 구두보고, 비디오 상영 등 다양한 방법으로 조사 내용을 보고한다.
- 마지막으로 평가를 한다. 교사는 학생의 협동이 얼마나 잘 되었는지, 얼마나 많은 것을 배웠는지 등을 평가한다.

(5) 도우미 학습

도우미 학습(Co-op Co-op)은 다른 협동학습과 마찬가지로 주어진 학습과제를 그룹 구성원이 협동하여 해결하는 학습방법이다(Kagan, 1985).

- 주어진 주제나 문제에 대해 관심을 촉진하기 위해 학생끼리 토론을 시작한다.
- 토론이 끝나면 능력과 성별 등이 다양한 학생으로 구성된 팀을 구성한다.
- 지그소처럼 팀 활동을 수행한다. 각 팀은 수업 단위(unit)의 여러 학습주제 중에서 제각기 하나씩을 선택하여 그에 대해 책임을 지고 해결한다.
- 각 팀에서는 먼저 선택한 주제를 작은 단위의 학습주제(sub-topic)로 나누고, 그룹 구성원이 분담해서 연구하여 그 과제에 대한 전문가가 된다. 학생은 개별적으로 자신의 주제에 대해 준비한다.
- 다시 팀으로 복귀하여 팀 전체가 학급에 발표할 내용을 준비한다.
- 학급 전체 앞에서 각 팀은 발표를 한다. 발표 방법도 팀에 따라 색다르게 할 수 있도록 장려한다.
- 다각적인 평가가 이루어진다. 먼저 각 팀의 측면에서 팀 내 구성원의 활동에 대한 평가가 이루어지고, 이어 반 전체적인 측면에서 각 팀에 대한 평가가 이루어진다. 일반적으로 교사는 팀보다는 개인별로 평가한다.

(6) 협동학습의 장점과 비판

- **협동학습의 장점**: 협동학습은 학습자에게 타인을 배려하는 태도를 길러 줄 수 있으며, 문제를 해결하거나 의사결정을 하는 능력을 길러 줄 수 있다. 또한 학습자에게 많은 사회적 상호작용을 경험하게 하며, 학습자가 구체적 사고에서 추상적 사고로 이행할 수 있는 기회를 제공해 줄 뿐만 아니라 학습자에게 긍정적 자아개념과 소속감을 심어 줄 수 있다. 그리고 학습자가 교사의 통제나 보호에서 벗어나 독립적으로 학습을 함으로써 다양한 정보원을 접하고 독립심을 기를 수 있다.
- **협동학습에 대한 비판**: 협동학습은 구성원이 이질적이기 때문에 학습능력이나 선수학습 정도가 달라 집단 내 분쟁이 일어날 수 있다. 또한 개별적 책무성에 대한 기준이 애매한 경우 학습의 과정에서 무임승차하는 학습자가 생길 수 있으며, 학습자 개인이 흥미 있어 하는 분야의 학습을 할 수가 없다. 따라서 집단을 구성할 때는 교사가 학습자 개개인의 특성과 자질을 모두 파악하고 구성해야 한다.

(7) 완전학습

벤저민 블룸(Benjamin Bloom, 1968)에 의해 주장된 완전학습(Learning for Mastery:

LFM)은 행동주의 학습원리를 기반으로 개발되었으며, 우리나라에서도 1960~1970년대 보급되었던 학습방법이다. 최근 인공지능(AI)의 발달과 함께 다시 한번 교육계의 주목을 받고 있다. 완전학습은 모든 학생들이 높은 수준의 숙달을 달성할 수 있도록 개인화되고 개별화된 교육을 강조하는 교육 프레임워크다. 숙달을 위한 학습의 핵심 아이디어는 모든 학생들이 적절한 교육과 지원을 받으면 주어진 과목에서 숙달(예를 들어 95%의 학생들이 90% 이상의 학습과제를 숙달)을 이룰 수 있다는 것이다.

완전학습(숙달학습)은 캐럴(Carroll, 1963)의 이론에 기반한다. 캐럴은 학생의 적성(능력)을 "학습자가 학습과제를 숙달하기 위해 필요한 시간"이라는 개념으로 재정의하였다. 적성을 시간개념으로 치환하여, 누구나 충분한 시간과 조력만 주어진다면 학교에서 가르치는 내용을 모두 숙달할 수 있다는 주장을 펴서 학교의 책무성을 강조하였다. 그는 적성(학습능력), 수업이해 능력(선수학습지식), 학습지속력, 학습시간, 수업의 질 등 5가지 요인이 수업의 질을 결정한다고 주장하였다. 그는 '시간'을 완전학습의 주요 변인으로 간주하여 다음과 같은 공식을 개발하였다. 적성이 높은 학생이 학습을 하는 데 시간이 적게 소요되고, 그렇지 않은 학생은 더 오래 걸린다는 가정인 것이다.

학습정도 = f(학습에 투입한 시간/학습에 필요한 시간)

---

① 완전학습 수업의 질 결정 요소

- **적성**: 표준 적성 검사에 의해 측정되는 적성은 "학습자가 학습과제를 숙달하기 위해 필요한 시간"이다. 적성이 높은 학생들은 적은 시간, 적성이 낮은 학생들은 상대적으로 더 많은 시간이 필요하다.
- **수업의 질**: 수업의 질은 "학습할 과제의 제시, 설명 및 요소의 순서가 학습자에게 최적에 근접하는 정도"다. 블룸은 수업의 질이 학생 그룹보다는 개별 학생들에게 미치는 영향에 따라 평가되어야 한다고 주장한다. 그는 대부분의 학생들이 좋은 튜터(개별강사)에 접근할 수 있다면 어떤 과목이라도 숙달할 수 있을 것이라고 보았다.
- **수업을 이해하는 능력**: 수업을 이해하는 능력은 "학생의 일반지능과 언어능력의

조합"으로 측정될 수 있다. 수업을 이해하는 능력은 학생들에 따라 상당히 다르기 때문에, 교사들이 학생들의 요구에 맞게 수업을 수정하고, 도움을 제공하고, 교구를 제공할 것을 권장한다. 학습자의 능력에 따라 제공될 수 있는 몇 가지 교육 보조 도구는 대안 교과서, 그룹 스터디 및 동료 튜터링, 활동지(워크북), 프로그램 학습 단위, 시청각 방법, 학습 게임, 실험실 경험, 간단한 시연, 퍼즐 등이다.

- 학습지속력: "학습자가 기꺼이 학습에 소비하는 시간"으로 정의된다. 학습에 대한 학습자의 태도와 동기와 관련이 있다. 한 학습과제에서 낮은 수준의 끈기를 보여 주는 학생은 다른 학습과제에서 매우 높은 수준의 학습지속력을 가질 수 있다. 반면에 좌절 수준이 높으면 과제를 그만둘 공산이 크다. 따라서 보상의 빈도를 높이고 학습에 성공한 증거를 제공함으로써 학생들의 학습지속력을 향상시킬 필요가 있다. 필요한 지원을 동반한 빈번한 피드백을 사용한다면 학습에 필요한 시간(학습지속력)을 줄일 수 있다.

- 학습 기회: 학습자가 특정 과목에서 숙달하는 데 허용된 학습시간이다. 학생의 적성에 따라 완전학습에 필요한 시간이 각각 다르기 때문에 학생 개인이 충분한 시간을 할애할 필요도 있고, 학교도 개별 학생에 맞는 시간을 허용할 필요가 있다. 캐럴은 분자인 '학습에 투입한 시간'의 변인으로 학습지속력과 학습 기회를 분모인 '학습에 필요한 시간' 변인으로 적성, 수업의 질, 수업을 이해하는 능력을 지목하였다.

② 완전학습의 수업 절차와 내용

완전학습은 피드백, 수정 및 강화가 핵심을 이루고 있지만, 그것만으로는 부족하며, 일관성 있는 수업 절차와 결합되어야 한다. 교사들은 먼저 학습내용을 학습단위로 만들어 약 1~2주간 교육을 제공한다. 본 단원에 대한 교육 후, 교사들은 단원의 학습목표에 따라 학생들의 학습 정도를 알아보는 간단한 퀴즈를 포함하는 형성평가를 실시한다.

완전학습 수업 절차에는 3가지 중요한 요소가 포함된다(Guskey, 2015).

첫째는 구체적인 학습목표 또는 기준(learning goals or standards)이다. 어떤 내용이나 기술이 학생들에게 가장 중요한지, 또 어떤 증거가 이에 대한 숙달을 가장 잘 반영

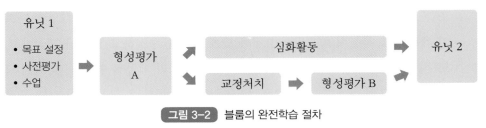

그림 3-2 블룸의 완전학습 절차

출처: Guskey (2015).

하는지 결정한다. 둘째는 숙달된 학습자를 만드는 양질의 교수(instruction)이고, 셋째는 피드백과 교정적 요소(feedback and corrective component)다. 양질의 교수는 일대일 튜터링과 개별화수업 모델을 학교 단위의 그룹 기반 학습으로 만들어 준다. 개별화된 일대일 튜터링에서처럼 우수한 튜터는 학생이 실수하면 오류를 지적(피드백)하고, 보충 설명과 명료화를 통해(교정) 학생의 이해를 증진시킨다. 교사는 작은 단위의 수업(유닛 1)을 준비하고 가르친 후 학생의 학습 정도를 확인한다(형성평가 A). 우수 학생은 심화활동을 추가로 실시하며, 그렇지 못한 학생은 오류 수정 및 추가 학습을 실시하고(피드백 및 교정처치), 최종 확인한다(형성평가 B). 단계가 끝나면 유닛 2로 진행한다.

완전학습 수업 절차는 다음과 같다.

목표 설정   달성해야 할 목표와 학습내용을 미리 설정해야 한다.

사전평가   먼저 교사는 수업자료를 소개한다. 이 사전 평가의 목적은 학생들이 현재 자료를 학습하는 데 필요한 기술이나 지식을 이전에 습득했는지 확인하는 것이다. 학생들이 필요한 역량을 갖추지 못하면, 교사는 학생들이 진도를 나가기 전에 이전의 자료를 숙달하도록 하기 위해 이전 학습내용으로 이동한다.

수업   학생들이 현재의 자료에 필요한 기초 기술이나 지식에 대한 역량을 발휘하면, 교사는 교육을 시작한다. 교사들이 학생들이 역량을 달성했는지를 결정하기 위해 사용할 명확한 목표와 숙달 기준을 명확하게 전달하는 것은 필수적이다.

형성적 평가   학습내용을 소규모 학습 단위로 나누고, 각 단위가 끝나면 형성평가를 통해 학생들의 숙달 정도를 평가하게 된다. 형성평가는 퀴즈, 숙제, 교실 여론조사 등 다양한 방법을 활용할 수 있다.

교정과 심화학습   형성평가를 통해 숙달을 달성하지 못한 학생들은 이해의 괴리를 메울 수 있도록 추가적인 교육과 지원을 받는다. 마찬가지로, 이미 개념을 마스터한 학생들에게는 이해를 깊게 하거나 관련 주제를 탐구할 수 있는 추가적인 활동 기회가 주어진다.

총괄평가   교사가 모든 학생들이 숙달 상태에 도달했다고 생각하면, 각 학생들이 내용을 숙달했는지 평가하기 위해 종합시험, 에세이 또는 프로젝트를 제공한다. 대부분의 숙달 학습 모델은 학생들에게 80% 이상의 점수를 숙달 수준으로 고려한다.

2시그마 추구를 위한 탐색

블룸(Bloom, 1984)은 한 학급 전체 학생들이 최상의 교수 조건인 일대일 개인교수와 동등한 성취 수준에 도달할 수 있는 훈련방법을 찾아야 한다고 주장하며, '2시그마(sigma, 표준편차)' 기준의 적용을 제안하였다. 개인교수법으로 학습한 학생이 전통적 집단교수법 학생에 비해 평균이 대개 2표준편차 상위 수준까지 향상되어, 98%가 전통 집단보다 상위 수준에 도달할 수 있다는 사실에 기반한 것이었다. 그러나 개인교수법이 너무 많은 비용이 든다는 약점이 있기에, 경제적인 조건으로 2시그마 기준에 도달하는 방법을 다음과 같이 제시하였다.

1) 학생에게 효과적인 학습 습관을 발달시키고, 학습에 더 많은 시간을 투자하며, 독서 기능 등 이른바 학생의 정보처리 기능 개선을 이룬다. 피드백-교정 절차와 함께, 초기에 선수학습 능력에 대한 사전 검사를 실시한다.
2) 교수자료와 교수공학의 개선을 실시한다. 교수자료에 보조물을 추가로 이용하여 컴퓨터 보조학습을 실시하면 시간절약, 학습 완료 비율의 향상, 성취검사에서의 수행 상승, 파지 향상 등에서 그 성과가 일어난다.

3) 가정환경과 동료 집단의 개선이다. 가정에서의 학습, 학업 습관, 학구적 지도와 지원, 자극 부여, 언어 발달, 학구적 포부와 기대 등 변인들 때문에 학업성취가 향상되며, 동료 집단 집단 구성원의 활동, 행동, 태도, 그리고 학구적인 기대와 포부의 향상, 과외 활동 등의 변인이 뚜렷한 영향을 준다.

4) 교수법의 개선이다. 학급수업에서 교사는 상위 학생에게는 촉진적 지도와 강화를 주지만, 하위 학생은 무시하거나 좌절시키는 관계를 형성하는 것으로 나타났다. 따라서 ① 학생 각자의 반응에 대해 긍정적이고 촉진적 지원을 하고, ② 더 많은 학생이 능동적으로 관여하도록 독려하며, ③ 학생의 설명이해 수준을 평가하고, ④ 필요에 따라 추가적인 명료화나 설명을 제공한다.

5) 고등정신 과정의 개선이다. 문제 해결이나 원리 적용, 분석적 기능 및 창조성 등 고등정신 과정이 강조되는 커리큘럼은 학생이 학습한 바를 일상생활의 문제들과 관련시키고, 장기기억에 도움을 주며, 또 학습을 격려해 주는 장점이 있다.

블룸의 2시그마 추구를 위한 탐색은 오늘날에까지도 학업 향상이 어떻게 일어나는가에 대한 입체적인 관점을 제공해 주고 있다.

🅰 학습과제

1. 가네의 수업의 9가지 사태는 가장 대표적인 수업 모형이라 할 수 있다. '(5) 학습안내 제공' 단계에서 교사가 해야 할 활동은 무엇인가 설명해 봅시다.

2. 본인의 전공수업을 진행할 때 선행 조직자를 어떻게 활용할 것인가 구체적으로 설명해 봅시다.

3. 완전학습을 교실에서 실제 적용한다면 어떻게 할 것인지 수업을 구상해 봅시다.

3. 동기학습이론

동기부여가 된 학생들은 자신의 잠재력을 성취하고 성공을 찾을 가능성이 훨씬 더 높다. 동기부여는 효과적으로 가르치고 배우는 데 필수적인 요소다. 학생들에게 긍정적인 행동을 일으킬 뿐만 아니라, 행복감을 주기도 한다. 교육에서 동기를 부여하는 방법을 이해하는 것은 지식전달 외에도 그들이 행복한 인생을 살게 해 주는 첫걸음이 된다.

1) 켈러의 동기설계 모형

동기를 학습의 가장 중요한 요소로 간주한 켈러(Keller, 1983, 1987)는 동기설계학습 모형인 ARCS 모형을 개발하였다. 이 모형은 톨먼(Tolman, 1932)과 레빈(Lewin, 1938)의 연구에서 파생된 기대가치이론(expectancy-value theory)에 기반을 두고 있다. 기대가치이론은 사람들이 어떤 활동이 개인적인 욕구 만족(가치 측면)과 연관되어 있다고 인식할 때, 그리고 성공에 대한 긍정적인 기대(기대 측면)가 있다면 그것에 대해 사람들이 동기부여가 된다고 가정한다.

ARCS는 학습동기 유발을 위해서 증진시켜야 할 네 가지 요소로 주의집중(Attention), 관련성(Relevance), 자신감(Confidence), 만족감(Satisfaction)을 꼽았으며, 각 요소별로 3가지의 전략을 제시하고 있다.

(1) 주의집중

수업의 전반을 통하여 학생들의 주의를 집중하기 위하여 사용하는 전략이다.

- **지각적 각성**: 비일상적이고 새로운 것 제공(놀라움, 유머, 불일치)
- **탐구적 각성**: 학습자의 호기심과 탐구심을 자극. 질문, 문제를 제시하여 호기심 자극(참여, 역할극, 비판적 사고, 브레인스토밍)
- **변화성**: 주의집중 유지를 위해 적절한 변화. 학생들의 다양한 요구 수용을 위해 여러 방법 및 매체 활용(다양한 수업방법, 동영상, 토론, 협동학습)

(2) 관련성

수업에서 제공되는 학습내용과 학습자 자신과의 밀접한 관련이 있음을 인식하도록 하는 전략이다.

- **목적 지향성**: 학습자의 요구를 어떻게 최적으로 충족시켜 줄 수 있을까? 목표 및 수업의 유용한 목적 제시, 성공적 성취를 위한 구체적 방법 제시(왜 지금/미래에 이 내용이 도움일 될지 설명. 직업, 대학 입학과 연결)
- **동기 일치**: 최적의 선택, 책임감, 영향을 언제, 어떻게 제공할 수 있을까? 학습자의 요구나 동기에 목표를 일치(학생이 무엇을 원하는지, 관심은 무엇인지. 성취동기 높은 학생은 목표 설정을 스스로 하게 함. 소속감 필요한 학생은 대화나 협력활동)
- **친밀성**: 수업과 학습자의 경험을 어떻게 연결할 수 있을까? 학습자가 이해할 수 있도록 학습자의 경험 및 가치에 관련되도록 내용 제시(과거 경험에 연결, 롤모델이 학습내용을 성공적으로 적용한 사례 제시)

(3) 자신감

모든 학생이 학습에서 높은 점수를 받을 수 있다는 자신감(confidence)을 증진시키는 전략이다.

- **학습 요건**: 성공에 대한 기대감을 어떻게 키워 줄 수 있을까? 학습자에게 학습 요건이나 평가 기준 제시(기대를 가지도록 목표 제지)
- **성공기회**: 자신의 능력에 대한 믿음을 향상시킬 수 있는 학습경험을 어떻게 제공할 수 있을까? 성공적인 학습을 위한 도전적이고 의미 있는 기회(자기성장 촉진하도록 다양한 경험, 발전 및 개선점을 피드백 함으로써 수행을 조절)
- **개인적 통제**: 학습자가 자신의 성공이 스스로의 노력과 능력에 의한 것이라고 어떻게 알 수 있을까? 학생의 개인적 노력과 능력에 학습 성공을 연결(칭찬보다 스스로 학습과정에 관여하여 내적노력이 성공에 영향을 준 것을 인지하게 함)

(4) 만족감

학생이 수업에서 학습한 것에 대하여 만족감(Satisfaction)을 가질 수 있도록 하는 전략이다.

- 내재적 강화: 새로 배운 지식 및 기능을 사용하도록 의미 있는 기회를 어떻게 제공할 것인가? 학습경험의 내적 즐거움을 격려하고 지원(외부 보상 없이 학습 지속되도록 함)
- 외재적 보상: 학습자의 성공에 대해 외적 강화를 어떻게 제공할 수 있을까? 긍정적 강화와 동기 강화(상, 칭찬, 강화 제공)
- 공정성: 학습자가 자신의 성취에 대해 긍정적인 느낌을 가지도록 어떻게 도와줄 수 있을까? 일관성 있는 평가 기준 및 결과 유지(평가표 사전 제시, 목표에 부합하는 내용과 평가)

2) 자기결정성 동기이론

자기결정성 동기이론(Self-determination Theory: SDT)은 유기체적 변증법적 접근법이다. 사람들이 성장하고, 주변의 도전을 극복하고, 새로운 경험을 일관된 자아의 감각으로 통합하는 경향을 가진 활동적인 유기체라는 가정에서 시작된다(Deci & Ryan, 1985). 그러나 이러한 자연적인 발달 경향은 자동적으로 작동하지 않고, 대신 지속적인 사회적 자양분 흡수와 지원이 필요하다. 사회환경에 따라 적극적인 참여와 심리적 성장이 지지되거나 방해받을 수 있으며, 필요 대체물의 통합, 방어 및 충족과 부족이 일어난다. 따라서 이 이론을 학습법의 하나로 간주하기 어려울 수 있지만, 학생과 많은 시간을 보내는 교사에게 매우 중요한 이론이라 하겠다.

데시와 라이언(Deci & Ryan, 1985)은 스스로 결정하려고 하는 인간의 성향, 즉 자기결정성이 동기에 영향을 미친다고 생각하였다. 인간은 자기 자신의 행동과 운명을 스스로 결정할 수 있으며, 자기 스스로 결정한 목표일 때 몰입도 및 실천동기가 향상된다. 인간에게 내재해 있는 성장의 욕구가 행동을 이끌며 사람은 도전을 받아들이고 새 경험을 수용하는 것이 일관된 자아 형성에 필수이며, 이때 자율성 동기가 중요하다. 동기는 각기 다른 유형의 동기가 하나의 연속선상에 존재하는데, 인간은 역량, 관계, 자율성에 대한 요구가 충족될 때 자기결정적이 되며, 성장하고 변화한다.

자기결정성 동기이론에 의하면, 동기유발과 관련된 개인의 심리적 욕구는 유능성 욕구(need for competence), 자율성 욕구(need for autonomy), 관계성 욕구(need for relatedness) 등 세 가지 심리적 욕구를 들 수 있다.

유능성 욕구란 개인이 특정 과제와 관련하여 자신이 유능하다고 느끼고 싶어 하는 심리적 욕구를 의미한다. 따라서 특정 학습과제에 대하여 자신이 유능하다고 느낄 수 있도록 함으로써 학습자의 학습동기를 높일 수 있다. 교수자는 보상을 학습자의 실제 수행 수준 또는 수행이 향상되고 있다는 정보와 관련하여 주어야 하며, 과도하게 어려운 과제나 부정적 피드백은 약화시킬 필요가 있다. 아울러 수업자료에 쉽게 접근하도록 하고, 노트 필기 및 읽기 전략을 가르쳐 주며, 읽기자료 등을 색깔별로 분류하거나 밑줄, 볼드 등 사용하여 학습을 도울 수 있을 것이다.

자율성 욕구란 특정 과제를 수행할 때 그 과제 수행의 결정과 진행과정에서 자기 자신이 주도적인 역할을 수행해 왔다고 느끼고 싶어 하는 심리적 욕구다. 따라서 학습과제 수행 시, 학습자가 주도적으로 참여할 수 있는 환경을 제공함으로써 학습자의 자율성 욕구를 높여 결과적으로 학습동기를 높일 수 있다. 과제선정, 평가방식, 시간 등에 대해 선택권을 가질 수 있게 하여 자신이 주체적으로 학습을 주도한다는 느낌을 갖도록 할 수 있다.

관계성 욕구란 나 자신은 관계하고 있는 다른 사람들과 좋은 관계에 있다고 믿고 싶어 하는 욕구다. 이와 같은 관계성의 욕구는 외적 원인의 특정 행동을 내재화하는 데 매우 중요하다고 할 수 있다. 즉, 어떤 일이 나 아닌 다른 사람에 의해서 하도록 결정되어 내가 어느 정도 배제되었다 하더라도 그 사람과의 관계성 지각이 높으면 그 일도 내가 주도적으로 결정한 것이나 다름없게 되어 학습동기가 높아진다는 것이다. 교사는 학생을 무조건적으로 존중하고 더 가치 있는 존재가 될 수 있다는 믿음을 줄 필요가 있다. 아울러 협동학습을 통해 다른 학생들과 좋은 관계를 유지하도록 하여 소속감을 향상시켜 주고, 학생에게 개별 메시지 전송, 짝지어 문제 해결하도록 하기 등을 통하여 학습동기를 높일 필요가 있다.

이처럼 자기결정성 이론에 의하면 학생들의 학습동기와 관련하여 학생들의 유능성, 자율성, 관계성을 높일 수 있는 처방이 요청된다 하겠다.

> ### 🅰️ 학습과제
>
> 1. 켈러의 동기설계 모형의 ARCS에 맞추어 학생들에게 어떤 동기전략을 펼쳐 수업을 이끌어 갈 것인가 설명해 봅시다.
>
> 2. 자기결정성 동기이론(Self-determination Theory: SDT)을 기반으로 학생들을 지도할 때 어떻게 할 것인가 말해 봅시다.

참고문헌

나일주, 정인성(2006). 교육공학의 이해. 서울: 학지사.

Aronson, E. (2023). *Jigsaw in 10 easy steps*. https://www.jigsaw.org/#steps

Ausubel, D. P. (1963). *The Psychology of Meaningful Verbal Learning*. Grune & Stratton.

Ausubel, D. P. (1968). *Educational psychology: A cognitive view*. Holt, Rinehart and Winston, Inc.

Ausubel, D. P. (1980). Schemata, cognitive structure, and advance organizers: A reply to Anderson, Spiro, and Anderson. *American Educational Research Journal, 17*(3), 400-404. https://doi.org/10.2307/1162624

Ausubel, D., Novak, J., & Hanesian, H. (1978). *Educational Psychology: A Cognitive View* (2nd ed.). Holt, Rinehart & Winston.

Bergmann, J., & Sams, A. (2012). *Flip Your Classroom: Reach Every Student in Every Class Every Day*. International Society for Technology in Education.

Bloom, B. S. (1968). Learning for Mastery. *UCLA-CSEIP-Evaluation Comment, Vol 1*.

Carroll, J. B. (1963). A model of school learning. *Teachers College Record, 64*, 723-733.

Center for Innovative Teaching and Learning (2023). *Gagné's Nine Events of Instruction*. Northern Illinois University. https://www.niu.edu/citl/resources/guides/instructional-guide/gagnes-nine-events-of-instruction.shtml

Deci, E. L., & Ryan, R. M. (1985). *Intrinsic motivation and self-determination in human behavior*. Plenum.

Dewey, J. (1916). *Democracy and education*. McMillan.

Gagné, R. (1965). *The Conditions of Learning*. Holt, Rinehart & Winston.

Glaser, R. (1962). Programmed instructional behavioral view. *The American Behavioral Scientist, 6*(3), 46-51.

Guskey, T. R. (2015). Mastery Learning. In James D. Wright (Ed.), *International Encyclopedia of the Social & Behavioral Sciences* (Vol 14, 2nd ed., pp. 752-759). Elsevier.

Joyce, B. R., Weil, M., & Calhoun, E. (2015). *Models of teaching* (9th US Edition). Pearson.

Kagan, S. (1985). Co-op co-op: A flexible cooperative learning technique. In R. Slavin, S. Sharan, S. Kagan, R. Hertz-Lazarowitz, C. Webb, & R. Schmuck (Eds.), *Learning to cooperate, cooperating to learn* (pp. 437-452). Plenum.

Keller, J. M. (1983). Motivational design of instruction. In C. M. Reigeluth (Ed.), *Instructional design theories and models: An overview of their current status*. Erlbaum.

Keller, J. M. (1987). Development and use of the ARCS Model of instructional design. *Journal of Instructional Development, 10*(3), 2-10.

Lewin, K. (1938). *The conceptual representation and measurement of psychological forces*. Duke University Press.

Massialas, B. G., & Cox, C. B. (1966). *Inquiry in Social Studies*. McGraw-Hill Books, Inc.

Reigeluth, C. M. (1999). What is instructional-design theory and how is it changing? In C. M. Reigeluth (Ed.), *Instructional-Design theories and models: A new paradigm of instructional theory* (Volume II. 5-29). Lawrence Erlbaum.

Saettler, L. P. (2004). *The Evolution of American Educational Technology*. Information Age Publishing.

Sharan, S., & Hertz-Lazarowitz, R. (1980). A group investigation method of cooperative learning in the classroom. In S. Sharan et al. (Eds.), *Cooperation in Education* (pp. 14-46). BYU Press.

Slavin, R. E. (1978). *Using student team learning*. The Johns Hopkins Team Learning Project. Center for Social Organization of Schools, Johns Hopkins University.

Slavin, R. E. (1990). *Cooperative learning: theory, research, and practice*. Prentice-Hall.

Smaldino, S., Lowther, D. L., Mims, C., & Russell, J. (2018). *Instructional Technology and Media for Learning* (12th ed.). Pearson.

Tolman, E. C. (1932). *Purposive behavior in animals and men*. Century.

University of Texas at Austin (2023). *Flipped Classroom*. https://ctl.utexas.edu/instructional-strategies/flipped-classroom

제4장

학습자 중심 교수-학습방법

　전통적인 학습에의 접근법은 학습자를 '백지 상태(tabula rasa)'로 보고 교사를 모든 관련 정보를 전달해야 하는 전문가로 보는 입장이다. 행동주의적 접근방식이 대표적이라 할 수 있다. 반면, 학습자 중심의 접근방식은 교수-학습에 대해서 학습자를 능동적인 주체로 본다. 학습자들은 각기 자신의 지식, 과거의 경험, 교육 및 아이디어를 가지고 교실로 들어오게 되며, 이것이 새로운 정보에 참여하고 학습하는 방식에 영향을 미치게 된다. 이 장에서는 전통적인 교사 중심의 교수-학습방법의 특징과는 구별되는 수업방법들을 알아보고자 한다.

1. 학습자 중심 교수-학습방법의 특징

학습자 중심 교수-학습방법의 효시는 철학자이자 교육자인 장 자크 루소(Jean Jacques Rousseau, 1712~1778)라 할 수 있다. 그는 저서 『에밀』에서 교육이 가능한 한 자율적인 발견의 과정에 의해 아동의 자연적인 능력의 발달과 조화롭게 수행되어야 한다고 주장하고 있다(Stanford University, 2023). 존 듀이(John Dewey, 1902)도 그의 저서 『The Child and the Curriculum』에서 아동을 미성숙한 존재로 규정하고 이들을 성숙시키려고 교육시키는 기존의 교수-학습 방식에 큰 문제가 있음을 지적하며, 학생의 이전 경험과 연결시킬 것을 강조하였다.

와이머(Weimer, 2002)는 학습자 중심의 교수-학습방법의 특징을 다음과 같이 정리하였다.

① 학습자 중심의 교육은 학생들을 어렵고 뒤죽박죽인(hard, messy) 학습 상황에 참여시킨다. 교사들은 학생들을 위해 질문, 대답, 예, 정리, 복습을 제공하고 있는데, 이는 학생들보다 교사들이 더 많이 공부하는 격이다. 학생들이 연습할 기회 없이 정교한 학습 기술을 개발하지 못하기 때문에 학생들에게 이러한 과제를 하도록 해야 한다.

② 명시적 기술교육을 포함한다. 교사들은 학생들에게 사고, 문제 해결, 증거 평가, 주장 분석, 가설 생성 등의 방법을 가르쳐야 한다. 이 모든 학습 기술은 해당 분야에서 자료를 숙달하는 데 필수적인 것이다. 모든 학생이 이러한 기술을 자동으로 습득하지 않기 때문에 필수 기술들은 직접 가르쳐야 한다.

③ 학생들이 자기가 무엇을, 어떻게 배우고 있는지에 대해 성찰하도록 장려한다. 교사들은 일상적인 대화나 수업 중에 학생들에게 무엇을 어떻게 배우고 있는지 물어보며, 그들이 학습에 대해 내리는 결정에 대한 책임을 받아들이도록 격려한다. 예를 들어, 시험공부나 독서를 어떻게 하는지, 글을 수정하거나 답을 확인하는지와 같은 것을 물어본다. 학생들이 스스로 학습자로 인식하고 학습능력을 개발하고 싶어 하도록 만드는 것이다.

④ 학생들에게 학습과정에 대한 어느 정도의 통제권을 줌으로써 학생들에게 동기

를 부여한다. 교사 중심 교사들은 학생들을 위해 무엇을 배워야 하는지, 어떻게 배워야 하는지, 배우는 속도나 조건 등 너무 많은 결정을 내린다. 교사들이 모든 결정을 내릴 때, 학습동기가 감소하고 학습자들은 의존적이 된다. 이와는 대조적으로, 학생 중심 교사들은 학생들과 권한을 공유하기 위해 윤리적으로 책임감 있는 방법을 찾는다. 학생들에게 어떤 과제를 완료할지, 교실 정책을 어떻게 세울지, 과제 마감일을 언제로 할지, 평가 기준을 무엇으로 할지 선택하거나 의견을 물을 수도 있다.

⑤ 협력을 장려한다. 강의실(온라인 또는 대면)을 학습자 커뮤니티로 간주한다. 교사들은 학생들이 서로에게서 배울 수 있다는 것을 인식한다. 교사들은 전문성을 학생에게 공유할 의무가 있지만, 학습에 대한 공동의 노력을 촉진하는 구조를 마련하고, 학생 개별적으로 또는 집단적으로 배우는 것을 교육 경험의 가장 중요한 목표로 삼는다.

표 4-1 교사 중심 교수-학습방법의 특징과 학습자 중심 교수-학습방법의 비교

교사 중심	학습자 중심
교수자에 초점	교수자 및 학습자에 초점
학생들은 개별적으로 학습	활동에 따라 그룹 또는 혼자서 학습
교수자가 학생들의 반응을 관찰하고 수정	교수자가 피드백을 제공하고 필요한 경우 수정
교수자만이 학생들의 질문에 대답	학생들은 서로의 질문에 대답하고 교수자를 자원으로 사용
교수자만이 학생들을 평가	학생들은 스스로를 평가하고 교수자는 이를 지원

출처: Weimer (2002).

Aa 학습과제

1. 학습자 중심의 교수-학습방법의 특징 5가지를 설명해 봅시다.

2. 수업지도안을 작성할 때 학습자 중심의 교수-학습방법의 특징을 반영한다면 지도안의 모습이 어떻게 달라질지 말해 봅시다.

2. 학습자 중심 교수–학습방법

학습자 중심의 교수–학습방법은 활동의 초점을 교사에서 학습자로 옮긴다. 구성주의에 기반을 둔 학습방법이 대표적이라고 할 수는 있지만, 구성주의 방식만이 학습자 중심 교수–학습방법이라고 할 수는 없다.

학습자 중심 교수–학습방법에는 다음과 같은 3가지가 포함된다(North Carolina State University, 2023). 첫째, 학생들이 수업 중에 문제를 풀고, 질문에 답하고, 자신의 질문을 공식화하고, 토론하고, 설명하고, 토의하거나, 브레인스토밍하는 능동적 학습이다. 둘째, 학생들이 긍정적인 상호 의존성과 개인의 책임감을 모두 보장하는 조건하에서 문제와 프로젝트에 대해 팀을 이루어 일하는 협동학습이다. 셋째, 학생들에게 처음부터 도전에 직면하게 하는 귀납적 교수–학습방법으로, 여기에는 탐구 기반 학습, 사례 기반 교육, 문제 기반 학습, 프로젝트 기반 학습, 발견학습 및 적시교육이 포함된다.

학습자 중심의 방법은 그 결과가 단기기억, 장기기억, 또는 교과 내용의 깊이 있는 이해, 비판적 사고, 창의적 문제해결 능력의 습득, 긍정적 학습 태도 생성, 자신감 증진이건 전통적인 교사 중심의 교육 접근방식보다 우수한 것으로 나타나고 있다. 이절에서는 학습자 중심 교수–학습의 여러 방법과 이론에 대해서 다루고자 한다.

1) 상황학습이론

중세 유럽의 도제제도에서는 강압적인 분위기와 장인의 기술을 그대로 복제하는 교육과 학습이 강조되었다. 그와는 달리 유카텍족 산파들이나 서아프리카의 재단사들은 장인의 주입식 교육보다는 학습자의 성장을 촉진하는 참여를 효과적으로 관리하는 것이 중요하다는 것이 관찰되었다.

진 레이브와 에티엔 벵거(Jean Lave & Etienne Wenger, 1991)는 학습은 실천공동체(Community of Practice; CoP)에 참여하는 과정인 상황에 있다고 주장하며 상황학습이론(Situated Learning Theory)을 제시하였다. 학습은 상황, 활동, 문화 안에서 일어나며, 무의도적이며, 참여적이라는 것이다. 특히, 사회적인 교류가 학습의 중요한 요소다.

　초심자들은 '정당한 주변 참여(Legitimate Peripheral Participation: LPP)'를 통해 공동체 구성원이 되는 과정의 일부로서 실천공동체(Community of Practice: CoP)의 행동 방식과 의미를 흡수하게 된다. 실천공동체란 공동의 목적을 가진 사람들이 자발적으로 모여 해당 영역의 지식과 기술을 체화, 공유, 실천함으로써 지식을 창출하는 집단 공동체(=실행공동체)다. '정당한 주변 참여'는 초심자와 고참 간의 관계, 활동, 정체성, 인공물 및 지식과 실천공동체를 아우르는 특징을 갖는데, 초심자는 처음에는 일부의 업무에만 참여하다가 공동체의 문화와 지식을 습득한 후 완전히 참여하는 숙련된 전문가가 된다. 상황학습은 특정 공간 안에서 마련되는 맥락만 의미하는 것이 아니다. 초심자가 사회문화적 실천의 완전한 참여자가 되는 과정에서 학습자로서의 의도가 개입되고 학습의 의미가 구성된다는 것이다.

　상황학습이론의 원리는, 첫째, 지식은 실제적인 생활 맥락에서 제시되어야 한다. 즉, 지식의 배경과 이의 응용은 실생활과 밀접한 관련이 있어야 한다. 둘째, 학습은 사회적인 교류와 협동을 필요로 한다. 학습은 의도적인 교육보다는 공동체의 일원으로 참여하고 성장하면서 이루어진다는 것이다.

　이런 측면에서 본다면, 학교라는 조직은 지식이 탈맥락화될 수 있다는 가정에 기반

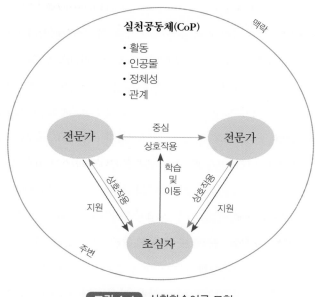

그림 4-1 상황학습이론 모형

출처: Mina-Herrera (2023).

하였다고 할 수 있다. 그러나 학교 자체는 사회적 기관과 학습 장소로서 매우 구체적인 맥락을 구성한다. 따라서 학교의 학습 상황에 대한 분석은 우리가 배우고 알게 되는 것이 사회적 관행의 일부인지에 대한 다층적인 관점을 필요로 한다. 정당한 주변 참여는 교육적인 형태, 교육학적인 전략, 교육 기술도 아니며, 학습에 대한 분석적 관점, 즉 학습을 이해하는 방법으로 이해하는 것이 합당하다는 저자들의 주장이다. 학습과 의도적인 교육 사이의 근본적인 구별을 하였다고 볼 수 있다. 상황학습이론은 인지적 도제 이론으로 발전하였다.

2) 인지적 도제학습

인지적 도제학습(Cognitive Apprenticeship)은 실제적 맥락과 사회적 상호작용을 통한 학습의 중요성을 강조하는 학습이론이다(Collins et al., 1989). 인지적 도제학습의 주요 아이디어는 초보자(度弟 도제)가 특정 영역 또는 공동체 내의 전문가(匠人, 장인)로부터 배우는 안내된 참여 과정을 통해 학습이 발생한다는 것이다. 초보자가 숙련된 실무자와 긴밀하게 협력하여 기술과 지식을 습득하는 전통적인 도제식 모델을 기반으로 한다.

전통적 도제학습에서 전문가는 도제에게 일하는 방법을 보여 준다. 서아프리카 양복점에서 도제는 장인의 옷 제작 과정을 반복적으로 관찰(모델링)하면서 학습한다. 학습 후, 이 과정을 따라 수행할 때 장인의 안내와 조언(코칭)을 받는다. 코칭의 핵심은 비계설정(scaffolding)인데, 이전에 학습했던 사항을 되새기며 도움을 받는다. 도제가 핵심 과정을 수행할 수 있게 되면, 장인은 도움을 줄이며(페이딩) 제한적인 암시, 세련, 피드백만 제공한다.

인지적 도제학습은 이러한 전통적 학습방법을 현 사회에서 요구하는 교수방법의 형태로 적용·변화시킨 것이다. 현실과 괴리되지 않은 실제 상황에서 전문가의 과제 수행과정을 관찰하고, 실제로 과제를 수행해 보는 가운데 자신의 지식상태의 변화를 경험할 수 있도록 하는 것이다. 눈에 보이는 외형적 지식 또는 기능의 전수를 도모했던 전통적 도제학습과 달리, 인지적 도제학습은 과제 관련 지식 습득과 함께 사고력, 문제 해결력과 같은 고차적 인지기능의 신장을 도모한다. 이러한 교수방법은 내적으로 수행되는 정보처리 작업의 외현화를 요구한다. 이렇게 외현화된 내적 처리작업을 안내적 교수방법을 통하여 학생이 점차적으로 내면화하고, 이로써 독립적으로 과제를 수행할 수 있도록 하는 것이 그 주요 목표가 되며, 주어진 상황에 알맞게 지식을 구축하여 활용할 수 있게 된다.

브라운 등(Brown et al., 1989)에 의하면, 학습은 교과지식을 전달받거나 미리 설계된 문제를 해결하는 것보다는 해당 학문 분야의 전문가가 과제를 어떻게 수행하는지를 다양한 측면에서 관찰해 보면서 배울 수 있다고 주장한다. 학습은 학습자가 전문가의 수행에 요구되는 다양한 기능을 확인하고, 이들이 적용하는 조건을 발견하여 내면화하는 과정을 통해 이루어진다. 결국 학습이 점차적으로 복잡한 과제, 상이한 문제해결 상황으로 계열화되는 것을 의미한다.

(1) 인지적 도제학습의 방법

모델링   인지적 영역에서는 대개 내부적 과정과 활동의 외현화가 필요한데, 전문가들은 초보자들에게 기술, 전략 및 문제해결 과정을 명시적으로 보여 준다. 모델링(Modeling)에서 전문가는 생각하는 바를 소리 내어 설명하여 사고 과정을 가시화하며, 초보자들은 전문가들이 어떻게 과제에 접근하는지 관찰하고 이해할 수 있게 된다. 수학수업이라면 학생에게 어렵고 새로운 문제를 해결하는 절차를 보여 줌으로써 문제를 해결하는 과정을 제시한다.

코칭   코칭(Coaching)은 학생이 과제를 수행하는 것을 관찰하여 피드백을 제공하여 전문가의 수행과 유사해지도록 학습과정이다. 코칭은 초보자들의 기술과 지식을 점진적으로 발전시키도록 도와주는데, 탐색적 질문하기, 힌트 주기, 비계설정(scaffolding), 피드백, 조언 그리고 전문가의 수행과 더 가까운 수행을 할 수 있는 새로운 과제들로 구성된다. 코칭은 과제에 대해 이전에 알지 못했던 측면을 학생에게 직접 알려 주거나 알고 있었지만 일시적으로 빠뜨린 과제의 어떤 측면을 학생에게 회상시켜 주기도 한다. 교사는 학생을 지도하고, 학생은 질문을 하고, 그들의 어려운 점을 규명 · 요약하고 예측하게 된다.

비계설정   비계설정(Scaffolding)은 학생이 과제를 수행하도록 교사가 공급하는 지원체제에 관한 것이다. 비계설정의 선행 조건은 학생의 현재 기술 수준의 정확한 진단이다. 전문가는 초보자가 복잡한 작업을 수행할 수 있도록 템플릿, 체크리스트 또는 프레임워크와 같은 지원 구조를 제공한다. 이러한 지원은 상보적 교수(reciprocal teaching)에서 제안이나 도움의 형태가 될 수 있다. 쓰기를 촉진하기 위해 사용한 단서 카드 또는 스키를 가르치기 위해 사용된 짧은 스키와 같은 물리적 지원체제의 형태를 비계의 예로 들 수 있다(Scardamalia et al., 1984). 교사가 학생이 아직 수행할 수 없는 과제의 일부를 대신 수행해 주는 것도 비계설정에 포함될 수 있다. 페이딩(fading)은 학생이 일정 상태에 도달하면 지원체제를 점차 제거하는 것을 말한다.

명료화   명료화(Articulation)는 학습자가 자신의 지식, 생각 또는 문제해결 과정을 정확히 표현하도록 하는 것이다. 학습자가 자신의 이해를 점검하고, 괴리나 오해를 확인하며, 생각을 명료화할 수 있게 한다. 또한 전문가와 동료들이 초보자의 사고에 대한 이해를 바탕으로 피드백과 지침을 제공할 수 있다. 명료화의 몇 가지 방법은 다음과 같다.

- 질문수업은 학생이 명료화를 할 수 있도록 하는 전략이다. 교사는 학생이 좋은 요약이 어떤 것인지 모델을 형성할 수 있도록 하기 위해, 텍스트의 요약 중 어떤 것은 좋고 다른 것은 좋지 않은 이유를 체제적으로 질문한다.
- 수학 수업에서 교사는 학생에게 각 단계 뒤에 있는 추론을 명확하게 하면서, 복잡한 문제를 푸는 방법을 단계별로 설명하도록 한다. 그렇게 함으로써, 학생은 자신의 오류나 오해를 발견할 수 있고, 선생님은 그러한 문제들을 해결하기 위해 목표에 맞는 피드백을 제공할 수 있다.
- 문학 수업에서 학습자는 등장인물들의 동기와 탐구된 주제에 대해 이해한 바를 논의하면서 복잡한 텍스트에 대한 자신의 해석을 명확히 한다. 이를 통해 학습자는 텍스트에 대한 이해를 심화시키고 동료들과 의미 있는 토론에 참여할 수 있게 된다.

반성적 사고   반성적 사고(Reflection)는 학생이 자신의 문제해결 과정과 전문가 및 다른 학생의 과정을 비교하며, 궁극적으로 전문가의 내적 인지 모델과 비교할 수 있게 해 준다. 반성적 사고는 전문가와 초보자를 비교하기 위해 수행을 다시 보여 주는 (replaying) 다양한 기법을 사용함으로써 강화된다. 컴퓨터나 캠코더 등을 활용하여 전문가와 초보자의 행동을 녹화할 수 있다. 재생을 위한 세밀한 수준은 학생의 학습 단계에 따라 다르겠지만, 대개 '요약된 재생'의 형태로, 전문가와 학생 수행의 중요한 특징을 강조하여 드러내는 방식이 바람직하다. 읽기나 쓰기에서 반성적 사고를 촉진시키기 위해서는 학생이 생각하는 것을 큰 소리로 생각하기(think aloud) 방식으로 기록한 후 전문가와 다른 학생의 생각을 비교하기 위해 테이프를 재생할 수 있다.

콜린스 등(Collins et al., 1989)은 인지적 도제학습의 모델로 독서를 위한 상호교수법(Palincsar & Brown, 1984), 작문을 위한 절차적 촉진법(Scardamalia & Bereiter, 1985), 수학문제해결법(Schoenfeld, 1983)을 제시하고 있다.

3) 문제중심학습

문제중심학습(Problem-Based Learning: PBL)은 1969년 캐나다의 맥매스터 대학교 의대에서 처음 시작되었다(Servant-Miklos et al., 2019). 이후 여러 대학과 조직에 다양한 형태로 전파되고 변형되어 사용되고 있다. 문제해결학습은 크게 네 단계로 나누어볼 수 있다. 교사가 문제 상황을 제시하면 학생은 문제 해결을 위한 계획을 수립하며, 이를 수행하고, 마지막으로 수행 결과를 평가한다(Kilbane & Milman, 2014).

문제 제시 및 문제 규명 교사는 적절한 문제를 제시하고 학생들로 하여금 이를 탐색하고 규명하도록 한다. 교사는 학생들을 어떤 모둠으로 나눌 것인지 결정한다. 교사는 과제의 범위와 과업을 완수할 기간을 알려 준다.

문제 해결 계획 수립 교사는 학생에게 문제를 해결하게 한다. 교사는 탐색적 질문을 통하여 학생들이 문제를 분석하고 계획을 수립할 수 있도록 유도하며, 비계설정(scaffolding)을 통하여 학생들의 의사결정 과정을 도울 수 있다.

계획 적용 학생들은 자신들이 세운 계획을 시험하거나 적용하고, 그 결과를 기록

한다. 교사는 추가적인 비계설정으로 학생들을 도울 수 있다.

　　적용 평가　　학생들은 계획의 적용과 그 결과를 평가하고 성찰한다. 학습자들은 문제를 해결하는 과정에 있었던 개인 및 집단의 기여도에 대해서 성찰한다. 즉, 무엇을 했어야 했는지 또는 바람직했는지를 생각해 볼 수 있다. 교사는 문제를 해결할 수 있는 대안적 방법에 따른 장점과 단점에 대해서 탐색하도록 할 수 있다.

　　문제중심학습에서 교사의 역할은 학습목표를 결정하고 직접 수업을 하는 전통적인 수업의 역할과는 아주 다르다. 교사는 비판적 사고를 경험할 수 있도록 하는 문제해결에 관한 질문을 통해 메타인지적 코치의 역할을 한다. 또한 학생들에게 문제 해결의 직접적인 근거가 될 수 있는 정답은 제공하지 않는다(Stepien & Gallagher, 1993).

　　문제중심학습의 특징은 다음의 네 가지로 요약할 수 있다(Hemstreet, 1997).

(1) 문제중심학습의 특징

　　비구조적 문제 문제중심학습의 가장 핵심이 되는 특징을 이해하기 위해서 〈표 4-2〉와 같이 구조적 문제와 비구조적 문제(non-structured problems)로 비교하여 제시할 수 있다(Gallagher & Gallagher, 1994: 285). 학교에서 다루는 문제는 구조적인 문제다. 학생은 문제가 무엇인지 정확히 알고 있으며, 정답이 주어졌을 때 그것이 정답이라는 것도 알고 있다. 비구조적 문제는 구조적 문제 해결과는 달리 문제를 찾아내

표 4-2 구조적 문제와 비구조적 문제의 비교

구조적 문제	비구조적 문제
문제의 정의가 쉽게 규명된다.	문제가 정의되어야 하며, 가능하면 재정의되어야 한다.
문제 해결에 필요한 모든 정보가 제공된다.	문제 해결에 필요한 부가적인 정보가 필요하다.
문제 해결에 초점을 둔다.	문제의 본질에 초점을 둔다.
단 하나의 정답만이 확인될 수 있다.	여러 개의 서로 다른 해결안이 가능하다.
문제 해결에 대한 동기가 낮다(비인지적).	문제 해결에 관한 동기가 높다(인지적).

고 필요한 정보를 검증하며, 실행 계획을 세우는 과정을 필요로 한다.

문제와 실행 계획이 명확히 구분되었을 때, 학습자는 해결안을 얻기 위하여 계획을 문제에 적용한다. 오직 하나의 해결안만이 맞는 것이며, 학습자는 그 해결안을 얻을 때까지 계획을 실행한다. 이때 포함된 사고는 학습자가 단순히 제시된 절차를 회상하는 재생적 사고다. 반대로 문제는 명확하게 제시되었으나 실행 계획이 주어지지 않은 경우 학습자는 이미 학습된 정보의 재생에 의존할 수 없다. 대신에 실행 계획을 만들어 내기 위하여 추론과 분석을 하고 문제 해결에 도달해야만 한다.

문제가 명확하게 구분되지 않은 경우 학습자는 우선 문제를 찾아내고 문제 상황을 분석하며, 바람직한 상태로 문제가 해결되도록 전략을 규명해야 한다. 이러한 상황에 필요한 사고를 전략적 사고라고 한다(Covington, 1992).

코빙턴(Covington)에 따르면 학교교육에서 활용되는 구조적 문제는 학생에게 오직 재생적·생산적 사고를 길러 주는 반면, 비구조적 문제를 통한 문제중심학습에서는 전략적 사고를 길러 준다. 이러한 사고의 유형은 지식의 전이와도 관계가 있다(Hemstreet, 1997).

실제성　　문제중심학습환경에서는 실제 생활과 관련된 문제가 제시된다. 학생에게 세부적이고 아주 구체적인 맥락의 문제가 주어지면 주제에 대한 정의를 내리고, 가설을 설정하고, 자료를 찾고, 경험하고, 해결안을 개발하고, 문제해결 과정의 효과성에 대하여 평가한다(Stepien & Gallagher, 1993). 학생들이 문제를 해결해 나가는 과정에서 얻은 결과는 실제 상황의 문제를 해결할 때 반영된다.

브라운 등(Brown et al., 1989)은 실제적 활동을 "문화의 일반적 경험"이라고 정의하였다. 실제적 활동에 참여함으로써 학습자는 실생활에서 그와 같은 활동을 수행하는 일반적인 사람의 행동과 지식을 배울 수 있다. 실제적 활동은 특징적인 학교활동에 비해 의미가 있고 일관성이 있으며 목적이 있다. 그러므로 기존의 학교교육을 성공적으로 받았다고 해도 실생활 문제를 수행하는 데는 거의 관계가 없다.

호네바인 등(Honebein et al., 1993)은 실제적 활동의 특징을 다음과 같이 제안하였다.

- 활동은 학생들에게 전체적인 활동과 부분적인 활동을 할 수 있는 프로젝트 중심

이어야 한다. 전체 활동은 전체적인 과제를 규명하고 학습목표를 제안하는 것이다. 부분적 활동이란 세부적인 문제로 학생들이 문제를 해결하기 위해 주어진 문제 영역에 대하여 학습하는 것이다.

- 실제적 환경은 대안적 견해를 일반화하고 평가하는 능력을 증진시켜 주는 것이다. 실제 상황에서 사람들은 다양한 관점과 경쟁적인 관심사에 직면한다. 즉, 각각의 주장은 그들의 생각과 전략을 조정할 수 있도록 도와준다.
- 실제성(Authenticity)이 포함된 인지적 과제를 충분히 수행하고자 한다면 학습자는 학습과제에 대한 주인의식을 가져야 한다.

문제중심학습환경은 이 세 가지 특성 모두와 일치한다. 문제중심학습은 해결해야 할 하나의 중심 문제를 가지고 있는 프로젝트 기반으로 학생에게 적절한 정보를 학습할 수 있도록 문제를 세분화한다. 문제중심학습은 학생들의 사고를 재정리할 수 있도록 하며, 의견을 제시하고 다양한 의견에 대해서 비판할 수 있는 학생 간의 상호작용을 기대할 수 있는 대안적 견해에 대하여 일반화하고 평가할 수 있도록 한다. 학습자는 자신의 학습에 필요한 것을 결정하고 생성된 해결안을 조절함으로써 주인의식을 갖게 된다.

문제중심학습환경에서 한 가지 더 특징적인 것은 학습을 위한 실제적 맥락, 즉 복잡성을 만들어 낸다는 것이다. 실세계의 문제는 보통 수많은 일과 생각이 관련된 복잡한 문제다. 아직도 오늘날 교실에서 다루는 문제는 바로 실생활에 적용할 수 있는 문제가 아니다(Williams, 1992). 이러한 경향은 학습자에게 놓인 인지적 요구를 쉽게 해 줄지는 모르나 학습을 비맥락적으로 만들며, 학생이 배운 지식을 적용하는 데 많은 어려움이 있다. 왜냐하면 실제적 상황 내에서 직관적인 문제는 맥락성이 사라질 때 어려움을 겪을 수도 있기 때문이다(Honebein et al., 1993).

자기주도적 학습   문제중심학습에서 학생들은 해결해야 할 문제를 가지고 시작한다. 그러고 나서 문제를 해결하거나 이해하기 위하여 알아야 할 주제를 규명한다. 다시 말하면, 학생이 학습내용을 결정하고 문제를 해결하는 데 가장 유용한 것을 선택한다.

학생은 집단 내의 상호작용은 물론 자기주도적인 학습(Self-directed learning)을 한다. 소집단 또는 학급 전체 집단으로 학습하기 위하여 학생은 정보를 찾고 학습하기 위한 책임 분담을 하며, 문제해결 과정과 전략을 통하여 자신에게 맞는 방법을 선택해야 한다.

자기주도적 학습의 결과, 문제에 적합한 문제해결 전략을 선택하고 적용하는 방법을 배움으로써 문제해결 능력에 대한 자기확신을 얻을 수 있다(Gallagher & Stepien, 1994). 의과대학의 연구에서는 문제중심학습에 참여한 학생이 전통적인 수업에 참여한 학생보다 더 넓게 자원을 활용한다고 보고하고 있으며(Williams, 1992), 자기주도적 학습은 동기를 부여할 뿐만 아니라 적극적으로 학습에 활용할 자원을 찾게 한다고 하였다(Hemstreet, 1997).

협동학습   협동학습은 여러 가지 면에서 문제중심학습이 효과적이다. 성공적인 문제 해결을 위해서는 계속적으로 다양한 역할, 즉 해결안을 제안하는 실행가나 의문을 제기하고 비판하는 회의론자, 교수자 등의 역할이 필요하다(Brown & Palincsar, 1989). 이처럼 서로 다른 학생에게 이와 같은 역할을 분담시킴으로써 문제를 해결하는 데서 사고 유형이 달라지게 된다. 학생은 하나의 역할을 맡아 수행한 후 다른 사람의 수행과정을 지켜보면서 과제를 수행해 나가며, 다른 동료의 수행과정을 보면서 문제 해결에 포함된 자신의 사고를 확대시켜 나간다. 그리고 집단 문제해결 과정은 개인의 문제해결 과정에 반영된다.

과제를 분담하여 해결함으로써 관리하는 데 더 복잡해질 수도 있지만, 집단으로 문제를 해결해 나가는 과정에서 갈등은 오히려 개인적 사고를 개발하는 데 도움이 될 수도 있다. 때로 차이점이 발생하였을 때 학생들은 각자의 관점에서 정당화하고 협력한다. 이러한 과정을 통해 쉽게 오개념을 찾아내고 바람직한 해결안을 도출하게 되며, 다양한 견지에서 문제를 이해할 수 있게 된다(Casey, 1996).

(2) 문제중심학습의 장단점

문제중심학습의 장점   문제중심학습은 인지적 불일치 때문에 계속적인 학습이 가능하며, 실세계 시나리오와의 관련성이 크다. 또한 학습자의 비판적 사고를 위한 기회를 마련해 주며, 학습자의 전이와 회상을 증진시킬 수 있는 실세계의 실제성을 경

험하게 해 준다. 그리고 학습 주제에 대한 본질적인 흥미와 자기조절 학습능력을 향
상시키는데, 이러한 향상은 꾸준히 유지된다(Finkle & Torp, 1995).

문제중심학습의 단점 학생에게 필요한 자료 획득에 대한 대안이 있어야 하고, 문
제와 관련된 주변 자료를 탐색하는 능력이 학습자에게 없다면 문제중심학습은 효과
가 없다. 또한 문제의 배경에 관한 정보를 정확하게 제공해 주지만 주어진, 과제에 관
한 유용한 모든 것을 제공하는 것은 피할 수 있는 처치자가 있어야 하며 자료를 찾는
데 많은 시간이 필요하다.

(3) 설계의 원리

구성주의 이론을 바탕으로 학습환경에 지침이 될 여덟 가지 교수원리는 다음과 같
다(Savery & Duffy, 1995).

- 모든 학습활동을 더 큰 과제나 문제로 정착(anchor)시킨다. 학습자는 하나의 학
  습목표를 가지고 문제 사이의 관련성에 비추어 구체적 학습활동의 중요성을 알
  아야 한다. 문제중심학습은 실제적 문제를 사용하며, 학습자는 구체적으로 어떻
  게 학습할 것인지를 알아야 한다. 그러면 이러한 학습활동의 중요성은 명백하게
  된다.
- 문제에 대하여 학습자가 주인의식을 갖도록 하여야 한다. 학습자의 목표는 무엇
  을 학습할 것인가를 결정하는 것이다. 그래서 학습자의 직접 문제의 주주가 되
  는 것이 중요하다. 문제중심학습의 학습 단위는 학습자가 자신의 문제로 받아들
  일 수 있는 문제를 제시하도록 설계되었다.
- 실제적 과제를 설계한다. 실제적 학습환경이라는 것은 학습자에게 요구되는 사
  고가 실제적 환경에서 추론된 인지적 요구로 구성된다는 것이다. 이전에 논의된
  연구에 의하면 실제성은 문제중심 학습환경의 핵심적인 특성이 된다. 학습자는
  전문가가 연구하는 방법으로 접근하는 것이다.
- 환경의 복잡성을 반영한 과제와 학습환경을 설계한다. 학습자에게 단순한 환경
  대신에 복잡한 환경을 제시하고, 학습자는 그 복잡성을 다룰 수 있어야 한다. 문
  제중심 학습환경은 복잡한 것이며, 이러한 복잡성을 제공하는 개별적인 프로그

램으로 설계되어야 한다.

- 해결안을 개발할 때 학습자가 해결과정에 주인의식을 갖도록 해야 한다. 학생이 학습목표의 주인의식을 갖는 환경이라고 할지라도, 교사는 가끔씩 학생의 문제 해결 과정을 진술하도록 해야 한다. 학생은 문제를 해결하기 위하여 자신의 해결과정을 개발함으로써 실제적 사고를 하게 된다. 문제중심학습의 학습안은 해결안을 위한 하나의 최선의 과정으로 규정되지 않도록 설계되어야 한다.

- 학습자의 사고를 높일 수 있도록 설계되어야 한다. 학습자가 학습목표와 학습과정에 대한 주인의식을 갖고 있다고 할지라도, 교사는 적절한 목표가 선택되고 생산적인 문제해결 과정의 구조를 선택할 수 있도록 도울 필요가 있다. 교사는 코치로서 역할을 해야 하며, 학생이 사고를 하는 데 도움이 될 수 있는 질문을 해야 한다. 문제중심학습에서 학생은 문제를 정의하고 해결안을 도출하는 데 활용할 수 있는 과정을 결정하는 반면, 교사는 문제를 잘 정의하고 효과적인 해결과정에 이를 수 있도록 도움을 주어야 한다. 교사는 보통 메타인지적 코치의 역할이라고 할 수 있다.

- 대안적 관점과 대안적 맥락에 대하여 시험해 볼 수 있는 생각을 가져야 한다. 문제중심학습환경을 기본적으로 고려하지 않을지라도 보통 협동학습은 사고력을 촉진시켜 주지만, 문제중심학습은 학습을 하는 동안 전략적 사고력을 길러 줄 수 있다.

- 학습내용과 학습활동을 위한 기회를 제공하고 반성적 사고를 지원해야 한다. 반성적 사고는 메타인지를 개발하도록 도와준다. 문제중심학습에서 반성적 사고는 학생의 계획, 문제해결 과정, 견해에 대하여 교사가 질문하는 목적의 하나다.

4) 구성주의 학습환경 설계

조나센(Jonassen, 1999)은 구성주의를 학습과정에 대한 객관주의와 다른 관점으로 보고, 객관주의와 보완적인 학습 도구로 구성주의 학습환경(Constructivist Learning Environment: CLE)을 설계하기 위한 모델을 제안했다.

(1) 구성주의 학습환경 구성 요소

구성주의 학습환경의 구성 요소는 다음과 같이 여섯 가지가 있다.

① 문제

질문, 이슈, 사례, 문제, 프로젝트는 구성주의 학습환경의 핵심이며 학습과정을 주도하는 학습목표를 구성한다. 이 요소들의 바람직한 특성은 흥미롭고, 관련성이 있으며, 실제성이 있어야 한다. 학습자들은 학습한 내용을 적용하기 위해 문제 해결을 하는 것이 아니라, 문제 해결을 위해 영역지식을 학습하게 된다. 문제의 설계에는 세 가지 주요 구성 요소인 문제 맥락, 문제 표상 또는 시뮬레이션, 그리고 문제 조작 공간이 포함된다.

문제의 맥락　　문제를 표상(제시)하는 데 중요한 요소는 이러한 문제가 일어나는 맥락이다. 똑같은 문제라도 이러한 문제가 일어나는 사회 및 업무 환경에 따라 달라진다. 문제를 둘러싼 맥락에는 수행환경과 실행공동체(CoP)/수행자/이해당사자가 있다.

- **수행환경**: 문제가 발생하는 물리적·조직적·사회문화적 맥락에 대해 설명한다. 기간, 물리적 자원, 기관의 특성에 대한 정보가 있어야 하며, 그 기관의 보고서, 미션, 회계장부, 역사 등에 대한 자료가 포함되어야 한다.
- **실행자/수행자/이해당사자 공동체**: 관련자들의 가치, 신념, 사회문화적 기대는 무엇인가? 정책 결정자는 누구인가? 수행자들의 이력, 흥미, 특성, 신념은 무엇인가? 이러한 정보는 이야기나 인터뷰 형식으로 음성 파일이나 동영상으로 제시될 수 있다. 특정 맥락에서 어떤 학습이 일어나는지를 결정하는 것은 참가자들의 공동체다. 학습은 독립적으로 일어나지 않으며, 공동체에 참여하여 나타난 부수적인 소산물이기 때문에 공동체의 믿음이 중요하다.

문제 표상 또는 시뮬레이션　　문제를 표상하는 것은 '실제 세계와 동일한 유형의 인지적 도전을 제시'하는 것뿐만 아니라 학습자가 문제 해결에 참여할 수 있도록 흥미

롭고 관련성이 있어야 한다. 몰입적이고 때로는 학습자들을 당황시켜야 한다. 교사
는 화질 높은 비디오 시나리오, 담화, 가상현실의 방법으로 문제를 제시해야 하며, 문
제들은 현실세계에서 볼 수 있는 실제적인 문제이어야 한다. 문제 표상은 자연스러
운 맥락에서 문제를 자극하게 된다.

실제적(authentic)이란? 실제적 문제 해결은 구성주의 수업의 핵심이다. 흔히 실제
생활에서 겪을 수 있는 구체적인 문제나 과제라고 알려져 있으나, 이는 협의의 의미
에 불과하다. 실제적이란 현실에서 겪는 것과 똑같은 유형의 인지적 도전을 주는 활
동에 몰입해야 하며, 그 맥락 안에서 특정 활동 구조를 그대로 드러내야 한다. 활동
구조는 공동체 구성원들이 참여하는 활동, 활동의 목표, 특정한 행동을 제약 또는 허
용하는 물리적 환경, 활동을 중재하는 도구에 초점을 맞춘 활동이론(Leontev, 1979)의
사회역사적 맥락에 의존한다. 활동이론(Activity Theory)은 업무와 환경을 분석하기
위한 효과적인 렌즈를 제공하고 구성주의 학습환경 설계를 하기 위한 프레임워크를

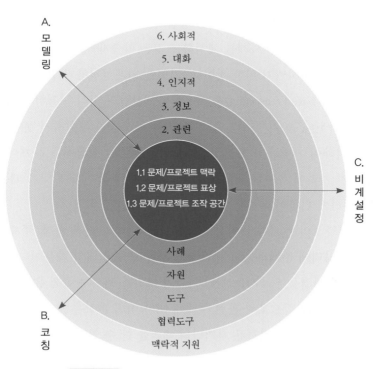

그림 4-2 조나센의 구성주의 학습환경 설계 모델

제공한다. 또 다른 측면에서 실제적이란 단순히 학습자에게 개인적으로 관련이 있고 흥미로운 것을 의미하기도 한다. 재스퍼 시리즈(Jasper series)는 고화질 동영상을 통하여 중학생들에게 몰입적인 문제를 제시하는데, 학생들은 대부분 이러한 맥락의 문제들을 경험하지 못하였음에도 불구하고 상당히 흥미를 보인다.

문제 조작 공간   의미 있는 학습은 학습자가 사물을 조작하고 환경과 상호작용할 수 있는 기회를 제공받는 의식적 활동이어야 한다. 학생들이 물리적 물체나 시뮬레이션을 조작하였을 때 그에 대한 피드백을 받아 조작의 효과를 테스트하는 인과적 모델이 될 수도 있고, 문제에 대한 해결책에 관한 학생들의 주장이 될 수도 있다. 조작은 제품 개발, 파라미터 조작, 의사결정 등을 통해 환경에 영향을 주어야 하며, 현실세계의 과제 환경과 유사한 물리적 시뮬레이션 제공이 필요하다.

② 관련 사례

문제를 이해하기 위해서는 문제를 경험하는 것과 함께 이에 대한 정신 모델을 구성하는 것이다. 초심자들에게 부족한 것은 경험이기 때문에 관련 여러 경험에 접할 기회가 제공되어야 한다. 관련 사례를 제시하는 것은 학습자들의 기억을 비계설정하고 인지적 유연성을 증대시키기 위한 것이다. 기억을 비계설정하기 위한 방법으로는 사례 기반 추론(Case-based reasoning)을 사용한다. "사람의 지식은 경험과 사건에 대한 이야기로 부호화된다"는 가정이다. 관련 사례는 학생들이 경험하지 못한 사건에 대한 표상을 제시하여 기억을 비계설정한다. 사람은 어떤 상황이나 문제에 직면하면 제일 먼저 자기 기억에 유사한 경험이 존재하는지부터 확인하게 되기 때문이다. 기억을 비계설정하기 위하여 예제를 제공하는 방법도 있다.

관련 사례는 학생의 인지적 유연성도 향상시킨다. 이는 다른 관점, 주제 및 해석을 제공하여 지식 영역에 존재하는 문제의 복잡성을 잘 드러내기 때문이다. 예를 들어, 도덕적 딜레마의 해결을 위해서는 여러 사람의 다양한 해석과 함께 유사한 윤리적 난제에 대한 해설을 제공함으로써 관련 주제에 대한 여러 관점을 보여 줄 필요가 있다. 이러한 대조를 통하여 학습자들은 자기만의 해석을 할 수 있게 된다.

재스퍼 우드베리의 모험

재스퍼 우드베리의 모험(The Adventures of Jasper Woodbury™)은 수학적 문제 발견과 문제 해결에 초점을 맞춘 12개의 비디오디스크 기반 모험으로 구성되었다. 각각의 모험은 문제 해결, 추론, 의사소통 및 과학, 사회, 문학 및 역사와 같은 다른 분야와 연결되며 초등 5학년 이상의 학생들을 위해 설계되었다. 각 비디오디스크는 복잡한 도전으로 끝나는 짧은(약 17분) 비디오 모험을 담고 있으며, 모험을 해결하는 데 필요한 데이터와 해결책과 관련이 없는 추가 데이터가 포함된 탐정 소설 이야기처럼 설계되었다. 재스퍼 모험에는 문제해결 접근 모델을 제공하는 '내재된 수업' 에피소드도 포함되어 학습자들이 필요에 따라 문제해결 방법을 학습할 수 있게 하였다. 모든 모험은 전미수학교사협의회(NCTM)가 추천하는 표준에 따라 설계되었다(The Cognition Technology Group at Vanderbilt, 1992). 재스퍼 시리즈는 상황에 근거한 정착학습(anchored instruction)의 사례로 많이 인용되고 있다.

재스퍼 우드베리의 모험(Center for Technology Transfer & Commercialization, 2023)

③ 정보 자원

문제를 탐색하기 위해서 학습자들은 정신 모델을 구성하고 가설을 형성하기 위한 정보가 필요하다. 구성주의 학습환경 설계자는 학습자에게 필요한 정보를 결정해야 하며, 문제를 이해하고 해결할 수 있도록 적시에 정보를 선택하고 접근할 수 있도록 해야 한다.

④ 인지 도구

지식 구성 도구라고도 한다. 구성주의 학습환경은 복잡하고 새로운 과제를 제시하기 때문에 학습자가 갖추고 있지 못한 기술을 비계설정할 수 있는 인지적 도구를 제공해야 한다. 인지 도구는 '사고 기술을 시각화, 구성, 자동화 또는 대체'하는 데 도움이 되는 도구이며, 4가지 유형이 있다.

- **문제/과제 표현 도구**: 현상을 이해하는 데는 시각 및 공간 요소를 활용할 필요가 있다. 학습자가 사물이 어떻게 작동하고 상호작용하는지에 대한 정신적 모델을 시각화하고 구성할 수 있도록 도와준다. Geometry Tutor, 날씨 시각화 도구, Mathematica, Mathlab 등 특정 분야에 국한된 도구들이다.
- **정적 및 동적인 지식 모델링 도구**: 학생들이 현상을 탐구할 때 이에 대한 이해를 명료하게 표현하는 것이 중요하다. 모델링 도구는 학습자가 현상에 대해 생각하고, 분석하고, 조직하는 방식을 규정하는 지식 표현 형식을 제공하고, 그러한 현상에 대한 이해를 부호화하는 환경을 제공한다. 예를 들어, 지식 데이터베이스나 시멘틱 네트워크를 만들 때 학습자는 지식 영역을 구성하는 개념들 간의 의미적 관계를 명확히 드러내야 한다. 전문가 시스템은 학습자가 특정 영역 내의 객체 또는 요소들 간의 인과 관계를 명확히 설명하도록 한다. 모델링 도구는 학습자가 "내가 무엇을 알고 있는가?", "이것은 무엇을 의미하는가?"라는 질문에 답할 수 있도록 도와준다. 데이터베이스, 스프레드시트, 시멘틱 네트워크, Stella, PowerSim, Model-It 등이 있다. 학습환경 설계자는 학습자가 그들이 알고 있는 것을 언제 명확히 설명하고, 어떤 형식이 그들의 이해를 가장 잘 지원할 것인지 결정해야 한다.
- **수행 지원 도구**: 반복적인 알고리즘 작업을 수행하면, 집약적이고 고차원적 인지 작업에서 인지적 자원을 뺏기게 된다. 수행 지원 도구는 계산 및 암기와 같은 일상적인 작업을 수행하여 인지 부하를 완화해 준다. 전자교탁 작동 안내문, 환율 계산기, 세금계산공식 등이 있다.
- **정보 수집 도구**: 정보 검색 도구를 제공하여 정신의 분산을 막고 학생들이 문제

해결에 집중할 수 있도록 도와줄 수 있다. 자동으로 필터링되는 인터넷 검색 도구나 도서 검색 도구가 그 예다.

⑤ 대화 및 협업 도구

사회적 협상과 상호작용은 학습과정의 일부다. 학습은 담론 공동체, 지식 구축 공동체 및 학습자 공동체의 지원을 통해 촉진될 수 있다. 학습자들은 커뮤니티 활동을 통해 동료나 교수자로부터 모델링, 코칭, 비계설정을 제공받을 수 있다.

⑥ 사회적·맥락적 지원

모든 학습환경의 설계는 그 적용이 성공적으로 이루어지기 위한 지원이 포함되어야 한다. 역사적으로, 영화나 비디오가 교육현장에서 실패한 이유는 암막이나 장비가 미비하였거나, 내용이 문화적으로 적합하지 않았던 경우가 많았다. 이에 특정 맥락에 맞는 실제적 문제의 제시나 학습 커뮤니티 등 사회적 지원을 포함하는 학습환경을 갖추는 것이 필요하다. 교사나 스태프에 대한 워크숍을 통하여 이에 대한 대비를 하는 것이 요구된다.

(2) 구성주의 학습 지원

구성주의 학습환경에서 학습자는 탐구, 명료화 및 성찰에 참여하도록 권장되며, 교사는 모델링, 코칭, 비계설정의 방식으로 교육을 지원할 수 있다.

- 모델링: 전문가의 외현적 수행(내가 어떻게 할지)을 보여 주는 행동 모델링과 내재적 인지과정에 대한 인지 모델링이 있다. 행동 모델링에서는 이상적인 수행 모습을 보여 주어야 하며, 행동 단계별로 중요한 지점을 꼼꼼히 지적하여 주어야 한다. 대표적인 방법으로 예제를 활용한다. 인지 모델링에서는 각 단계별로 이루어지는 의사결정과 추론과정을 명료화하여 제시해야 한다. 큰 소리로 생각하기(thinking aloud) 방법을 활용할 수 있다.
- 코칭: 어설픈 수행을 보이는 학습자들은 코칭을 통하여 점차 숙련된 기술을 습득하게 된다. 교사는 학습자의 수행에 초점을 맞춰 동기부여 프롬프트, 학습자의 수행 모니터링 및 조절, 성찰 촉진, 학습자의 모델 교란 등을 제공할 수 있다.

- 비계설정: 학습환경의 다양한 측면(과제, 교사, 학습자, 자료, 도구)에서 학습자를 지원하는 체계적인 접근방식이다. 학습자의 이해와 요구 수준에 따라 과제 난이도를 조정하고, 과제를 재구성하고, 대안적인 평가를 제공한다.

5) 탐구학습

발견학습이 '식물의 성장과정 관찰' 등 과학의 기초 과정인 관찰, 분류, 측정, 예상, 서술, 추리 등에 활용되는 반면, 탐구학습은 문제를 제기하고, 가설을 형성하고, 데이터 수집을 통해 검증하고 결론을 내리는 과정으로 인식되어 있다(변영계 외, 2007).

처음 과학교육의 한 방법으로 출발하게 된 탐구학습은 다른 여러 과목에서도 적용되어 사용되어 오고 있다. 대표적인 탐구학습 모형인 BSCS(Biological Sciences Curriculum Study) 모형, BSCS 5E 교수 모형(BSCS 5E Instructional Model), 탐구훈련(Inquiry Training) 모형, 정착탐구 학습(Anchored Inquiry Learning) 등이 있다.

탐구학습과 발견학습은 그 개념상으로는 서로 다르지만, 본질적으로 유사하고 흔히 혼용하여 사용되는 경우가 많아 탐구학습으로 통합하여 사용하기로 한다.

탐구학습은 지식의 획득과정에 학생이 주체적으로 참여함으로써 자연이나 사회를 조사하는 데 필요한 탐구능력을 습득할 뿐만 아니라 새로운 지식을 탐구하는 학습방법이다. 즉, 문제를 제기하고 가설을 형성하고, 실험을 설계하고, 데이터를 수집하고, 가설을 검증하고, 결론을 내리는 과정을 통하여 학습자가 새로운 사실과 원리를 탐구해 간다(변영계, 김영환, 손미, 2000). 이 과정에서 교수자는 학습자에게 탐구해야 할 문제를 직접 제시하거나 학습자가 스스로 문제를 발견할 수 있도록 안내하는 역할을 한다. 또한 학습과정과 결과를 적절하게 조절하고 안내하며, 평가하는 등의 역할을 수행한다. 학습자는 문제를 해결하기 위하여 탐구과정을 스스로 진행해 가는 능동적인 주체가 된다.

탐구학습은 창의력과 같이 상위 수준의 지적 능력을 계발할 수 있고, 학습과정을 주도적으로 진행하면서 긍정적인 자아개념을 형성할 수도 있다. 반면에 탐구 시간이 많이 걸려 주어진 시간 안에 학습목적을 달성하기 어렵고, 단순한 개념을 전달하는 데는 오히려 비효과적일 수 있다.

(1) 마시알라스와 콕스의 탐구학습 모형

마시알라스와 콕스(Massialas & Cox, 1966)는 사회의 변화로 인하여 이제 하나의 주류 가치를 강요하거나 전수하는 교육은 불가능하다는 결론을 내리고, 교육이 비판적 탐색방법으로 사회의 다양한 요소와 논쟁을 조화시키는 기능을 감당해야 한다고 주장하였다. 이들은 사회의 주요 갈등과 긴장에 대응함으로써 학교가 사회 변화의 동인으로, 교실은 이 환경으로 역할함으로써 현대의 문제를 해결하고 현대사회를 궁극적으로 개선해야 한다고 믿었다. 탐구란 "제기된 불확실한 문제를 해결하기 위해 세운 어떤 가정을 준거에 따라 평가하고 검증해 나가는 과정"이라고 할 수 있다. 그러므로 탐구학습이란 "개발된 심리적 풍토에서 교수-학습에 가설을 많이 사용하며, 이들 가설과 연관된 신축성 있는 자료를 활용하여 불확실한 상황을 검증·평가하는 과정"이라고 정의할 수 있다. 이는 지금까지의 주입식·암기식 방법을 지양하고 발견적·탐색적 형식을 취한다. 또한 듀이의 반성적 사고에 기초를 두고 있으며, 실제로 수업 전개에서 갖추어야 할 조건을 제시한다. 이 조건이란 교실의 탐구적 분위기 조성, 가설의 중시, 증거 활용 등이다. 그리고 교실에서 전개되는 구체적인 수업과정을 연속적인 행동 형태로 보고 그 단계를 안내, 가설, 정의, 탐색, 증거 제시, 일반화 등으로 구분한다(Sweeney & Foster, 1996).

다음과 같은 6가지 단계가 있다.

- 안내(orientation): 교사는 당황스럽거나 논란이 되는 이슈를 제시한다. 학생이 탐구에 몰입하고, 주어진 문제를 정의하고 명료화하는 데 목적이 있다.
- 가설(hypothesis): 교사와 학생은 문제를 조사하고 탐색하기 위하여 하나 또는 그 이상의 가설을 개발한다. 교사는 가설에 대한 토론에 집중하며, 학생들이 문제의 본질과 가능한 해결책에 대한 아이디어를 형성할 수 있게 안내한다.
- 정의(definition): 학생들은 가설에서 나타난 용어들을 명확하게 규명하여 효과적인 의사소통의 기반을 마련한다. 의미의 명료화는 토론을 위하여 필수적인 요소이므로 교사는 '정의' 원칙을 모형의 모든 단계에서 유지되도록 해야 한다.
- 탐색(exploration): 탐색 모델로써 가설의 여러 부분이 개발되고 확장되며, 여러 복수의 가설들이 동시에 존재할 수 있다. 학생들은 가설의 의미, 함의, 논리를 비판적으로 검토한다. 탐구의 본질이 다양하며 혼란스럽기 때문에 탐구과정은 일

관성이 없이 '혼돈' 그 자체가 될 수 있다.

- 증거 제시(evidencing): 가설을 채택 또는 기각하기 위하여 학생들은 사실과 제반 증거를 수집한다. 충분한 데이터 수집이 안 될 수도 있으며, 추가적으로 필요할 수도 있다. 이 단계에서 의견, 가치계계, 철학적 이슈도 제기될 수 있다. 결과적으로 학생들은 가시적인 사실 외에도 감정, 가치, 태도, 표준 등을 다루어야 한다.
- 일반화(generalization): 마지막 단계에서 학생들은 해결책을 제시하게 된다. 그러나 이 결론은 임시적이며 최종 해결책으로 인식되어서는 안 된다. 주어진 조건에서의 최선의 진술로 이해되며, 다른 해결책이나 가설도 채택될 수 있다. 사회문제탐구 모형은 그 과정이 핵심이기 때문에 학생들은 최종적 결론에 도달할 책무는 없으며 일반화에 이를 필요도 없게 된다.

(2) BSCS 모형

BSCS(Biological Sciences Curriculum Study) 모형은 생물학자들이 연구할 때 문제를 발견하고 해결하는 과정과 방법을 학생들에게 가르칠 목적으로 슈왑(Schwab, 1965)에 의해 개발되었다. BSCS의 첫 번째 강조점은 과학적 탐구보다는 지구환경보호에 대한 경각심이다. 두 번째는 과학적 탐구다. 현대인들은 과학의 결과물에 대한 이해는 높지만, 과학의 특성과 탐구방법에 대해서는 무지하다는 약점을 보완하기 위한 것이다.

① BSCS 기법

- 단정적이지 않은 진술문을 사용한다. "우리는 잘 모른다", "왜 이 현상이 일어나는지 모른다", "결과는 이전의 발견과는 상반된다". 모호한 진술문의 사용으로 현재 이론들은 시간의 경과에 따라 새 이론으로 대체된다는 것을 암시한다.
- 결론의 나열보다는 생물학의 중요한 역사가 설명되고 그 분야의 탐구가 이어진다.
- 실험실 작업을 통해 학습자들이 문제를 탐구할 수 있도록 한다.
- 실험실 작업은 여러 작은 단위로 나누어지며, 학습자들은 연구실에서 볼 수 있는 진짜 생물학 문제를 탐구할 수 있게 설계된다. 처음에 학생들한테는 과학자들에게 이미 익숙한 문제나 해답이 공개된 문제가 제시되지만, 시간이 지나면서 점차 최신의 문제가 제공된다. 따라서 과학자들의 연구활동을 시뮬레이션하게 된다.
- '탐구에의 초대' 기법을 사용한다. '탐구에의 초대'는 학생들이 이성적 추론이나

연구방법에 관한 문제에 참여할 수 있게 하는데, 주요 개념이나 연구방법에 대한 사례 연구다. 주목적은 데이터의 해석을 통해서 어떻게 새로운 지식이 나타나게 되는지, 데이터의 해석이 기초하고 있는 가설이나 개념이 지식의 증가에 따라 어떻게 변화하는지, 또 장차 변화될 현재의 가설과 개념이라 하더라도 아직까지는 거짓이 아니라는 사실 등을 학생들에게 알려 주기 위함이다. 각 사례는 주로 모둠 단위로 제시되며 과학자들이 직접 실행하는 연구가 다루어진다. 사례에는 학습자들의 참여를 유도하기 위해 일부 사항의 누락이나 빈칸이 제시된다. 호기심을 자극할 수 있는 여지를 남겨 놓기 위한 것이다. 누락된 사항들은 실험 계획이 될 수도 있고, 실험 상황의 통제 요소일 수도 있고, 주어진 데이터를 통해 이끌어 내야 하는 결론이 될 수도 있다. 결국 학습자들은 실제 진행되는 생물학적 탐구과정을 보고 이에 참여할 수 있는 경험을 하게 된다. '탐구에의 초대'를 이루는 일련의 사례들은 쉬운 것에서 점점 어렵고 복잡한 수준으로 이루어져 있으며 협동작업을 요하는 경우가 많다.

② BSCS의 단계

- 1단계: 탐구할 영역과 방법이 학생에게 제시된다.
- 2단계: 학생이 탐구에 어려움을 느낄 수 있도록 문제를 구성한다.
- 3단계: 학생들에게 생각해 볼 수 있는 기회를 통하여 탐구문제의 어려운 정도를

탐구에의 초대(예시)

(내용: 발아)

(주제: 데이터 해석의 오류)

(1) 어떤 연구자가 씨가 가장 잘 발아할 수 있는 조건에 관심을 갖게 되었다. 이 사람은 유리 접시 2개에 젖은 종이를 깔고 옥수수 몇 알을 각각 담았다. 한 접시는 암실에 두고, 다른 한 접시는 빛이 많은 방에 두었다. 두 방의 온도는 같았다. 4일이 지난 후 보니 두 접시의 옥수수는 모두 발아하였다.

이 실험의 결과를 보고 어떤 해석을 할 수 있는가? 다른 곳에서 얻은 지식(이미 아는 지식)은 이용하지 말고 이 실험 데이터만 보고 설명하세요.

(2) 두 접시의 환경에서 서로 크게 다른 요소는 무엇인가? 이 실험으로 이어진 구체적인 문제는 무엇이었나 생각해 말해 보세요.

(3) 제시한 문제와 데이터를 고려했을 때 어떤 해석이 가능한가?

파악하게 한다.

- 4단계: 학생들에게 실험의 설계, 데이터의 재구성, 데이터의 생성, 개념의 개발 등을 통해 문제를 해결하도록 한다.

BSCS 방법은 사회과에서도 적용이 가능하다.

(3) BSCS 5E 교수 모형

학습을 촉진하는 일련의 사건을 학습주기(learning cycle)라고 부른다. 애트킨과 카플러스(Atkin & Karplus, 1962)는 효과적인 학습주기는 세 가지 핵심 요소, 즉 탐색, 용어 소개, 개념 적용을 포함한다고 주장했다. 이를 바탕으로 BSCS는 5E 교수 모형을 만들었고(Bybee, 1997), 이제는 과학교육에 널리 사용되고 있다.

BSCS 5E 교수 모형(BSCS 5E Instructional Model)은 다음과 같은 학습주기를 갖는다.

- 몰입(Engagement): 교사는 질문이나 과제를 통해 학습자들의 사전지식 정도를 파악하기 위한 활동을 실시한다. 학습자의 과거와 현재의 학습경험을 연결하고, 사전개념을 드러내 지식의 괴리가 있는지 확인한다. 아울러 학생들의 흥미를 촉진한다. KWL 차트(내가 알고 있는 것, 내가 알고 싶은 것, 내가 배운 것)를 활용할 수 있다.
- 탐색(Exploration): 교사는 학습자들을 탐구활동으로 안내하며 탐색적 질문을 통해 학생들의 이해도를 바로잡는다. 학습자들은 관찰, 질문, 조사, 실험 예측, 가설 설정, 다른 동료들과의 의사소통과 같은 과정 기술을 적용하도록 권장된다. 학습자는 랩 활동을 통하여 사전지식을 활용하여 새로운 아이디어를 생성하고 질문과 가능성을 탐색하며, 예비조사를 설계하고 수행한다.

- **설명(Explanation):** 교사는 촉진자 역할을 통해 학생들에게 이전 단계에서 습득한 지식을 설명하고, 데이터에 어떤 패턴이 보이는지 도출하도록 한다. 학생들은 필요에 따라 질문을 생성한다. 또한 교사는 동영상, 소프트웨어, 기타 교구를 활용하여 개념, 과정 또는 기술을 직접 소개할 수 있다.
- **정교화(Elaboration):** 교사는 학습자들이 학습한 내용을 적용하도록 기회를 제공한다. 교사는 학습자들에게 프레젠테이션 준비, 추가적인 조사활동, 학습내용을 다른 분야에 적용, 서로 간의 지식 확인 활동 등으로 학습한 내용을 강화한다. 새로운 경험을 통해 학생들은 더 깊이 있는 이해, 더 많은 정보와 적절한 기술을 개발할 수 있다.
- **평가(Evaluation):** 교사는 학습자들이 지식과 개념을 제대로 이해하였는지 형식적·비형식적 평가를 통하여 파악한다. 학습자들이 색다른 방법으로 문제에 접근하였는지 알아보는 것도 중요하다. 개념지도, 블로그, 실물 모델이 증거자료로 활용될 수 있고, 자기평가, 동료평가, 지필과제, 시험 등을 활용할 수 있다.

한편 아이센크래프트(Eisenkraft, 2003)는 다음과 같은 7E 모형을 제안하였다. ① 유도, ② 몰입, ③ 탐색, ④ 설명, ⑤ 정교화, ⑥ 평가, ⑦ 확장.

몰입 단계를 유도(Elicit)와 몰입으로, 정교화와 평가 단계를 정교화, 평가, 확장(Extend)으로 세분하였다. 유도는 학습자들의 사전지식을 이끌어 내는 단계고, 확장은 학습한 내용을 새로운 맥락에 적용하는 '전이'를 강조하는 단계다.

표 4-3 | 5E 모델과 7E 모델 비교

5E 모델	7E 모델
1. 몰입	1. 유도
	2. 몰입
2. 탐색	3. 탐색
3. 설명	4. 설명
4. 정교화	5. 정교화
5. 평가	6. 평가
	7. 확장

6) 자원 기반 학습

자원 기반 학습은 "특별히 설계된 학습자원과 상호작용적인 매체와 공학 기술을 통합함으로써, 대량 교육 상황에서 학습자 중심의 학습을 증진하기 위한 일련의 통합된 전략"이라고 정의할 수 있다. 자원 기반 학습은 교육과정을 구현하는 가장 유용하고 성공적인 접근방법으로 서로 다른 교수-학습 양식에 쉽게 적용할 수 있으며, 학습을 위하여 교사, 학습자원, 학습자 등의 모든 자원 요소를 활용한다. 이것은 학습자와 교사 및 매체 전문가가 인쇄물이나 비인쇄물 그리고 인간 자원을 의미 있게 사용하면서 능동적으로 참여하는 교수 모형이며, 교과학습에서 학습자에게 광범위하고 다양한 학습자원을 사용하도록 하는 학습자 중심의 학습방법이다. 학습자는 자유롭게 자신의 속도에 맞추어 자신이 직접 선택한 학습을 하게 되며, 교사는 학습자가 필요로 하는 자원을 제공해 주어야 한다. 학습은 자원에 기초하여 이루어지게 되고, 학습자는 자신의 관심과 능력에 따라서 자원을 활용할 수 있다. 자원 기반 학습 전략은 학교 및 가정 그리고 직장에서 공히 학습활동에 적용할 수 있다. 자원 기반 학습은 개방·원격교육과 깊은 연관을 맺고 있으며, 학습 참여 시 의사소통 기술을 적절히 사용할 것을 강조한다. 자원 기반 학습은 기본적으로 면대면 활동을 강조하지만 원격교수 자료를 면대면 교수 상황에서 이용하는 것을 의미하는 것은 아니다.

자원 기반 학습은 학습자가 진정으로 관심이 있는 문제나 질문에 직면하였을 때 가장 학습효과가 좋다는 리처드 서치먼(Richard Suchman, 1962)의 탐구학습 모델에 기초를 두고 있다. 따라서 교사는 학습목표를 규명한 후 그 목표에 적합한 주제를 선정하여 학습자에게 의미 있는 질문을 제시한 후, 학습자가 인터넷상에서 관련된 자료를 탐구하여 해결방법을 제시하도록 유도한다.

자원 기반 학습의 목표는 모든 학습자가 평생학습자가 되는 데 필요한 기본적인 지식을 획득하도록 하는 것과 더불어 독립적으로 학습할 수 있는 기능을 기를 수 있도록 기회를 제공하는 데 있다. 이러한 기능은 다음과 같이 네 가지 범주로 나뉜다.

- 위치 확인 기능으로써 자원을 찾아내고 자원에 포함된 정보를 발견해 내는 기능이다.
- 분석 기능으로써 학습해야 할 주제를 분석하고 연구 계획을 수립하며, 적합한

자원을 분석해 내고, 다루고자 하는 주제와 목적에 관련된 정보의 가치를 분석
해 내는 기능이다.

- 이해 기능으로써 정보를 이해하고 그 정보를 주제와 관련해서 생각하며, 관련된
정보를 이끌어 내고 조직하여 관련성을 알아내고 추론과 결론을 이끌어 내는 기
능이다.

- 보고 및 제시 기능으로써 다른 사람과 정보를 공부하는 것과 관련된 기능이다.

또한 아이젠버그와 버코위츠(Eisenberg & Berkowitz, 1990)는 문제 해결의 과정에
서 요구되는 정보활용 기술을 인간의 인지 단계에 따라 〈표 4-4〉와 같이 여섯 단계
로 제시하고 이를 Big 6 모형이라고 하였다.

Big 6 모형은 학습자들이 필요한 자원을 파악하고 이를 활용하는 능력을 개발하기
위한 교육과정 및 평가의 준거가 되고 있다.

자원 기반 학습은 교수와 학습의 관계에서 변화를 포함하며, 교수보다는 오히려 학
습에 초점을 맞추고 있다. 이는 학습자가 독립적인 학습자가 되도록 돕는 것을 중요
한 목표로 하기 때문이다. 그런데 학습자원을 공급하는 것을 통해서는 단지 부분적
인 성과만을 얻을 수 있을 뿐이며, 학습자가 상호작용적으로 참여해야 성공적인 학습

표 4-4 Big 6 모형

인지	단계	능력
인식	1. 과제 정의	1.1 해결할 과제의 요점 파악 1.2 과제 해결에 필요한 정보의 유형 파악
이해	2. 정보 탐색 전략	2.1 사용 가능한 정보원 파악 2.2 최적의 정보원 선택
적용	3. 소재 파악과 접근	3.1 정보원의 소재 파악 3.2 정보원에서 정보 찾기
분석	4. 정보 활용	4.1 찾아낸 정보를 읽고, 보고, 듣기 4.2 적합한 정보 가려내기
통합	5. 통합 정리	5.1 가려낸 정보들의 체계적 정리 5.2 최종 결과물 만들기
평가	6. 평가	6.1 결과의 유효성 평가 6.2 과정의 효율성 평가

이 된다. 결국 교사도 정보 제공자의 역할에서 벗어나 학습의 조언자, 촉진자의 역할을 해야 한다.

자원 기반 학습의 필수적인 요소로는 다양한 학습양식에 대처할 수 있는 융통성과 학습자의 능동성을 촉진하는 것을 들 수 있다.

자원 기반 학습은 학습자에게 학습하는 방법을 가르치고 학습자가 자신의 지적 · 사회적 상황과 관련된 방법으로 학습할 수 있도록 자원을 제공한다. 여기에는 물리적 · 인적 자원이 포함된다. 교사는 전문가와 공동으로 학습자원을 준비하기 위해 교육과정을 설계하고 학습자료를 제작한다. 자원 기반 학습에는 전자우편과 컴퓨터 콘퍼런싱, 게시판 등 컴퓨터를 통한 의사소통과 온라인을 통한 코스 전달, CD-ROM 자료, 그 밖의 멀티미디어 자료가 포함된다. 이러한 물리적 · 인적 자원을 활용하도록 하기 위해 학교 자체의 자원을 제공하기 위한 방이 있어야 하며, 이를 학생이 활용하도록 하기 위해 매체 소양교육이 필요하다.

이러한 자원 기반 학습은 하나의 독립된 학습 모형이라기보다는 정보화 사회에서 학습자의 평생학습의 필요성에 기반을 두고 정보능력의 함양을 위해 제안되고 있는 새로운 패러다임이라고 할 수 있다. 〈표 4-5〉는 레이크스(Rakes, 1996)가 제시하는 자원 기반 학습 모델의 패러다임 전환 모델이다.

자원 기반 학습은 학습자가 학습에 대한 책임감을 가지고 다양한 자원을 활용하여 과제나 교육내용에 대한 현실적 감각을 보다 증대시키는 것을 지향한다. '정보 확인-정보 수집-정보 분석-정보 사용-결과 발표'의 학습자 탐구수행의 과정을 기초로 한다. 이는 학습자의 탐구심을 자극하고 다양한 정보활용 능력을 배양하는 데 적

표 4-5 패러다임 전환 모델

구분	재래식 학습 모델	자원 기반 학습 모델
교사의 역할	내용 전문가	과정 촉진자 및 안내자
주요 학습자원	교과서	다양한 자원(매체)
주안점	사실적 내용	현장성 있는 문제 상황
정보의 형태	포장된 정보	탐구(발견) 대상으로서 정보
학습의 초점	결과	과정
평가	양적 평가	질적 · 양적 평가

절하게 활용할 수 있다.

인터넷 매체언어의 교과 활용은 단원의 성격과 목표, 학습내용, 학습형태 등을 고려하되 인터넷의 특성과 부합되는 과제를 중심으로 이루어져야 한다. 필자는 자원 기반 학습의 탐구수행 과정을 기반으로 과제의 성격, 교수—학습 형태를 고려한 3단계 인터넷 매체언어 활용 교수—학습 모형을 제시한다. 이 모형은 '과제 제시—자료 생성(언어 정보 탐색, 언어 정보 분석, 언어 정보 산출)—자료 공유'의 절차 모형에 따라 이루어지지만 단계적·제한적 범위 내에서 활동하는 것이 바람직하다.

과제 제시 단계   교사는 단원의 성격이 인터넷의 활용과 부합되는지를 판단하고 과제의 성격(구조화된 문제, 비구조화된 문제)에 따른 범위와 한계를 제시한다. 또한 과제의 수행이 개별학습, 협동학습, 상호작용 학습 중 어떠한 형태에 더 적합할 것인지를 결정하고, 학습자로 하여금 학습 형태에 따른 목표 분석 및 전략을 설정하게 한다. 또한 학습과제의 양과 수행에 필요한 시간의 적절성 여부와 학습수행을 어떤 공간(교실 또는 교실 밖)에서 할 것인지도 미리 제시한다.

자료 생성 단계   자료 생성은 정보 탐색, 정보 분석, 정보 산출 단계를 통해 이루어진다.

- **정보 탐색 단계**: 언어 정보의 검색과 수집 그리고 자료의 출처를 기록한다.
- **정보 분석 단계**: 취득한 자료를 분류·비교한 후 미흡한 부분은 교사와의 상담이나 전문가와의 인터뷰를 통해 보완한다.
- **정보 산출 단계**: 언어 자료를 재구성하여 문제가 해결된 언어 자료로 조직하고, 발표에 필요한 보고서를 작성하거나 직접 웹 문서로 제출한다.

자료 공유 단계   교수—학습의 중점을 자료 공유에 두고 학습자가 생성한 자료를 바탕으로 충분한 토의과정을 갖는다. 학습자는 생성된 자료를 발표하고, 교사는 그 내용의 타당성 여부를 학습자—학습자, 교사—학습자의 상호작용을 통해서 의미 있는 결과로 정리한다. 이 과정은 학습자로 하여금 인터넷 매체언어의 풍부한 자료성과 사회적 맥락성을 경험하게 하고, 자료의 잠재적 생산자의 위치에 설 수 있게 한다.

과제활동 결과 발표　　과제 해결을 위해 정보를 적용한 결과이며, 정보 내용에 대한 학습자의 의사결정 결과기도 하다. 이러한 과제활동의 결과를 학습자가 그 과제와 관련된 대상에게 발표하는 것도 중요한 경험으로 포함해야 한다. 이와 같이 대상에게 직접 발표하는 것은 평생학습사회의 주체로서 학습자에게 제공되는 학습활동이 특별히 학교과제와 학교 안에서만 경험되기보다는 학교와 사회를 연결하는 교육적 경험이 되도록 하기 위함이다.

　정보가 기하급수적으로 증가하고 있는 정보화 사회에서는 얼마만큼의 지식을 기억하고 있는가보다는 정보를 탐색하고 분석하고 종합하여 활용하는 정보소양 능력이 중요시되고 있다. 이러한 능력을 신장시키기 위한 교수-학습방법으로 자원 기반 학습을 제시해 보았다. 그러나 자원 기반 학습은 학생 주도적 학습이 수반되어야 가능하다. 따라서 학습자에게 '학습하는 방법'을 익히도록 해야 하며, 교수-학습 현장에서 교사와 학생, 학생과 학생, 교사와 교사 간의 협조적인 체제가 이루어져야만 자원 기반 학습이 효과를 거둘 수 있다.

7) 토론법

(1) 토론법이란

　토론법은 학습의 목적을 달성하기 위하여 학습자가 자신의 의견을 제시하고 다른 사람의 의견을 받아들이는 상호작용 속에서 합의점을 찾고 문제를 해결하는 방법이다. 이 방법은 민주주의 원칙에 기반을 둔 학습활동으로, 교수자와 학습자 모두의 의사소통기술과 대인관계 기능의 함양을 토대로 이루어진다. 일반적으로 토론법에서 교수자는 토론의 촉진자나 학습자의 토론을 중개하는 역할을 담당한다. 이때 교수자도 토론자의 일원으로 참여할 수 있다. 학습자는 능동적인 입장에서 의견을 개진하고, 다른 학습자의 의견을 경청하고 조율하여 합의된 의견을 만들어 나간다.

　토론법은 다른 사람과의 의견 교환을 위한 사회적 기술을 익힐 수 있고, 학습자 자신의 의견을 외적으로 표현하면서 사고를 확고히 할 수 있어 학습의 내면화에 많은 기여를 한다. 반면에 강의법에 비하여 목적 달성을 위한 시간이 많이 걸리며, 철저한 사전 계획에도 불구하고 의도한 목적을 달성하기 어려운 경우가 많다. 더욱이 토론에 적극적으로 참여한다기보다는 다른 학습자의 토론에 방관자적인 태도를 취하거나 내성적인 성향을 가진 학습자에게는 참여의 어려움이 생기기도 한다. 토론법은 강의법이나 다른 방법을 통하여 새롭게 습득된 지식이나 기술을 좀 더 확고히 하거나 고차원적인 능력으로 발전시키기 위한 수단으로 좀 더 효과적으로 활용할 수 있다.

(2) 토론법의 장점

토론법의 장점으로는 타인의 의견을 듣고 정보를 습득함으로써 자신의 생각을 심화·보충·확대시킬 수 있는 연구적인 태도를 배울 수 있다. 또한 자신의 생각에 대한 타당성을 검증할 수 있는 기회를 얻을 수 있다. 교수자의 입장에서는 학습자와의 상호작용을 통하여 교수자가 계속적으로 학습자의 이해 정도를 파악할 수 있으며, 학습자의 입장에서는 토론을 통해 적용, 이해, 발견 등 높은 수준의 인지적 학습목표를 달성할 수 있다. 학습자의 흥미나 가치를 개발하고 태도를 변화시키려는 학습목표에 더욱 효과적이다.

(3) 토론법의 단점

토론법은 발표 내용보다 발표자에 중점을 두기 쉽고 감정에 좌우되기 쉬우며, 방관적인 태도를 취하는 학습자가 많을 수 있다. 또한 소수의 의견이 경시되거나 무시될 우려가 있으며, 학습자의 능동적 참여를 유도하기가 매우 어렵다. 교수자가 수업을 일방적으로 조절·관리하기가 힘들고, 강의에 비해 시간과 교수자의 노력이 많이 요구된다. 다양하고 많은 양의 학습내용을 다루기에 부적절할 수도 있다.

(4) 토론법의 유형

토론법은 토론 주제나 목적, 학급 크기, 학생의 능력에 따라 몇 가지 형태로 나뉜다.

소집단 토론　좀 더 성숙한 학생에게는 소집단 토론이 효과적이다. 이 토론법은 학급을 좀 더 작은 토론 집단으로 나누고, 각 집단에서 리더와 서기를 임명한다. 토론을 하는 동안에 교사는 진행 상황을 평가하기 위해 이 집단 저 집단을 순회한다. 교사는 가끔 주요한 질문을 함으로써 토론을 이끌어 가는 데 도움을 준다. 이런 유형의 토론에서는 시간제한이 필수적이다. 이 토론법은 학생에게 중요한 쟁점을 다루도록 격려할 뿐 아니라 불필요한 세부적인 것에 대해 논쟁하는 시간 낭비를 하지 않게 한다. 토론 후에는 각 집단의 서기가 추후 논의를 위해 요점을 보고한다.

원탁토론(round table discussion) 토론의 가장 기본적인 형태로 보통 5~10명 정도의 소규모 집단에 적합하다. 참가자 전원이 상호 대등한 관계 속에서 자유롭게 서로의 의견을 교환할 수 있다. 따라서 충분한 경험을 지닌 교수자, 서기 그리고 토론 내용에 대한 어느 정도의 이해를 가지고 있는 학습자로 이루어진다. 교수자는 참가자 전원이 자신의 생각을 마음껏 표현할 수 있는 분위기를 유도하고, 침묵하거나 소외되는 참가자가 없도록 전체 분위기를 조성하여야 한다.

공개토론(forum) 1~3명 정도의 전문가가 공개 연설을 한 후 이 내용을 중심으로 참가자와 질의응답을 하는 방식이다. 이 방법은 예정된 토론이나 강의가 끝난 후 참가자 전원이 참가하여 질문과 의견 교환을 하는 데 활용할 수 있다.

배심토론(panel discussion) 대략 4~5명의 학습자가 연사로 선출되어 정해진 주제의 상이한 측면에서 5분간의 시간이 할당된다. 각 발언자가 한마디씩 하는 동안 그반의 나머지 사람은 비판적으로 듣고, 지지하거나 반박하려는 요지나 질문을 메모한다. 연사의 발언이 끝난 후에는 자유롭게 토론이 이루어진다. 여기서 교수자의 역할은 건설적인 토론이 되도록 직접 유도하는 것이다. 모든 것을 발표한 후 교수자의 안내에 따라 학급은 주 요지를 요약하고 결론을 도출해 낸다. 토론에 참가하는 배심원은 미리 선정되는데 토론할 주제에 대해 흥미와 약간의 지식을 갖추고 있어야 한다.

단상토론(symposium) 토론 주제에 대하여 권위 있는 전문가 몇 명이 각기 다른 의견을 공식 발표한 후에 이를 중심으로 하여 교수자(사회자)가 토론을 진행한다. 배심토론보다는 형식을 중시하는 토론에 활용할 수 있다. 의제에 관해 전문가 각자 준비해 온 의견을 교환하거나 주제에 관한 전문가적 의견을 필요로 할 때 활용할 수 있다. 이 단상토론은 한 주제를 다양한 측면에서 깊이 있게 다룰 수 있다.

버즈토론(buzz discussion) 3~6명으로 편성된 집단이 주어진 주제에 대해 6분가량 토론을 하는 형태다. 토론과정이 소집단 간의 활발한 토론활동으로 이루어져 마치 벌떼가 윙윙거리는 상태와 같기 때문에 버즈(buzz)라고 한다. 소수 인원으로 집단이 구성되기 때문에 서로 친근감을 갖게 되어 자유롭게 발언하는 기회를 가진다. 따라서 참가자의 활발한 토론 참여와 많은 아이디어를 도출해 낼 수 있다.

학습과제

1. 학창시절 인상 깊었던 수업 방식과 자신이 교사가 된다면 하고 싶은 수업 방식은 어떠한지 생각해 봅시다.

2. 구성주의 학습방법을 본인의 교실 수업에 도입했을 때, 어떤 주제로 어떠한 수업을 구상할 것인지 말해 봅시다.

참고문헌

변영계, 김영환, 손미(2007). 교육방법 및 교육공학(제3판). 서울: 학지사.

Atkin, J., & Karplus, R. (1962). Discovery of invention? *Science Teacher, 29*, 45.

Boud, D., & Feletti, G. (1998). *The challenge of problem based learning.* St. Martin's Press.

Brown, A. L., & Palincsar, A. S. (1989). Guided, cooperative learning and individual knowledge acquisition. In L. B. Resnick (Ed.), *Knowing, Learning and Instruction: Essays in Honor of Robert Glaser* (pp. 393-452). Lawrence Erlbaum Associates.

Brown, S. B., Collins, A., & Duguid, P. (1989). Situated Cognition and the Culture of Learning. *Educational Researcher, 18*(1), 32-42.

Bybee, R. W. (1997). *Achieving scientific literacy: From purposes to practices.* Heinemann Publications.

Casey, C. (1996). Incorporating cognitive apprenticeship in multi-media. *Educational Technology Research and Development, 44*(1), 71-84.

Center for Technology Transfer & Commercialization (2023). The Adventures of Jasper Woodbury. https://jasper.vueinnovations.com/

Cognition and Technology Group at Vanderbilt (1992). The Jasper series as an example of anchored instruction: Theory, program, description, and assessment data. *Educational Psychologist, 27*(3), 291–315.

Collins, A., Brown, J. S., & Newman, S. E. (1989). Cognitive apprenticeship: Teaching the crafts of reading, writing, and mathematics. In L. B. Resnick (Ed.), *Knowing, learning, and instruction: Essays in honor of Robert Glaser* (pp. 453–494). Lawrence Erlbaum Associates, Inc.

Covington, M. V. (1992). *Making the grade: A self-worth perspective on motivation and school reform.* Cambridge University Press.

Dewey, J. (1902). *The child and the curriculum.* University of Chicago Press.

Eisenberg, M. B., & Berkowitz, R. E. (1990). *Information Problem-solving: The Big Six Skills Approach to Library and Information Skills Instruction.* Ablex Publishing.

Eisenkraft, A. (2003). Expanding the 5E model: A proposed 7E model emphasizes "transfer of learning" and the importance of eliciting prior understanding. *The Science Teacher, 70,* 56–59.

Finkle, S. L., & Torp, L. L. (1995). *Introductory Documents.* (Available from the Center for Problem-Based Learning. Illinois Math and Science Academy, 1500 West Sullivan Road, Aurora, IL 60506-1000.)

Gallagher, J. J., & Gallagher, S. A. (1994). *Teaching the gifted child* (4th ed.). Allyn and Bacon.

Hemstreet, S. (1997). *Using Hypermedia to Facilitate Problem-Based Learning.* (Online). Available: http://www.edb.utexas.edu/mmresearch/Students 97/Hemstreet/biblio. htm.

Honebein, R. C., Duffy, T. M., & Fishman, B. J. (1993). Constructivism and the design of learning environment: Context and authentic activities for learning. In T. M. Duffy, J. Lowyck., & D. H. Jonassen (Eds.), *Designing Environment for constructive learning.* Spinger-Verlag.

Jonassen, D. (1999). Designing constructivist learning environments. In C. Reigeluth (Ed.), *Instructional-design theories and models: A new paradigm of instructional theory* (pp. 215–239). Pennsylvania State University.

Kilbane, C. R., & Milman, N. (2014). *Teaching Models: Designing Instruction for 21st Century Learners.* Pearson.

Lave, J., & Wenger, E. (1991). *Situated Learning: Legitimate Peripheral Participation.* Cambridge University Press.

Leontev, A. N. (1979). The problem of activity in psychology. In J. V. Wertsch (Ed.), *The concept of activity in Soviet psychology* (pp. 37-71). Sharpe.

Massialas, B. G., & Cox, C. B. (1966). *Inquiry in Social Studies*. McGraw-Hill Book Co.

Mina-Herrera, S. P. (2023). *Situated Learning Theory*. https://opentext.wsu.edu/theoreticalmodelsforteachingandresearch/chapter/situated-learning-theory/

North Carolina State University (2023). *Learner-Centered Teaching*. Teaching and Learning STEM. https://www.engr.ncsu.edu/stem-resources/legacy-site/learner-centered/

Palincsar, A. S., & Brown, A. L. (1984). Reciprocal teaching of comprehension-fostering and monitoring activities. *Cognition and Instruction, 1*, 117-175.

Rakes, G. (1996). Using the Internet as a tool in a resource based learning environment. *Educational Technology, 6*(2), 52-29.

Savery, J., & Duffy, T. (1995). Problem-based learning: An instructional model and its constructivist framework. *Educational Technology, 35*(5).

Scardamalia, M., & Bereiter, C. (1985). Fostering the development of self-regulation in children's knowledge processing. In S. F. Chipman, J. W. Segal, & R. Glaser (Eds.), *Thinking and learning skills: Research and open questions* (pp. 563-577). Lawrence Erlbaum Associates.

Scardamalia, M., Bereiter, C., & Steinbach, R. (1984). Teachability of Reflective Process in Written Composition. *Cognitive Science, 8*, 173-190.

Schoenfeld, A. H. (1983). Problem solving in the mathematics curriculum: A report, recommendations and an annotated bibliography. The Mathematical Association of America, *MAA Notes*, No. 1.

Schwab, J. (1965). *Biological sciences curriculum study: Biology teachers' handbook*. Wiley.

Servant-Miklos, V. F., Norman, G. R., & Schmidt, H. (2019). A Short Intellectual History of Problem-Based Learning. In M. Moallem, W. Hung, & N. Dabbagh (Eds.), *The Wiley Handbook on Problem-Based Learning* (pp. 81-104). John Wiley & Sons.

Stanford University (2023). Jean Jacques Rousseau. *Stanford Encyclopedia of Philosophy*. https://plato.stanford.edu/entries/rousseau/#Educ

Stepien, W., & Gallagher, S. (1993). Problem-Based Learning: As authentic as it gets. *Educational Leadership, 50*(7), 25-28.

Suchman, R. J. (1962). The elementary school training program in scientific inquiry. *Report to the U.S. Office of Education*, Project title VII. University of Illinois.

Sweeney, J. C., & Foster, S. (1996). Teaching controversial issues through Massialas and Cox Inquiry. In Evans, R. W. & Saxe, D. W. (Eds.), *Handbook on Teaching Social Issues: NCSS Bulletin No. 93* (pp. 66–74). National Council for the Social Studies.

Weimer, M. (2002). *Learner-centered teaching: Five key changes to practice.* CA: Jossey-Bass.

Williams, S. M. (1992). Putting case–based instruction into context: Examples from legal and medical education. *The Journal of the Learning Sciences, 2,* 367–427.

제5장

교수설계

    남을 가르친다는 것은 고도의 지적 행위다. 이러한 고도의 지적 행위이기에 교수자는 치밀하게 교수–학습활동을 설계해야 한다. 그리고 설계 개발 구현 후 최적이었는지, 즉 수업의 효과성, 효율성, 매력성을 따져야 한다. 이 장에서는 체제적 교수설계, 가네(Gagné)와 라이겔루스(Reigeluth)의 이론들을 통해 이러한 설계 개발의 과정을 이해하고 활용할 수 있도록 한다.

1. 교수설계의 기초

교수설계이론을 이해하기 위해서, 교수설계이론이 아닌 것과 교수설계이론을 대조해 보는 것은 상당한 도움이 된다. 교수설계이론은 학습이론, 교수설계 과정, 교육과정이론과 핵심적인 측면에서 다르다. 그러나 교수설계이론은 이것들과 밀접하게 연관되어 있고, 교사와 교수설계자들이 이에 대해 알 필요가 있다. 이 세 가지는 다음에서 각각 논의된다.

1) 학습이론

학습이론은 종종 교수설계이론과 혼동된다. 그러나 학습이론은 교수이론과 다르게 서술적(descriptive)이다(왕경수, 2010). 학습이론은 학습이 어떻게 일어나는지를 설명한다. 학습이론에 비해 교수설계이론은 더 직접적이고 쉽게 교육 문제에 적용될 수 있는 처방적 성격을 지닌다. 왜냐하면 교수설계이론은 학습이 일어날 때 학습자의 머릿속에 무엇이 일어나고 있는지를 묘사하기보다는, 학습을 촉진을 시키는 교수방법과 같은 학습자 외부의 구체적인 사건들을 설명하기 때문이다.

2) 교육과정이론

교육과정이론과 교수설계이론의 기본적인 차이에 관한 논점들은 교수내용과 교수방법을 결정하는 기반에 관련되어 있다. 무엇을 가르칠지(목표)에 대해서 교수설계 개발의 과정(Instructional Systems Design: ISD)은 전통적으로 요구분석의 과정을 통해 무엇이 작용하는지에 대해서만 관심이 있다. 그러나 많은 교육과정이론들은 일련의 가치에 기반을 둔다. 사실, 대부분의 경험(무엇이 필요한지에 대한 자료)과 가치(무엇이 중요한지에 대한 견해)는 관련되어 있고, 교수내용을 결정하는 ISD 과정 속에서 다루어져야 하는데 결국은 서로 다른 상황에 적절한 단계나 절차를 적용시키는 것이다. 마찬가지로 이것들은 어떻게 가르칠지, 어떤 방법을 사용할지에 대한 결정에 있어서, 전통적으로 교수설계이론은 연구를 통해 얻어진 자료나, 총괄평가, 형성평가에 오로지 의존했고, 무엇이 작용하는지 판단하기 위해 사용되는 기준은 보편적이라고 보았다. 그러나 중요시하는 결과에 관한 가치는 사람마다 다르기 때문에, 기준은 상황에 따라 달라질 수 있다. 따라서 교수내용뿐만 아니라 교수방법을 결정하는 데 있어서도 가치와 경험은 중요하고, 교육과정이론과 ISD 과정의 요소들은 결합되어야 한다.

3) 교수설계이론

글레이저는 교수의 질을 향상시키는 데 수업 과학의 중요성을 강조한다. 그는 교수설계 절차와 방법이 가장 중요하다고 보고 "(교수)설계이론의 본질은 현재의 상황을 가장 바람직한 것으로 변화시키려는 의도로 일련의 행위를 고안하는 것이다"(p. 6)라고 주장하였다(Glaser, 1976). 결국 **교수설계이론**이란 인간의 학습과 발달을 촉진시키는 보다 나은 방법에 관해 명확한 지침을 주는 이론이다. 학습과 발달에는 인지적 · 정서적 · 사회적 · 신체적 · 정신적인 것들이 포함될 수 있다. 한 예로, 퍼킨스는 『Smart Schools』에서 교수설계이론을 '제1이론(Theory One)'이라고 부르는 데, 이 이론은 수업이 인지적 학습을 촉진하기 위해 포함해야 하는 요소에 대해 다음과 같은 지침을 제공한다고 하였다(Perkins, 1998).

- **명확한 정보**: 목표와 필요로 하는 지식 및 예기되는 성과에 대한 묘사와 예시
- **치밀한 연습**: 학습자가 어떠한 내용의 학습이든지 적극적이고 반성적으로 참여할 수 있는 기회-덧셈, 문제 풀이, 작문
- **유익한 피드백**: 수행에 관한 분명하고 신중한 조언
- **강한 내외적 동기**: 충분한 보상이 주어지는 활동-매우 흥미 있고 연관성이 있거나, 학습자와 관련된 성취를 제공하는 경우(Perkins, 1992: 45)

이것이 교수설계이론이다. 물론 퍼킨스는 이러한 각각의 지침을 그의 책에서 상세히 언급하지는 않았지만, 이러한 견해는 교수설계이론이 무엇인지에 대해 좋은 예시를 제공해 준다. 모든 교수설계이론에 나타나는 네 가지 공통적인 주요 특징은 무엇인가?

첫째, 여타 친숙한 이론들과는 달리, 교수설계이론은 설명 지향적이라기보다 설계 지향적이다. 즉, 주어진 사건의 결과에 초점을 두기보다는, 학습이나 발달을 위해 제시된 목표를 달성하는 수단에 초점을 둔다. 이는 목표 달성을 위한 방법에 대해 직접적인 지침을 주기 때문에, 설계 지향적인 교수설계이론은 교육자들에게 더욱 직접적으로 유용하게 된다.

둘째, 교수설계이론은 수업의 방법들(학습을 지원하고 촉진하는 수단) 및 그 방법들이 사용되거나 사용되지 않아야 할 상황들을 알려 준다. 위의 제1이론의 경우에 수업의 방법들은 명확한 정보, 치밀한 연습, 유용한 피드백, 강한 동기의 부여다. 퍼킨스에 의하면 "훌륭한 교수는 개개의 다른 상황에 다른 방법을 요구한다"(p. 53)고 한다. 그리고 그는 제1이론이 아들러(Adler, 1982)가 말하는 세 가지 교수방법의 기초가 되는 방식에 대해 설명한다(설명식 교수, 코칭, 소크라테스식 교수).

셋째, 모든 교수설계이론에서 교수 방법들은 교육자들에게 지침을 제공하는 보다 세분화된 구성 방법들로 쪼개질 수 있다. 제1이론에서 퍼킨스는 네 가지 기본 방법을 구성하는 각각의 요소에 대해 중요한 정보를 제공한다. 예를 들어, 설명식 수업 구조를 놓고 퍼킨스는 연구에 근거하면서 명확한 정보를 제공하기 위하여 구성 요소에 대해 말한다(Perkins, 1998).

- 수업목표의 확인
- 목표의 체크와 부호화 과정
- 논의되는 개념에 대한 충분한 예시의 제공
- 실연
- 친숙하고 확장된, 새로운 요소의 도입을 통한 기존 개념과 새로운 개념의 결합
- 학생들이 이미 알고 있는 원리, 설명 사이의 상호 점검, 논리의 주입 등을 통한 새로운 개념이나 절차의 합리화(Perkins, 1992: 53-54)

넷째, 이 수업의 방법들은 결정적인 것이 아니라 개연적인 것이다. 즉, 이 방법들은 목표 달성을 확실히 보장하는 것이 아니라, 목표 달성의 기회를 증가시켜 줄 뿐이다. 제1이론의 경우에서, '논의되는 개념에 대한 충분한 예시의 제공'은 학생들이 도달하는 목표를 보장하지 못한다. 그러나 학생들이 목표에 도달할 수 있는 가능성을 높여 준다.

요컨대, 교수설계이론들은 설계 지향적이며, 수업의 방법들 및 그 방법들이 사용될 상황을 설명하며, 그 방법들은 더욱 간단한 방법들로 쪼개질 수 있으며, 그리고 그 방법들은 개연적이다. 교수설계이론의 이러한 각각의 특징들은 다음에서 보다 자세히 다루어질 것이다.

Aa 학습과제

1. 교수이론과 학습이론의 차이를 설명해 봅시다.

2. (교수)설계이론이 왜 필요한지 설명해 봅시다.

2. 체제적 교수설계

체제적 교수설계의 기본 개념   교수설계의 과정을 몇 단계로 분류하고 각 단계를 상호간 밀접하게 관련시키며 각 단계는 항상 투입과 산출의 관계로 평가하며 각 단계는 예정된 교수 프로그램을 개발하기 위해 상호작용하도록 한다. 체제접근 모형의 활용 이유는 수업설계 당시부터 학습이 끝났을 때 학습자가 할 수 있고 성취하여야 하는 목표에 초점을 두기 때문이다. 각 단계들은 밀접하게 연관된다. 또, 가르치고자 하는 목표가 무엇이냐에 따라 각기 다른 효과적인 수업전략이 있을 수 있다고 본다. 이 모형은 실험적이고 반복적인 과정이다. 이러한 체제적 수업설계 모형 주요 단계를 다음과 같이 열거할 수 있다.

- 교수목표의 설정
- 교수 분석
- 출발점 행동 및 학습자 특성 분석
- 성취목표의 진술
- 준거지향검사 문항 개발

- 교수전략 개발
- 교수자료 개발 및 선정
- 형성평가
- 총괄평가

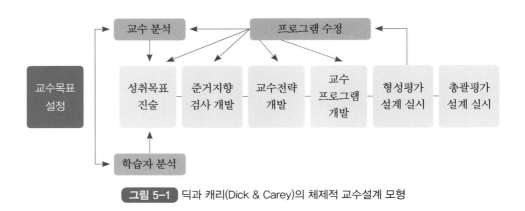

그림 5-1 딕과 캐리(Dick & Carey)의 체제적 교수설계 모형

1) 교수목표의 설정

메이거(Mager)의 행동적 목표나 가네(Gagné)의 성취목표를 참고하면 되며 이 분야의 이론과 실천은 일천하므로 다음의 문항으로 내용을 정리하는 것으로 한다.

(1) 다음 목표를 읽고 앞서 제시한 목표의 기준에 비추어서 적합한 것과 부적합한 것을 골라라. 만일 수정되어야 하는 목표가 있다면 수정하라.

　가. 교육청에서 각 교사들에게 표준화 검사 실시 및 해석을 위한 현직 연수를 실시할 것이다.

　나. 학생들은 단문의 구두점 찍는 법을 이해할 수 있다.

　다. 영업 사원들은 시간 관리 양식을 사용하는 것을 학습할 것이다.

　라. 교사들은 매주 한 주제의 과제를 부과할 것이다.

(2) 교수목표를 설정하는 기준으로 옳은 것을 골라라.

　＿＿ ① 내용 영역에 대하여 설계자가 자신이 있는 지식과 기능

　＿＿ ② 안정적인 내용 영역

_____ ③ 개발하는 데 많은 시간을 투자할 만큼 학생들이 그 지식과 기능을 매우
는 것이 중요한가?

_____ ④ 수정을 하기 위해서 실험 실시 대상 학생들을 쉽게 구할 수 있는가?

_____ ⑤ 학생들이 학습 곤란을 겪고 있는 영역

_____ ⑥ 가르치려고 하는 내용을 다루고 있는 기존 자료가 없는가?

_____ ⑦ 논리적인 내용 영역

_____ ⑧ 개발하고, 가르치는 데 소요될 수 있는 시간에 맞추어서 조직할 수 있는
주제

(3) 교수목표는 될 수 있는 대로 구체적으로 진술되어야 한다. 다음은 목표를 진술
할 때 고려해야 할 것들이다. 중요하다고 생각하는 것만 골라라.

가. 행동적……비행동적

_____ ① 분명한 학습자의 행동

_____ ② 관찰할 수 있는 행동

_____ ③ 학습자가 목표에 도달했는지를 판단할 수 있는가를 측정할 수 있는
행동

나. 명료한……애매한

_____ ① 하나의 주제와 의도된 행동을 포함하고 있는 교수목표는 구체적으
로 진술되어야 한다.

_____ ② 그 행동과 주제에서 불가피한 모든 제한점이 분명하게 진술되어야
한다.

다. 시간

_____ ① 목표에 도달하는 데 필요한 학습 시간 추정

_____ ② 교수설계할 수 있는 시간 추정

2) 교수 분석

목표 분석의 목적은 교수목표를 지적 기능, 언어 정보, 운동 기능, 태도 중의 한 영
역으로 분류할 수 있어야 하며 이 목표를 달성하기 위하여 요구되는 주요 활동들을
분석해 내기 위함이다.

최종 교수목표는 어떤 단계들로 이루어진 성취행동을 지칭하는 것인지를 분석(목표 분석)하고 이 표를 성취하기 위해 요구되는 하위 기능을 분석하는 것을 의미한다. 여기에서는 성취행동의 유형은 편의상 가네(Gagné)의 분류를 참고하고자 한다.

(1) 가네(Gagné)의 학습 결과 분류

① 운동 기능(psychomotor skills)

운동 기능의 특징은 장비를 사용하든 하지 않든 학습자가 근육 운동을 수행해야 하는(execute muscular actions) 기능이다. 운동 기능은 근육 운동과 동반하는 정신적 또는 인지적 활동을 포함하고 있다. 그래서 이를 심리운동 기능 또는 심동적 기능이라고 하는 사람도 있다. 교수 분석에서 학습자가 숙련된 육체적 기능 수행을 요하는 새롭고, 중요한 성취행동을 배워야 한다면 그것을 운동 기능으로 볼 것이다.

② 지적 기능(intellectual skills)

가계 수표 사용에서의 입출금표에 대한 목표를 생각해 보자. 틀림없이 이것은 문제해결 과제이므로 지적 기능으로 분류된다. 이 목표는 학습자가 하나의 문제를 해결할 수 있어야 하고 생소한 정보나 예들을 가지고 하나의 활동을 할 수 있어야 한다는 의미에서 지적 기능은 학습자에게 어떤 유일한 인지적 활동을 요구하는 목표다. 지적 기능에는 변별(discriminations), 개념(concepts), 원리(rules: 규칙), 그리고 문제해결(problem solving)의 네 가지 유형이 있다.

가장 하위적인 기능인 변별은 학습자는 두 가지 사물이 같은지 다른지를 결정할 수 있는 기능이고, 이름이나 특징에 따라 사물을 분류할 수 있는 기능이 개념이며, 하나의 원리 또는 문제를 해결하기 위하여 다양한 원리 혹은 규칙을 골라서 적용할 수 있는 기능이 문제 해결이다. 이 말이 함의하고 있는 바는, 학습자로 하여금 어떤 방식으로든지 상징적인 정보를 조작할 수 있기를 요구하는 어떤 목표도 지적 기능에 해당된다는 것이다. 지적 기능에 속하는 몇 가지 예를 보자. 연말 세금정산에 필요한 규칙을 적용할 수 있다. 동물과 어류로 분류할 수 있다. 소리를 듣고 같은지 다른지를 구별할 수 있다.

③ 언어적 정보(verbal information)

도시 명을 주었을 때 그 도시가 있는 도의 이름을 말할 수 있는 목표는 대표적인 언어적 정보다. 이 목표를 가르치는 방법과 배우는 방법은 여러 가지가 있다. 그러나 각 질문에는 하나의 답만 있고, 그 질문을 하는데도 근본적으로는 하나의 방법만이 있다. 이 말이 의미하는 것은 어떤 문제 해결이나 원리 적용과 같은 어떤 조작을 필요하지 않고, 하나의 도시 이름과 도의 이름을 일치시키기만을 필요로 한다는 말이다. 근본적으로 언어적 정보 목표는 학습자에게 어떤 특정 자극에 하나의 특정 반응을 요구한다는 것이다.

언어적 정보 목표는 사용하는 동사에 의해 확연히 나타난다. 예컨대, 학습자가 어떤 것을 '말한다', '열거한다', '기술한다'와 같은 표현들 종종 사용한다. 여기서 특히 강조해 두고 싶은 것은 목표가 이렇게 진술되었다는 말은 무엇인가를 말할 수 있고, 기술할 수 있도록 가르쳐야 한다는 것이다. 그러므로 학습자가 해야 할 일은 정보를 머릿속에 저장하고 있다가 누군가가 물을 때는 기억하고 있던 것을 도로 회상하기만 하면 된다.

④ 태도(attitudes)

학습자가 어떤 행동을 선택하는 것을 진술한 목표는 마땅히 태도 목표다. 태도는 어떤 상황하에서 특정 행동을 선택 내지는 결정을 할 수 있다는 식으로 진술한다. 예를 들면, 어떤 직업을 선택하거나, 환경을 보호하는 행동을 선택하거나, 영양분이 풍부한 음식을 섭취하기를 선택한다는 등이 있을 수 있다. 태도 목표인지 아닌지를 알려면, 학습자가 어떤 행동을 선택하도록 하는 것인지 그리고 그 선택의 결정이 어떤 방향으로 영향을 주기를 바라는 것인지를 판단해 보아야 한다. 태도 목표는 학습이 끝날 때 바로 성취되는 것은 아니다. 대부분의 대단히 중요한 태도는 장기적인 목표이고 단시일 내에 평가하기가 대단히 어렵다.

태도 목표를 검토해 보면, 학습자가 어떤 것을 하거나 표현함으로써 태도가 드러난다는 사실을 알 수 있을 것이다. 이때 '어떤 것'이라는 것은 운동 기능, 지적 기능, 언어적 정보 중의 하나를 말한다. 그러므로 학습자에게 지적 기능 혹은 운동 기능을 어떤 조건하에서 선택하거나 수행하도록 영향을 주거나, 혹은 어떤 언어적 정보를 말하도록 하는 식으로 표현된다.

⑤ 인지전략

인지전략은 학습자가 내적 정보처리 과정을 통제하는 기능을 말한다. 학습과 사고를 자율적으로 통어하는 것이라는 점에서 환경 지향적인 단순 지적 기술(intellectual skill)과는 구별된다. 인간 학습자는 환경 속에서 적응하기 위해서 기억하거나 사고하는 기능을 학습한다. 학습자 자신이 주의 집중하기, 학습하기, 기억하기, 사고하기 등의 내재적 정보처리 과정을 조절함으로써 획득하게 되는 기능으로서, 예를 들면 학습자는 교과서에 담긴 여러 가지 내용에 대하여 각자 정보처리 전략을 사용하여 독해하는 방법을 터득하게 된다(서울대학교 교육연구소, 1995). 다음의 그림과 표를 통해 학습 결과의 종류를 예시하였다(다음의 그림과 표는 김형립 외, 1994;, 최수영 외, 2003;

표 5-1 | 교수목표 예와 학습 영역

분류		목표 예		학습 영역
C	1.	골프공으로 퍼팅을 한다.	A.	언어적 정보-사실을 말한다. 특정정보를 제공한다(예: 물건의 이름 대기).
B	2.	지도에서 두 위치 간의 거리를 측정한다.		
D	3.	호텔 투숙 중 최대의 안전책을 선택한다.	B.	지적 기능-별별, 개념학습, 원리 사용, 문제 해결
A	4.	워드프로세서의 화면에서 커서를 특정 방향이나 속도로 움직이는 데 사용하는 명령키를 명명할 수 있다.	C.	운동 기능-흔히 정신적 활동을 수반한 육체적 활동
B	5.	원하는 아이디어와 문장 목적에 맞는 문장 유형을 사용해서 작문할 수 있다.	D.	태도-신념이나 선호에 따라 특정한 행동을 선택하거나 행동하는 것

목표: 골프공 퍼팅하기

학습 유형: 운동 기능

목표 분석:

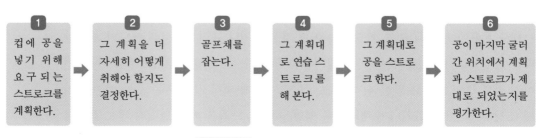

그림 5-2 운동 기능 목표 분석

목표: 지도상의 도시와 마을 간의 거리 측정

학습 유형: 지적 기능

목표 분석:

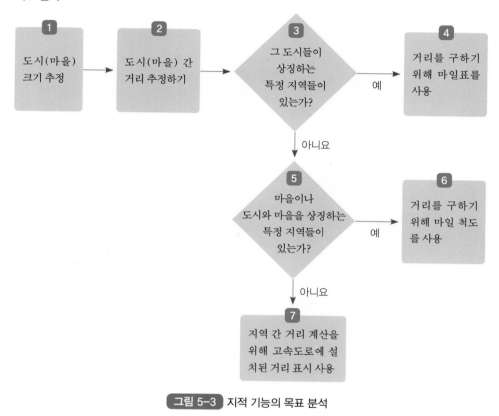

그림 5-3 지적 기능의 목표 분석

목표: 호텔 투숙 중 최대의 안전책 선택

학습 유형: 태도

목표 분석:

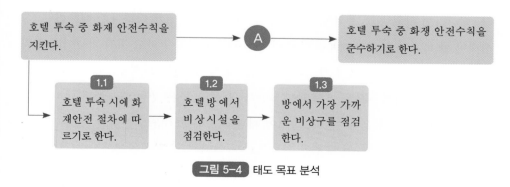

그림 5-4 태도 목표 분석

목표: 문장의 목적과 전달하려는 아이디어나 감정에 따라 다양한 문장 형태와 구두점을 사용해서 짤막한 이야기를 작성할 수 있다.

학습 유형: 지적 기능

목표 분석:

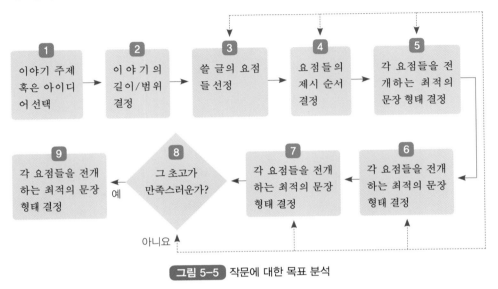

그림 5-5 작문에 대한 목표 분석

1994; Dick, Carey, & Carey, 2015).

(2) 하위 기능 분석

하위 기능 분석을 하기 위해서는 학습자가 교수목표를 성취하기 위하여 수행하여야 할 주요 과제가 먼저 명료하게 진술되어 있어야 한다. 전에 예시한 목표 분석에서 나온 각 단계에 대한 분석이 하위 기능 분석이다. 그리고 각 단계는 언어적 정보, 지적 기능, 운동 기능, 태도 중에서 어떤 학습 영역에 해당하는 기능인가를 결정해야 한다. 왜냐하면 하위 기능 분석방법이 이것에 따라 각기 다르게 나타나기 때문이다. 성취해야 할 목표가 언어적 정보라면 군집 분석이 적용되어야 하고 지적 기능이라면 위계적 분석방법이 된다. 지적 기능의 경우에는 문제 해결, 원리 적용, 개념, 변별과 관련된 기능들이 위계적으로 분석되어야 한다. 운동 기능은 운동 기능뿐만 아니라 이것과 관련된 지적 기능 및 언어적 정보에 해당되는 하위 기능이 분석될 것이다. 그리고 지적 기능, 운동 기능의 보조적 기능으로서 언어적 정보가 위계에서나 절차에서 필요할 수 있다.

이러한 분석 과정은 더 이상 찾아낼 수 있는 하위 기능이 없을 때까지 계속된다. 하위 분석의 최종 산물은 교수목표의 주요 단계를 수행하는 데 필요한 하위 기능의 분석표다. 이 하위 기능 분석 결과는 다음의 수업설계를 진행하는 데 중요한 기초가 된다. 다음은 각기 다른 성취목표별 하위 기능의 예다.

목표: 퍼팅
학습 유형: 운동 기능

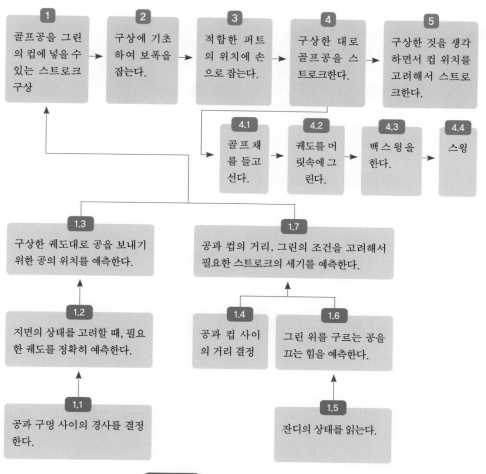

그림 5-6 운동 기능의 하위 기능 분석

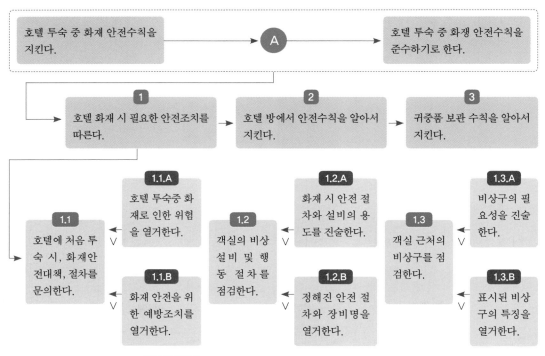

그림 5-7 호텔의 안전투숙 태도에 대한 하위 기능 분석

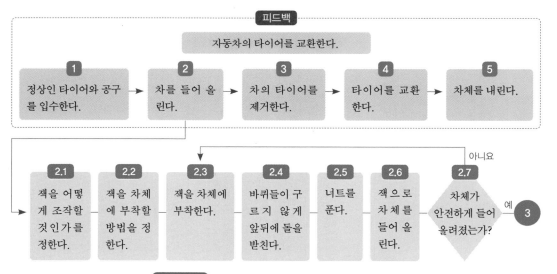

그림 5-8 자동차 타이어의 교체를 위한 절차적 분석

3) 출발점 행동 및 학습자 특성 분석

(1) 출발점 행동 분석

이 설계 단계에서 먼저 해야 할 일은 설계하고자 하는 교수 프로그램을 효과적으로 학습하기 위해서 반드시 요구되는 출발점 행동을 규명하는 것이다. 출발점 행동은 과제 분석표에 있는 본 학습과제의 최하위 기능의 선수학습 기능들이다. "어떤 기능을 학습하기 위해서 학습자가 반드시 알 필요가 있는 것은 무엇일까?"라는 물음을 통해서 분석한 가장 기초적인 기능이다. 대부분의 대상 학습자들이 이미 가지고 있다고 판단되는 하위 기능들이 출발점 행동이다. 현재 학습자들이 알고 있는 지식과 기능의 수준을 잘못 판단하면 가르쳐야 할 기능을 빼먹거나 가르치지 않아도 될 것을 불필요하게 가르치는 결과를 초래한다.

(2) 잠정적 출발점 행동 설정

교수설계자는 다음의 두 가지 측면 중 적어도 하나의 실수를 할 가능성이 있다.

첫째, 대상 학습자 집단에서 가장 똑똑한 사람들만을 위한 교수 프로그램을 개발하는 실수를 범하기 쉽다. 하위 기능 분석에서 출발점 행동을 너무 높게 잡았기 때문이다.

둘째, 출발점 행동을 교수 분석에서 너무 낮게 잡는 경우다. 이 경우는 교수목표를 달성하기 위한 학습자들의 기능이 매우 부족하거나 또는 학습자들이 전혀 모르고 있다고 가정했기 때문이다. 따라서 알 필요도 없는 것을 설계하고, 학습자들은 이미 알고 있는 것을 다시 공부하는 우를 범한다.

따라서 설계자는 설계하려는 교수 프로그램이 과연 누구를 위한 것인가를 진지하게 파악하고 있어야 한다. 출발점 행동들을 가지고 있는지를 사전 검사나 면접을 통해서 알아보거나, 부득이한 경우에는 잠정적인 출발점 행동을 정해두고 차후 개발 과정에서 그 적합성을 검토하여 수정 · 보완하여야 한다.

(3) 학습자의 일반적 특성

다음에 해야 할 일을 대상 학습자 집단의 일반적 특성을 규명하는 것이다.

교수 프로그램에 대한 학습자들의 일반적 능력 수준, 사전 경험, 기대 등을 파악해야 하면, 이들 특성은 학습자들을 관찰하고 직접 만나서 그들과 면담을 해 봄으로써 알 수 있다.

대상 학습자 집단의 신체적·정서적 특성에 대한 정보는 그들이 어떤 것에 흥미를 갖고 있으며, 어떤 것을 할 수 있는가를 알아보는 데 도움이 된다. 학습자 특성은 가정환경을 비롯하여 학교에 대한 태도, 인지 양식 등에 이르기까지 포괄적이다.

대상 학습자 집단 분석의 산출물 중의 하나는 학습자가 교수 프로그램으로 학습하기에 앞서 그들이 이미 갖추고 있어야 하는 출발점 행동이다. 그리고 적절한 학습 상황, 동기 유발에 관한 정보와 활동, 자료의 유형, 그리고 한번에 제시할 수 있는 학습 자료의 양과 같은 설계에 활용될 수 있는 학생의 특성에 관한 정보다.

4) 성취목표의 진술

(1) 성취목표의 개념

성취목표는 한 단위의 교수 프로그램 학습(수업)이 끝났을 때, 학생이 무엇을 할 수 있게 되는가를 자세하게 기술한 것이다. 성취목표들은 교수 분석을 통해 분석한 기능들로부터 도출된다. 교수 분석에서 도출된 각 기능에서 하나 이상의 목표가 진술된다.

(2) 성취목표의 구성 요소

첫째는 교수 분석을 통해서 확인된 기능 또는 행동이다. 목표는 학습자가 무엇을 할 수 있을 것인가를 기술해야 한다.

둘째는 학습자가 어떤 조건하에서 그 성취행동 혹은 기능을 실행할 것인가 하는 것이다. 예를 들면, 학습자에게 사전의 사용을 허락할 것인가? 혹은 분석할 문장을 주고 분석하게 할 것인가? 이와 같이 학습한 성취행동을 실행할 조건들을 말하는 것이다.

셋째는 학습자의 학습 성취를 평가할 준거다. 준거는 흔히 학습자가 보이는 성취행동을 보고 목표를 달성했다고 판단할 반응의 한계점 혹은 범위를 가리킨다. 준거는 학습자의 답 혹은 반응이 얼마나 정확해야 하는가에 대한 잣대라고 할 수 있다.

(3) 성취목표 기술 절차

① 성취행동의 도출

교수 분석을 통해 '과연 학습자가 이 목표를 성취했을 때 관찰할 수 있는 행동은 무엇인가'의 질문을 해 봄으로써 성취행동을 도출한다.

② 성취조건의 도출

성취행동이 일어날 조건, 상황을 구체화한다. 이 조건은 ① 학습자들이 학습한 정보를 탐색하는 데 사용할 수 있는 단서나 자극의 역할을 하며, ② 그 성취 과제를 수행하기 위해서 필요한 자극의 역할을 하며, ③ 그 과제의 범위와 복잡성을 학습자의 경험과 능력에 맞도록 조정해 준다.

③ 준거의 설정

합리적인 준거를 설정하기 위해서는 성취해야 할 과제의 특징을 살펴보아야 한다. 대부분의 지적 기능과 언어적 정보의 과제에 있어서는 하나의 올바른 성취행동(반응)만을 생각하지만 그렇지 않은 경우도 있다. 즉, 학습자의 반응이 다양할 수도 있다.

운동 기능 목표의 성취 준거에서는 체크리스트를 사용해서 구체화할 필요가 있다.

태도 목표의 준거는 어떤 상황하에서 바람직한 행동과 바람직하지 않은 행동이 나타나는 회수로 표현하는 것이다.

④ 목표의 평가

진술한 목표가 분명하고 사용할 수 있는가를 알아보는 좋은 방법은 평가 문항을 만들어 보는 것이다.

5) 준거지향검사 문항 개발

준거지향검사에서 준거라는 용어는 두 가지 의미를 가지고 있다.

첫째, 성취목표와 문항의 관계를 가리키는 것이다. 즉, 한 학생이 목표에 제시된 성취행동을 완벽하게 실행하게 되었다면, 그는 목표를 숙달했다고 할 수 있을 것이다.

이 경우 준거라 함은 목표의 숙달이다.

둘째, 숙달로 판단하는 데 필요한 성취행동의 적합성을 구체적으로 보여 주는 것이다.

(1) 세 가지 유형의 준거지향검사

- 전 검사: 교수 프로그램을 통해서 학습하는 핵심이 되는 기능들을 측정하기 위한 준거지향검사다. 출발점 행동과 교수 프로그램에서 가르칠 모든 기능들을 측정하기 위한 문항으로 구성한다. 사후 검사와 비교해서 얼마나 학습 증진이 있었는가를 보기 위한 검사다.
- 학습증진검사: 이 검사의 문항들은 하나의 교수전략일 수 있어서 각 페이지마다 제시될 수 있고, 주요한 교수활동 뒤에 제시되기도 한다. 이 검사는 두 가지 주요한 목적이 있다. 첫째, 사전 검사에 앞서 각 목표에 대한 학습자들의 학습 정도를 평가하기 위한 것이다. 둘째, 각 학습자의 학습 진척을 알아내서 어떤 학습 활동들이 보충될 필요가 있는가를 알게 해 준다.
- 사후검사: 교수 프로그램에서 가르친 목표들만 측정하기 위한 것이다. 교수 프로그램이 제대로 작용하지 못하는 부분을 알아내는 데 목적이 있다.

(2) 검사의 설계

- 숙달 수준의 결정: 성취행동을 어느만큼 잘 수행할 수 있어야 하는가를 규정한다. 숙달 수준은 가장 우수한 학생들에게 기대해할 수 있는 성취행동의 수준에 근거하여 설정할 수 있다. 학습자가 우연의 결과가 아님을 알기 위해서 통계적 방법을 사용할 수도 있다.
- 검사 문항의 작성: 검사 문항은 목표에 상세화되어 있는 성취행동과 조건과 일치해야 하고, 목표의 숙달을 기할 수 있는 데 필요한 준거를 만족할 수 있도록 학생들에게 충분한 기회를 제공할 수 있는 문항이어야 한다.
- 문항 배열
- 검사와 검사 문항의 평가

6) 교수전략 개발

교수전략은 교수자료를 개발하고 선정하는 데 활용하기 위한 것이다. 교수전략은 교육심리학자들의 연구 업적을 기초로 이루어졌다. 교수전략에는 교수 전 활동(preinstructional activities), 정보 제시(information presentation), 피드백을 포함한 학습자 활동 및 사후 활동 등이다.

(1) 교수 전 활동과 검사 및 사후 활동

이 단계에서 교수전략 요소들은 전체 교수 프로그램에 관련되는 것이다.

첫째로 교수 전 활동은 어떻게 설계할 것인가? 동기유발, 목표 및 출발점 행동 등이 계획되어야 한다.

둘째 단계는 사전 검사, 학습 증진 검사, 사후 검사를 어떻게 실시하려는 것인가? 사전 검사는 출발점 행동을 알아보기 위한 검사이며, 학습증진 검사는 학습에 대한 중간 정보를 얻기 위해서 계획한다. 그러고 나서 학습의 성취 수준을 알 수 있는 사후 검사는 계획한다.

셋째, 검사전략이 완성되면, 심화 활동과 교정 활동을 계획한다.

표 5-2 교수 전 활동, 검사, 사후 활동 요소

교수 전 활동	
동기유발	학습자의 주의를 집중시키고 교수 중에 계속 주의집중을 유지하는 방법을 설명하라.
목표	수업 후 도달해야 할 목표를 학습자에게 알려 주는 방법을 설명하라. 이것이 왜 학습자에게 중요한지를 설명하라.
선수 기능	교수를 시작하는 데 필요한 선수 기능을 어떻게 처치할 것인지를 결정하라.
검사	
사전 검사	출발점 행동 검사를 실시할 것인지, 학습자가 출발점 행동을 갖추지 못하고 있다면 어떻게 할 것인지를 설명하라. 가르쳐야 할 기능을 검사할 것인지도 설명하라.
학습증진검사	학습증진검사를 활용하는지, 그 검사 문항을 어디에 둘 것인지를 설명하라.
사후 검사	사후 검사는 언제, 어떻게 실시할 것인지를 설명하라.

사후 활동	
교정학습	교수목표에 도달하지 못한 학습자를 위해서 어떤 프로그램을 설계할 것인가를 설명하라.
심화학습	사후검사에서 아주 잘 수행한 학습자를 위해서 어떻게 프로그램을 설계할 것인가?

(2) 정보 제시와 학습자 참여

정보 제시와 학습자 참여란은 교수활동 중에 교수 프로그램과 학습자가 상호작용하는 부분이다. 정보제시 란은 정보와 보기의 두 부분으로 되어 있다. 보기는 학습자들이 흔히 범하는 실수나 특별한 강조점을 예시하기 위해서 비례(nonexample)를 포함해야 한다.

학습자 참여는 연습문제와 계획된 피드백 전략 두 영역으로 되어 있다.

(3) 교수전략 개발 절차

① 교수목표를 계열화하고 그 목표를 가르치기 편리하도록 묶어라. 교수 계열, 학습자의 주의 집중, 이용할 수 있는 학습 시간에 맞도록 교수 계열과 프로그램의 크기를 고려하라. 교수 계열을 설계할 때 필요하다면 복습과 종합 활동을 포함하라.

② 교수 전 활동 및 검사와 관련해서 무엇을 할 것인가를 정하라. 이는 다음의 표에 나타나 있다. 교수전략의 이런 구성 요소는 모든 교수목표에 적용된다.

③ 목표별로 제시될 내용과 학습자 참여 활동을 정하라. 이를 위해 〈표 5-3〉을 참고할 수 있다. 목표에 대한 일렬 번호는 맨 윗줄에 기재한다. 이 양식은 두 부분으로 되어 있다. 학습자 참여와 정보 제시 부분은 필요한 정보와 대표적이 예를 간략히 기술한다. 예는 학습자에게 가장 친숙하고 흥미로운 것이어야 한다. 학습자 참여 부분은 연습문제와 피드백 유형을 예로 들어주어야 한다.

표 5-3 정보 제시 및 학습자 참여를 교수전략 양식

목표	
정보 제시	
정보	

유관 예 (정적 예)	
무관 예 (부적 예)	
학습자 참여	
연습문제	
피드백	

④ 교수 계열과 목표의 군집, 학습증진검사, 정보 제시 및 학습자 참여 전략을 재검토하라. 배정된 시간과 대상 학습자의 주의집중 시간을 고려해서 목표를 차시별로 배정하라. 교수 프로그램의 첫 부분은 교수 전 활동이, 마지막 부분은 사후검사와 여기에 나온 결과에 따른 교정학습 프로그램으로 구성될 것이다. 대부분의 교수 프로그램은 복습, 정보 제시, 참여 활동으로 구성될 것이다.

⑤ 교수 프로그램의 효율성에 대한 감이 잡힐 때까지 사후 활동에 대한 결정을 유보하라. 교정 및 심화 학습 프로그램의 유형은 현장 평가에서 나온 결과에 터하고 있어야 한다.

7) 교수자료 개발 및 선정

(1) 교수자료 개발과 전달에 있어서의 교사의 역할

교수자의 역할   각 교수자(individual instructor)는 흔히 자료를 필요로 한다. 그런데 교사는 학생 참여나 교수 전의 활동과 사후 활동에서 반드시 같은 내용이나 자료를 사용할 필요는 없다. 어떻게 보면 교수 과정에서 교수개발이나 교수 전달을 위한 법칙이 없다는 것을 암시한다. 그러나 법칙은 없지만 일종의 지침이나 원리(heuristics)를 교수설계 개발자는 추구하는 것도 사실이다.

여기에는 교수법에 의한 교수의 3가지 단계가 있다. 첫째로 교사가 교수의 5단계를 지정하는 개별 자료를 개발하기 위한 내용만을 수동적으로 받아들일 때다. 두 번째는 교사가 연관된 교수전략과 통합된 기존의 자료를 받아들이고 선택할 수 있을 때다. 세 번째로 교사가 모든 교육에서 효과적인 방법 전략을 사용하여 효율적으로 으로 수업을 진행할 때다.

표 5-4 교수설계에서의 교사의 역할

교수설계에서의 교사의 역할	교수전략 요소				
	교수 전 활동	정보 제시	학생 참여	사후 활동	검사 및 단원 동기
1					
교사는 개발화 교수자료를 설계한다.	교수자료	교수자료	교수자료	교수자료	교사/ 교수자료
2					
교사는 교수전략에 적합한 기존의 교수자료를 선정·채택한다.	교수자료와 (혹은) 교사	교수자료와 (혹은) 교사	교수자료와 (혹은) 교사	교수자료와 (혹은) 교사	교수자료/ 교사
3					
교사는 교수자료를 사용하지 않지만 교수전략에 적합한 수업을 한다.	교사	교사	교사	교사	교수자료/ 교사

(2) 전략 및 자료 선택(Strategy and Materials Selection)

전략이 선택된 후에 적절한 자료가 선택되어야 한다. 기존의 자료(준비물)를 받아들이고 선택하기 위해 충분한 비용과 시간이 있다. 자료(준비물)는 다음의 척도를 이용해서 교수 단계를 평가되어야 한다.

- 동기유발에 적합한가?
- 적절한 내용이 수록되었는가?
- 계열이 올바른가?

- 필요한 모든 정보를 활용할 수 있는가?
- 실제 연습 활동을 포함하는가?
- 적절한 피드백을 포함하고 있는가?
- 적절한 검사가 있는가?
- 보충이나 심화 발전을 위한 적절한 사후 활동의 방향이 포함되었는가?
- 기억과 전이를 도와주는 자료인가?

(3) 교수자료 개발

① 교수자료의 구성 요소

만약 적절한 자료가 존재하지 않는다면 교수설계자는 교수 패키지를 개발해야 한다. 교육적 패키지는 다음을 포함해야 한다.

- 교수자료(instructional materials): 학생성취목표에 필요한 정보, 보충·심화자료, 그리고 교수자료를 활용하는 방법을 알려 주는 지시문이 담겨 있다.
- 검사(tests): 사전 검사와 사후 검사—교사 지침서 안에 부분적으로 포함된다.
- 교수자 매뉴얼(instructor's manual): 총체적 패키지의 일반적인 설명뿐만 아니라 개요, 전체적 구조를 간략하게 설명된 자료이며, 학습 계열을 통합한 방법을 보여 주는 자료다. 교사에게 중요한 사항으로 판단되는 검사나 정보도 포함된다.

② 교수전략과 학습자 분석

학습자 특성은 개발 절차를 시작하기 전에 효율적인 교수전략 구사를 위해서 분석되어야 한다. 여기에 가장 좋은 접근은 학습자의 일반적 혹은 특정한 특성을 여러 가지 도구나 관찰 등을 통해서 잘 파악하는 데 있다. 또, 설계자는 교수-학습 단위를 나누는 법(chunking), 도구 이용법 같은 것을 가능한 한 학습자에게 넓게 이해시켜야 한다. 이 학습자 특성이 제대로 파악 및 분석될 때 본격적인 설계 개발이 시작된다.

③ 교수자료 개발 단계

- 차시별 교수목표를 위한 교수전략 검토

- 기존의 교수자료가 있는지 문헌 조사 및 교과 전문가에게 문의
- 활용 가능한 교수자료 채택 방법 고려
- 새로운 교수자료를 설계할 필요성 결정
- 교수자료를 제시하고 연습과 피드백을 확인하며, 평가 및 다음 교수 활동을 안내해 주는 최선의 매체를 고려
- 교수목표의 제시 형태와 절차 결정
- 교수전략에 기초한 교수 자료 초고 작성
- 완성된 차시별 수업안을 명료성과 생각의 흐름에 비추어 판단
- 완성된 교수 자료를 활용해서 학습자 활동용 지침서 작성
- 적은 비용으로 만들어진 초고 자료를 활용하여 평가 활동 준비
- 교사용 지침 개발서

8) 형성평가의 설계 및 실시

(1) 형성평가

효과적이고 효율적인 교수 프로그램을 위한 형성평가는 교수설계 개발 절차의 일환으로 행해진다. 자료의 수집과 분석 그리고 교수 개발 시의 정보는 교수 프로그램의 효율성을 향상시키는 데 사용될 수 있다.

학습 전문가나 내용 전문가(subject matter expert: SME)의 검토 단계를 포함한다는 것은 이 단계에서 중요하다. 이 양자는 역할이 좀 다를 수 있다. SME는 수업의 흐름을 살피며 학습 전문가들은 교수의 결과에 초점을 둔다.

(2) 형성평가의 단계

- 일대일 또는 임상실험평가(One-to-one, or clinical, evaluation)는 드러나는 분명한 오류를 제거하거나 최초 학습자의 반응에 주목하게 된다. 3명 이상의 대상 학습자들은 교수 프로그램의 영향이나 교수의 가능성, 수업 메시지의 정확성에 대해 학습과정의 정보를 습득해 가며 수업에 점차로 익숙해져 간다. 형성평가를 시작하면 우선 학습자에게 그 절차나 목적을 소개하는 것이다. 학습자가 교수 프로그램이나 검사를 완성하고 학습자에게 그 내용 자료의 난이도, 심도를 알려 준다.

2. 체제적 교수설계   **171**

- 소집단 평가(small Group evaluation)는 첫 번째 평가 단계 후의 수정의 효율성을 결정하고, 뿐만 아니라 교수자 없이 교수 프로그램을 학습자들이 사용할 수 있을지 여부를 결정하는 데 어떠한 문제가 있을 수 있는지 파악하기 위해 행해진다.
- 현장 실험(field trial)은 교수 프로그램이 의도한 상황에서 잘 활용할 수 있는지 효율적으로 잘 수정되었는지 여부를 결정하기 위해 행해진다. 이 마지막 단계의 절차는 대상 집단을 대표하는 30명 이상의 학습자를 선택, 실제 교수자에 의한 수업 운영을 포함한다. 자료 수집은 환경적 요소뿐 아니라 교수 자체에도 초점을 맞추게 된다.

(3) 자료와 교수평가(Material and Instruction Evaluation)

이 평가 형태의 목적은 어떤 변화가 필요한지 또 어떤 결과가 초래되는지의 효율성을 결정하기 위해 이루어진다. 이 절차는 설계자가 자료를 만드는 것과 같은 상황에서 사용한다. 개발된 자료에 기반한 교수 활동을 평가하는 목적은 결국 잘 가르치고 배우기 위해서다.

(4) 자료 수집

자료 수집은 교수 문제의 원인 파악에 초점을 맞춘다. 그러므로 교수전략은 자료들을 창출하기 위한 기초로 이후의 평가도구와 설계 개발 절차에서 중요하게 사용된다. 수집된 데이터의 형태는 다음을 포함한다. 출발점 행동 검사자료, 학습된 지식이나 기능, 사후 검사의 자료, 학습 수행환경 속에서 학습자가 한 모든 외현적·내현적인 반응들이 모아진다. 교수설계자에게 제공되거나 교수자에게 수업 중 관찰되거나 측정된 모든 자료를 집성한다. 즉, 수집된 자료 속에는 학습자의 질문들이나 문장들, 내용 전문가(subject matter expert: SME)의 반응, 교수를 위한 요구 조건 시간, 학습자의 수업에 대한 지각과 그 반응들이 수집된다. 한마디로 교수설계 개발자는 수행환경에서 학습자를 관찰하고 그 총체적 자료를 수집 분석한다.

(5) 수행환경

학습자들이 연습할 충분한 시간을 갖고 주어진 수행환경에서 형성평가를 하도록 해야 한다. 형성평가에 관한 자료는 형성평가를 어떻게 받아야 되는지의 방향 제시를 제대로 담아야 한다.

(6) 연구 및 평가

형성평가는 일반적으로 교수 과정이 외관상 잘 검토되고 있는 것처럼 보일지라도 실제로는 그렇지 않을 수 있다. 그래서 이 단계가 현재 많은 교수설계 개발에서 사용되고 있다. 이 단계에서의 평가는 특별한 결과나 목적을 위해 실행된다. 이 자료는 특정 교수 프로그램의 수정을 위해 최종적으로 수집되어 분석되고 제공된다.

9) 총괄평가

총괄평가(summative evaluation)는 교육 프로그램에 대한 평가로서 총괄평가는 프로그램의 효과와 참가자의 학습을 평가하기 위해 고안되었다. 이는 교·강사에게 학생의 학습 진행 상황을 알리기 위해 특정 시간에 참가자의 발달을 요약하는 형성평가와 대조된다. 총괄평가의 목표는 교육 단위가 끝날 때 학습자의 학습을 표준 또는 벤치마크와 비교하여 평가하는 것이다. 총괄평가는 과정 전체에 배포되거나 종종 특정 단원의 교수-학습활동 이후에 배포될 수 있다. 총괄평가는 일반적으로 학생들이 자신의 수행 수준을 나타내는 성적을 받는 것을 포함한다. 채점 시스템에는 백분율, 합격/불합격 또는 다른 형태의 척도 등급이 포함될 수 있다. 총괄평가는 형성평가보다 더 많은 가중치를 부여한다.

총괄평가 결과는 흔히 이용되며, 관련 당사자(stakeholders)에게 중요하다는 것을 의미한다. 총괄평가의 예로는 중간 시험, 최종 프로젝트, 논문, 시니어 리사이틀 등이 있다.

총괄평가는 교수설계에서 평가 기법으로 사용된다. 교수-학습활동의 효율성에 대한 정보를 제공할 수 있다. 총괄평가는 결론적으로 교수-학습활동의 총괄적인 가치를 판단한다. 총괄평가는 또한 학생 학습을 평가하는 목적으로 사용된다. 학교에서 이러한 평가는 전통적인 필기시험, 에세이, 프레젠테이션, 토론 또는 다른 형식을 사용한 보고서와 같은 다양한 형식으로 진행될 수 있다. 총괄평가 설계자가 고려해야 할 몇 가지 요소가 있다. 첫째, 총괄평가에는 타당성이 있어야 한다. 즉, 단원 과정에서 배운 표준 또는 학습목표를 평가해야 한다. 둘째, 총괄평가는 신뢰할 수 있어야 한다. 셋째, 평가 결과는 일관성이 있어야 한다, 평가는 가능한 한 객관적으로 설계되어야 하지만 특정 분야에서는 어려울 수 있다.

총괄평가는 일반적으로 단원이 끝날 때 주어지며 일반적으로 단원 중에 수행되는 형성평가보다 성적에 더 많은 가중치가 부여된다. 많은 교육자와 학교 관리자는 학습 격차를 식별하는 데 도움이 되는 총괄평가의 데이터를 사용한다. 이 정보는 교실에서 실시한 총괄평가 또는 학군 전체, 학교 전체 또는 주 전체 표준화 시험에서 얻을 수 있다. 교육자와 행정가가 학생 종합평가 데이터를 확보하면 많은 학군에서 학생을 교육적 개입 또는 심화 프로그램에 배치한다. 중재 프로그램은 학생들이 발전하고 학습 격차를 줄이는 데 도움이 되도록 아직 능숙하지 않은 기능을 좀 더 보충하도록 제공될 수 있다. 심화 프로그램은 많은 기술을 습득하고 총점평가 점수가 높은 학생들에게 도전하도록 설계된다.

체제적 교수설계 문제 시나리오를 한번 제시해 보면 다음과 같다. K교사는 중학교 1학년 수학교사로 막 부임하였다. 수업에서 최소 공배수 구하기를 학습지도안을 쓰고 가르쳐야 한다. 딕과 캐리(Dick and Carey) 체제적 수업 모형에 입각해서 교수목적 확인, 학습과제 분석, 학습자 분석 및 환경 분석, 교수설계, 매체 선정, 평가도구 개발, 수업실행, 형성평가, 총괄 평가 등에서 무엇을 어떻게 할지를 간단히 기술해 보자. 좀 더 구체적인 진행과정은 최정임(1998)의 『교사를 위한 체제적 수업설계』를 참고할 수 있다.

🄰ₐ 학습과제

1. 체제적 교수설계의 전 단계를 간단히 설명해 봅시다.

2. 지적 기능의 학습과제 분석(가령 분수의 덧셈)을 어떻게 하는지 설명해 봅시다.

3. 형성평가와 총괄평가의 차이를 지적해 봅시다.

3. 교수설계이론

주지하듯이, 가네(Gagné)는 학습 결과, 교수내용의 종류를 언어적 정보, 지적 기능, 인지 전략, 태도, 운동 기능으로 나누었다. 지적 기능은 변별, 개념, 규칙, 문제 해결로 나뉘고 위계적으로 구성되어 있다고 보았다. 이러한 각 유형과 수준에는 학생의 요구에 맞는 교수 활동이 필요하다고 규정한다. 가네의 교수학습이론은 학습의 모든 측면을 포괄하는 것처럼 보이지만 이론의 초점은 지적 기능의 유지 및 연마에 있는 것처럼 보인다. 이 이론은 모든 분야의 교육설계에 적용되었지만 원래 공식에서는 군사 훈련 환경에 많은 응용이 되었다. 각 범주에는 특정 기술 세트를 학습하기 위해 다양한 방법이 제시된다.

1) 지적 기능

가네(Gagné)는 정신과정의 복잡성 정도에 따라 단순한 것부터 복잡한 것까지 다양한 조건이나 학습 수준을 분석하는 시스템을 제안했다. 가네에 따르면, 계층 구조에서 더 높은 수준의 학습은 더 낮은 수준을 기반으로 구축되며, 높은 수준이 성공적으로 진행하려면 더 많은 양의 사전 지식이 필요하다. 이것은 더 높은 수준의 학습의 긍정적인 전이를 위해 낮은 수준이 예측될 수 있는 순서로 최종 능력을 하위 기술로 분석됨을 의미한다. 하위 계층은 학습의 낮은 능력 측면에 초점을 맞추고 상위 계층은 좀 더 고등 정신 기능 쪽에 인지적 측면에 중점을 둔다. 가령, 가네는 간단한 정수의 합을 구하는 문제 같은 과제를 분석하는 작업의 학습 분석에서 파생된 연구를 통해 이러한 지적 기능의 위계적 구조에 대한 논리를 전개하였다.

2) 교수 계획 단계

① 학습 결과 유형 식별: 각 결과에는 확인해야 하는 선행 지식이나 기능이 있을 수 있다.
② 학습자가 결과를 달성하기 위해 갖추어야 하는 내부 조건 또는 과정을 확인한다.

③ 결과를 달성하는 데 필요한 외부 조건이나 지침을 확인한다.

④ 학습환경을 파악한다.

⑤ 학습자들의 특성을 기록한다.

⑥ 교수매체를 선택한다.

⑦ 학습자에게 동기를 부여할 계획을 세운다.

⑧ 형성평가의 형태로 학습자와 함께 교수-학습활동을 평가한다.

⑨ 한 단위의 교수-학습활동이 끝난 후 교육의 효과를 판단하기 위해 총괄평가가 사용된다.

3) 가네의 교수사태이론

① 학습자의 주의를 확보한다.

② 학습자에게 학습목표를 제시한다.

③ 이전 학습의 회상을 촉진한다: 기존 관련 지식의 회상을 요구한다.

④ 자극 제시한다: 교육내용을 제시한다.

⑤ 학습 지침을 제공한다.

⑥ 수행을 하도록 한다: 학습자는 수행을 통해 반응한다.

⑦ 피드백 제공한다: 학습자의 성과에 대한 유익한 피드백을 제공한다.

⑧ 수행평가: 강화하기 위해 더 많은 수행을 할 수 있도록 하고 피드백을 제공한다.

⑨ 파지를 강화하고 다른 맥락으로 전이가 잘될 수 있도록 한다.

가네(Gagné)는 학습 조건을 객관적으로 분석하면서 교수-학습활동의 목적은 학습이기 때문에 교육기법의 합리적 도출의 중심 초점은 인간 학습자라고 본다. 합리적이고 타당한 교수 절차—외적 조건—의 개발은 출발점에서의 능력, 실험적 성숙도 및 현재 지식 상태와 같은 내적 조건, 즉 학습자 특성을 고려해야 한다.

Aa 학습과제

1. 가네의 내적 조건 외적 조건의 개념을 기술해 봅시다.

2. 가네의 교수 사태에 맞추어 하나의 학습과제(가령 수요 공급의 법칙)를 어떻게 가르칠지를
   설명해 봅시다.

---

4. 거시적 교수설계이론으로서의 정교화이론

딕과 캐리의 모형은 전체 교수설계 및 개발의 절차를 다룬 모형이다(Dick, Carey,
& Carey, 2015). 이에 비해 가네(Gagné)나 메릴은 먼저 학습 결과 혹은 내용을 나눈다
(Reigeluth, 1983). 전자는 언어적 정보, 지적 기능, 인지전략, 태도, 운동 기능으로 나누
고 인지전략은 변별, 개념, 규칙 문제 해결로 나뉘고 위계적으로 구성되어 있다고 보
았다. 후자는 주로 구인제시이론(component display theory)에서 인지적 영역에 국한
된 분류를 하면서 사실, 개념, 절차, 원리로 되어 있다고 보았다. 이들의 교수이론은
어떻게 보면 학습 결과, 수업 내용에 따라서 방법이나 전략이 달라진다고 보는 전통적
관점에 서 있다. 라이겔루스는 이러한 학습 결과의 종류 하나하나, 하나의 아이디어
를 가르치는 이론을 미시적 이론, 이런 내용의 종류를 어떤 순서로 제시 계열화 요약
종합해 주느냐에 관련된 이론을 거시적 이론이라고 불렀다(Reigeluth, 1983). 정교화
이론은 이중 거시적 이론이다.

정교화이론은 내용을 여러 가지 하위 층으로 먼저 나눌 수 있다고 생각한다. '계열
화'과 '정수(epitome)'로 알려진 것은 일반적으로 'chunking'이라고 불리며, 많은 양의
정보를 스캐폴드(지원 구조)로 구성된 더 작은 정보 단위로 구성하여 기억 및 학습 한
계를 잘 극복하려 한다.

예를 들어, 광의의 교수설계의 전 과정은 분석, 설계, 개발, 구현 및 평가로 나누어
진다. 그런데 교수설계에 대해 많은 학은 학자들의 이론과 모델이 제시되어 있지만
정교화이론에 바탕을 둔 교수설계는 교수설계와 같은 복잡한 주제를 어떻게 작은 조

각으로 쪼개는지 주목해야 된다. 라이겔루스는 교수-학습활동이 계층으로 만들어지고 각 계층의 교수활동 이 이전에 제시된 아이디어를 자세히 설명한다고 믿는다. 이전의 이상을 자세히 설명함으로써 반복하여 파지 전이를 향상시키게 된다. 이 계층적 접근(layering)은 단순한 것에서 복잡하고 반복되는 일반에서 구체적인 것으로 실행되는 줌 렌즈가 축소(zoom-in)와 확대(zoom-out)를 되풀이하는 계열화 접근방식을 가지고 있다(Reigeluth, 1983).

- 가장 단순하고 기본적인 아이디어에 대한 정수 또는 개요 제시
- 한 가지 측면에 복잡성 추가
- 개요를 검토하고 세부 정보와의 관계를 표시
- 세부 사항에 대한 추가 설명 제공
- 추가 요약 및 종합 제공

원래 줌 렌즈 접근방식은 먼저 광각 렌즈를 통해 피사체를 본다. 즉, 먼저 제시되는 정수는 일반적이고 근본적이면서도 쉽고 전체의 모습을 담고 있어야 한다. 이를 통해 주제의 핵심 측면을 다룰 수 있다. 정교화는 주제의 가장 단순하고 근본적인 아이디어에 대한 개요로 시작된다.

그런 다음 렌즈를 확대하여 주제에 대한 세부 사항과 관련된 사항을 선택한다. 그렇게 되면 광각으로 잡힌 피사체 샷과 줌 세부 사항 간의 관계를 관찰할 수 있다. 정교화이론에 적용되는 이 원리를 인지적 줌(cognitive zoom)이라고 한다.

계속 확대/축소하면서 각 반복 또는 계층화(layering)에 대해 매우 자세하게 설명한다. 우리는 주로 개별 아이디어 자체가 아닌 아이디어의 순서에 관심이 있다. 교수자가 만드는 각 확대/축소를 계열이라고 한다. 이 경우 계열화은 정수라고 불리는 기본 아이디어 또는 핵심 원칙과 관련이 있다. 기본적인 것들이 먼저 제시되고, 이것은 차례로 세부 사항의 큰 계층으로 이어진다. 아이디어 또는 원칙의 각 계열화는 정교화이론에서 정교화(elaboration)라고 불린다. 정수(epitome)는 보다 정교화 단계에서 보다 구체적인 정보를 개발할 수 있는 토대 역할을 한다.

1) 정교화의 일곱 단계

(1) 계열화(sequence)

이 간단한 절차에서 복잡한 절차로 간다는 아이디어는 개요, 선행 조직자(advance organizer) 또는 나선형 커리큘럼과 같은 다양한 형태를 취할 수 있다. 이 순서는 일반적인 아이디어가 요약되기보다는 요약되는 순서이며, 이때 요약은 단일 유형의 학습 내용의 종류 기반으로 구성된다.

- 개념적: 개념은 특정 공통 특성을 가진 특정 객체, 이벤트 또는 기호 집합이다.
- 절차적: 절차는 목적을 달성하기 위한 일련의 작업이다.
- 이론적: 원칙은 일반적으로 원인과 결과를 나타내는 다른 것의 변화다.

이 세 가지 내용 중 하나는 수업 또는 과정의 목표를 달성하기 위해 선택된다. 요약은 다음과 같이 구성된다. 한 가지 유형의 내용(contents: 개념적, 절차적 또는 이론적)이 선택된다. 그러면 코스의 모든 구성 콘텐츠가 나열된다. 가장 기본적이고 기본적인 아이디어가 응용 프로그램 수준에서 선택되고 제시된다.

(2) 정리

두 번째 단계에서는 첫 번째 수준에서 콘텐츠를 구성하는 방법을 자세히 설명한다. 이 과정은 계열의 첫 번째 단계와 동일한 방식으로 계속된다. 수준 간의 관계는 내용에 따라 구성된다. 각 수준에서 확장된 정수(epitome)는 다음 수준을 정교화하는 수단을 만드는 데 사용된다.

정수(epitomes)는 단계 순서에 따라 계열화할 수 있다.

- 전진 연쇄(forward chaining)는 수행되는 순서대로 표시된다.
- 역방향 연쇄는 역순으로 표시한다.
- 계층적 계열화는 모든 주요 하위 단계를 순서대로 통합하기 전에 개별적으로 제시된다.
- 일반에서 세부적인 것으로 가는 계열화는 요약하여 제공된다.

- 단순한 것에서 복잡한 것으로(Simple to Complex) 가는 계열화는 각 연속 경로가 더욱 복잡해지면서 최단 경로(절차)로 제시한다.

학습자가 주제를 학습할 수 있는 필수 지식을 가지고 있는지 확인하기 위해 각 요약을 면밀히 조사해야 한다. 필요한 지식이 없으면 제공해야 한다.

(3) 요약

이미 배운 것을 체계적으로 검토하기 위해 '요약자'[정교화 과정에 제시된 각 주제에 대한 간결한 일반성(generality)으로 정의됨]가 만들어진다. 요약자는 각 아이디어에 대한 간결한 설명, 예를 제공한다. 두 가지 유형의 요약자가 사용된다.

- **수업 내부:** 요약은 수업이 끝날 때 제공되며 해당 수업의 내용을 구체적으로 다룬다.
- **수업들 간의 관계:** 이것은 특정 수업 단위에서 지금까지 배운 모든 것을 다룬다. 여기에는 해당 수업 단위와 조화를 이루는 다른 수업 단위가 포함될 수 있다.

(4) 종합

이 단계는 지금까지 배운 아이디어를 통합하고 상호 연관시킨다. 수업목표는 콘텐츠 영역과 관련하여 더 깊은 이해, 의미 및 유지를 촉진하는 것이다.

(5) 유추

유추는 친숙한 아이디어나 개념을 사용하여 새로운 아이디어나 개념을 소개하거나 정의하는 것이다. 비유는 교수자가 학습자의 경험 분야에 도달하는 데 도움이 된다. 수업 전반에 걸쳐 유추를 제시하면 학습자가 현재 지식이나 기술을 구축하는 데 더욱 도움이 될 수도 있다.

(6) 인지전략 활성자

인지전략 활성자에는 두 가지 범주가 있다.

- 내재적 요소(imbedded element): 그림, 도표, 유추 및 학습자가 시퀀스 및 내용과 상호작용하도록 강제하는 기타 요소를 사용한다.
- 분리된 요소: 학습자가 이전에 습득한 인지 기술을 사용하도록 한다.

(7) 학습자 제어

학습자 제어는 학습자가 내용, 비율, 내용 구성 요소와 관련된 전략 및 인지전략과 같은 것들을 선택 및 순서를 제어할 수 있는 자유를 다룬다.

정교화이론은 네 가지의 중요한 디자인 문제인 선택, 계열화, 종합 및 요약을 해결하여 교육내용의 구성 및 계열화에 초점을 맞춘 교수설계의 거시적 전략이다.

정교화이론은 문제 해결이나 사실보다는 인과관계와 순서를 가르치는 데 가장 적합하다. 그것은 교육의 미시적 측면을 다루는 정교화의 세부 구성 요소인 내용을 어떻게 가르칠 것인지를 다루는 메릴(Merrill, 1983)의 구성 요소 제시이론(component display theory)과 함께 작동할 수 있다. 정교화이론은 사실 학습지도안으로 보여 주기가 쉽지 않다. 상대적으로 미시적 교수설계이론에 입각한 학습지도안보다 장기간의 교수−학습활동을 다루기도 하고 개념 절차 원리 등이 얽혀 있기에 그러하다. 실제적인 예는 라이겔루스(Reigeluth, 1987)의 『Lesson blueprints based on the Elaboration Theory of Instruction』과 여상희(2011)를 참고할 수 있다.

학습과제

1. 라이겔루스의 카메라 줌렌즈의 비유를 설명해 봅시다.

2. 라이겔루스의 정교화이론의 단계를 설명해 봅시다.

5. 교수의 제일 원리

메릴은 체계적으로 교수설계 원리, 모형, 그리고 연구를 검토하였다. 이를 근거로 상호 연관된 처방적 교수설계 원리를 추출하였다(Merrill, 2009). 교수 원리는 구현하는 방법이나 모형과 관계없이 적당한 조건하에서 항상 참인 관계로서 정의된다. 교수원리는 그 자체로 교수 모형이나 방법이 아니고 오히려 모델이나 방법에 깔릴 수 있는 관계들이다. 이 원리들은 다양한 모형이나 방법으로 구현될 수 있다. 교수의 특정 모형 혹은 방법의 효과성, 효율성, 그리고 참여성은 이러한 원리들이 구현되는 정도의 학습이다.

이 원리들 보다 많은 효과적, 효율적 혹은 참여적 학습을 촉진하지 않으면 안 된다. 원리는 연구에 의해서도 지지되어야 하고, 일반적이어서 어떤 전달 시스템 혹은 교수 구조에도 적용되어야 한다. 교수 구조는 직접적 방법, 가정 교사법, 경험방법, 그리고 탐색법을 포함하는 교수 접근법—교수방법이라고 이해해도 됨—을 의미한다. 원리는 설계 지향적이어야 한다. 즉, 그것들은 학습하는 동안 학습자가 스스로 활용하는 행위라기보다는 어떻게 학습 행위를 촉진하느냐에 직접 관련된 교수에 관한 원리들이다.

이러한 노력으로부터 5가지 원리가 확인되었다. 그리고 다음은 이 원리의 간략한 진술이다.

- **시범 원리**: 학습은 학습자가 시범을 관찰할 때 촉진된다.
- **적용 원리**: 학습은 학습자가 과제 중심 교수전략을 구사할 때 촉진된다.
- **과제 중심 원리**: 학습은 학습자가 과제 중심 교수전략을 구사할 때 촉진된다.
- **활성화 원리**: 학습은 학습자가 이전 지식이나 경험과 관련시키는 것을 활성화할 때 촉진된다.
- **통합 원리**: 학습은 학습자가 새로운 지식을 일상 세계로 통합할 때 촉진된다 (Merrill, 2002, 2007, 2008, 2009).

1) 시범 원리

- 학습은 학습자가 가르쳐지는 내용 유형과 일치하는, 학습해야 될 스킬의 시범을 관찰할 때 촉진된다.
- 시범을 통한 학습은 학습자가 일반적 정보 혹은 조직화된 구조를 특정 예와 관련시킬 때 증진된다.
- 시범을 통한 학습은 학습자가 내용과 관련된 미디어를 관찰할 때 증진된다.
- 시범을 통한 학습은 또래 토의와 또래 시범을 통해서 증진된다.

2) 적용 원리

- 학습은 학습자가 교육 내용의 유형과 일관된 지식이나 기능의 적용에 참여할 때 촉진된다.
- 적용을 통한 학습은 학습자가 내재적 혹은 교정적 피드백을 받을 때만이 효과적이다.
- 적용을 통한 학습은 학습자가 코치를 받고 이 코칭이 점차 후속 과제에 대해 철회될 때 제고된다.
- 적용을 통한 학습은 또래 협동으로 제고된다.

3) 과제 중심 원리

- 학습은 학습자가 과제 중심적 교수전략에 관여할 때 촉진된다.
- 과제 중심적 학습은 학습자가 간단한 것부터 복잡한 것으로 과제를 수행할 때 증진된다.

4) 활성화 원리

- 학습은 학습자가 관련 사전 지식 혹은 경험을 회상하고 기술하고 시범하는 것에 의해 관련 인지 구조를 활성화할 때 촉진된다.

- 활성화를 통한 학습은 학습자가 과거 경험을 서로 공유할 때 제고된다.
- 활성화를 통한 학습은 학습자가 새로운 지식을 조직하는 구조를 회상하거나 습
  득할 때 그 구조가 시범을 보는 동안 안내받는 기초가 되고 적용하는 동안 코칭
  의 기초가 되며 통합하는 동안 반성을 위한 기초가 될 때 제고된다.

5) 통합 원리

- 학습은 학습자가 그들의 일상생활에서 반영과 토론을 통해 새로운 지식을 통합
  할 때나 그들의 새로운 지식이나 기술을 방어할 때 촉진된다.
- 통합에 의한 학습은 동료 비평을 강화시킨다.
- 통합에 의한 학습은 학습자가 새로운 지식이나 기술을 이용하여 개별적인 방법
  을 만들거나 발명하거나 탐구할 때 강화된다.
- 통합에 의한 학습은 학습자가 그들의 새로운 지식이나 기술을 공공연히 시범을
  보일 때 강화된다.

Aa 학습과제

1. 교수의 제일 원리 중 활성화와 과제 중심을 간단히 설명해 봅시다.

2. 특정한 과제(가령 영어의 종속절 개념 가르치기)를 가지고 교수의 제일 원리(시범, 적용, 과
   제 중심, 활성화, 통합)를 간단히 설명해 봅시다.

참고문헌

김형립, 김동식, 양용칠 편역(1994). 체제적 교수설계 ─이론과 기법─. 경기: 교육과학사.

박성익, 왕경수, 임철일, 박인우, 이재경, 김미량, 임정훈, 정현미(2006). 교육공학탐구의 새 지
　　평. 경기: 교육과학사.

서울대학교 연구소 편(1995). 교육학 용어사전. 서울: 하우동설.

양영선(1998). 교사를 위한 체제적 수업설계. 경기: 교육과학사.

여상희(2011). 중학교 경제 단원 수업설계에 적용된 정교화이론. 경북대학교 대학원 석사학위논문.

왕경수(2010). 교수 설계 이론. 서울: 원미사.

최수영, 백영균, 설양환 공역(2003). 체제적 교수설계. 서울: 아카데미프레스.

최정임(1998). 교사를 위한 체제적 수업 설계. 경기: 교육과학사.

Adler, M. (1982). *The paedeia proposal: An educational manifesto*. New York: Macmillan.

Bloom, B. S. (Ed.). (1956). *Taxonomy of education objectives, Handbook 1: Cognitive domain*. New York: David McKay.

Dick, W., Carey, L., & Carey, J. O. (2015). *The Systematic Design of Instruction*. Boston, MA: Pearson.

Engelmann, S., Becker, W. C., Carnine, D., & Gersten, R. (1988). The direct instruction follow through model: Design and outcomes. *Education and Treatment of Children*, *11*(4), 303-317.

Gagné, R. M. (1985). *The conditions of learning* (4th ed.). New York: Holt, Rinehart, & Winston.

Gardner, H. (1983). *Frames of mind: The theory of multiple intelligences*. New York: Basic Books.

Glaser, R. (1976). *Components of a Psychology of Instruction: Toward a Science of Design*, *46*(1). https://doi.org/10.3102/00346543046001001

Merrill, M. D. (1983). Component display theory. In C. M. Reighluth (Ed.), *Instructional-design theories and models: An overview of their current status* (pp. 279-333). Hillsdale, NJ: Lawrence Erlbaum Associates.

Merrill, M. D. (2002). First principles of instruction. *Educational Technology Research and Development*, *50*(3), 43-59.

Merrill, M. D. (2007). First principles of instruction: a synthesis. In R. A. Reiser, & J. V. Dempsey (Eds.), *Trends and Issues in Instructional Design and Technology, 2* (2nd ed., pp. 62-71.). Upper Saddle River, NJ: Merrill/Prentice Hall.

Merrill, M. D. (2009). First Principles of Instruction. In C. M. Reigeluth & A. Carr-Chellman (Eds.), *Instructional Design Theories and Models III*. Mahwah: Lawrence Erlbaum Associates Inc.

Merrill, M. D., Barclay, M., & Van Schaack, A. (2008). Prescriptive principles for instructional design. In J. M. Spector, M. D. Merrill, J. J. G. van Merrienboer & M. P. Driscol (Eds.), *Handbook of Research on Educational Communications and Technology* (3rd ed., pp. 173-184). New York: Lawrence Erlbaum Associates: Taylor and Francis Group.

Merrill, M. D., Drake, L., Lacy, M. J., Pratt, J., & ID2 Research Group (1996). Reclaiming Instructional Design. *Educational Technology, 36*(5), 5-7. Educational Technology Publications, Inc.

Perkins, D. N. (1992). *Smart schools: From training memories to educating minds.* New York: The Free Press.

Perkins, D. N. (1993). An apple for education: Teaching and learning for understanding. *American Educator, 17*(3), 28-35.

Perkins, D. N. (1998). What is understanding? In M. S. Wiske (Ed.), *Teaching for understanding: Linking research with practice* (pp. 39-57). San Francisco: Jossey-Bass.

Reigeluth, C. M. (1983). *Instructional-design theories and models: Vol. 1. An overview of their current status.* Hillsdale, NJ: Erlbaum.

Reigeluth, C. M. (1987). *Lesson Blueprints Based on the Elaboration Theory of Instruction.* Hillsdale, NJ: Erlbaum.

Reigeluth, C. M. (1999). What is instructional design theories. In C. M. Reigeluth (Ed.), *Instructional Design Theories and Models.* NJ: Lawrence Erlbaum Associates.

Reigeluth, C. M., & Moore, J. (1999). Cognitive education and the cognitive domain. In C. M. Reigeluth (Ed.), *Instructional-design theories and models: Vol. 2. A new paradigm of instructional theory* (pp. 51-68). Mahwah, NJ: Erlbaum.

제6장

학습환경 설계

　'무엇을 가르친다'는 것은 '무엇이 있다'는 것을 전제하는 말이다. 그 무엇이 있다는 것을 어떻게 알 수 있는가? 그리고 어떻게 가르칠 수 있는가에 대해 객관주의와 구성주의는 다른 입장을 취한다. 이 장에서는 이러한 차이를 설명하면서 구성주의적 학습환경의 특징, 모형, 그리고 실제 예를 보이고 설명한다.

수많은 이가 교육 및 훈련 상황에서 여러 가지 교수법을 연구하고 실행에 옮겨 왔다. 그 결과 엄청나게 서로 다른 설계들이 제안되어 오고 있다. 이는 근본적으로 다른 철학, 신념, 편견들을 반영하고 있는 것이다. 그러나 이론적 토대와 방법론이 서로 어울리지 않는 증거들이 상당히 많다. 이 점은 새로운 구성주의 학습환경을 발전시키는 데 특히 문제가 된다. 이 글에서 필자는 이론적 근거를 둔 설계의 개념을 정리하여 제시하였다.

이 장에서는 구성주의 근거 지향 설계(grounded design)의 기본을 소개하고, 어떻게 하면 이면에 있는 기초들과 가정들을 그에 상응하는 방법과 맞출 수 있는가 기술하며, 근거 지향 구성주의 학습환경의 예를 소개하는 데 있다.

교수설계 전통은 초기에 행동주의자에서, 다음으로는 인지주의자들에게서 그리고 최근에는 많은 구성주의 접근방식에 의해 영향을 받아 왔다. 구성주의로의 변화가 일부에게는 성공 전망이 밝은 발전으로 인식되어 왔지만, 한편 다른 이들에게는 교수–학습과 관련된 이론이나 모형의 필요성 혹은 가치에 대해 회의의 목소리를 내고 있다.

여러 가지 인식론적 관점을 지지하는 대안적 모델에 대한 목소리가 있지만, 이론들이 현장에 주는 시사점들이 항상 분명한 것은 아니었다. 교수목적과 방법이 잘못 연결된 증거들이 널리 발견된다. 예를 들어, 일선학교에서는 비판적 사고와 문제 해결을 강조하지만 실제로는 선언적 지식의 숙달 강조하며 고등교육기관조차도 창의력 기반의 수업을 자랑하지만 실제로는 기계적 학습(rote learning)으로 가르치고 시험을 보고 있다. 산업현장에서도 훈련가(trainer)들은 알면 좋은 것('nice-to-know')과 알 필요가 있는 것('need-to-know')을 구별하는 효율적인('lean and mean') 체제를 강조하지만 실제로는 본질적 정보가 아닌 것을 포함시키거나, 효율적 수행을 촉진시킬 충분한 지원을 제공하지 못하고 있다. 결국 달성해야 할 것(What should happen)과 관련된 수사(rhetoric)과 실제로 발생하는 것(What actually happen)은 같지가 않다. 더욱이 실제 활용 중인 학습환경은 흔히 그들이 지지하는 인식론적 근거와도 일치하지 않는다.

1. 구성주의란

　교육의 효과를 극대화하려는 많은 노력 중의 하나는 효율적인 교수방법을 탐색하여 학습에 적용하는 것이다. 이러한 목적을 달성하기 위하여 과거의 주된 노력은 주로 가르치는 교수에 중점을 두어 이루어졌다. 그러나 과학 분야에서 일어나는 패러다임적 변환처럼 교육 분야에서도 주된 강조가 교사(teacher)-교수(instruction)에서 학생(student)-학습(learning)으로 발전해 가고 있다. 즉, 인간이 지식을 형성하고 습득하는 과정은 개인적인 인지적 작용의 결과로 보는 상대주의적 인식론인 구성주의적 입장이 바로 그것이다.

　구성주의의 등장은 사회의 변화와 밀접한 관계가 있다. 농경시대에는 가정을 중심으로 도제관계의 형태를 빌린 교육이 이루어졌고, 산업시대에는 학교에서 집단학습의 형태를 띤 교육이 이루어졌다. 정보화시대로 특징지어지는 현시대는 학습자 스스로 자신의 학습에 대하여 주도적인 역할을 하고 동시에 학습에 대한 책임을 지면서 능동적이고 적극적으로 학습할 수 있는 환경을 구현하려는 교육이 요구된다.

　그러나 기존의 우리나라의 교육은 단편적 지식 암기 중심적이고 지식 전달 위주이어서 학생들의 능동적인 참여와 스스로의 지식 구성이 어렵다는 비판을 받고 있다. 또한, 종래의 수업은 객관주의에 입각하여 지식의 전달을 강조하였고 전문가에 의한 과제 분석, 행동적 목표의 진술, 준거 지향 평가, 프로그램된 수업 등은 학습자 스스로 의미 있는 지식을 획득하거나 새로운 상황에 전이를 지원하는 데 여러 가지 한계가 있다는 지적이 나온다. 결국, 이와 같은 단점을 극복하고 학습자들이 유의미한 학습(meaningful learning)을 가능하게 하고(Ausubel, 1968; Anderson, 1976, 1983) 전이를 극대화하기 위하여 학습자들이 세상에 대한 의미를 스스로 구성할 수 있는 학습환경을 제공하는 것이 교육의 중요한 과제로 등장했다. 구성주의 패러다임의 제 가정(假定) 및 기존의 객관주의와 비교는 〈표 6-1〉과 같다.

　연구자들은 구성주의 학습환경을 만들기 위하여 교수-학습설계를 다음과 같은 관점에서 논의하고 있다. 첫째, 학습자에게 의미 있고 적절한 과제를 제시하여야 한다. 학습은 지식의 주입이나 전달이 아닌 학생 스스로가 학습에 대한 주인의식을 가지고 능동적으로 학습의 과정에 참여하고, 학습의 과정에 대해서 책임을 질 때 가장 효과

표 6-1 행동주의, 인지주의, 구성주의 비교

패러다임	행동주의	인지주의	구성주의
초점	교수(teaching)	교수-학습	학습(learning)
학습의 정의	외현적 행동의 변화 (정보 제시자)	인지구조의 변화 (인지구조의 변화 촉진)	주관적 경험에 근거한 개인적 의미 창출 (학습환경 조성자)
주요 개념	자극과 반응, 그리고 양자 간의 연결, 강화	정보의 입수, 조직, 저장 및 인출 활동 강조	경험에 근거한 세계에 대한 의미 창조
학습자관	환경과 자극에 반응하는 수동적 인간관	외현적 정보를 내적으로 처리하여 인지구조를 변화시키는 적극적 학습자관	지식을 구성하는 적극적 인간관
수업의 강조점	학습효과 극대화를 위해 외현적 자극 및 반응의 체계적 배열과 자극 시점의 결정	정보처리 활동을 촉진시킬 수 있는 학습자의 정신적 활동 강조	상황적 맥락, 학습 주체인 인간의 학습활동, 학습 대상인 지식의 역동적 상호작용
전략	외현적 교수전략	학습자의 내적 사고 전략, 교사의 부호화 전략, 정보처리 전략	학습환경의 조성 및 상황적 맥락 있는 참 과제 제공

적이다. 따라서 학습자에게 제시되는 과제는 단순히 학습을 위한 것이 아니라 학습자가 학습하고 수행할 가치가 있다는 것을 판단할 수 있어야 한다. 기존의 연구를 살펴보면, 학습자들이 학습과제에 적극 참여하는 경우는 크게 두 가지다. 실제적 활동혹은 참 활동(authentic activity)을 제공함으로써 학습의 목적이나 이유를 아는 경우와학습자의 흥미와 목적에 부합되는 학습과제를 부여하여 동기유발을 이끌어 내는 경우다.

둘째, 교사의 역할을 학습자의 학습을 돕는 조언자이자 배움을 같이 하는 동료 학습자로서 측면에서 규정하는 것이다. 교사는 더 이상 '구체화되고 구조화된 지식의 전수자'가 아닌 '인도자', '조언자', '동등한 학습자' 등으로 새롭게 규정된다.

셋째, 맥락(context) 상황(situation)적 지식의 제공이다. 객관주의가 가장 비난을 받는 부분이 '상황'이라는 것이 지니고 있는 구체적인 성격을 배제한 채 구체적인 맥락과 유리된 지식을 추구했다는 점이며, 학생들이 사회에서 실제로 대면하게 되는 문제들과는 판이한 인위적이 교과서적인 문제들을 가르쳐 왔다는 점이다. '상황성 (contexualization)'이 중요한 이유는 우리가 무엇을 이해했다 혹은 배웠다 하는 것은 항상 어느 구체적 상황을 전제로 하여 이루어진다는 점 때문이다.

넷째, 구성주의는 협동학습환경을 활용한다(Slavin, 2008). 구성주의를 극단적 주관주의와 구분하도록 하는 척도가 되는 것이 바로 협동학습(collaborative learning)이다. 지식의 습득과 형성은 단지 인간의 개인적인 인지적 작용으로만 이루어지는 것이 아니고 반드시 개인이 속한 사회 문화적 배경과의 상호작용을 전제로 하고 있다. 이때 학교라는 환경에서 이루어지는 사회 문화적 배경과의 접촉은 바로 동료 학생들 간, 혹은 교사와 학생들 간의 협동학습을 통해서 이루어진다.

요약해 보면 결국, 구성주의적 교수-학습을 성공적으로 수행하기 위해서는 첫째, 학습자 스스로 자율적으로 그리고 자신감 있고 책임감 있게 자신의 지식 구성의 전 과정, 즉 '학습'을 관리하고 학습의 목표와 방향을 설정해 나갈 수 있는 능력을 필요로 하며, 둘째, 학습전이는 습득된 학습 결과를 적용할 상황과 학습활동이 일어나고 있는 상황간의 유사성이 높을수록 그 효과는 배가된다는 점에서 학습활동의 맥락화의 필요성이 요청된다. 특히, 구성주의 학습 이론에서는, 상황학습(situated learning)이라는 개념이 도입되어 지식이라는 것은 상황적인 것이고 그 지식이 사용될 과제, 맥락, 문화 안에서 생성되는 것이지 결코 단독적으로 존재하는 것은 아니라는 점에 주목한다.

Aa 학습과제

1. 객관주의와 구성주의의 차이를 설명해 봅시다.

2. 구성주의적 학습환경 설계의 특징을 기술해 봅시다.

---

2. 근거 지향적 설계

학습을 지원하기 위해 존재하는 많은 교수설계 접근들 사이의 구분이 단순히 자구 해석적인 말씨름에 지나는 것은 아니다. 어떤 접근법은 오랜 사용으로 보증된 교수설계 방법에 기반을 둔 모형들로 주로 내용 전달 위주의 지시적 학습(directed learning)을 강조한다(Hannafin, 1992). 그러나 무엇이 수업(instruction)이며, 무엇이 수업이 아닌가 하는 데 대한 논란도 있다. 메릴 등은 오늘날 교수설계로 기술되는 것의 상당 부분은 합리주의의 전제―즉, 알려진 규칙과, 확립된 원리 및 절차에 의해 진행되면서 정보를 주고받는 과정―를 제대로 반영하고 있지 못하다고 지적하였다(Merrill et al., 1994). 이 점은 결국 교수설계이론과 교수―학습자료의 관계를 다시 살펴보게 한다. 잘 살펴보면 모든 학습자료들이 잘된 교수자료가 아닐 수도 있다는 점이 드러난다. 또 많은 학습체제들이 전통적인 체제적 교수설계의 전제나 과정에 부합되지 않지만, 그렇다고 그 체제들이 당연히 무시되어야 할 것은 아니다. 예를 들어, 구성주의 방식은 다른 종류의 학습, 교수 방법을 그 특징으로 삼으며, 다른 인식론적 토대에 근거를 두고 있다.

이 절에서 근거 지향 학습설계는 우선 인간 학습에서 확립된 이론과 연구에 기초를 둔 과정들과 절차들을 체계적으로 실행하려 한다. 어떻게 보면 이론 중심 방식은 비록 구체적이고 단계별로 순차적인 교수 처방을 제공하지는 않지만 설계자들에게 그들의 숙련 작업에 내재된 애매성을 다룰 수 있는 소양을 더 잘 갖추어 준다. 사실 이론 중심 접근법은 명시적인 처방을 제공하기보다는 설계자에게 강력한 발견학습법(heuristics)을 제공하여 설계 과정과 절차를 안내해 준다. 베드너, 커닝햄, 더피, 그리고 페리(Bednar, Cunningham, Duffy, & Perry, 1991: 101-102)는 "오직 개발자가 그 설계 이면에 있는 이론적 기초에 대한 반성적 인식만 있으면 가능하다. 효과적인 교수설계는 어떤 학습이론의 정교한 적용에서 나온다"고 말하였다. 근거 지향 설계는 설계자가 여러 방식과 관점들의 유용성을 인식한다는 점에서 이론에 기반을 두었다. 바로 이점이 설계자가 여러 이론적 관점들 중에서 중요한 차이점을 인식할 뿐 아니라, 그것들을 종합하는 데에도 도움을 준다.

이는 단순히 학습을 촉진시킨다고 해서 어떤 설계가 당연히 이론에 근거를 두고 있다는 의미는 아니며, 학습의 실패가 근거 부족을 반드시 반영하는 것도 아니다. 만일 모든 접근법들이 원래부터 보편적이고 순차적으로 제대로 완벽하게 적용될 수 있는 것이라면, 성공은 항상 보장될 것이다. 그러나 학습체제 설계에서는 특히 구성주의 학습환경에서는 사정이 그렇지 않다. 중요한 차이와 가치를 반영하는 바로 그 목적들이 그들의 맥락과 이론적 토대에 따라 다르기 때문이다. 학습은 단일 개념이 아니며 학습체제 설계 역시 단일 개념이 아니다. 학습활동은 여러 가지 심리학적·교육학적 토대에 근거를 둔 광범한 노력과 광범한 활동을 포함한다. 따라서 실제 설계는 어떤 관점을 단순히 따르거나 조절하는 것 이상의 일을 해야만 한다. 즉, 차이를 낳는 기저에 깔린 가치를 극대화해 주는 강력한 학습환경을 만들도록 지원해 줄 필요가 있다.

근거 지향 설계(Grounded Learning System Design: GLSD)는 어떤 방법론이나 이론적 입장이 다른 방법론이나 이론적 입장보다 본질적으로 우수하다고 주장하는 것이 아니라, 그것들을 정의하는 기저의 원리들 간의 조작과 제휴라고 주장한다. 그렇다고 각 입장들 간의 차이를 무시하는 것은 아니다. 오히려 그런 차이를 가능하게 하는 접근들을 지지한다. 4가지 조건들을 충족시킬 때 실제 설계가 근거를 두었다고 할 수 있을 것이다.

- 설계는 방어 가능한(defensible) 이론적 토대에 근거를 두어야 한다.
- 방법들은 이론을 검증, 확인, 확대시키기 위해 수행된 연구 결과와 일치해야 한다.
- 일반화할 수 있어야 한다. 즉, 방법들이 특수한 배경이나 문제에만 적용되는 것이 아니라 더 광범위하게 적용될 수 있어야 한다.
- 근거 있는 설계와 그 토대는 연속적인 시행을 통해 반복적으로 확인 받아야 한다.

분명히, 모든 실제 설계가 다 근거를 두고 있는 것은 아니다. 어떤 접근법들은 효과가 있는 것으로 입증될 수 있으나 여전히 근거가 없을 수 있다. 실제 설계는 개인적인 선호, 실용적인 관심, 경험, 그리고 친숙성과 같은 요인들에 자주 영향을 받는다(Bednar et al., 1991). 이런 요인들이 곧바로 빈약한 설계, 비효과적인 학습, 혹은 부적절한 수행을 촉진시키는 것은 아니다.

마찬가지로 모든 토대들이 다 근거 있는 설계 조건들 하나하나를 충족시킬 수 없다는 것도 분명하다. 이 점은 특히 구성주의 학습환경의 설계에서 문제가 된다. 왜냐하면 구성주의는 다면적인 인식론으로 무엇이 구성주의이고, 무엇이 구성주의가 아닌가 하는 점에 대하여 지지자들 사이에서조차 의견의 일치가 없기 때문이다.

왜 엄청나게 서로 다른 접근들이 동등하게 근거를 둘 수 있는가? 전통적인 수업방법에서는, 무수하고 강력한 이론적 토대들, 수업전략에 대한 연구, 그리고 설계 방법론에 대한 어느 정도 보편적인 일반론이 존재한다(Gagné, Briggs, Glaser 등의 학자들). 또, 객관주의 학습 인식론과 일치하는 상당히 공통된 근거를 둔 교수방법들이 제시되었다.

그러나 불행하게도 새롭게 등장하는 구성주의 학습환경에서는 같은 이야기를 할 수 없다. 이론가별로 흔히 특정한 설계 방법론이나 제시된 교수−학습 원리의 근거들이 불분명하고, 기저 가정들과 일치하지 않다. 그럼에도 불구하고 다음에서는 개략적이나마 구성주의 학습 이론가들이 설계의 기초로 삼는 토대, 즉 근거(grounded design)을 몇 가지로 정리해 본다.

3. 학습환경 체제 설계의 기초

학습체제 설계는 심리학적, 교육학적, 공학적, 문화적, 그리고 실용적 근거들을 포함한 여러 가지 근거에 기초를 두고 있다. 이런 근거들이 전부는 아니지만, 어떤 학습환경의 기초를 대신한다(Hannfin, 1992).

1) 심리학적 근거

심리학적 근거란 어떻게 개개인이 생각하고 배우는가 하는 데 대한 신념들을 대신한다. 역사적으로 학습환경은 행동주의에 기초를 두었다가, 후에 정보 처리를 특색으로 삼는 인지주의에 기초를 두었다. 많은 학습환경들이 이제 구성주의와 상황적인지 같은 영역에서 그 근거들을 도출하고 있다. 구체적인 편견들과 주장들은 다양하지만 학습심리학적 기초의 중요성은 일관되게 지지를 받아 왔다.

2) 교육학적 근거

교육학적 근거는 학습해야 할 영역이 어떻게 표현되는가를 강조한다. 예를 들어, 객관주의 교수법은 전형적으로 학습 결과의 분명한 확인, 내용의 위계적 구조, 목표 중심 활동, 및 객관적 인식론과 일치하는 평가 등을 강조한다. 구성주의 학생 중심 학습환경은 종종 앵커드(anchored) 교수법(예: 밴더빌트 대학교의 CTGV)과 같은 맥락 중심적인 지식관에 기초한 교육학적 접근에 기초를 두고 있다. 심리학적 근거와 교육학적 근거는 서로가 연동되어 있다. 이 두 가지는 학습의 본질, 사용된 방법과 전략 그리고 학습할 영역이 어떻게 조직화되어야 하는지 학습자가 제대로 이용할 수 있게 만들어져야 할 학습환경의 구조에 대한 신념들을 반영한다.

3) 공학적 근거

공학적 근거는 학습을 돕는 데 이용 가능한 매체들의 가능성과 제한점을 강조한다. 공학적 가능성은 대단히 다양하다. 그러나 학습에 영향을 주는 것은 단순히 이용 가능성이 아니라 노력을 하도록 도와주는가 혹은 방해하는가 하는 방식이다. 예를 들어, 인쇄매체와 컴퓨터는 다른 공학적 가능성과 제한점을 준다. 그러나 그것들의 유용성은 그것이 특정한 환경에서 학습을 돕는 정도에 달려 있다. 어떤 것은 이용할 수는 있으나 특정한 학습환경에서 필요하거나 적절하지 않으며, 반면에 어떤 것은 바람직하지만 이용 가능한 매체 선택 때문에 제한되기도 한다.

공학적 근거들은 그러므로 어떤 매체들이 학습을 돕는 데 이용할 수 있는 정도를 나타내 주지만, 학습의 요구 사항은 그 가능성들이 어떻게 통합되어야 하는가를 나타내준다. 공학은 공학의 유용성과 가능성에 따라 학습을 방해할 수도 있고 촉진시킬 수도 있다.

4) 문화적 근거

문화적 고려 사항들은 학습체제 설계에서 가장 밑에 스며 있는 근거들에 속한다. 문화는 여러 가지 차원에서 존재하므로 교육에 대한 신념, 사회에서의 개인의 역할, 다른 교과를 배우고 가르치는 전통, 학교체제, 혹은 교실과 같은 특징들을 반영한다. 이런 요인들은 특정한 배경의 맥락적 가치를 정의함으로써 학습체제 설계에 영향을 준다. 학습환경은 그것이 존재하는 문화의 반영이자 그 문화의 확장이다.

5) 실용적 근거

마지막으로 실용적 근거는 실용적 관심을 반영한다. 공학적 근거들은 가능한 것이 무엇인가에 영향을 주지만, 실용적 근거들은 여러 가지 대안들이 시행될 수 있는 정도를 말해 준다. 각각의 상황은 학습체제 설계에 영향을 주는 독특한 상황적 제약들을 갖고 있다. 예를 들어, 콜린스 등은 실제적인 교환을 할 때 포함되는 경쟁적인 결과들을 기술하고 있다. 즉, 가르칠 내용, 비용과 이익 사정, 일련의 대안들 평가 등. 하드웨어와 소프트웨어 형태, 비용 및 유용성 문제들은 혁신의 채택 및 확산에 일상적으로 영향을 준다(Collins et. al., 1996).

명료성 때문에 구분했지만, 실제로 이 근거들은 상호 의존적이다. 각 근거는 다른 근거와의 관계뿐 아니라 학습 맥락에 대한 관련성에 기초하여 결정된 잠재적 영향력도 포함한다. 결론적으로 모든 학습체제는 근거들 간의 우연의 일치를 극대화하기 위해 정돈될 필요가 있다.

4. 학습체제 설계의 가정

가정들은 근거들이 어떻게 연결되는가를 정의해 준다. 가정은 신념들이 궁극적으로 어떤 환경에서 어떻게 사용할 수 있게 되는가에 영향을 준다. 가정들은 특수한 근거의 부분집합과 교집합에 명시적으로든 암묵적으로든 따라다니는 신념들을 반영한다. 가정들의 집합들이 구성주의 학습환경으로 돌릴 수 있는 독특한 것에 당한다. 그리고 그것은 다시 학습, 교육학, 공학, 문화, 실용성 사이의 상호작용에 대한 신념을 반영한다. 많은 근거들에 따르는 가정들이 쉽게 명료화되지 않으므로(예: 강화를 통해 강화된 행동의 상당히 지속적인 변화로서의 학습과 개인적으로 구성한 의미로서의 학습), 근거들과 가정 들 간의 관계를 논리적으로 완전하게 확립하는 것은 가능하지 않다. 하지만 개별적인 근거들이 양립 가능한 가정들에 돌릴 수 있는 정도에 따라 서로서로 우연히 일치할 수 는 있다. 따라서 둘 이상의 근거들 사이의 우연의 일치를 반영하는 정렬(alignment)은 부분적으로 가능하다.

예를 들어, 교육과 훈련이 어떻게 제공되는가 하는 데 대한 변형을 생각해 보자. 사설 조종사 학교에서 채택한 두 접근법(지시적 방법을 사용한 밑에서 위로 방식과 상황적 방법을 이용한 경험 중심 방법)에 대한 근거들과 가정의 차이를 보이기 위해 사용될 수 있다. 전자의 경우는 기초 학교에 등록한 조종사 후보들에게 비디오테이프를 이용하여 절차를 알려 주거나 핵심 개념이 포함된 지침서, 지도 등을 이용하여 실제 비행(고차적인 이해와 수행)에 앞서 필수적인 지식과 기능을 강조한다.

그러나 모든 사설 조종학교가 같은 근거, 가정, 방법에 매달리는 것은 아니다. 어떤 이는 유기적 과제를 실제 비행 경험으로 보고, 관련된 지식과 기능을 완전히 통합시킬 수 있는 것으로 여긴다. 따라서 예비 조종사는 실제 수행 공학을 이용하여 처음부터 강사가 감독하는 비행활동에 참여한다. 이럴 경우 진정한 맥락과 경험은 개발해야 할 지식과 기능에 본질적인 것으로 보인다. 인지는 진정한 맥락 속에 있는 과제와 더불어 시작되며 학습과 수행과정에서 비계가 제공되고 공학은 환경과 분리되지 않고 통합된다.

5. 지시적 설계에서 구성주의적 설계로

여러 학자들이 객관주의에 기반을 둔 교수주의자의 교수설계법과 구성주의자들의 설계법을 대조하고 있다. 가령 조너슨은 객관주의와 구성주의 구별해서 설명하고(Jonassen, 1991), 가빙거는 학습환경에 대한 신, 구 가정들이라고 해서 양 입장을 정리하였으며(Gabinger, 1996), 이들은 대체로 가네의 접근법은 실재(reality)를 객관적으로 보고 개별 학습자와 독립된 것으로 보았으며 학습을 초기에는 행동주의 시각이 있었지만 원칙적으로 정보처리 시각에서 전개하고 있다고 분석하고 있다. 이런 관점에서 그들은 학습과 관련된 인지적 조작들이 체계적으로 처리된 자극에 의해 촉진될 수 있는 모델을 제안한다.

한편 레스닉(Resnick, 1996)의 구성적 설계 개념은 구성주의 인식론에 뿌리를 두고 있다. 구성한다는 것은(to construct) 부분을 모으거나 결합하여 형태를 만드는 것이다. 구성(construction)이란 구성하는 행위나 과정이다. 그렇다면 구성적 설계는 설계 및 발명 과제에 참여함으로써 개인의 구성을 가능하게 하거나 도와주는 학습환경의 창조에 초점을 맞춘다. 따라서 설계과업은 개념들을 명확하게 가르치는 것이 아니라, 이해의 산물을 창조하고 다룰 수 있는 수단과 지식을 만들어 내는 도구들이 제공되는 환경을 만드는 것이다.

1) 객관주의적 설계: 지시적 학습환경

객관주의는 객체와 사건의 의미를 규정하여 학습자에게 일관되게 또 효과적으로 전달하는 방법을 강조한다. 학습자의 임무는 관련된 객체와 사건을 인식하여 그것들을 응집성 있는 덩어리로 조직화하여 기존 지식과 새로운 지식을 통합하는 것이다. 학습자는 이런 과업을 여러 가지 객체와 사건들의 확립된 의미를 해독하여 해결한다.

많은 교수설계자는 실험심리학의 전통에 의존하여 초기의 선언적 지식에서 좀 더 깊은 자율적 수행에 이르는 이해로의 전이를 설명한다. 인지심리학자 앤더슨(Anderson)의 ACT 이론은 선언적 지식이 언제 어떻게 그것을 이용할 것인가 하는 지식을 동반하지 않아도 지식의 한 형태로 이용될 수 있음을 시사한다. 즉, 그 지식은 맥락 의존적인 것이 된다. ACT에 따르면 새로운 지식은 선언적 지식으로 시작된다. 그 지식이 이용되는 조건들을 학습하는 것은(절차적 지식) 이전에 획득한 절차적 지식의 자동적이고 능숙한 수행이 요구된다고 믿는다.

이런 가정과 일치하는 방법들은 초기의 명제적 지식에서 언제 어떻게 그 지식을 사용할 수 있는가 알려 주는 것으로의 전이를 도와주는 맥락을 학습할 것을 강조한다. 교수 분석 절차를 이용하여 정보와 수행의 구조가 분석된다.

공학적 근거들은 심리적 근거와 교육학적 근거와 연결된다. 예를 들어, 컴퓨터 중재(computer mediated) 연습은 필수적인 하위 기능을 자동화할 수 있게끔 제공될 수 있다. 가정교사 프로그램 또한 객관주의자나 교수주의자(instructivist) 인식론과 일치할지 모른다. 교수주의자들은 일반적으로 잘 정의된 학습목표와 방법들을 강조한다. 따라서 지식과 기능 요구 사항들이 조작될 수 있으며, 진도 상황을 평가하여 숙달 정도를 보일 수 있다.

하위 기능 학습 시 선택과 통합은 효율적인 하위 기능 숙달이 후속하는 이해의 깊이에 필수적이라는 묵시적 가정에 의해 이루어진다. 학습은 분명히 밝힌 최종 목표의 달성으로 정의된다. 이런 접근은 분명히 하위 필수 기능과 인지과정이 분해되어 전체 맥락과 별도로 학습될 수 있다는 것을 가정한다. 특정한 교수목표와 학습자의 준비도 수준에 비추어 보아 필수적이 못될 운명에 처한 정보는 무용지물로 여겨진다. 따라서 학습목표에서 제외된다.

2) 구성주의와 근거 있는 설계: 상황적 학습환경

구성주의자에게 객체와 사건들은 절대적 의미가 없다. 오히려 개개인이 각자 해석하고 자신의 경험 및 신념에 비추어 의미를 구성한다. 그러므로 설계 과업은 그 안에서 의미를 협상할 수 있고, 이해의 방법들이 나타나도록 풍부한 맥락을 제공하는 것이 될 것이다. 구성주의자는 맥락을 조각조각 나누는 것을 의도적으로 피한다. 오히려 지식, 기능, 복잡성이 자연스럽게 존재하는 환경을 선호한다.

구성주의자 설계자들은 상황적 학습, 사회적으로 공유된 인지 같은 이론에서 나온 심리학적 근거들에 의존한다. 상황적인지 이론가들은 학습이 인간을 포함한 사회적 맥락에 절대적으로 필요한 것으로 주장하며, 그 속에서 학습이 생기고 또한 궁극적으로 적용된다고 단언한다.

닻을 내린 교수법 같은 교육학은 상황인지 시각과 일치한다. 닻을 내린 맥락은 복잡하고 구조화가 덜 된 문제들을 지지하여 학습자가 언제 어디서 그 지식을 사용할 것인지 결정할 때 새로운 지식과 하위 문제들을 생성하게 한다. 도제 모델 역시 학습자가 진정한 과제를 수행하는 동안 지식, 발견법, 전략의 비계와 도움을 촉진하기 때문에 비슷하게 정렬된다.

공학은 흔히 문제를 해결하고 개별적인 학습목표를 추구하는 동안 자원을 탐색하고 지식을 통합하는 도구로 이용된다. 문제 해결에 필요한 정보를 찾거나 필요한 정보를 충족시키기 위해 웹 같은 방대한 정보 데이터베이스를 이용할 수 있다. 원격통신 도구가 다른 사람과 의사소통하기 위해 이용될 수 있다. 공학적 도구들이 또한 반성을 촉진시킬 수 있으며, 학습자를 안내하여 문제를 이해하거나 해결하도록 돕는다. 이런 체제에서 공학은 더 큰 사회적 맥락의 일부로 정보 처리 및 이용 방식을 결정하거나 제약을 가하고 고조시키기도 한다. 광범위한 의제가 다루어지는 문화적 고려 역시 자명하다. 실용적 근거들은 합리적인 조정이 독특한 상황적 자원과 제약에 근거할 때 배열된다.

이 예에서 문맥은 정보의 처리, 협상 및 이용 방식에 영향을 주는 데 결정적인 것으로 보인다. 수행하면서 뭐를 해야 하는가 하는 것은 과제 자체에 포함되어 있으며, 학습자가 해석하는 것으로 추정된다. 실수와 이해의 제한점(constraints)은 현재 하는 관찰과 이전의 신념을 조정할 필요성과 관련성을 세우는 기초가 된다. 따라서 이런 실수와 제한점은 피하기보다는 조장된다. 학습자는 학습과정에 대한 통제권을 갖는 것으로 기대된다. 또한 교사, 학생, 혹은 수행을 돕는 공학(technology)의 도움이 있으면, 복잡한 과제도 과제 자체를 단순화시키지 않은 채 다룰 수 있게 된다.

구성주의자 근거와 가정과 일치하는 방법들은 이해와 수행을 돕기 위해 전형적으로 교사-학생, 학생-학생 간 상호작용을 강조한다. 공학은 상호작용을 돕기 위한 부가적인 대안들을 제공한다. 교사들과 학생들은 점차 복잡한 개념들의 학습을 돕기 위해 설계된 복잡하고 진정한 맥락 속에서 전략을 돕는다. 마찬가지로 문제 기반 학습활동은 학습자에게 복잡하고 개방적인 문제를 해결하기 위해 공학적 · 인지적 · 사회적 자원에 의존하도록 요구한다.

> **Aa 학습과제**
>
> 1. 객관주의적 설계와 구성주의적 설계를 비교해 봅시다.
>
> 2. 상황학습의 기본적 관점을 설명해 봅시다.

6. 근거 지향적 구성주의 설계의 예

다음은 다른 근거와 가정 및 접근법을 나타내는 이론에 근거한 구성주의 설계를 간략히 기술한다. 문제 기반 학습(Problem Base Learning), 재스퍼 우스버리(Jasper Woodbury), 지식 통합 환경(Knowledge Integration Environment), 그리고 마이크로 월드 프로젝트 빌더(Micro-worlds Project Builder) 등인데 이것들은 이론적 근거뿐만 아니라 그들이 대표하는 학습 영역의 다양성 때문에도 살펴볼 필요가 있다.

1) 문제 기반 학습

문제중심학습 또는 **문제 기반 학습**(영어: problem-based learning: PBL)은 1960년대 캐나다 맥매스터 대학교의 배로우(Barrows)와 탬블린(Tamblyn)에 의해 개척되었다. 이것은 제시된 실제적인 문제(authentic task)를 학습자들이 해결하는 과정에서 학습이 이루어지는 학습자 중심의 학습환경이자 교수 모형이다. 학생들은 사고전략과 영역지식을 함께 배우게 된다. 문제중심학습의 형태는 의학 교육에서 출발하였는데 현재에는 다른 분야에서도 쓰이고 있다. 문제중심학습의 목적은 유연한 지식, 효과적인 문제해결 능력, 자기주도학습, 효과적인 협업 능력, 내재적 동기를 고양하도록 돕는데에 있다. 가령 식물 단원에서 교수자는 씨들을 가져와 심는 방법을 설명한다. 이 씨가 발아하면 성숙한 식물이 된다고 일러준다. 그런데 한 학생이 질문한다. "저희 집의 봉숭아 씨는 왜 안 자라나요?" 선생님은 좋은 질문이라고 칭찬하면서 체계적으로 조별로 여러 가지 원인들 '화분, 부식토, 물, 등' 어느 원인 때문인지를 알아내는 문제를 해결하게 된다.

학습자들은 협력을 통해서 이미 알고 있는 것과 알아야 할 것, 문제 해결에 도움이 될 정보가 어디에 있으며 어떻게 접근해야 하는지를 찾아내게 된다. 교수자의 역할은 학습과정을 관찰하고 안내하고 보조함으로써 학습을 촉진하는 것이다. 가르치는 사람은 학습자들에게 문제를 적절히 해결할 수 있다는 자신감을 갖도록 하고 격려해 주어야 하는 동시에 학습자들의 이해에 조력한다. PBL의 단점으로는 자원 소모가 큰데 가령 더 많은 스태프와 물리적 공간이 필요하다. 일부 교수자는 중재(intervention)가 어렵고 괴로운 경험일 수 있고. 학습자들은 정보 과다와 공부 요구 사항의 불확실성을 경험할 수 있다.

(1) PBL 과정

마스트리흐트(Maastricht) 대학교의 모델은 PBL 과정을 구조화하고 안내하기 위한 프레임워크로, 네덜란드에서 개발되었다. 이 모델은 학습자들이 문제를 해결하고 주제에 대한 심층적인 이해에 도달할 수 있도록 도와주는 일곱 단계로 구성되어 있다.

- **용어와 정의 명확화**: 이 단계에서 학생들은 문제와 관련된 생소한 용어나 개념을

식별하고 정의한다. 문제 설명에서 사용된 언어에 대한 공통 이해를 확립한다. 이렇게 하면 모든 그룹 구성원이 문제의 맥락에 대해 동일한 이해를 갖게 된다.

- **문제 정의**: 학습자들은 케이스나 시나리오 내에서 주요 문제나 문제를 식별한다. 증상과 근본적인 문제를 구분해야 한다. 이 단계에서 학습자들은 다루어야 할 핵심 문제에 집중하도록 도와준다.
- **문제 분석**: 문제를 정의한 후 학습자들은 깊이 있는 분석을 시작한다. 문제의 원인, 결과 및 기여 요인을 탐구한다. 이 단계는 비판적 사고를 촉진하며 문제의 복잡성을 해결하는 데 도움이 된다.
- **가설 생성**: 이 단계에서 학습자들은 문제에 대한 가능한 해결책이나 가설을 떠올립니다. 이전 단계에서 수집한 정보를 기반으로 문제를 해결하는 데 창의적이고 정보를 토대로 한 아이디어를 생성한다.
- **자기주도학습 계획**: 가설을 생성한 후, 학습자들은 이러한 가설을 평가하기 위해 필요한 지식과 기술을 습득하기 위해 무엇을 배워야 하는지 식별한다. 학습목표를 수립하고 필요한 지식과 기술을 습득하기 위한 계획을 개발한다. 이 단계는 독립적이고 자기주도적인 학습을 촉진한다.
- **정보 수집 및 분석**: 학습자들은 자기주도학습 계획을 실행한다. 관련 정보를 수집하고 연구를 수행하며 데이터를 분석하여 가설을 평가한다. 이 단계에는 자원 검색, 독서 및 찾은 정보를 비판적으로 평가하는 작업이 포함된다.
- **평가 및 반성**: 최종 단계에서 학습자들은 수집한 정보를 기반으로 가설을 평가한다. 학습한 내용, 초기 가설의 타당성 및 문제해결 과정을 고려하며 반성한다. 이 반성을 통해 학습자들은 이해를 정립하고 추가적인 탐구를 위한 영역을 식별한다.

PBL 과정 동안 학습자들은 소집단 학습에서는 협력(small group collaborative learning)하며, 교수자나 팀리더가 지도와 지원을 제공한다. 목표는 학습자들이 실제 세계의 문제와 시나리오에 적극적으로 관여하여 문제해결 기술, 비판적 사고 능력 및 주제에 대한 심층적 이해를 발전시켜 가는 것이다.

(2) PBL의 구성 요소

- **학습자 주도**: 학습자들이 목표와 학습 결과를 정한다.
- **독립적 학습**: 학습자들은 그룹 논의 이전에 자기주도적인 학습을 진행한다.
- **소규모 학습**: 일반적으로 그룹당 8~10명의 학습자와 튜터가 함께한다.
- **촉진 자료(trigger data)**: 임상 시나리오, 실험 데이터, 논문, 비디오 등이 포함될 수 있다.

2) 상황인지

재스퍼(Jasper) 시리즈는 밴더빌트 인지공학 그룹에서 브래스포드와 동료들 (Brasford et al., 1992)이 개발한 것이다. 이것은 일련의 문제를 생생한 이야기로 제시해 준다(유튜브에서 재스퍼 시리즈로 찾아볼 것). 각 이야기는 주인공, 재스퍼가 부딪히는 문제 상황에 처한 곳으로 자연스럽게 안내한다. 문제는 비디오 형태로 제시되며, 여러 문제와 주변 상황이 제시되는 맥락이 풍부한 이야기가 있다. 문제를 해결하는 데 필요한 정보는 이야기의 흐름밖에 있지 않고 오히려 그 이야기 속에 있다. 학습자들은 재스퍼가 처한 딜레마에 대한 해결책을 찾아야 한다.

상황인지이론과 부합되는 그 체제는 현실성 있는 수학 관련 문제에 참여자들을 빠뜨린다. 학습자들은 이야기 상황(vignettes)을 분석하여 여러 가지 요소들의 관련성을 결정한다. 학습자들은 어떤 정보를 모을 것인지, 어디에서 그 정보를 찾을 것인지 결정하면서 하위 문제들을 만든다. 게다가 언제 더 많은 정보가 필요한지, 왜 그 정보가 중요한지, 어떻게 그 정보를 이용할 것인지 결정한다. 사실 문제 상황(vignettes)은 학습자가 해석하고, 추론하고, 대안을 생성하고, 자신들의 아이디어를 개발하고 검증할 맥락을 제공한다. 관련된 세부 사항들은 그 상황 속에 현실감 있게 갖추어져 있다. 세부 사항의 의의는 가능한 문제에 필수적인 것으로 파악되고 검증을 통해 정당화되어야한다. 교육학적 전략은 사고와 학습이 어떻게 일어나는가(상황적인지)에 대해 잘 조직화된 시각과 함께 잘 배열되어야 한다.

공학의 특징과 문화적 요인들은 심리학적·교육학적 연결을 강화시키는 방식으로 배열된다. 비디오디스크 공학은 여러 가지 상황 요소들을 단순화하고 빨리 접근하는 데 도움을 준다. 이야기는 많은 문제 관련 정보와 문제와 무관한 정보를 포함하기 때문에, 학습자들은 여러 가지 자료들을 확인하고 평가하기 위해 빈번하게 비디오 이야기를 참조할 필요가 있다. 고속의 무작위 접근 비디오디스크 공학은 학습자들의 계속된 이해와 필요에 맞추어 상황을 조작할 기회를 제공해 준다. 문제 맥락 속에 있는 여러 요소들이 더 많은 관련성을 갖기 때문에 잠재적으로 중요한 정보는 쉽게 확인할 수 있을 것이다.

보충자료 역시 공학의 유용성과 사용자 선호에서의 차이를 조정하기 위해 제공된다. 어느 경우에는 컴퓨터가 이용될 것이며, 이는 체제의 항해를 더 간단하게 할 것이다. 이야기 순서의 지도와 사건에 대해 도형으로 표현해 준다. 컴퓨터를 이용할 수 없을 때는 인쇄된 워크북이 유사한 도형 표상을 제공해 준다.

재스퍼 설계자는 실세계 상황에서 사용하는 데 영향을 줄 것 같은 여러 가지 실용적인 요소들을 확인하였다. 다양한 스타일, 선호도, 학교의 준비도 등을 조정하기 위해, 대안적인 시행 방법들이 제공되었다. 기저에 있는 가정과 가장 잘 어울리는 방법들이 다른 방법에 비해 옹호되었지만, 교사 주도에서 학습자 중심에 이르는 일련의 선택들도 제공되었다.

3) 사회적 구성주의에 기초한 지식 통합 환경

지식 통합 환경은(KIE) 캘리포니아-버클리 대학교에서 개발된 것으로 K-12 학생들이 과학적 자료를 해석하고, 복잡한 과학적 개념을 이해하여 과학 지식과 일상의 현상을 연결하도록 돕기 위해 설계된 인터넷 학습 공동체다. 지식 통합 환경은 가상 교실로 여러 지역 출신의 학생들이 과학적 문제를 탐구하는 데 도움을 준다. 그것은 협동적, 네트워크가 가능한 소프트웨어를 포함하며, 실제 온라인 과학자에게 가상으로 접근하며, 교실 및 일상 과학과 웹 과학의 통합을 도와주기 위해 온라인 비계를 공급해 준다.

지식 통합 환경은 과학적 이해에서 학생 모델의 역할, 진리의 본질에 대한 구성주의 인식론, 그리고 비계의 중요성에 대한 상당한 연구와 이론에 입각하였다. 학생들은 과학적 개념을 일상 관찰과 혼동하거나, 혹은 연결을 맺지 못하는 경향이 있다. 그들은 그들의 일상 경험을 통해 과학적 현상에 대하여 상대적으로 강력하고 오래 지속되어 온 신념을 형성한다. 그런데 이 중 많은 것은 직관적이고, 천진난만하여, 불완전하다. 그러므로 학생들은 자신의 개인적 신념과 잠재적으로 갈등을 일으키는 과학적 현상에 대한 설명을 조정하는 것이 중요하다. 지식 통합 환경은 과학적 진리를 단순히 말해 주기보다는 과학적 개념과 일상 관찰과 적용의 연결을 촉진시켜 준다. 학생들은 자신의 해석과 과학자의 해석, 교사의 해석, 동료의 해석을 조정해 보면서 여러 가지 설명적 모델이나 예언적 모델을 검증해 본다.

교육학적으로 지식 통합 환경은 학생들이 학습목표를 확인하도록 도와주며, 그들의 사고를 눈에 보이도록 도와준다. 목표 인식은 학생 직관을 불신하기보다는 검증할 수 있도록 하는 여러 가지 모델의 표본을 포함한다. 인지적 도제 이론과 일치시켜 대안적 모델들과 관련된 이론적 근거들을 분명히 할 필요가 있다. 그 과정은 자신의 생각과 타인의 생각에 대한 깊은 사고를 촉진시키기 위해 설계된다. 그 목적은 단순히 특수한 입장이나 신념을 채택하는 것이 아니라, 반성을 통해 개개의 결론을 생성하고 검증하는 것이다. 지식 통합 환경의 사회적 지원 기능은 아이디어의 자유로운 표현을 위한 안전한 환경을 제공한다. 학생들은 각자 자신의 이해의 모델을 시험하고, 검증하여 생성할 때 서로 서로에게 자원이 된다.

문화적 의미에서 학생들은 과학자와 전문가 사회에서 행해지는 전략뿐 아니라 평생학습 기능도 획득한다. 과학과 평가과정은 일상생활의 본질적인 것으로 보인다. 교사들은 미리 준비된 자료를 주려고 하지 않고 빈번하게 그 자료들을 고쳐서 상당한 가치를 덧붙이려고 하기 때문에 도구들은 교사들이 기존 계획을 주문 받아 만들 수 있거나 그들 스스로 만들 수 있도록 제공된다.

학습자들은 불완전한 모델이나 아이디어의 목록을 탐색하고 세련시킬 때 능동적인 행위자로 여겨진다. 교실과 인터넷은 무수한 과학적 아이디어에 접근하고 공유할 기회를 제공한다. 이런 신념을 지원하는 방법들은 새로운 학습목표를 확인하고 사고를 가시화하며 개인적이며 대안적인 모델들을 공유하고 평가할 기회를 제공하는 것도 포함한다. 예를 들어, 학생들은 인터넷에 올라온 과학 정보 저장소의 교육학적 특징들을 묘사한 통신망 증거 데이터베이스를 공급받는다. 그들은 그 데이터베이스에서 나온 증거를 수집하고, 비판하고 조직화하기 위해 "빛은 얼마나 멀리 여행하는가?"와 같은 문제를 해결하려 한다. 그런 다음 학생들은 증거를 조직화하고 비판하기 위해 넷북(Netbook)과 센스 마커(Sense Marker) 같은 도구를 이용하여 개인적으로 생성한 이론들을 지지하거나 논박할 수 있게 된다.

학생들은 그런 다음 웹에 문서를 게재하여 자신의 신념과 증거를 출판할 수 있다. 그러면 이 문서는 다른 사람이 평가할 수 있는 부가적인 정보원을 제공하게 된다. 증거의 공유 과정은 학생들이 여러 가지 아이디어를 고려하게 하며 자신의 이론과 타인들의 이론의 유용성과 일관성을 비교할 수 있게 한다. 전 세계의 학생들, 교사들, 과학자들을 포함하는 전자 교환은 온라인 스피크 이지(Speak Easy) 프로그램을 사용하여 촉진된다. 그 목적은 반성과 협동을 통해 점차적으로 세련시킬 수 있는 여러 가지 평가 모델을 도입하는 것이다.

4) 미시세계

마이크로월드 프로젝트 빌더(Microworlds Project Builder, 1993)는 초, 중학생을 위한 상호작용 환경이다. 이 프로그램은 상호작용 미시세계를 학습자들이 만들 수 있도록 해 주는 저작도구와 Logo 프로그램을 통합시킨다. 프로젝트 빌더는 문제 해결과 창조적 사고전략을 신장시켜 주고자 하는 일련의 프로그램 중의 하나다. 그것은 학생들이 자신들의 이해의 독특한 산물을 만들어 내도록 여러 가지 뼈대를 제공한다. 학생들은 패퍼트(Papert)의 로고 '거북이'를 여러 가지 아이콘이나 빌려 온 그래픽으로 전환시킬 수 있다. 학생들은 또한 단추와 슬라이더를 자신들의 산물로 프로그램화하여 다른 사람들이 그들의 미시세계의 측면들을 탐색하고 조작할 수 있게 한다.

프로젝트 빌더는 맥락과 무관한 뼈대로서 기능한다. 그러나 그것은 지도, 신문 같은 개방적 연구를 위한 하나의 맥락을 제공한다. 교육학적으로 그것은 두 가지 본질적인 요소를 강조하는 프로젝트 기반 학습법과 일치한다. ① 조직화시키는 질문이나 문제 맥락의 존재, ② 학생이 자신들의 문제 맥락에 대한 이해와 태도를 나타내 주는 결과물의 개발 프로젝트를 완성함으로써, 학생들은 여러 가지 메타인지적 기능과 창조적 기능, 문제해결 기능을 사용한다. 미시세계 프로젝트 빌더는 학생들이 복잡한 비선형적 방식으로 자신들의 이해를 나타내 주는 공학 도구를 제공한다. LOGO 프로그래밍은 학생들이 자신들의 사고를 구체화하고, 문제를 해결하며, 결함을 해결하도록 허용해 준다. 이 모든 것은 광범한 인지적·전략적 참여를 요구한다. 실용적 근거는 구조를 제공해 주는 뼈대의 제공 속에 반영되었으나, 교사들과 학생들에 의해 쉽게 개작되어 새로운 활동과 교육과정을 도울 수 있다.

프로젝트 빌더에서 학습은 능동적이고 구성적인 과정으로 여겨진다. 아마 유의미 학습은 여러 가지 표상이 제공되거나 생성될 수 있을 때, 그리고 그것이 개인적인 구체적 경험에 근거할 때 잘될 것이다. 따라서 학습자들은 제품을 만들거나 구조화가 덜 된 문제에 대한 가능한 해결책을 제안하거나 옹호함으로써 의미를 생성해 낸다. 학생들을 격려하여 문제 해결을 계속하도록 하고 의사소통 전략과 이해를 나타낼 전략들을 개발하도록 한다. 우리는 학습자들이 메타인지 지식과 그들의 탐색을 안내하는 데 필요한 전략적 기능을 개발할 수 있는 것으로 믿는다. 많은 해결책이 가능하며, 학생들은 실험을 하고 실수에서 배울 수 있도록 한다. 전통적인 신념들을 재창조하거나 다시 말하기보다는 새로운 아이디어를 창작하고 조작할 수 있는 수단을 학생들에게 준다.

프로젝트 빌더 방법은 구성적, 프로젝트 중심 학습관과 일치한다. 그것은 자료에 접근하여 새로운 아이디어를 만들어 낼 개방적 도구를 제공한다. 예를 들어, 언어 예술강사가 프로그램이 제공한 신문 맥락을 사용하여 자신의 학생들이 이야기 주제를 조사하도록 할 수도 있다. 학생들에게 지방지를 이용하여, 이런 지역 자료들의 구조를 문체와 심미적 관점에서 연구하도록 요구할 수도 있다. 일단 이야기가 개발되면 프로젝트 빌더는 학생들의 개발을 도와줄 구조를 제공한다. 이야기는 여러 페이지로 타이핑될 수 있으며, 단어와 물체에 기본적인 필적을 첨가함으로써, 그 전시품은 상호작용할 수 있게 된다. 학생들은 어떤 이야기들이 일면 취재를 보장하는가 결정해야 하며, 하이퍼텍스트를 통해 단어와 구를 연결할 수 있다. 하이퍼텍스트 링크를 계획하고 계획대로 짜면서, 학생들은 다른 화면에 분리된 아이디어들 간의 연결과 자연스러운 구분점을 이해하기 시작한다. 다른 단추들이 계획에 들어가서 개념을 활성화하고 학생들의 목소리를 사운드 클립으로 해서 차트와 도표를 정교화하거나, 갑자기 나타나는 창과 예시가 가능하게 할 수도 있다. 이렇게 해서 학습자들은 자신들의 경험에서 공식적 이해뿐 아니라 연구 중인 개념의 미묘함과 그것을 나타낼 방법에 대한 영감도 이끌어 낼 수 있다. 이런 사용은 경험, 지식 및 잠재적 기회가 풍부한 맥락을 제공한다.

이상에서 기술한 각각의 연구들은 다르지만 근거가 있는 구성주의 학습체제를 보여 준다. 예를 들어, 재스퍼 시리즈는 진실한 삽화(authentics episode)와 anchoring에 대한 강조를 통해 사용할 수 있게 된 상황인지이론에 근거를 두고 있다. 지식 통합 환경은 공학적 도구들이 학습자가 자신의 신념을 구체화하고 검증하도록 도와주는 사회적 인지와 학습공동체와 일치한다. 마이크로월드 프로젝트 빌더는 현재의 이해 정도를 보여 주며 계속하여 이해 정도를 세련시킬 기초가 되는 이해의 산물인 구성물을 강조한다. 각각은 확립된 구성주의 토대에 근거를 두고 있으며, 그 근거들과 기저 가정들과 일치하는 특징을 제공한다. 각 시스템은 처음 형성될 때와 처음 개발된 이후로 계속 상당한 연구조사의 초점이 되어 왔다. 그 토대를 지지하거나 확대시켰다는 많은 연구가 있었다. 그 방법들이 일반화가 가능하며, 여러 가지 학습과 수행 문제를 해결하기 위해 채택되어 왔다.

> ### 🅰️ 학습과제
>
> 1. 문제 기반 학습의 기본 절차와 구성 요소를 제시해 봅시다.
>
> 2. 상황인지에 기초한 재스퍼 시리즈(Jasper Series)의 학습에 대한 관점(https://www.youtube.com/watch?v=54pgozaPN5A)을 기술해 봅시다.

참고문헌

강인애 편(2002). PBL의 이론과 실제. 서울: 문음사.

Anderson, J. R. (1976). *Language, memory and thought*. Hillsdale, NJ: Lawrence Erlbaum Associates.

Anderson, J. R. (1983). *The architecture of cognition*. Cambridge, MA: Harvard University Press.

Ausubel, D. P. (1968). *The psychology of meaningful verbal learning*. New York: Grune & Stratton.

Bednar, A. K., Cunningham, D., Duffy, T. M., & Perry, J. D. (1991). Theory into practice: How do we link? In G. J. Anglin (Ed.), *Instructional technology: Past, present, and future* (pp. 88–101). Englewood, CO: Libraries Unlimited.

Bloom, B. S. (Ed.). (1956). *Taxonomy of education objectives. Handbook 1: Cognitive domain*. New York: David McKay.

Collins, A. (1996). Design issues for learning environments. In S. Vosniadou, E. De Corte, R. Glaser, & H. Mandl (Eds.), *International perspectives on the design of technology-supported learning environments* (pp. 347–361). Mahwah, NJ: Erlbaum.

Engelmann, S., Becker, W. C., Carnine, D., & Gersten, R. (1988). The direct instruction follow through model: Design and outcomes. *Education and Treatment of Children, 11*(4), 303–317.

Gardner, H. (1983). *Frames of mind: The theory of multiple intelligences*. New York: Basic Books.

Hannafin, M. J. (1992). Emerging technologies, ISD, and learning environments: Critical perspectives. *Educational Technology Research and Development, 40*, 49–63.

Merrill, M. D. (1994). *Instructional Design Theory*. Englewood Cliffs, New Jersey: Educational Technology Publications.

Merrill, M. D. (2004). First principles of instruction. *Educational Technology Research and Development, 50*(3), 43–59.

Resnick, M. (1996). Distributed Constructionism. In D. C. Edelson & E. A. Domeshek, (Eds.), *International Conference on the Learning Sciences, 1996* (pp. 280–284). Evanston, IL, USA: Association for the Advancement of Computing in Education (AACE).

Schlechty, P. (2002). *Working on the work*. New York: Wiley.

Slavin, R. (2008). Perspectives on evidence-based research in education what works? Issues in synthesizing educational program evaluations. *Educational Researcher, 37*, 5–14.

제7장

교수매체에 대한 이해

이 장은 교수매체에 대한 종합적인 이해를 제공하기 위해 작성되었다. 첫째, 교수매체의 개념과 발전과정, 그리고 매체의 특성에 대해 간략히 설명한다. 이어서 페비오(Paivio)의 이중 부호화 이론과 메이어(Mayer)의 멀티미디어 학습이론을 소개하여 매체의 기능에 대한 이해를 돕는다. 둘째, 교수매체를 통해 효과적인 커뮤니케이션이 어떻게 이루어지는지 설명하기 위해 대표적인 커뮤니케이션 모형 세 가지를 소개한다. 셋째, 교수매체의 분류 기준과 각 매체의 특성에 대해 제시하여 다양한 매체의 활용 가능성을 탐구한다. 마지막으로, 교수매체의 체계적인 활용을 돕기 위해 ASSURE 모형의 6개 단계와 하위 활동을 설명하고, 구체적인 사례를 제시한다. 교사나 교육공학자로서 교수매체를 효과적으로 활용하기 위해서는 항상 새로운 매체의 등장에 관심을 기울여야 하며, 해당 매체의 장점과 한계를 파악하여 최적의 전략을 개발해야 한다.

1. 교수매체의 개념과 발전

1) 교수매체의 정의

교수매체(instructional media)의 어원을 살펴보면 매체를 뜻하는 'media'는 라틴어 'medius'에서 파생되었다. 'medius'는 중앙이나 중간(between)을 뜻하고, 복수형인 'media'는 '중재자'나 '중개자'를 의미한다. 일반적으로 'media'는 대중매체(mass media)를 의미하는 단어로 많이 사용되고 있다. 이는 불특정 다수에게 정보와 지식을 전달하는 매체로서 신문 · 방송(라디오와 TV) · 영화 · 출판 등을 기반으로 메시지를 전송하는 형태다. 현대사회에서는 인터넷, 스마트폰 등의 디지털 기술의 발전으로 더욱 다양한 형태의 매체가 등장하고 있다.

교수매체(혹은 수업매체)는 교수자가 학습목표의 달성을 위해 사용하는 모든 형태의 도구와 자료를 말한다. 예를 들면, 칠판, 모형, 실물, 슬라이드, 사진, 비디오테이프, 영화, TV와 같은 전통적이고 아날로그적인 매체가 있다. 최근에는 컴퓨터와 인터넷, 프로젝터, 스마트 기기와 같은 디지털 매체가 있다. 기술의 발전과 더불어 교수매체의 정의는 단순히 TV나 컴퓨터와 같은 하드웨어의 개념에서 벗어나 수업의 효과를 높이기 위해 사용되는 제반 활동과정이나 소프트웨어, 프로그램을 포함하는 의미로 인식되고 있다. 예를 들어, 유튜브 동영상, 교육용 소프트웨어, 교육용 앱, 전자교과서, 웹 기반 학습자료 등의 디지털 매체가 있다.

교수매체는 교수자와 학습자, 학습자와 학습자를 연결해 주는 중간 매개자로서 교수-학습의 질과 효과를 높이는 데 매우 중요한 역할을 한다. 이러한 매체들은 다양한 형식으로 정보와 지식을 제공함으로써 학생들의 이해도를 높이고 학습효과를 개선한다. 또한 인터랙티브하게 구성된 교육용 매체들은 학생들이 자신의 학습과정을 스스로 조절하고 학습에 대한 책임감을 가지도록 유도한다. 교수매체는 교육과 학습의 효율성을 높이는 역할을 한다. 교수자가 일일이 모든 학생에게 직접적으로 지식을 전달하는 대신 시간과 장소의 제약 없이 학생들이 언제, 어디서든 학습을 진행할 수 있도록 도와줄 수 있다. 학생들이 피드백을 즉시 받을 수 있도록 하여 학습의 효율성을 높이고 학생들의 학습동기와 흥미를 유지하는 데에도 큰 역할을 한다. 따라서 교수매체는 "학습자가 학습목표를 효과적·효율적·매력적인 방법으로 달성할 수 있도록 도와주는 다양한 형태의 매개 수단 또는 제반 체제"라 정의할 수 있다.

대표적인 미디어 이론가인 맥루한(McLuhan)은 매체의 역할과 중요성에 대해 강조하면서 '매체는 곧 메시지다(The medium is the message)'라는 유명한 문장을 남겼다(McLuhan, 1964). 이것은 매체 자체가 메시지를 전달하는 데 중요한 역할을 한다는 것을 의미한다. 즉, 매체의 형태와 구조가 메시지를 형성하고 전달하는 과정에서 중요한 영향을 미친다는 것이다. 맥루한은 매체를 '인간 능력의 확장'이라고도 주장하였다. 즉, 매체는 우리의 능력을 확장시켜 주는 도구로서 작용하며, 매체를 통해 우리는 세상을 더 넓은 범위에서 인식하고, 이해하며, 상호작용할 수 있다. 예를 들어, 책은 우리의 뇌의 능력을 확장시켜서 긴 시간 동안 집중해서 읽고 이해할 수 있다. 라디오는 우리의 청각능력을 확장시켜서 먼 거리에서 일어나는 사건들을 들을 수 있다. 인터넷은 우리의 정보처리 능력을 확장시켜서 어디서든지 다양한 정보를 탐색하고 이용할 수 있다. 맥루한은 이러한 매체의 확장성이 우리에게 미치는 영향력을 강조하며, 매체의 구조와 형태가 우리의 사고와 문화에 영향을 미친다는 것을 주장했다. 따라서 매체에 대한 이해와 인식이 중요하다고 강조하였다.

2) 교수매체의 변화와 발전

새로운 매체의 등장은 교수매체의 발전으로 이어지고 이는 교육공학 분야의 발전과도 매우 밀접한 관련을 가지고 있다. 교육공학자들은 새로운 매체가 등장하면, 이를 활용하여 효과적인 학습경험을 제공할 수 있는 방법과 전략을 연구하고 이를 적용하기 위해 끊임없이 노력해 왔다. 이러한 노력은 학생들의 학습효과를 높이는 데 많은 도움을 줄 것으로 기대하기 때문이다. 매체의 발전은 수천 년 동안 진행되어 왔지만, 특히 20세기 이후 더욱 급격한 발전을 이루었다. 라디오, 텔레비전, 비디오, 인터넷과 같은 매체들이 등장하면서, 이들 매체를 활용하여 교육환경을 개선하고 학습효과를 높일 수 있는 다양한 방법들이 개발되었다.

1920년대부터 라디오와 무성영화의 보급이 시작되면서, 미국에서는 시각 중심의 교육이 이루어지고, 1923년에는 시각교육부(Department of Visual Instruction: DVI)가 창설되었다. 1947년에는 시청각을 활용한 교육용 프로그램을 전파하기 위해 시청각

교육부(Department of Audio-Visual Instruction: DAVI)로 명칭을 변경하였다. 1950년대 이후에 텔레비전과 비디오테이프가 보급되었고 커뮤니케이션 이론들이 접목되면서 시청각 통신(Audio-Visual Communication)으로 발전하게 되었다. 텔레비전과 비디오테이프는 교육용 프로그램을 전파하는 데 매우 유용한 매체가 되었다. 비디오테이프는 더욱 개인적이고 유연한 학습경험을 가능케 해 주었다. 수업을 녹화하여 다시 시청할 수 있는 기회를 제공하거나, 자신만의 학습 계획을 수립하여 비디오를 활용하여 학습할 수 있었다. 이후에는 DVD나 온라인 동영상 등으로 대체되기는 했지만 비디오테이프는 오랫동안 교육과정에서 중요한 역할을 한 매체로 남아 있었다. 1970년에는 미국교육공학회(Association for Educational Communications & Technology: AECT)가 결성되어 교수매체의 체계적인 활용을 위한 교수설계 모형을 개발하려는 연구와 논의가 활발하게 이루어지게 되었다.

1975년에 Microsoft의 창업자인 빌 게이츠(Bill Gates)와 폴 앨런(Paul Allen)은 BASIC 언어를 이용한 개인용 컴퓨터 소프트웨어를 개발하였다. 이후 1977년에는 애플 컴퓨터의 스티브 잡스(Steve Jobs)와 스티브 워즈니악(Steve Wozniak)이 개발한 애플 II가 출시되었고, 1980년대 초반에는 IBM이 PC를 출시하면서 개인용 컴퓨터의 보급이 가속화되었다. 개인용 컴퓨터가 일반 가정에도 보급되면서 컴퓨터는 매우 유용한 교육용 매체로 자리 잡게 되었다. 1990년대에 인터넷 기술의 발전과 웹(World Wide Web)이 등장하면서 인터넷을 통해 접근 가능한 정보량은 이전보다 훨씬 많아졌으며, 학생들은 온라인 수업을 듣거나, 대화형 웹 사이트를 통해 학습을 할 수 있게 되었다. 또한, 학생들은 이제 다양한 디지털 도구를 활용하여 학습환경을 더욱 개인화하고 맞춤화할 수 있게 되었다.

시각(visual)에서 시청각(audio-visual), 시청각 통신(audio visual communication)으로 발전하고, 아날로그 매체에서 디지털 매체로 변화, 발전하는 과정은 교육공학의 발전과 매우 밀접하게 관련되어 있다. 국내에서는 1963년에 최초로 이화여자대학교 사범대학에 시청각교육과가 설립되었고, 이후 1988년에 교육공학과로 명칭이 변경되었다. 1983년에 처음으로 한양대학교 사범대학에 교육공학과가 설립되었다. 1985년에는 한국교육공학회(Korean Society for Educational Technology)가 결성되었다. 교육공학자는 교수매체와 관련된 여러 논쟁과 이슈를 다루고, 새로운 매체의 특성과 효과를 연구하는 역할을 담당하고 있다. 많은 사람들이 교육공학을 단순히 컴퓨터와 첨단 매

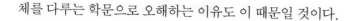

체를 다루는 학문으로 오해하는 이유도 이 때문일 것이다.

3) 교수매체의 기능과 매체 관련 이론

교수매체를 왜 사용해야 하는가? 교수매체를 사용하면 학습의 효과를 보장할 수 있는가? 교수매체를 좀 더 효과적으로 활용하는 방법이 있는가? 교수매체를 선정하거나 활용하기 전에 누구나 이런 질문을 던질 것이다. 교수매체의 역할과 기능은 단순한 정보 전달의 도구에서부터 쌍방향의 상호작용과 복잡한 시뮬레이션 환경을 제공하는 것까지 매우 다양하다. 최근의 교수매체는 컴퓨터와 스마트 기기, 무선 인터넷을 기반으로 하여 엄청난 양의 정보와 다양한 자원을 제공한다. 교수매체의 교육적 기능을 요약하면 다음과 같다.

수업 준비 및 정보 전달 도구   교수매체는 교사가 수업을 계획하고 진행하는 데 필요한 도구를 제공한다. 수업을 위한 검색 도구, 웹 사이트, 지도, 온라인 블로그 및 유튜브 등이 포함되며 수업준비에 필요한 교사의 시간과 노력을 줄여 줄 수 있다.

풍부한 학습자료 제공   교수매체는 교사가 학생들에게 강의자료와 학습자료를 제공하는 데 사용된다. 강의 노트, 파워포인트 자료, 학습 영상, 인터넷 검색을 통한 다양한 자료를 준비하는 데 도움을 준다.

실시간, 비실시간 상호작용   교수매체는 교사와 학생 간의 실시간, 비실시간 상호작용을 가능하게 한다. 교사는 수업 관련 정보를 전달하고 학생들은 질문을 할 수 있다. 온라인 채팅, 문자, 이메일, 온라인 화상회의 등은 질문과 토론에 대한 학생들의 부담감을 줄여 줄 수 있다.

학습 진단과 평가   교수매체는 학생의 학습 결과를 평가하는 데 사용된다. 과제 제출, 온라인 시험, 그룹 프로젝트 등이 있으며 자동채점 기능과 학습분석 도구를 활용하여 학습을 점검하거나 진단, 평가할 수 있다.

개인 맞춤형 학습 관리   교수매체는 학생들의 학습 관리를 돕는 데 사용된다. 출석 관리, 학점 부여, 학생들의 학습 상황 추적 등이 가능하다. 또한 학습자의 관심과 성취 수준에 맞게 맞춤형 정보를 제공하여 개인화 학습을 가능하게 한다.

연구 지원   교수매체는 연구를 수행하는 데 필요한 도구를 제공한다. 학술 데이터베이스, 학술지 검색 도구, 웹 기반 협업 도구, 색인 작업을 도와주는 도구, 통계 분석 등이 있다.

교수매체의 효과성의 원리를 설명하는 대표적인 이론은 페비오(Paivio, 1971, 1986)의 이중 부호화(Dual coding) 이론으로 우리가 정보를 처리할 때 어떤 방식으로 처리하는지에 대한 설명을 제공한다. 이 이론에 따르면 우리는 정보를 처리할 때 두 가지 형태의 인지 표상을 사용한다고 한다. 첫째는 언어적 표상(verbal representation), 둘째는 시각적 표상(visual representation)이다. 이 두 가지 표상을 함께 사용하면 정보를 더욱 효과적으로 처리할 수 있다는 것이 이론의 핵심이다. 예를 들어, 단어 '자동차'를 생각해 보면, 이 단어는 우리 뇌에서 언어적 표상으로 처리된다. 하지만 만약 우리가 자동차의 이미지를 떠올린다면, 시각적 표상도 함께 처리된다. 이렇게 두 가지 표상이 함께 처리되면, 정보를 더욱 효과적으로 기억할 수 있다. 또한 이 이론은 우리가 정보를 기억할 때 언어적 표상과 시각적 표상이 서로 다른 기억 시스템에 저장된다

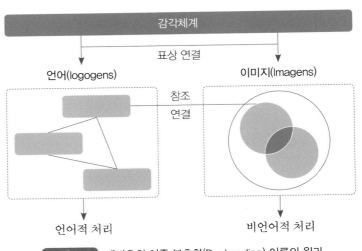

그림 7-1 페비오의 이중 부호화(Dual coding) 이론의 원리

고 주장한다. 이러한 이유로, 어떤 정보를 언어적으로 학습했을 때, 이미지로도 함께 학습하면 정보를 보다 오래 기억할 수 있다는 것이다. 이 이론은 교육 및 학습 분야에서도 적용된다. 학습자들이 언어적 정보와 시각적 정보를 함께 사용하면 학습효과가 더욱 향상될 수 있다. 교수자는 적절한 교수매체의 활용을 통해 다양한 표상을 사용하면서 학습자들이 정보를 보다 효과적으로 처리하도록 돕는 것이 중요하다.

교수매체의 효과성을 설명하는 또 다른 이론은 메이어(Mayer, 2005)의 멀티미디어 학습 이론이 있다. 메이어의 이론은 멀티 모달 원리(Multimodal learning)와 인지부하 이론(cognitive load theory)을 포함하는 두 가지 핵심 개념으로 이루어져 있다. 멀티 모달 원리는 학습자가 정보를 동시에 여러 모드(텍스트, 그림, 애니메이션, 사운드 등)로 받을 때 학습효과가 더욱 향상된다고 주장한다. 인지부하 이론은 학습자의 인지적 자원은 제한적이므로 학습자가 받는 정보의 양과 복잡도가 많을수록 인지적 부하가 증가하여 학습효과를 떨어뜨릴 수 있다는 것을 강조한다. 예를 들어, 교수자가 교수매체로 영상과 텍스트를 함께 사용하여 내용을 전달하는 경우를 고려할 수 있다. 다중 모드 학습을 위해서는 영상과 텍스트가 서로 보완되는 정보를 제공하도록 구성되어야 한다. 영상에서 보이는 내용과 텍스트에서 설명하는 내용이 서로 다른 정보를 제공하는 경우, 학습자는 이러한 정보를 함께 처리할 경우 인지적 부하가 증가할 수 있다. 그러나 영상과 텍스트가 서로 보완되는 정보를 제공하는 경우, 학습자는 이러한 정보를 함께 처리할 필요가 없어 인지적 부하가 감소하고, 정보를 보다 효과적으로 이해할 수 있다. 메이어의 멀티미디어 학습이론은 교수매체의 효과성을 극대화하고, 학습자의 학습효과를 높이는 방법을 제시하고 있다. 이러한 이론을 기반으로 교수자는 교수매체를 설계하고 구성하는 방법을 고민하면서 학생들이 보다 효과적으로 학습할 수 있도록 지원해야 할 것이다.

두 가지 이론 모두 언어적인 정보와 시각적인 정보의 상호작용을 강조한다. 페비오의 이중 부호화 이론은 언어와 이미지의 상호작용이 인지과정에서 어떻게 작용하는지에 대한 설명에 초점을 두고 있으며 기억과 학습의 측면에서 접근하고 있다. 반면, 메이어의 멀티미디어 이론은 멀티미디어 자료의 설계와 활용이 학습효과를 어떻게 영향을 주는지에 대해 구체적으로 다루고 있다.

> **Aa 학습과제**
>
> 1. 초 · 중등학교에서는 최근에 어떤 매체를 주로 활용하고 있는지, 학교 교실에는 어떤 매체와 환경이 갖추어져 있는지 조사하고 토론해 봅시다.
>
> 2. 컴퓨터의 구조와 작동 원리를 설명하는 자료를 제작할 때, 페비오의 이중 부호화(Dual coding) 이론에 따르면 어떤 방법을 사용하는 것이 효과적인지 설명해 봅시다.

2. 교수매체와 커뮤니케이션 모형

교수매체는 학습자들에게 학습에 필요한 정보를 전달하고 이해를 돕기 위한 다양한 수단과 자료를 의미한다. 이러한 매체는 학습자들이 쉽게 이해할 수 있는 방식으로 제공되어야 하고, 이를 위해서는 효과적인 커뮤니케이션의 원리를 이해하는 것이 필요하다. 커뮤니케이션 모형은 메시지의 전송과 이해 과정을 설명하는 모형이다. 이 모형은 송신자가 메시지를 적절한 방식으로 인코딩하고 채널을 통해 수신자에게 전달하며, 수신자는 받은 메시지를 디코딩하여 이해하는 과정을 설명한다. 이 모형은 교실에서의 수업과정과 학습자들이 정보를 받아들이고 이해하는 과정도 설명할 수 있다.

교수매체와 커뮤니케이션 모형은 서로 깊은 관련이 있다. 예를 들어, 시각적 매체를 사용하여 적절한 그림이나 도표를 제공하면 복잡한 개념을 이해하는 데 도움을 줄 수 있으며, 이는 정보 전달의 효율성을 높인다. 게시판이나 실시간 상호작용 매체를 활용하여 학습자들이 질문을 하거나 의견을 나눌 수 있는 기회를 제공하면, 학습자들은 자신의 생각을 표현하고 적극적으로 학습에 참여할 가능성이 높아진다.

교육공학 분야에서 다루는 커뮤니케이션 모형은 다양하지만 여기서는 섀넌과 위버(Shannon & Weaver)의 모형(1949)과 벌로(Berlo)의 SMCR 모형(1960), 섀넌과 슈람(Shannon & Schramm)의 모형(1964)을 소개하고자 한다. 이들 모형은 매체를 선정하거나 매체가 효과적으로 활용되지 못할 때 참고하기 바란다.

1) 섀넌과 위버의 커뮤니케이션 모형

1949년에 발표된 섀넌과 위버(Shannon & Weaver)의 모형은 초기 커뮤니케이션 모형 중에서 가장 영향력이 크며, 이후에 등장한 섀넌과 슈람의 모형이나 벌로의 모형에 큰 영향을 주었다. 이 모형은 커뮤니케이션의 다섯 가지 기본 요소인 정보원(Source), 송신기(Transmitter), 채널(Channel), 수신기(Receiver) 목적지(Destination)를 제시하였다. 이 모형은 유선 전화를 통한 메시지 전송과정을 설명하는 데 사용되었지만, 일반적인 상황에도 적용할 수 있다. 그러나 이 모형은 커뮤니케이션 과정을 선형적으로 설명하고 메시지의 내용이 그대로 유지된다는 가정에 대해 비판을 받고 있다. 실제로 커뮤니케이션은 매우 역동적인 과정이며 전달 과정에서 학습자의 경험과 반성적인 사고를 통해 메시지의 내용이 새롭게 구성되고 변화될 수 있는 것이다.

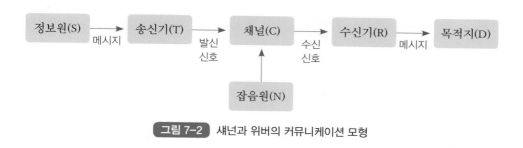

그림 7-2　섀넌과 위버의 커뮤니케이션 모형

2) 섀넌과 슈람의 커뮤니케이션 모형

섀넌과 슈람(Shannon & Schramm)의 모형은 1964년에 발표되었으며, 이전 모형에는 없던 참여자의 경험과 피드백 과정을 포함시켰다. 이 모형에서는 송신자와 수신자의 경험의 장이 통신 과정에서 중요한 역할을 한다는 점을 강조한다. 송신자는 자신의 경험의 장을 기반으로 메시지를 인코딩하여 신호로 변환한다. 이때, 송신자의 경험의 장은 메시지의 선택, 내용, 형태, 언어 등을 결정하는 데 영향을 미친다. 반면, 수신자는 수신한 신호를 자신의 경험의 장을 기반으로 디코딩하여 메시지로 이해한다. 이때, 수신자의 경험의 장은 메시지의 해석, 이해, 평가 등에 영향을 미치며, 메시지의 이해와 통신의 성공 여부에 큰 역할을 한다. 그러므로 송신자와 수신자가 서로 다른 경험의 장을 가질 때 이를 고려하지 않으면 메시지 전달이 제대로 이루어지지

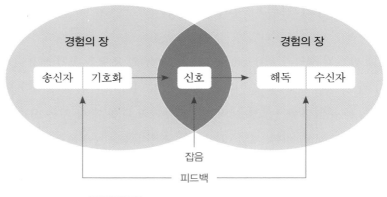

경험의 장   경험의 장

송신자 | 기호화 → 신호 → 해독 | 수신자

잡음

피드백

그림 7-3 섀넌과 슈람의 커뮤니케이션 모형

않을 수 있다. 이 모형에서는 송신자와 수신자 사이에 외부 요인으로서의 잡음(noise)이 영향을 미치는데, 이를 통제하기 위해 피드백이 작동한다.

이 모형은 간단하면서도 전체적인 통신 과정을 포괄적으로 모델링하여 현재에도 많은 통신 이론에서 언급되고 있다. 정보의 전달에만 초점을 두는 것이 아니라 잡음이나 피드백과 같은 요소를 고려하여 통신의 품질을 개선하는 데 도움을 줄 수 있는 모형이다.

3) 벌로의 S-M-C-R 모형

벌로(Berlo)의 S-M-C-R 모형(1960)은 일반적인 커뮤니케이션 모형으로서 커뮤니케이션 과정에서 필요한 요소를 정보원(Source) 혹은 송신자(Sender), 메시지(Message), 채널(Channel), 수신자(Receiver)의 4가지로 구분하고 각 요소를 구성하는 5가지 하부 요소를 제시하였다.

- 정보원(Source)/송신자(Sender): 메시지를 보내는 사람이나 단체
- 메시지(Message): 정보를 담은 신호 또는 의미 있는 기호
- 채널(Channel): 메시지를 전달하는 수단
- 수신자r(Receive): 메시지를 받는 사람이나 단체

이 모형에서 커뮤니케이션이 일어나는 과정은 다음과 같다. 송신자(S)는 메시지(M)를 생성한다. 이때 메시지는 송신자(S)가 가진 정보나 의도를 담은 형태가 된다. 채널(C)을 통해 메시지(M)가 전달된다. 이때 채널(C)은 음성, 이미지, 문자 등의 매체로 이루어질 수 있다. 수신자(R)는 채널(C)을 통해 전달된 메시지(M)를 받는다. 이때 메시지(M)는 송신자(S)가 의도한 대로 수신자에게 전달될 수도 있고, 수신자(R)가 자신의 경험과 지식에 따라 다르게 받아들일 수도 있다. 수신자(R)는 메시지(M)를 해석하고, 피드백(Feedback)을 통해 송신자(S)에게 전달한다. SMCR 모형은 정보원으로부터 수신자인 학습자에게 학습내용인 메시지가 통신수단인 채널을 통해 전달되는 과정을 나타내며, 교수−학습과정에서의 역동적인 관련성을 보여 주는 데 기여하였다.

　벌로의 모형에 따르면, 송신자와 수신자의 수준이 비슷할 때 커뮤니케이션이 잘 이루어진다. 반면, 이 모형은 피드백이나 잡음과 같은 커뮤니케이션을 방해하는 요소에 대한 설명이 부족하고, 복잡한 커뮤니케이션 과정을 선형적인 형태로 단순화하였다. 현실에서는 송신자와 수신자의 수준이 비슷한 경우는 거의 찾아보기 어렵고 한쪽 방향으로만 진행되기 어렵다. 또한 채널(C)에서 언급한 5가지 감각 외에도 인간의 내적인 사고, 이해, 분석 등의 감각도 커뮤니케이션에 영향을 미치는 중요한 요소가 될 수 있다는 점을 간과하였다.

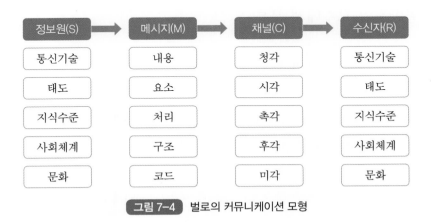

그림 7-4 벌로의 커뮤니케이션 모형

Aa 학습과제

1. 섀넌과 슈람의 커뮤니케이션 모형에 따르면, 교실 수업에서 교사와 학생 간의 소통을 방해하는 요소로는 어떤 것이 있으며 이를 개선하는 방안은 무엇인지 설명해 봅시다.

2. 교수매체와 커뮤니케이션 모형은 어떤 관련성이 있는지 설명해 봅시다.

3. 교수매체의 유형과 특성

교수매체의 종류는 매우 다양하며, 매체의 특성이나 상호작용 수준, 데이터 속성에 따라 분류할 수 있으며 학자에 따라서도 다양하게 구분하고 있다. 여기서는 일반적인 교수매체 유형과 초기 시청각 교육에서 제시한 호반(Hoban)과 데일(Dale)의 분류를 소개하고자 한다. 매체의 유형을 구분하고 그 특성을 이해하는 것은 효과적인 매체 선정을 위해 중요하다.

1) 일반적인 교수매체 분류

(1) 감각기관(상징체계)에 따른 분류

- **시각 매체**(Visual media): 시각적인 정보를 제공하는 매체로, 전기나 빛을 이용한 투사 자료(필름, 슬라이드, OHP, 실물화상기)와 그림, 모형, 도표, 실물을 이용한 비투사 자료로 구분할 수 있다.
- **청각 매체**(Auditory media): 청각적인 정보를 제공하는 매체로, 소리, 음악, 노래, 녹음자료, 라디오 등이 있다.
- **시청각 매체**(Audio-visual media): 시각적, 청각적인 정보를 결합하여 제공하는 매체로, 영화, 비디오, TV 방송 등이 있다.
- **상호작용 매체**(Interactive media): 컴퓨터를 기반으로 제작, 저장, 전송되는 매체로

인간의 모든 감각을 통합적으로 사용하게 하는 매체다. 컴퓨터, 스마트 기기, 소셜미디어 등이 있다.

(2) 상호작용 수준에 따른 분류

- 비상호작용 매체(Non-interactive media): 학습자와 매체 간의 상호작용이 제한되는 매체로, 예를 들어 책, 강의 영상 등이 있다. 이러한 매체는 정보를 일방적으로 전달하는 용도로 주로 사용된다.
- 부분상호작용 매체(Semi-interactive media): 학습자가 제한된 상호작용을 할 수 있는 매체로, 예를 들어 퀴즈나 시험을 포함하는 CD-ROM, 웹 기반 교육자료 등이 있다.
- 완전상호작용 매체(Fully interactive media): 학습자가 매체와 활발하게 상호작용할 수 있는 매체로, 예를 들어 시뮬레이션, 가상현실 등이 있다. 이러한 매체는 학습자가 주도적으로 매체와 상호작용을 통해 학습할 수 있게 해 준다.

(3) 데이터의 속성에 따른 분류

- 아날로그 매체(Analogue media): 전통적으로 사용되던 매체로서, 주로 기계적인 진동, 전류, 전파 등을 이용하여 정보를 전달한다. 대표적으로 라디오, TV, 비디오테이프, 녹음기 등이 있다.
- 디지털 매체(Digital media): 디지털 신호를 이용하는 것으로 컴퓨터를 기반으로 하는 뉴미디어를 말한다. 컴퓨터, 디지털 카메라, 교육용 소프트웨어, 웹 기반 교육

그림 7-5 디지털 저장 장치: 플로피 디스크와 CD

그림 7-6 아날로그 비디오테이프(16mm)와 디지털 비디오테이프(8mm, 5mm)

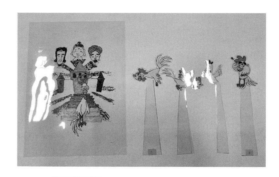

그림 7-7 OHP를 활용한 인형극 자료

자료, CD-ROM, DVD 등이 있으며 인터넷과 가상현실 매체 등이 있다.

2) 학자별 교수매체 분류

(1) 호반의 시각자료 분류

호반과 동료들(Hoban, Hoban, & Zisman, 1937)은 초기 시각자료를 중심으로 교수 매체를 분류한 학자들이다. 이 모형은 비교적 단순하지만 학습자의 경험이나 인지적 발달 수준에 따라 매체의 속성을 연결 지었다는 점에서 의의가 있다. 학습자의 이전 경험과 발달 수준을 X축으로, 고려해야 할 시각자료를 Y축으로 하여 구체성과 추상 성에 따라 위계적으로 분류하였다. 아직 경험이 적거나 발달 수준이 낮은 어린 학생 의 경우에는 전체 장면, 모형, 필름 등의 구체성이 높은 자료를 제공하는 것이 효과적 이다. 학생의 사고 수준이 높아질수록 추상성이 높은 도표, 지도, 언어자료를 제공해 도 무방하다는 것이다.

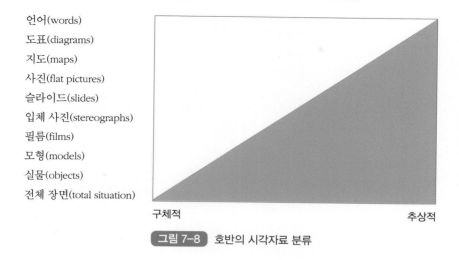

언어(words)

도표(diagrams)

지도(maps)

사진(flat pictures)

슬라이드(slides)

입체 사진(stereographs)

필름(films)

모형(models)

실물(objects)

전체 장면(total situation)

구체적　　　　　　　　　　　　　추상적

그림 7-8 호반의 시각자료 분류

(2) 데일의 경험의 원추

데일(1946)은 시청각 자료를 통한 학습경험을 분류하기 위해 원뿔 모양의 '경험의 원추(Cone of Experience)' 모형을 제안하였다. 원뿔의 아래쪽에는 견학이나 실습과 같은 구체적이고 직접적인 경험이 있고, 맨 위쪽에는 강의를 듣거나 읽기 활동과 같은 추상적인 경험이 있다. 경험의 원추는 학습자의 경험이 실제적인 행동적 참여에서 시작해서 매체에 의한 간접적인 경험, 최종적으로 언어나 상징적 기호에 의한 추상적 경험의 순으로 이루어질 때 학습한 내용을 더 잘 기억하고 이해할 수 있다고 보았다.

데일의 경험의 원추 모형은 브루너(Bruner)가 제시한 세 가지 학습 표상 양식(행동적 표상, 영상적 표상, 상징적 표상)과도 일치한다. 브루너(1966)에 따르면 아동은 발달 단계에 따라 다른 방식으로 사물을 표상하게 되는데, 처음에는 신체적 동작을 통해서 사물을 인지하는 행동적 표상(enactive representation), 그다음에는 머릿속에 떠오르는 이미지, 즉 시각적 심상을 통해서 인지하는 영상적 표상(iconic representation), 마지막으로 언어를 통해서 추상적으로 사물을 인지하는 상징적 표상(symbolic representation) 단계로 나아간다고 보았다. 데일의 모형은 브루너가 제시한 아동의 발달 단계에 맞추어 적절한 매체를 선택하고 활용하는 데 도움이 될 수 있다.

그림 7-9 데일의 경험의 원추 모형

📖 학습과제

1. 동일한 학습목표와 내용을 가지고 일반 강의와 온라인 강의를 개설하려고 할 때, 두 강의에서 사용할 수 있는 교수매체의 종류와 수업방법은 어떻게 달라지는지 예상하여 적어 봅시다.

2. 데일의 경험의 원추를 참고해서, 새로운 지식을 가르칠 때는 어떤 매체를 선택하는 것이 효과적인지 예를 들어 설명해 봅시다.

---

4. 교수매체의 선정과 활용: ASSURE 모형

교수매체를 선정하는 원리나 기준은 교육목적, 교육 대상, 교육방법, 교육환경 등에 따라 다양하다. 여기서는 먼저 교수매체 선정과 활용을 위한 일반적인 원리를 제시한 다음, ASSURE 모형을 중심으로 체계적인 매체 활용 수업설계 모형과 사례를 소개한다.

1) 교수매체 선정을 위한 일반적인 원리

학습목표에 부합하는가　교수매체는 학습목표에 따라 선정되어야 한다. 학습내용, 목표, 수준에 따라 적합한 매체를 선택하는 것이 중요하다. 단순히 흥미 위주의 매체를 선택하면 기대하는 학습효과를 얻기 어렵다.

교육 대상에 맞는가　교육 대상인 학습자의 특성에 맞는 교수매체를 선택하는 것이 중요하다. 학습자의 연령, 학습경험, 학습 스타일, 학습 수준 등을 고려하여 매체를 선정해야 한다. 이때 매체의 유형이나 커뮤니케이션 모형을 참고하면 도움이 될 것이다.

교육방법에 적합한가　교수매체는 교육방법과 함께 고려되어야 한다. 교수자가 선택한 교육방법에 따라 필요한 매체를 선택하고, 매체를 효과적으로 활용하여 학습효과를 극대화해야 한다. 교수자 중심의 정보 전달이 목적인지, 학습자 중심의 활발한 상호작용이 목적인지에 따라 매체 선정이 달라질 것이다.

학습환경에 맞는가　교수매체는 학습환경에 맞게 선택되어야 한다. 학습환경에 따라 필요한 매체를 선택해야 한다. 교실의 크기와 모양, 책상 배치, 빔프로젝트와 TV의 설치 여부, 무선 인터넷 환경에 따라 사용할 수 있는 매체의 종류가 달라진다.

효과적인 매체 활용 기술이 있는가　교수매체는 효과적인 매체 활용 기술이 포함되어야 한다. 예를 들어, 교수자는 새로운 매체 활용에 필요한 기술을 습득해야 하고 학습자에게 필요한 매체 활용 기술을 파악하고 미리 가이드를 주거나 연습할 기회를 제공해야 한다. 시뮬레이션, 가상현실 등의 상호작용 매체는 사전 준비가 부족할 경우 실패할 가능성이 높으므로 사전에 매체 활용 기술을 갖추어야 한다.

비용 대비 효과가 높은가　교수매체는 비용 대비 효과가 높아야 한다. 대부분의 경우, 제한된 비용, 시간, 노력으로 교육이 진행되므로, 비용 대비 효과가 가장 좋은 매체를 선택해야 한다. 많은 비용이나 노력이 소요되는 최신 매체가 꼭 필요한 경우인지를 확인하고 때로는 전통적인 매체가 더 나은 선택일 수 있음을 염두에 두어야 한다.

2) ASSURE 모형의 이해

ASSURE 모형은 하이니히와 그의 동료들(Heinich et al., 2002)이 제안한 것으로, 개별 교사나 훈련가들이 수업매체와 공학을 교실수업에 효과적으로 활용하도록 하기 위해 절차적인 지침을 제공하는 일종의 교수설계 모형이다. ASSURE 모형은 [그림 7-10]과 같이 6단계로 구성되어 있으며, 각 단계의 앞 글자를 따서 효과적인 수업을 보장(assure)한다는 의미를 내포하고 있다.

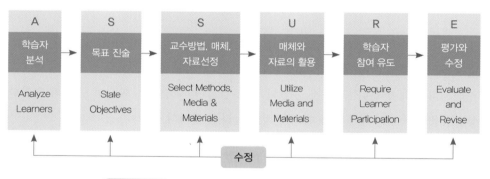

그림 7-10 교수매체의 선정과 활용을 위한 ASSURE 모형

(1) 1단계: 학습자 분석(A)

ASSURE 모형의 첫 번째 단계는 학습자의 특성을 확인하고 분석하는 것이다. 학습자 분석은 학습자의 일반적 특성, 출발점 능력(학습할 주제에 대한 지식, 기술, 태도), 학습양식에 대한 분석을 포함한다.

일반적 특성은 연령, 성별, 학년, 직업이나 지위, 사회경제적 배경, 지적 능력 및 일반 적성과 같은 요인들을 포함한다. 이러한 특성들은 수업내용과 직접 관련이 있는 것은 아니지만 학습자를 이해하고 수업매체와 방법을 선택하는 데 도움을 준다.

출발점 능력은 새로운 학습을 시작하기 전에 학습자가 이미 가지고 있는 지식과 기능, 태도 등을 의미한다. 출발점 검사(entry test)는 학생들이 수업을 이해하는 데 필요한 선수 요건을 가지고 있는지를 결정하는 평가다. 반면 사전 검사(pretest)는 새롭게 배우게 될 내용을 이미 숙달했는지의 여부를 확인하는 평가다. 수학과 같이 선수 기능을 요구하는 교과목은 반드시 출발점 능력을 확인할 필요가 있다.

학습양식(learning style)은 한 개인이 학습환경을 지각하고 상호작용하며, 정서적으로 반응하는 방식을 결정하는 심리적 특성 중의 하나다. 이는 주로 학습자의 지각적 선호와 강점, 정보처리 습관, 동기적 요소 등에 의해 영향을 받는다.

- **지각적 선호와 강점**: 학습자는 자기가 사용하기 좋아하고 잘 적응된 다양한 감각적 통로를 가지고 있다. 예컨대, 청각, 시각, 촉각, 근육운동 등에 대한 선호가 개인마다 차이가 있다. 강의식 위주의 수업은 지나치게 청각에 의존하므로 학습자들의 다양한 지각적 선호를 만족시키기 어렵다.
- **정보처리 습관**: 이 범주는 개인이 정보의 인지적 처리에 접근하는 방식을 의미한다. 정보처리 습관의 유형은 크게 구체적/추상적, 계열적/무선적인 두 개의 연결축으로 구분된다. 이는 다시 네 개의 범주, 즉 구체적–계열적, 구체적–무선적, 추상적–계열적 그리고 추상적–무선적 양식으로 세분된다. 구체적–계열적 학습자는 논리적 순서로 제시된 직접적·체험적 경험을 선호한다. 추상적–계열적 학습자는 특히 논리적–계열적으로 제시될 때 언어적·상징적 메시지를 잘 해독한다.
- **동기적 요소**: 동기는 사람이 어떤 목표나 경험을 지향하거나 거부하도록 하는 내적 상태를 말한다. 동기는 학습의 효과에 영향을 미치는 매우 중요한 요소다. 켈러(Keller, 1987)는 동기에 영향을 미치는 네 가지 동기 요소로서 주의집중(Attention), 관련성(Relevance), 자신감(Confidence) 그리고 만족감(Satisfaction)을 제시하고 이를 수업설계에 반영하기 위해 ARCS 모형을 제안하였다.

(2) 2단계: 목표 진술(S)

두 번째 단계는 학습자가 달성해야 할 학습목표를 가능한 한 명세적으로 진술하는 것이다. 학습목표를 진술해야 하는 가장 큰 이유는 목표–방법–평가 간의 일관성을 유지할 수 있다는 것이다. 목표는 교재나 교육과정 안내서를 이용하거나 교사가 직접 개발할 수 있다. 목표는 주로 세 가지 범주, 즉 인지적·정의적·운동 기능적 영역으로 구분할 수 있다. 목표 진술은 교사가 무엇을 가르칠 것인가가 아니라 학습자가 수업이 끝난 후에 무엇을 할 수 있는가의 관점에서 진술되어야 하며 관찰 가능한 행동동사로 진술해야 한다. 메이거(Mager, 1984)는 구체적인 목표 진술을 위해 다음의 ABCD 네 가지 요소를 포함해야 한다고 한다.

- 대상(Audience): 학습할 대상이 누구인지를 확인
- 행동(Behavior): 학습자가 성취해야 할 목표를 관찰할 수 있는 행동동사로 진술
- 조건(Condition): 목표에 도달하는 데 필요한 자원, 시간, 제약을 포함
- 준거(Degree): 목표에 도달했는지를 판단할 기준 혹은 준거(시간제한, 정확성의 범위, 정확한 반응의 비율, 질적 표준)를 포함

(3) 3단계: 방법, 매체 및 자료 선정(S)

학습자를 분석하고 목표를 진술하고 나면 수업의 시작점(학습자의 현재 지식, 기술, 태도 수준)과 종결점(학습목표)가 확인된 셈이다. 이제 이 두 지점을 연결해 주기 위해 적절한 교수방법과 매체, 자료를 선정해야 한다. 교사는 학습자 분석과 목표 진술을 토대로 적합한 교수방법을 선택해야 한다. 대체로 교사는 한 차시의 수업에서 두 가지 이상의 방법을 활용한다. 학습자 역시 그들의 학습을 위해서 다양한 방법을 취한다. 어떤 교수방법을 선택할 것인지는 학습목표와 학습주제, 학습 대상자, 교사의 경험, 교수–학습환경을 고려하여 신중히 결정해야 한다.

매체 유형은 어떤 종류의 매체를 선택할 것인가다. 모든 교수매체는 각자 독특한 특성이 있기 때문에 교수방법을 수행하기에 가장 적합한 교수매체를 선택한다. 특정 매체의 사용이 학습의 효과를 무조건 보장하지는 않으므로 군이 첨단매체를 고집할 필요는 없다. 어떤 매체를 사용하는가보다 어떻게 활용하는가가 더 중요하다.

이용 가능한 자료를 얻는 방법은 이용 가능한 자료 선택하기, 기존 자료 수정하기, 새 자료 설계하기를 통해 이루어진다.

- 이용 가능한 자료 선택하기: 이용 가능한 자료를 선택하기 위해서는 먼저 매체와 공학 전문가의 도움을 받는다. 교육청, 지역도서관, 학교도서관, 선배교사들의 도움과 조언을 구한다. 둘째, 자료의 출처를 조사한다. 교과별 매체 목록이나 인터넷 사이트 등을 검색한다. 셋째, 자료 평가를 위해서 선택 준거를 준비하고 이

를 통해 자료를 객관적으로 평가한다. 마지막으로, 개별 교사가 자신의 매체 평가 목록을 개발하는 것이다.

- **기존 자료 수정하기**: 교사는 기존 매체에서 준비한 수업에 부합하는 자료와 매체를 찾지 못했다면 기존 매체를 수정하여 사용할 방안을 찾아야 한다.
- **새 자료 설계하기**: 기존 자료를 활용하는 것이 불가능하다고 판단한 교사들은 자신이 직접 자료를 만들어야 한다. 기존 자료를 이용할 때와 마찬가지로 새로운 자료를 만들 때도 기본적인 요소를 고려해야 한다. 목표, 대상, 비용, 기술적 전문성, 기자재, 시설, 시간 등은 자료를 만들 때 고려해야 할 주요 요소다.

(4) 4단계: 매체와 자료 활용(U)

매체와 자료의 활용은 선택한 매체와 자료를 교사나 학생이 실제 수업에서 어떻게 사용할 것인지를 계획하는 것이다. 교사는 매체나 자료를 활용하기 전에 교실 배치, 필요한 기자재나 시설을 미리 확인하고 준비해 두어야 한다. 이를 위해 다음의 '5P' 과정을 권장한다.

- **자료에 대한 사전 검토(Preview the materials)**: 수업할 자료를 교사는 미리 살펴보아야 한다. 즉, 교사는 수업자료의 선택 과정에서 자신의 수업에 적합한지를 지속적으로 검토해야 한다.
- **자료 준비하기(Prepare the materials)**: 교사는 수업활동을 위해서 매체와 자료를 준비해야 한다. 이를 위해서, 먼저 교사와 학생이 필요로 하는 모든 자료와 기자재를 모으고, 모은 자료와 기자재 각각에 사용할 순서를 매긴다.
- **환경 준비하기(Prepare the environment)**: 학습이 일어날 수 있는 모든 곳에(교실, 실험실, 특별실, 컴퓨터실 등) 학생이 매체와 자료를 활용하기에 알맞은 시설을 준비해야 한다. 편안한 의자, 적당한 조명과 환기, 분위기 조절 등의 요소는 기본적으로 준비해야 하는 환경이다.
- **학습자 준비시키기(Prepare the learners)**: 교사가 학습경험을 제공할 때 학습자를 미리 준비시키는 것은 매우 중요하다. 수업내용에 대한 전반적인 개요를 설명하거나, 학습주제와의 관련성, 주의 깊게 봐야 할 부분 등에 대한 사전 설명이 필요하다.

- **학습경험 제공하기(Provide the learning experience)**: 학습경험을 제공할 때, 교사 중심 수업이라면 학습경험을 제공하기 위해서 교사는 전문가가 되어야 한다. 반대로 학습자 중심 수업이라면 교사는 학습경험을 제공하는 것이 아니라 학생들이 자유롭게 경험할 수 있도록 안내하고, 촉진하고, 돕는 역할을 해야 한다.

(5) 5단계: 학습자 참여 유도(R)

학습자 참여 유도는 교수매체와 자료 활용의 효과를 높이기 위해 학습자의 능동적인 사고 활동을 요구하는 것이다. 특히, 많은 분량의 비디오나 사진, 인터넷 자료를 활용할 때 학습자는 수동적이 되기 쉽다. 이를 위해 학습자는 그들의 배운 지식과 기능을 연습하거나 시연할 기회와 그 노력의 적절성에 대한 피드백을 받아야 한다. 연습은 개별적인 연습자료나 컴퓨터 보조 수업, 게임 활동 등을 통해 이루어질 수 있다. 피드백은 교사, 컴퓨터, 동료 학습자로부터 받을 수 있으며 자기평가도 가능하다.

(6) 6단계: 평가와 수정(E)

효과적인 학습을 위한 ASSURE 모형의 마지막 단계는 평가와 수정이다. 수업이 끝나면 그 수업이 효과적으로 이루어졌는지를 평가하고 그 결과를 다음 수업 계획에 반영한다. 평가는 학습자의 학업성취뿐만 아니라 교수방법과 매체 및 자료의 활용이 효과적이었는지를 평가한다. 평가는 수업 전, 중, 후에 이루어진다. 수업 전 평가는 수업에 필요한 학습자의 능력을 확인할 목적으로 주로 사용된다. 수업 중 평가는 학생의 성취에 방해가 되는 문제를 찾아내고 이를 교정할 목적으로 사용된다. 수업 후 평가는 수업의 효과를 최종적으로 확인하고 얻어진 결과는 다음 수업을 위해 환원된다.

- **학습자 성취의 평가**: 설정한 학습목표를 학습자들이 수업을 통해 제대로 달성했는지의 여부를 확인하는 것이다. 인지적 영역의 평가는 주로 지필시험을 사용하고 태도나 운동 기능 영역의 평가는 수행평가나 포트폴리오 평가를 통해 이루어진다.
- **방법과 매체, 자료의 평가**: ASSURE 모형에서 이루어지는 또 하나의 평가방법은 수업방법, 수업자료 혹은 수업매체에 대한 평가다. 교사는 설문지나 관찰, 면담을 통해 수업방법 및 수업에 사용된 매체와 자료의 적절성에 대해 피드백을 받

을 수 있다. 교사의 수업활동에 대한 평가는 교사 자신, 학생, 동료교사, 관리자
들로부터 받을 수 있다. 교사의 자기평가나 전문가 컨설팅을 위해 수업 장면에
대한 오디오 녹음 혹은 비디오 녹화를 할 수 있다.

- 수정하기: 마지막 단계는 평가자료 수집의 결과를 환류하는 것이다. 평가 결과를
살펴보고 이를 참고로 하여 차시 수업에 반영한다. 이와 같은 과정을 반복하는
것은 수업의 질을 향상시키기 위해서다.

3) ASSURE 모형 기반 교수설계 사례

여기서는 2)에서 제시한 ASSURE 모형을 적용하여 실제 수업을 어떻게 설계해야
하는지를 사례로 보여 주고자 한다. 제시된 내용은 하나의 예로서 학습내용과 학습
자의 특성, 수업 상황 등을 고려하여 각 단계를 융통성 있게 적용하기 바란다.

(1) 1단계: 학습자 분석(A)

ASSURE 모형을 활용한 각 단계별 교수설계 과정을 예시로 제시한다. 각 단계별로
안내된 내용을 참고하면서 어떻게 교수설계를 하는지 살펴보고 스스로 할 수 있도록
노력한다. 교수설계를 위한 학습주제와 학습 대상은 다음과 같다.

학습주제	일상생활에서 시간 관리와 계획 수립하기	대상	중학교 2학년

〈학습목표〉
1. 시간 관리와 계획 수립에 대한 기본 개념 이해하기
2. 효율적인 일상생활을 위한 시간 관리 스킬 개발하기

① 학습자 분석

학습자 분석은 학습자의 일반적 특성 분석, 출발점 능력 분석 그리고 학습양식에
대한 분석을 중심으로 수행한다. 본 수업의 대상인 중학교 2학년 학생들에 대한 학습
자 분석의 사례는 다음과 같다.

A 학습자 분석	일반적 특성	• 중학교 2학년생은 대체로 13~14세 정도이며, 학습에 있어서 호기심과 높은 에너지를 가지고 있다. • 이 학년의 학생들은 이전 학년보다 독립적인 학습능력을 향상시키고 있으며, 논리적 사고와 추상적 사고를 발전시키는 단계에 있다. • SNS 등의 소셜 네트워크를 중요하게 생각하며, 학습에서 그룹 활동을 선호하는 경우가 많다.
	출발점 능력	• 이 학년의 학생들은 기본적인 언어 능력, 문법, 독해 능력이 발달하고 있다. • 학생들은 일상적인 활동에서 시간 관리와 계획 수립에 대한 경험을 쌓아가고 있지만, 아직 완전한 시간 관리 스킬을 보유하지 않았을 가능성이 있다.
	학습 양식	• 중학교 2학년생은 시각적인 자료와 멀티미디어 자료, 동영상 자료나 파워포인트와 같은 시각적 자료가 이해를 돕는 데 효과적이다. • 학생들은 활동 중심 학습을 선호하며, 예시와 실제 상황을 통한 학습이 이해를 촉진할 것이다.

② 목표 진술

이 단원의 학습목표는 '시간 관리와 계획 수립에 대한 기본 개념 이해하고 효율적인 일상생활을 위한 시간 관리 스킬 개발하기'다. 각 내용 요소별로 구체적인 학습목표를 제시하면 다음과 같다.

S 목표 진술	ABCD 방식으로 기술	"중학교 2학년 학생들은 효율적인 일상생활을 위한 시간 관리 전략을 다섯 가지 이상 제시할 수 있다" (A) 대상: 중학교 2학년 학생들은 (B) 행동: 제시할 수 있다. (C) 조건: 효율적인 일상생활을 위한 시간 관리 전략을 (D) 정도: 다섯 가지 이상

③ 방법, 매체, 자료의 선정

수업은 효율적인 일상생활을 위한 시간 관리 전략의 개발을 돕기 위하여 학습자 중심의 수업방법을 개발하고자 한다. 방법, 매체, 자료에 대한 예시는 다음과 같다.

S 방법 매체 자료 선정	**전략** **(방법)**	**1. 학습자 중심의 목표 설정:** 수업 시작 전에 학생들의 개별적인 학습목표를 설정하도록 유도한다. 예를 들어, '이번 수업에서 어떤 시간 관리 스킬을 배우고 싶은지'를 물어보고 학생들의 관심사를 반영한 목표를 수립한다. **2. 질문과 논의를 통한 학습 활성화:** 학생들에게 질문을 던지고 그들끼리 의견을 나누도록 유도한다. 예를 들어, '왜 시간 관리와 계획 수립이 중요한가?'와 같은 질문을 통해 학생들의 생각을 나누고 토론을 유도한다. **3. 학생 중심의 그룹 활동:** 학생들을 작은 그룹으로 나누고, 그룹원들끼리의 경험과 아이디어를 공유하도록 한다. 그룹에서 학생들은 실제 상황에서의 시간 관리와 계획 수립을 논의하고 해결책을 찾는다. **4. 문제해결 중심의 프로젝트 기반 학습:** 학생들에게 실제 문제를 제시하고, 그 문제를 해결하기 위해 시간 관리와 계획 수립을 활용하도록 한다. 이를 통해 학생들은 실제 상황에서 스킬을 적용하고 경험을 쌓을 수 있다. **5. 피드백과 자기평가:** 학생들끼리 서로의 프로젝트나 발표에 대한 피드백을 주고받도록 하고, 자기평가를 통해 자신의 학습과 성장을 평가하도록 한다. **6. 성찰활동:** 학습 종료 시 학생들에게 자신의 학습경험에 대한 성찰을 하도록 하고, 어떤 점에서 성장했으며 어떤 부분을 더 향상시킬 수 있는지 고려하도록 한다.
	매체와 **자료**	• 파워포인트 프레젠테이션: 시간 관리와 계획 수립의 개념을 시각적으로 설명하는 데 사용한다. • 화이트보드: 일상 예시와 문장 작성 방법을 설명하는 데 활용한다. • 워크시트: 학생들이 개별적으로 시간 관리와 계획 수립을 연습하고 문제를 풀 수 있도록 제공한다.

④ 매체와 자료의 활용

수업에서 사용할 동영상 매체와 파워포인트 자료의 효과적인 활용을 위하여 교실환경과 학습자를 준비시킨다. 구체적인 예시는 다음과 같다.

U 매체 및 자료 활용	환경 준비	• 협력적인 환경: 교실은 학생들이 서로 협력하고 토론할 수 있는 환경을 제공한다. 그룹 토론을 위한 작은 그룹 테이블이나 모임 공간이 필요하다. • 기술적 자원: 수업에서 컴퓨터, 인터넷 액세스, 프로젝터 등의 기술적 자원을 활용하여 다양한 학습 자료와 도구를 사용할 수 있어야 한다. • 유연한 배치: 교실 배치는 학생들이 그룹 활동을 수행하거나 자율 학습을 할 때 자유롭게 움직일 수 있는 형태여야 한다.
	학습자 준비 시키기	• 자기주도적 학습 태도: 학생들은 자기주도적으로 학습하고 문제를 해결할 능력을 기르는 태도를 가져야 한다. 스스로 질문을 던지고 문제를 해결하려는 능력을 키워야 한다. • 그룹 협력 능력: 그룹 토론과 프로젝트에서 다른 학생들과 협력하는 능력을 키워야 한다. 리더십과 팀원으로서의 역할을 수행할 수 있어야 한다. • 디지털 리터러시: 인터넷과 디지털 도구를 활용하여 자료를 찾고 평가하는 능력을 가지고 있어야 한다. 정보를 효과적으로 검색하고 활용할 수 있어야 한다. • 학습 도구와 자료: 필요한 경우 필기도구, 노트, 컴퓨터 등을 준비하여 수업내용을 기록하고 학습에 활용할 수 있어야 한다.

⑤ 학습자 참여 유도

각 수업의 단계별로 제공될 학습 경험과 학습자의 참여를 유도할 전략을 계획한다. 학습자의 참여 유도는 학습자의 능동적인 학습 참여를 통하여 사고활동을 촉진시키는 데 초점을 둔다.

	구분	학습경험 제공하기	학습자 참여시키기	매체/자료 활용
R 학습자 참여	도입	• 강의 주제 소개 • 시간 관리의 중요성 강조하는 동영상 보여 주기	• 학습자의 현재 시간 관리 습관에 대한 질문 및 토론	동영상을 통해 이번 시간에 무엇을 배울 것인지 예측하도록 돕는 데 활용한다.

	전개	• 시간 관리의 정의 설명 • 효과적인 시간 관리의 장점 소개 • 계획 수립의 중요성 강조 • 계획 수립 단계 설명: 목표설정, 우선순위 정하기, 일정 작성 • 예제 계획 시트 제공 및 활용 방법 설명 • 학습자들이 자신만의 계획 수립 도구를 선택하고 시도할 기회 제공	• 실생활 예시와 이야기 공유 • 학습자들에게 간단한 계획 수립 연습 시행 • 학습자들이 자신만의 계획 수립 도구를 선택하고 시도할 기회 제공	예제 계획 시트 제공 및 활용 방법 설명
	정리	• 강의 요약과 복습 • 학습자들이 자신의 일상생활에서 시간 관리와 계획 수립을 개선하기 위해 어떤 조치를 취할 것인지 고려하도록 자극	질문과 토론을 통해 학습자들의 의견을 나누고 질문에 답변	관련 도서, 웹 사이트, 앱 등의 자원 추천

⑥ 평가

평가는 학습자의 성취 평가와 방법 및 매체, 자료에 대한 평가를 계획한다. 평가는 지필평가를 이용한다. 교수자의 의도와 실제 실행 간에 불일치가 발견되는 항목에 대해서는 수정의 필요성을 확인한다.

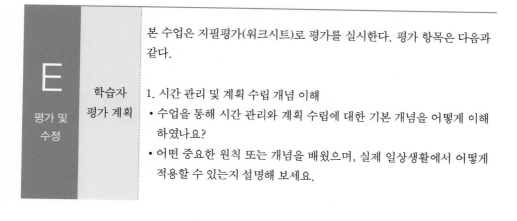

E 평가 및 수정	학습자 평가 계획	본 수업은 지필평가(워크시트)로 평가를 실시한다. 평가 항목은 다음과 같다. 1. 시간 관리 및 계획 수립 개념 이해 • 수업을 통해 시간 관리와 계획 수립에 대한 기본 개념을 어떻게 이해하였나요? • 어떤 중요한 원칙 또는 개념을 배웠으며, 실제 일상생활에서 어떻게 적용할 수 있는지 설명해 보세요.

	2. 실제 시간 관리 및 계획 수립 기술 적용 • 수업에서 배운 시간 관리 기술 중 가장 유용한 것은 무엇이었나요? • 이러한 기술을 실제로 적용하거나 시도해 본 경험이 어떤 것이었나요? 그 결과는 어떠했나요? 3. 자기평가와 개선: • 수업을 통해 자신의 시간 관리 습관을 돌아보고 개선할 부분을 발견했다면 무엇인가요? • 앞으로 어떤 목표를 세우고 계획을 세워 나가려고 합니까? 이를 위한 첫 번째 단계는 무엇인가요?
방법 및 매체 평가 (교사 자가평가 포함)	• 선택한 수업방법과 매체가 수업목표를 달성하는 데 도움이 되었는가? • 학생들이 수업에 얼마나 적극적으로 참여했는가? • 수업방법과 매체가 학생 참여를 촉진하는 데 효과적이었는가? • 다양한 학습 스타일을 고려하여 수업방법과 매체를 선택했는가?
수정	• 교수자의 의도와 실제 사이에 일어난 것 사이의 불일치가 있는가? • 학생 성취와 학습목표와의 불일치가 있었는가? • 선택한 자료의 가치에 만족하는가? • 학생들은 수업전략, 공학, 매체에 어떻게 반응했는가?

🅰 학습과제

1. ASSURE 모형을 적용하여 온라인 교육자료를 개발하고자 한다. 학습 대상과 주제를 선정한 후 각 단계별 계획과 전략을 구상해 봅시다.

2. 매체를 활용함에 있어서 학습자 참여 유도 전략이 왜 중요하며, 구체적으로 어떤 전략이 있는지 말해 봅시다.

참고문헌

한국교육공학회(2005). 교육공학 용어사전(p. 404). 경기: 교육과학사.

Berlo, D. (1960). *The Process of communication: An introduction to theory and practive.* New York: Holt, Rinehart, & Winston, Inc.

Bruner, J. S. (1966). *Toward a theory of instruction.* Cambridge, Mass: Belkapp Press.

Dale, E. (1946). *Audio-visual methods in teaching.* New York: The Dryden Press.

Heinich, R., Molenda, M., Russell, J. D., & Smaldino, S. E. (2002). *Instructional media and technologies for learning* (7th ed.). Upper Saddle River, NJ: Prentice-Hall.

Hoban, C. F., Hoban, C. F. Jr., & Zisman, S. B. (1937). Why visual aids in teaching. In S. B. Zisman (Ed.), *Visualizing the curriculum* (pp. 3-26). New York: The Cordon Company.

Keller, J. M. (1987). Development and use of the ARCS model of motivational design. *Journal of Instructional Development, 10*(3), 2-10.

Mager, R. F. (1984). *Preparing instructional objectives* (2nd ed.). Belmont, CA: David S. Lake.

Mayer, R. E. (2005). Cognitive theory of multimedia learning. In R. E. Mayer (Ed.), *The Cambridge handbook of multimedia learning* (1st ed., pp. 31-48). Cambridge University Press.

McLuhan, M. (1964). *Understanding media: The extensions of man.* New York: McGraw Hill.

Paivio, A. (1971). *Imagery and Verbal Processes.* New York: Holt, Rinehart, & Winston.

Paivio, A. (1986). *Mental Representations.* New York: Oxford University Press.

Schramm, W. (1964). Mass communication research: Years of progress and promise. *Journal of Communication, 14*(2), 95-103.

Shannon, C. E., & Weaver, W. (1949). *The mathematical theory of communication.* Urbana, Ill: University of Illinois Press.

제**8**장

에듀테크의 활용

    이 장에서는 디지털 혁명과 네트워크화된 세계화를 배경으로 하여 중요한 분야로 빠르게 부상하고 있는 에듀테크에 대해 다룬다.

    첫 번째 절에서는 에듀테크에 대한 포괄적인 이해와 대화형 미디어, 머신러닝, 딥러닝 및 사물인터넷(IoT)과 같은 주요 개념들을 다룬다. 두 번째 절에서는 소셜미디어 플랫폼의 교육적 의미를 강조하면서 소셜미디어와 교육의 교차점을 자세히 탐구한다. 세 번째 절에서는 교육용 로봇의 기원, 유형 및 이점을 탐구하고 연구수업의 사례를 보여 준다. 마지막으로, 디지털 게임의 활용에 대해서 그 개념, 활용의 방법, 그리고 게임기반학습에 대해서 알아본다.

1. 에듀테크

이 절에서는 에듀테크를 정의하고 현재의 기술과 동향에 관해 설명한다. 또한, 에듀테크의 가능성과 잠재적 위험성을 검토한다.

1) 에듀테크의 이해

(1) 개념

에듀테크는 무엇인가? 에듀테크(EduTech)란 교육(Education)과 공학(Technology)의 합성어로, 교육에 ICT 기술을 융합한 새로운 흐름을 말한다. 가상현실(VR) 및 증강현실(AR), 인공지능(AI), 빅 데이터 등 IT 기술과 교육 서비스가 융합해 새로운 학습경험을 제공하는 혁신 분야라고 설명할 수 있다.

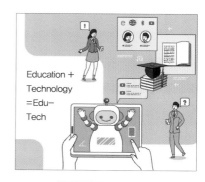

그림 8-1 에듀테크

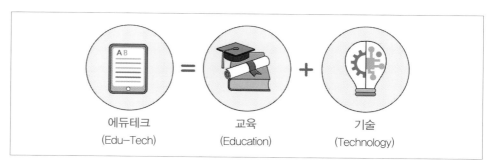

그림 8-2 에듀테크의 개념

(2) 에듀테크의 활용 사례

가상현실과 증강현실을 활용한 디지털 교과서가 활용되고 있다. 디지털 교과서는 단순하게 책을 디지털화하는 차원을 넘어서 동영상, 360도 카메라, 증강현실, 가상현실 등을 이용하여 시공간을 초월한 학습을 가능하게 해 줌으로써 학생들이 배우는 내

그림 8-3 에듀테크의 활용 사례

용을 더욱 쉽게 이해할 수 있다.

한편, 인공지능과 머신러닝을 갖춘 인공지능(AI) 선생님이 등장하여 활용되고 있다. 머신러닝 기술이 접목된 인공지능 로봇의 도움으로 개인의 학습패턴과 개개인이 잘하는 분야에서 역량을 펼칠 수 있도록 개별 학습효과를 크게 향상시킬 수 있게 되었다.

또 다른 에듀테크의 활용 사례를 든다면 온라인 대규모 공개 강의, 즉 무크(MOOC)를 들 수 있다. 무크는 전 세계적으로 수많은 사람들에게 다양한 주제의 강의와 교육 기회를 제공하는 혁신적인 방식인데, 무크의 강의 플랫폼은 대학교 강사들이나 업계 전문가들이 제공하는 수업을 누구나 접근 가능한 형태로 제공하며, 인터넷을 통해 수강생들이 강의를 듣고 학습자료를 활용할 수 있다.

에듀테크가 활성화되면, 이미 언급한 바와 같이 학생 수준에 맞는 개인별 맞춤학습을 재미있게 진행할 수 있다. 에듀테크가 추구하는 바 게이미피케이션(gamification)된 내용과 방법으로 학습 진행을 도와주기 때문이다. 한편 교사가 학생의 성과를 실시간으로 확인할 수 있는데, 인공지능을 이용하여 학생 개개인에게 각각 다른 교육과정을 제공하면서도 학생 모두에게 최적화된 맞춤형 학습을 할 수 있도록 지원한다.

에듀테크가 이렇게 할 수 있는 이유는 빅 데이터를 활용한 학습의 분석과 피드백이 효율적으로 이루어질 수 있기 때문인데, 학생이 학습에 몰입한 정도, 종합적인 이해도 등의 학습 행동 빅 데이터를 활용하여 취약한 부분을 파악하고, 학습 경로와 진도를 조정해 줄 수 있다. 예를 들면, 빅 데이터를 활용하여 이해도 못 한 상태로 단순하게 추측하거나 무작위로 찍어서 맞춘 문제 또는 실수로 틀린 문제 등을 밝혀내어 학생의 현재 지식 상태를 진단하게 되는 것이다. 이러한 기능은 마이크로 러닝(Micro Learning)의 기본이 되는데, 마이크로 러닝은 강의 전체나 그 분야 전체를 풀어 가는 것이 아니라 학생에게 필요한 정보만 짧은 순간에 바로 전달하는 방식을 말한다. 학생이 잘하거나 관심이 있는 분야에 대해서 마이크로 러닝은 빠른 학습을 도와주게 되며 학습 흥미를 유도하는 데에 효과적으로 기여하게 된다.

2) 에듀테크의 기술 및 동향

(1) 상호작용 비디오 및 미디어

디지털 학습은 빠르게 성장하고 있다. 전통적인 교실과 칠판 학습과는 달리, 대화형 수업은 학생들의 관심을 더 잘 끌도록 도와준다. 그러나 콘텐츠 개발자들이 직면한 가장 큰 문제는 매력적인 커리큘럼을 제공하는 것이다. 예를 들어, 디지털 미디어에 의해 주의가 산만해지기 쉽다. 따라서 교육자들은 학습자들을 사로잡기 위해 적절한 방식이나 전략을 추가해야 한다.

그림 8-4 구글 디지털-언락트
(Google Digital Unlocked)

구글 디지털-언락트(Google Digital Unlocked)는 인도 경영대학원 및 전자 정보 기술부와 협력하여 디지털 인식을 촉진하는 구글의 신작품인데, 대화형 비디오와 함께 학습 과정 중에 적시에 응답하고 조치를 취하도록 요청한다. 이를 통해 코스 세션 내내 집중력을 유지할 수 있도록 해 준다.

(2) 증강현실 및 가상현실

증강현실(Augmented: AR) 및 가상현실(Virtual Reality: VR)은 교육 분야에서 광범위하게 자리를 잡고 있다. 가상현실의 사용은 전통적인 학습을 더 상호작용적으로 만들며 또한 종이 위주의 교과서를 대체할 수 있다. 게다가 생물학, 물리학, 지리학, 역사 등과 같은 과목들의 경우, 온라인 3차원으로 학습할 수 있다는 점은 학생들에게

그림 8-5 증강현실 및 가상현실

어떤 개념이든지 더 쉽고 더 잘 이해하도록 도울 수 있다. 따라서 전통적인 칠판 학습이나 인쇄된 책을 통하여 학습하는 것보다 더 많은 결과를 얻을 수 있다. 또한 증강현실 및 가상현실은 학습자가 눈앞의 3차원 현실을 재현할 수 있도록 한다. 학습자가 특수 안경을 사용하여 특정 장소의 인체 해부학 또는 식물을 3차원으로 그릴 수 있다고 상상해 보면 그 효과를 짐작할 수 있을 것이다. 이미 많은 학교에서 증강현실 기반의 3차원 인체 모델을 통해 인체 해부학과 수술을 훈련하고 있는 것이 그 예다.

(3) 기계학습

기계학습(Machine Learning)은 학생의 의도를 매우 정확하게 예측하고 분석할 수 있다. 고급의 분석 기능을 통해 학생들이 학습내용을 포함한 다양한 학습 도구와 상호작용하는 방식에 대한 통찰력을 얻을 수 있다. 또한, 이렇게 하여 교실 수업에서 학생 성과에 대한 앞으로 적용하고 응용이 가능한 데이터를 도출할 수 있다. 그리고 그들의 학습 행태를 분석하여 필요한 모든 곳에 응용할 수 있다. 교사들은 당연히 학생들의 요구 및 필요 사항을 이해하고 적절한 시기에 그들에게 적용할 수 있다.

그림 8-6 기계학습

다음은 교육에서 기계학습을 적용할 수 있는 예들이다.

- 학습내용을 최적화하기 위한 내용 분석
- 학생의 성과에 대하여 실천이 가능한 통찰력을 도출하고 다음 단계를 신속하게 수행하기 위한 학습 분석
- 학습에서 게이미피케이션
- 주관적이고 객관적인 질문에 대한 학생의 답변을 개별적으로 또는 집단으로 평가하고 점수를 매기는 등급 시스템

(4) 딥 러닝

딥 러닝(Deep Learning)은 인간의 뇌가 어떻게 학습하는지를 모방하는 기계학습의 일부분이라고 할 수 있다. 기계학습 알고리즘이 잘못되어 오류를 발생시킬 때 인간

그림 8-7 딥 러닝

의 수정이 필요하지만, 딥 러닝 알고리즘은 인간의 개입 없이 반복을 통해 결과를 개선할 수 있다. 기계학습 알고리즘은 상대적으로 작은 데이터 세트에서 학습할 수 있지만, 딥 러닝 알고리즘은 다양하고 비정형 데이터를 포함할 수 있는 빅 데이터가 필요하다. 교육자들은 이것을 활용하여 데이터를 처리하고 학습자의 의도를 이해할 수 있다. 예를 들어, 교수자들은 학생들이 객관적인 시험에서 흔히 저지르는 실수들을 파악하고 그것들을 정확히 지적하기 위해 딥 러닝을 사용할 수 있다. 학습의 절차를 '딥'이라 부르는 이유는 이진법적인 계산에 입각하여 예측 모델링을 하며 학생들과 그들이 선호하는 과정을 쉽게 파악하고 관리할 수 있기 때문이다. 매 순간 신경 네트워크는 새로운 수준의 데이터를 빠르게 발견하여 판단하며, 데이터를 수집되어 반영될 때마다 자신의 성능 향상에 중점을 두기 때문이기도 하다.

(5) 사물인터넷

사물인터넷(Internet of Things: IoT)은 다양한 물리적 객체나 사물이 인터넷과 데이터를 주고받을 수 있는 기술을 말하는데, 이 기술을 활용하여 교실을 서로 연결시킬 수 있다. 사물인터넷 장치는 학생들에게 학습자료와 통신 채널에 더 원활하게 접근할 수 있도록 해 준다. [그림 8-8] 은 사물인터넷으로 가능한 학습의 단면을 보여 준다.

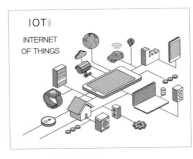

그림 8-8 사물인터넷

3) 에듀테크의 기대와 우려

(1) 과거의 교육 한계를 뛰어넘는 에듀테크

오늘의 학생을 어제의 방식으로 가르치면 학생들의 내일을 빼앗는 것이라는 말이 있다. 단적으로 표현하여 교사가 칠판 앞에서 일방적으로 주입하는 낡은 교육으로는 미래 사회에 맞는 인재를 육성할 수 없다는 말로 해석된다. 여러 나라에서 에듀테크를 인공지능과 함께 4차 산업혁명에 대응하는 혁신 기술로 주목하고 있다. 전 세계에서 미래 교육의 열쇠를 쥐고 있다는 평가를 받는 에듀테크는 상상 속에서만 존재하던 다양한 형태의 미래 교육을 가능케 한다.

에듀테크의 제작자들은 소프트웨어와 기술의 향상 가능성을 강조하여 교사가 보다 촉진자 역할로 전환할 수 있도록 하였다. 실제로 시간적 제약으로 인하여, 교사가 교육과정에 따라 가르치고, 낮은 수준의 학습자를 따라잡으며, 여전히 학급의 상위권 학생들이 그들의 업무에 참여하도록 하는 것은 어렵다. 이에 능력 평가와 난이도 조정을 자동화해 줌으로써 에듀테크는 잠재적으로 개별 학생과 학급 전체에 더 나은 결과를 가져올 수 있다.

에듀테크는 빅 데이터를 기반으로 한 인공지능을 통해 한 명의 교사가 다수의 학생을 대상으로 하는 강의식 수업의 한계를 뛰어넘었다. 교육활동에 인공지능을 적용하면서 그간 교육계가 말로만 무성하게 해 왔던 반면 결코 해결하지 못했던 '개인형 맞춤 학습'이 가능해진 것이다. 가령 한 초등학생이 국어 문제에 대한 답을 골랐다면, 인공지능을 활용한 에듀테크는 해당 학생이 문제를 이해하고 답을 골랐는지, 단순히 찍은 것인지 단번에 알아차린다. 여기서 나아가 이 학생이 이해하지 못한 부분이 어떤 부분인지, 해당 부분이 어느 학년 어느 단원에서 학습한 내용인지까지 파악해 수준별 맞춤 학습을 제공한다. 에듀테크를 활용하면 종전의 교육과 비교할 수 없는 교육성과를 낼 수 있다.

현실 감각을 극대화하는 증강현실 및 가상현실은 학습에 대한 학생들의 흥미 유발은 물론, 학습 몰입도까지 가시적으로 높일 수 있다. 3차원 가상 물체를 보여 주는 증강현실을 활용하면 평면 전개도가 입체적인 도형으로 순식간에 결합되고, 학생들은 이를 360도로 돌려가며 관찰할 수 있다. 가상의 세계에서 사람이 실제와 같은 체험을 할 수 있는 가상현실은 학습 테마에 맞는 실감나는 체험학습을 가능케 한다.

2022년 6월 개정된 「이러닝(전자학습)산업 발전 및 이러닝 활용 촉진에 관한 법률」 개정안은 제2조(정의)에 "'이러닝'이란 전자적 수단, 정보통신, 전파, 방송, 인공지능, 가상현실 및 증강현실 관련 기술을 활용하여 이루어지는 학습을 말한다."라고 하여 폐쇄적인 공교육에 에듀테크를 적극적으로 도입할 수 있는 길을 터줬다는 긍정적인 평가를 받고 있다. 또 국내에서도 코딩 교육을 의무화하는 등 정부도 에듀테크에 대한 열의를 보이고 있다.

(2) 에듀테크의 위험성

증강현실 및 가상현실을 통한 폭넓은 교육활동은 변화에 예민하게 반응하는 보수적인 공교육 현장에서도 마다할 이유가 없다. 그러나 한편으로는 인공지능이 주도하는 에듀테크의 부작용 내지는 미완성으로 인하여 교육에의 도입에 대한 찬성과 반대의 논쟁이 계속되고 있는 것도 사실이다. 가장 우려스럽게 지적되고 있는 것은 사람이 사람에게 가르쳐야만 하는 영역을 에듀테크라는 기술이 침해하게 될지도 모른다는 것이다.

이런 우려는 미래 에듀테크의 핵심 기술인 인공지능이 인간을 비인간화하거나, 인공지능이 인간의 역할을 대체해 인간이 쓸모없는 존재로 전락하고, 종국에는 인공지능이 인간을 지배할 것이라는 두려움과도 일맥상통하는 것이다. 또 인공지능이 미처 확보하지 못한 데이터가 필요한 교육 상황에 마주할 경우, 터무니없는 판단을 내려 학생을 지도하게 될 가능성도 있다. 자율적으로 작동하는 인공지능의 특성상, 이런 피해가 발생했을 때 책임 소재가 불분명하다는 것도 문제다. 현재 도입 초기 상태의 인공지능이 가지는 각종 법적 · 윤리적 논란들이 채 해결되지 않은 상태에서 교육이라는 매우 예민한 영역에 도입을 추진하는 것은 위험한 일이다.

한편으로 에듀테크가 가져오게 될 수도 있는 디지털 기기 중독에 대한 해결책을 뚜렷하게 내놓지 못한 상황에서 아이들을 무한한 디지털 세계에 노출시킨다는 것 역시 문제 중 하나다. 통제력이 약한 아이들은 디지털 기기에 쉽게 중독돼 손에 기기가 쥐어져 있지 않으면 불안감을 호소하거나, 기기에 지나치게 의존한 나머지 계산 능력과 기억력이 떨어지는 '디지털 치매' 증상을 보일 수도 있을 것이다.

학습의 내용 설계에 관한 우려도 존재한다. 실질적으로 현재 에듀테크는 수학이나 읽기와 작문 능력과 같은 기본적인 과목들을 위한 개발의 초기 단계에 와 있다고 본다. 에듀테크는 이러한 설계에 익숙해 있기 때문에, 반면으로 교실의 다양한 학습 방식에 적응하는 설계는 한계에 있다는 점이다. 현재 에듀테크는 일반적으로 노트북이나 태블릿을 통해 제공되므로 읽기 및 응답을 요구하는 학습경험을 제공한다. 이러한 방식이 다른 유형의 학습, 즉 청각 및 운동감각을 통한 학습을 불리하게 만들 수 있다는 점이다. 새로운 기술 개발 분야와 마찬가지로 에듀테크는 더 많이 사용하고 더 많은 데이터 및 피드백을 수집할수록 향상될 것이겠지만 우려스러운 점의 하나라고 보기에 충분하다.

마지막으로, 에듀테크는 추가적인 사회적 반대에 직면해 있다. 학생들, 그리고 학부모들은 선생님이 집단학습 및 현재 에듀테크의 범위에 속하지 않는 다른 역할, 예를 들면 집단 지성 및 집단교류를 통한 창의적·비판적 사고를 가능하게 하는 사회적 환경을 만들기를 기대한다. 미래의 교실은 에듀테크에 크게 의존하여 수업설계를 강화할 수도 있지만, 많은 학부모와 교육자들은 여전히 순수한 학업목표와는 별개로 사회적이며 집단적인 교육환경에 더 많은 가치를 두고 있으며 이점에서 에듀테크는 한계점이 있다고 보고 있다는 점이다.

> **Aa 학습과제**
>
> 1. 에듀테크의 개념을 정의하고, 에듀테크가 활용되고 있는 사례들과 그 특징들을 서술해 봅시다.
>
> 2. 에듀테크의 기술 및 동향에 대해 간략히 설명해 봅시다.
>
> 3. 에듀테크가 교수-학습에 기여하는 바와 한계점 또는 부정적 영향에 관해 서술해 봅시다.

2. 소셜미디어

이 절에서는 다양한 유형의 소셜미디어 플랫폼을 탐색하고 소셜미디어의 교육적 중요성과 잠재적 유의점에 대해 논의한다. 또한, 교육적 맥락에서 소셜미디어의 활용 사례를 보여 준다.

1) 소셜미디어와 교육

(1) 소셜미디어의 개념

소셜미디어(social media)라는 용어는 가상 네트워크 및 커뮤니티를 통해 아이디어, 생각 및 정보의 공유를 용이하게 하는 컴퓨터 기반 기술을 말한다. 소셜미디어는 인터넷 기반이며 사용자에게 개인 정보, 문서, 비디오 및 사진과 같은 콘텐츠를 빠

그림 8-9 소셜미디어

른 속도로 제공한다. 사용자는 웹 기반 소프트웨어 또는 응용 프로그램을 통해 컴퓨터, 태블릿 또는 스마트폰을 이용하여 소셜미디어와 접촉한다. 2021년 기준으로 45억 명 이상이 소셜미디어를 사용하고 있다고 한다(Digital Marketing Institute, 2021).

인터넷에 연결된 사람은 누구나 소셜미디어에 가입하고 정보를 생성 및 공유할 수 있다. 사용자가 즉시 정보를 생성하고 대중과 공유할 수 있도록 하는 모든 디지털 기술이기 때문에 소셜미디어에는 다양한 웹 사이트와 앱이 포함된다. 트위터(Twitter)와 같은 소셜미디어는 링크와 간단한 서면 메시지를 공유하는 데 중점을 두지만, 인스타그램(Instagram)과 같은 소셜미디어는 사진과 비디오의 공유를 용이하게 하도록 설계되었다.

소셜미디어의 특징은 그것이 방대하면서도 제약을 거의 받지 않는다는 것인데, 많은 소셜미디어 기업들이 폭력이나 나체를 묘사한 사진들을 제거하는 것과 같은 특정한 제한을 두고는 있지만 기존의 매체, 즉 잡지, 라디오 방송국, 그리고 TV와 같은 전통적인 형태의 대중매체보다 그 제약은 훨씬 적다.

(2) 소셜미디어의 교육적 의미

소셜미디어는 다양한 기술 지원 활동의 형태를 취할 수 있는데, 이러한 활동에는 사진 공유, 블로그, 소셜 게임, 소셜 네트워크, 비디오 공유, 비즈니스 네트워크, 가상세계, 리뷰 등이 포함된다. 심지어 정부와 정치인들도 소셜미디어를 이용하여 유권자들과 관계를 맺는다.

개인의 경우, 소셜미디어는 친구나 대가족과 연락을 유지하는 데 사용된다. 어떤 사람들은 다양한 소셜미디어를 통하여 직업의 기회를 찾고, 같은 생각을 가진 사람들을 찾고, 그들의 생각, 느낌, 통찰력 및 감정을 공유한다. 한편 기업에게 소셜미디어는 필수적인 도구다. 기업은 이 플랫폼을 사용하여 고객을 찾고 참여시키고, 광고 및 홍보를 통해 판매를 촉진하며, 소비자 동향을 파악하고, 고객 서비스 또는 지원을 제공한다.

교실수업에 대하여 소셜미디어가 주는 의미는 얼마나 그 게시물을 많은 사람들이 "좋아요" 하는지에 대한 것이 결코 아니다. 소셜미디어가 장려하는 협력 환경과 개방형 포럼은 정보 공유를 촉진하는 빠른 속도와 함께 학생들이 그것을 사용할 때 특정한 방식으로 창의적이고 비판적인 사고와 의사소통 과정의 개발을 가속화할 수 있다는 것에 그 중요점이 있다고 본다. 즉, 소셜미디어는 학생들이 답을 찾고 독립적으로 결정을 내릴 수 있도록 준비하는 자기주도적 학습을 촉진한다. 이러한 소셜미디어 특징은 교실환경에서 강화될 때 더 나은 학습 결과와 비판적인 인식을 생성하도록 안내되고 개선될 수 있다. 소셜미디어가 갖는 몇 가지 교육적 의미를 정리하여 본다.

첫째, 소셜미디어는 학생들을 하나로 묶는다: 소셜미디어 플랫폼은 학생들이 공개적으로 의사소통을 할 수 있게 해 주고, 정보를 쉽게 찾고 전달할 수 있게 해 준다. 누구나 새로운 사람들을 만나고, 새로운 관계를 만들고, 그들과 소통할 수 있게 해 준다.

둘째, 사용자의 관심을 끌 수 있다: 소셜미디어는 사용자(구독자)와의 충성도와 장기적인 관계를 형성하는 것 외에도 웹 사이트, 제품 또는 서비스에 관심을 끌 수 있다.

셋째, 정보 생성과 전달에 유용하다: 소셜미디어는 그 운영자인 경우 정보를 생성하는 동기와 활동을 부여받을 수 있고 정리된 정보를 다수의 구독자에게 전달을 효율적으로 할 수 있다. 학생들은 자신들의 학습결과, 만들어 낸 결과, 그리고 집단으로 구성한 지식을 전 세계와 공유할 수 있는 기회를 갖을 수 있다.

넷째, 학습의 기회를 제공받는다: 학생들은 자신들의 학습과 관련하여 소셜미디어로부터 많은 지원을 받을 수 있다. 그들은 온라인에서 다른 사람들로부터 배울 수 있으며, 그것은 최고의 학습 기회를 제공받는 것을 의미한다. 유튜브, 구글 등이 좋은 예가 된다.

다섯째, 게이미피케이션된 콘텐츠를 제공받을 수 있다: 소셜미디어를 통하여 학습에의 동기를 부여받을 수 있다. 학생들은 스스로를 학습에 동기부여를 받을 수 있고, 흥미를 갖게될 수 있다. 다른 사람들을 참여시키기 위하여 위해 다양한 이미지와 비디오를 포함한 흥미로운 방법을 채택하고 게시하기 때문이다.

앞에서 제시한 교육적인 의미를 보면 매우 유용하기만 할 것 같은 소셜미디어도 수업에서 활용할 때에 다음과 같은 유의점들이 있다.

첫째, 개인 정보 보호: 소셜미디어를 수업에 사용하면서 지켜야 할 가장 중요한 것은 학생 개개인의 정보를 유출하지 않는 것이다. 이는 학생 자신을 안전하게 보호하는 것이 된다. 한편 다른 학생이나 다른 사람의 정보를 게시하는 것에 대해서 특히 주의해야 한다.

둘째, 사기를 포함한 범죄로부터 보호: 소셜미디어에 참여자는 실제로 학생들 스스로가 된다. 그러나 다른 사람을 가장한, 거짓이나 사이버 범죄를 저지르기 위한 사기성 소셜미디어에 속지 않아야 한다. 즉, 사이버 안전에 유의하여야 한다. 사기성으로 소셜미디어 프로필을 만들어 거짓을 유포하며 범죄에 이를 이용하는 참여자들이 있기 때문이다.

셋째, 목표에 대한 집중력 결핍: 학생들은 소셜미디어의 다른 요소들 때문에 학습을 한다는 목표에 집중하지 못하기 쉽다. 학생들이 학교 공부를 하기보다는 소셜미디어를 다른 용도로 오용하기 쉽기 때문에 학업에 이용하는 것이 실패하기도 한다.

넷째, 건강 문제: 소셜미디어의 과도한 사용은 학생들의 건강에 영향을 미친다. 몸이 나른해지고 비만이 되며, 밖에 나가는 것을 싫어하여 심각한 건강 문제를 초래할 수 있음을 경계한다.

다섯째, 사이버 괴롭힘의 피해: 소셜미디어의 가장 나쁜 해악 중 하나는 사이버 폭력이다. 학생들이 동의하지 않는 이미지, 비디오 또는 내용들을 접하지 않도록 유의해야 한다.

여섯째, 가짜 뉴스의 확산: 일반적으로 가짜 뉴스는 소셜미디어에서 빠르게 퍼진다. 사람들은 가짜 뉴스와 정보를 게시하고, 그것은 더욱 빠르게 전파된다. 아무도 그 보고서의 진실을 조사하지 않고, 대신에, 그들은 그것을 퍼뜨리기 때문에 이점을 유의해야 한다.

일곱째, 해킹의 피해: 해킹은 소셜미디어의 가장 심각한 단점 중 하나다. 해킹은 어디에서도 허용되지 않으나 해커는 해킹을 통해 개인 정보와 제한된 정보를 얻기 때문에 해커들의 표적이 되지 않도록 유의해야 한다.

2) 소셜미디어의 활용 사례

여기서는 몇 개의 소셜미디어를 선택하여 그 미디어가 갖는 특징을 살리는 사용법을 예시적으로 제시하고자 한다. 에듀테크의 하나로서 각각의 소셜미디어의 특징을 취하여 활용하는 방법을 소개한다.

(1) 구글 클래스룸 및 구글문서

자료를 저장하고 편집하는 등의 협업을 위한 문서 기능과 앱으로서의 구글 클래스룸을 소개한다.

구글은 구글닥스(Google Docs)에서 구글 클래스룸 (Google Classroom)에 이르기까지 다양한 유용한 도구를 제공하는데, 특히 구글 클래스룸은 코로나 팬데믹 동안 강의와 수업에 광범위하게 사용되기도 하였다. 교사는 화상 회의를 하고 수업, 과제 및 성적을 만들고 관리할 수 있는 구글 강의실을 만들 수 있으며 구글폼(form)을 사용하여 구글 드라이브에 자료를 추가하고 설문 조사를 작성하

구글 클래스룸

문서의 정리와 보관

그림 8-10 구글 클래스룸 및 구글문서

여 직접적이고 실시간으로 피드백을 받을 수 있다. 한편, 학생들은 자원을 공유하고 이메일을 통해 수업 흐름 속에서 상호작용하면서 수업 과제를 추적하고 온라인으로 과제를 제출할 수 있다. 구글닥스는 학생들이 서식 지정 옵션에서 공유, 주석 및 태그 옵션에 이르기까지 제공하는 다양한 기능을 활용하는 방법을 배울 수 있는 훌륭한 도구이며, 학생들은 또한 구글 슬라이드를 사용하여 프레젠테이션을 하거나 구글시트를 사용하여 데이터 테이블을 만들거나 차트를 만들 수 있다. 이러한 도구들을 사용하여 학생들은 서로 다른 주제를 연구하고 구글 행아웃이나 다른 도구(예를 들면, Zoom)를 통해 자신의 연구 결과를 학급과 공유하며, 나아가 공동 학습과정에 참여할 수 있다.

(2) 블로그

블로그 게시물을 작성하면 학생들이 디지털 콘텐츠를 사용하고 제작할 수 있는 기회를 얻을 수 있는데, 예를 들면 워드프레스(WordPress), 윅스(Wix), 텀블 (Tumblr) 또는 미디움(Medium)과 같은 다양한 블로그 플랫폼에서 교사가 수업 블로그를 작성할 수도 있다. 블로그 설정은 간단하고 안전하며 초대받은 학생만 내

그림 8-11 블로그(윅스)

용을 볼 수 있다. 우선 학생들에게 블로그가 무엇인지, 그리고 사람들이 블로그를 따르도록 하는 방법을 설명하고 그들이 쓰고 싶은 관심사를 찾도록 격려하는 것이 블로그를 활용하는 출발점이 된다. 그런 다음, 연구와 글쓰기의 요소를 설명하고 표절을 하지 않은 블로그를 만들도록 한다. 블로그의 내용은 항상 교과적인 것일 필요는 없으며, 특히 그들의 창의적인 글쓰기 능력을 격려하도록 방향을 설정하는 것도 좋다. 그리고 서로의 블로그를 적극적으로 읽고 댓글을 달도록 유도한다.

블로그에 올릴 쓰기 과제를 지정하여 학생 자신의 주변 환경을 고려한 특징을 살리는 블로그를 만들 수 있을 것이다. 여기에 의견과 토론, 피드백 등을 제공하도록 하여 풍부한 블로그가 되도록 유도한다. 이렇게 블로그 활동은 연구를 장려하고 학생들과 함께 창의적인 능력을 개발할 수 있는데, 과목의 강의 계획표와 모든 과제와 자원을 블로그에 공유하도록 하여 한 학기 과제로서의 블로그가 학생들의 글쓰기와 비판적 사고를 향상시킬 수 있는 중심적인 위치를 갖도록 한다.

(3) 스카이프

스카이프(Skype)는 화상 회의를 통하여 학생들을 가르칠 수 있게 해 주는 도구다.

그림 8-12 스카이프를 이용한 수업
출처: https://shorturl.at.elavF

스카이프는 모든 연령대의 사람들에게 가장 잘 알려진 도구이지만 친구나 직장 동료들과 사용하기 위한 것만은 아니다. 교사들은 스카이프를 사용하여 학생들과 연결할 뿐만 아니라 학생들을 디지털 시대에 이를 이용하여 '펜팔'을 할 수 있도록 전 세계의 다른 친구들과 연결하도록 할 수도 있다. 또한 대규모 그룹 프로젝트에 스카이프를 사용할 수도 있다. 예를 들어, 같은 과목을 배우는 학생들을 일치시키면 역사나 과학을 공부할 때 완전히 새로운 차원의 학습 방식을 경험하게 할 수 있다. 교사는 스카이프를 통해 수업을 진행하고 학생들이 더 잘 이해할 수 있도록 화면을 공유할 수 있으며, 때때로 연결이 불안정할 수 있음을 고려하여 화면 녹화를 하여 수업을 녹화하고 나중에 이를 공유하도록 할 수 있다. 이처럼 스카이프를 활용하는 방법은 다양할 수 있다.

(4) 페이스북

페이스북은 교사가 자신의 교실에서 사용할 수 있는 또 다른 소셜미디어 플랫폼인데, 강의실 그룹 만들기를 통해 가능하다. 그룹에 개별적인 정보 설정이 있고 온라인으로 정보를 공유할 수 있는 안전한 장소이기 때문에 교사는 자신의 수업에 대한 페이스북 그룹을 만들 수 있다. 학생들은 자신들의 삶의 모든 부분을 기록하는 것을 좋아하기 때문에, 교사는 이를 이용할 수 있고 수업활동이나 현장 학습 사진을 공유할 수 있을 것이다. 예를 들면, 학생들이 자신들의 달력을 페이스북과 동기화할 수 있으며, 학생들의 의견을 묻는 투표, 수업자료를 쉽게 만들거나 현장 학습과 같은 이벤트를 게시할 수 있는 페이스북 여론 조사와 같은 여러 옵션이 존재한다. 이를 잘 활용할 수도 있을 것이다.

그림 8-13 페이스북

또한 수업에서 학습한 주제와 관련된 믿을 만한 출처의 교육 콘텐츠, 비디오 및 기사를 공유할 수 있는데 이렇게 하는 이점은 그 문서들이나 링크들이 페이스북 그룹에서만 접근할 수 있다는 것이다. 또한, 교사들이 페이스북 라이브(Live)에서 실시간의 강의 스트리밍, 토론 호스팅, 공식 강의실을 위한 페이스북 프로필 만들기, 모든 학생과 학부모가 볼 수 있는 업데이트 게시 등 페이스북을 적극적인 학습 도구로 사용할 수 있는 방법에 대해 항상 더 많은 아이디어가 있을 수 있다.

(5) 트위터

트위터(Twitter)는 반의 메시지 게시판으로 사용하는 등, 학습 도구로 유용하게 사용할 수 있다. 만약 모든 학생들이 인터넷에 접속할 수 있는 전화기를 가지고 있다면, 수업 중에 트위터 토론을 구성하는 것도 좋은 방법이 된다. 토론과 관련된 해시태그를 함께 작성하면 학생들은 15분 내에 온라인 조사를 하고 트위터에 글을 올릴 수 있다. 트위터의 280자 제한은 학생들이 간결하고 효과적으로 의사소통하는 방법을 생각하게 할 것이고, 이것은 나중에 개발하는 유익한 기술이 될 수 있을 것이다.

그림 8-14 트위터

트위터는 교사들이 과제를 미리 알려 주거나 나중에 자신이 만든 특정 해시태그에 대한 토론을 만들 수 있는 학생들이 유용한 자료를 공유하는 것을 도울 수 있다. 학생들이 최근 유행하고 있는 것을 사용하고 분석할 수 있는 교육 해시태그가 너무 많기 때문이다. 교사 또한 학생들에게 책의 요약을 트윗하거나 이 플랫폼을 통해 학생들이 대답할 수 있는 질문을 설정하도록 요청할 수도 있다. 또 다른 흥미로운 아이디어는, 예를 들면, 유명인들의 트윗을 받아 문법이나 철자 오류를 확인하고 그들이 유명인들의 메시지에서 오류를 뺀 것을 리트윗하도록 하는 것이다.

(6) 핀터레스트

핀터레스트(Pinterest)는 학생들의 협업을 위해 사용할 수 있다. 교사들은 수업에 필요한 자원을 조직하고 학생들이 학습 보드를 만드는 데 도움이 되도록 할 수 있다. 반별로 핀터레스트 보드를 만들고 수업과 관련된 핀을 저장할 수 있다. 매주 수업의 주제 및 하위 주제 보드에 따라 보드를 만들 수도 있다. 핀터레스트는 또한 학생들이 웹 사이트, 책 또는 비디오를 나중에 글을 쓸 때 도움이 될 보드에 고정하는 데 유용할 수 있다.

그림 8-15 핀터레스트

학생들은 관련 주제에 따라 보드를 나누고 서로가 수집된 내용을 따라갈 수 있으며, 나중에 최고의 자료를 함께 선택하여 수업을 위한 발표를 할 수 있다. 예를 들어, 학생들에게 살고 있는 도시에서 가장 영감을 주는 역사적인 건물이나 기념물을 선택하고, 자료를 수집하고, 역사 수업을 위한 프로젝트로 발표할 핀터레스트 게시판을 만들도록 요청할 수 있다.

(7) 유튜브

유튜브(Youtube)에서는 교사들이 수업을 위한 채널을 만들고, 자신의 교육 비디오, 브이로그 및 팟캐스트를 게시할 수 있다. 학생들이 특정 주제에 대한 교육 비디오를 보거나 해당 주제와 관련된 수업 시간에 유익한 토론을 듣도록 할 수 있다. 유튜브는 학생들이 서로 참여하고, 새로운 것을 배우거나, 모든 과정을 통해 지식을 습득할 수 있도록 아

그림 8-16 유튜브

이디어를 되살릴 수 있다. 전문가들은 물론, 유명 대학과 같은 교육기관에서 제공하는 수많은 강의를 제공하는 만큼, 유용하게 활용할 수 있다. 채널이나 팟캐스트를 유지할 시간이 없다면 흥미롭고 관련성 있는 콘텐츠를 찾아서 학생들과 정기적으로 공유하고 지식 흐름을 유지할 수 있으며 수업 시간에 재생한 후에 토론을 구성할 수도 있다.

(8) 링크드인

링크드인(Linkedin)은 오늘날의 제1의 비즈니스 네트워크이지만 수업에서도 사용할 수 있다. 학교와 대학교를 포함한 많은 회사들이 링크드인에 있으며 학생들의 관심사에 부합할 수 있는 대학, 학위 프로그램 등과 같은 소규모 틈새시장에 초점을 맞춘 많은 공식 링크드인 그룹이 있다. 해당이 된다면, 구직 전에 네트워킹을 시작하는 방법을 학생들에게 가르치는 것이 훨씬 좋으며, 학생들이 지금 링크드인에 참여하는 동안 졸업하거나 구직을 시작할 때까지 견고한 네

그림 8-17 링크드인

트워크를 구축할 수 있다. 이러한 방식으로, 그들은 링크드인에 대한 기본적인 행동 원칙을 배우고, 전국의 다른 학생, 졸업생 또는 학부들의 네트워크에 접근할 수 있으며, 학생들이 관심을 갖는 특정 주제에 전념하는 웨비나, 강의 또는 이벤트와 같은 다른 혜택들을 소개받을 수 있다.

(9) 인스타그램

인스타그램(Instagram)에서는 사진으로 프로젝트를 더욱 재미있게 만들 수 있다. 사진이나 그래픽을 볼 때 기억하기가 항상 더 쉬우며 이미지에 관해서라면, 인스타그램이나 플리커는 사진 기반 수업이나 프로젝트를 위한 훌륭한 소스가 될 수 있다. 학생들은 인스타그램을 사용하여 사진 에세이를 작성하거나 이야기를 하는 동안 일련의 사진을 제시할 수 있는데, 인스타그램은 학생들이 디지털 스토리텔링을 연습할 수 있다는 점에서 다른 소셜미디어와 다르다.

인스타그램을 사용하는 방법에 대한 아이디어는 다양하다. 예를 들어, 수학여행을 계획하는 경우, 학생들에게 무작위 해시태그(#nature,

그림 8-18 인스타그램

#tisching, #beach 등)를 할당하고 사진을 찍도록 요청한다. 해시태그는 나중에 검토할 수 있는 특정 유형의 사진을 찍고 가장 좋은 사진을 선택하도록 동기를 부여할 것이다. 학생들은 수업 관련 인스타그램 계정을 만들고 인스타그램이나 플리커 프로필에 올릴 사진 에세이를 만들 수 있다. 이러한 프로젝트는 학생들이 소셜미디어의 잠재력과 소셜미디어를 의미 있는 방식으로 사용하는 방법을 깨닫게 해 줄 것이다.

Aa 학습과제

1. 소셜미디어의 교육적 의미와 소셜미디어를 활용한 교육에서의 유의 사항을 서술해 봅시다.

2. 교육용 소셜미디어의 예들과 그 특징을 간략히 서술해 봅시다.

---

3. 교육용 로봇

이 절에서는 교육용 로봇의 개념, 기원 및 다양한 유형을 탐구한다. 또한, 로봇 활동의 이점과 유형 그리고 실제 수업 사례에서의 교육용 로봇이 컴퓨팅 사고, 집단 상호작용, 그리고 음악 활동에 미치는 영향을 분석한다.

1) 교육용 로봇의 개관

(1) 교육용 로봇의 개념과 유래

교육용 로봇 또는 교육 로봇 공학(educational robotics)은 학생들에게 로봇 공학과 프로그래밍을 어릴 때부터 대화형으로 소개하기 위해 설정된 분야이며, 산업 분야에서 사용되는 로봇과는 다른 개념의 로봇을 사용한다. 즉, 교육용 로봇은 로봇의 사용을 기반으로 한 협력적인 학습환경이라고 말할 수 있다. 교육용 로봇으로 로봇의 설계, 응용, 분석 및 전반적인 작동을 학습하게 된다. 이러한 측면은 현재 스템(STEM) 교육으로 알려진 과학, 기술, 엔지니어링 및 수학 교육에 해당하며, 예술(arts)이 학습에 중요한 구성 요소라는 것을 더하여 스팀 (STEAM) 교육을 포함한다. 교육용 로봇은 어린 학생들에게 다양한 작업을 수행할 수 있는 로봇을 설계, 제작, 프로그래밍하고 궁극적으로 로봇을 만드는 데 필요한 모든 지식을 제공하고자 한다.

그림 8-19 교육용 로봇들

현대적 의미의 교육용 로봇은 기원은 매사추세츠 공과대학교(MIT)의 시모어 패퍼트(Seymore Papert)와 다른 교수들이 프로그래밍 언어 로고(LOGO)를 구상하고 만든 1960년대로 거슬러 올라간다. 로고는 전 세계 많은 어린이들의 교육에 활용되어 왔으며 로고의 초기 버전은 '거북이(Turtle)'라는 적절한 이름을 가진 농구공 크기의 로봇과 통신하기 위해 만들어졌는데, 거북이는 앞으로, 뒤로, 왼쪽으로, 오른쪽으로 이동하는 것과 같은 간단한 명령을 수행할 수 있었다. 1970년대에 이르러, 거북이는 컴퓨터 화면으로 옮겨졌고 프로그래밍을 위한 새로운 세계를 열었다. 로고 시스템을 통해 컴퓨터 화면에 나타난 거북이는 마룻바닥에서 움직이는 거북이보다 더 반응성이 좋고 다양한 모양을 만드는 것이 가능해졌다. 바로 이 로고라는 새로운 프로그래밍 언어는 교육환경을 변화시키기 시작하였다.

1980년대에 패퍼트의 로고 컴퓨터 시스템의 인기는 아타리(Atari)와 애플 II와 같은 다양한 플랫폼에서 구현되었으며 프로그램의 인기가 증가함에 따라 학교에의 보급도 증가했다. 이러한 인기는 장난감 회사인 레고(Lego) 그룹과의 협업으로 이어져 레고/로고 시스템이 탄생하였다. 원래의 거북이 로봇과는 달리, 레고/로고 프로그램은 아이들이 단순히 이미 만들어진 거북이를 프로그래밍하는 것이 아니라 레고 벽돌로 그들의 독창적인 창작물을 만들도록 하였다. 즉, 본격적인 교육용 로봇이 만들어지게 된 것이다. 이렇게 아이들에게 즐거우면서도 무엇이든 만들 수 있는, 생산적인 형태의 강력한 로봇 공학의 새로운 분야가 만들어지게 된 것이다. 다만 단점이라면 이 로봇은 컴퓨터에 연결되어야 했고, 만들어진 객체에 이동성이 요구되는 시스템이었다는 점이다.

1998년에 레고 회사는 오늘날 가장 유명한 교육용 로봇 중 하나인 레고 마인드스톰(Mindstorm) 로봇 키트를 출시했다. 레고 마인드스톰의 이전의 교육용 로봇에서 볼 수

그림 8-20 레고 마인드스톰 로봇

없었던 이동성과 아이들의 혁신적 및 창의적 아이디어를 구현할 수 있도록 하는 기능을 제공하였다. 이후 마인드스톰 NXT가 2006년에 출시되었고 가장 인기 있는 교육용 로봇 중 하나인 마인드스톰 EV3가 그 뒤를 이었다. 마인드스톰 EV3는 요즘에도 여전히 사용되고 교실 안팎에서 일반적으로 사용되고 있기 때문에 교육용 로봇으로 완성되고 인정받는 로봇이라고 할 수 있다(Watters, 2015).

(2) 교육용 로봇의 유형

전 세계적으로 다양한 공학을 적용하는 교육용 로봇들이 있어서 교실에서든, 로봇 클럽에서든, 심지어 세계적인 대회에서든 학생들이 자신들이 사용하는 로봇의 유형으로 참여할 수 있는 기회는 많이 있다. 매우 다양한 유형의 기술로 어디서부터 시작해야 할지 알기 어렵다. 에브리피도우 등(Evripidou et al., 2022)은 로봇 공학을 작동시키기 위한 프로그래밍 유형에 따라 교육용 로봇을 '코드 없는(No Code)', '기본 코드(Basic Code)', 그리고 '고급 코드(Advanced Code)'의 세 가지 범주로 분류할 것을 제안하였는데 이를 따르고자 한다.

① 코드 없는 로봇

이 유형의 교육용 로봇은 코드를 사용하지 않으며 어떤 유형의 프로그래밍 언어도 사용하지 않는다. 이 로봇은 물리적인 카드 또는 벽돌과 같은 블록을 이용하여 로봇이 따라야 할 명령을 전달한다. 이러한 유형의 교육용 로봇 키트는 주로 유치원 및 초등학교 저학년 학생들에게 로봇 공학의 개념을 도입하는 데 사용되고 있다.

그림 8-21 비봇

대표적인 로봇으로 비봇(Be-Bot)을 들 수 있는데, 비봇은 원래 로고 거북이와 비슷하게 디자인된 벌 모양의 로봇으로 내부적으로는 로고와 동일한 명령어를 사용한다(Forward, Backward, Left, Right 등). 그 유용성은 학생들이 논리적 사고, 문제 해결, 위상수학(位相數學)의 문제를 개발하는 데 유용하며 효과적인 팀 작업을 진행할 수 있다는 점이 보고된 바가 있다(Cacco & Morro, 2014; De

Michele et al., 2008).

② 기본 코드 로봇

기본 코드 로봇(Basic Code Robotics)은 시각적 프로그래밍 언어(Visual Programming Language)를 통해 작동되는 유형의 교육용 로봇이다. 즉, 이 유형의 로봇들은 명령을 대체하기 위해 순서가 지정된 그림을 사용하는 프로그래밍 언어를 사용한다. 예를 들면, 스

Use "Send Message" and "Start on Message" block to make code run parallel.

그림 8-22 위두(WeDo)

크래치(Scratch) 언어에서처럼 블록 형태를 사용하여서 친근한 그래픽, 간단한 인터페이스, 그리고 코딩 블록을 통하여 로봇을 작동하고 지시를 내리는 형태다. 시각적 프로그래밍 언어는 학생들이 간단한 규칙을 따르고 코딩 블록을 단순하게 조정함으로써 다양한 행동을 로봇에게 지시하여 탐구하고 실험할 기회를 가질 수 있도록 만들어졌다.

대표적인 로봇은 레고의 위두(WeDo 2.0) 키트인데, 이 키트는 벽돌, 움직임(motion) 및 기울기(tilt) 센서, 간단한 모터를 사용하여 7세 이상 어린이에게 적합한 활동을 할 수 있게 되어 있다. 다른 형태의 로봇과 마찬가지로 학생들이 창의적 사고, 팀워크 및 문제 해결 능력을 개발할 수 있다고 연구들은 보고하고 있다(Chalmers, 2018; Scaradozzi et al., 2015).

③ 고급 코드 로봇

고급 코드 로봇(Advanced Code Robotics)은 텍스트, 숫자 및 함수 등의 조합을 사용하여 로봇에게 지시하는 코딩을 하는 프로그래밍 언어를 사용하는 교육용 로봇을 말한다. 이러한 로봇들은 자바(Java), 씨(C), 씨 플러스플러스(C++) 및 파이선(Python)과 같은 실제의 전문적인 프로그래밍 언어를 사용하여 로봇을 제어하는 지시를 내린다. 이것들은 주로 나이가 많은 학생들을 위해 사용되지만, 초등학교에서 사용하기도 한다.

그림 8-23 아두이노

고급 코드 로봇에 사용되는 인기 있는 유형은 프로그램 가능한 보드, 센서, 액세서리 및 물리적 부품을 사용하여 로봇을 만드는 아두이노 교육용 키트(Arduino Education kit)를 들 수 있다. 메이크블럭(Makeblock)은 아두이노 보드와 엠봇(mBot)이라고 불리는 프로그래밍 가능한 로봇 제품을 결합한 인기 있는 교육용 로봇 키트다. 이에 관한 연구로 초등학교 로봇 교실에서 집단활동을 할 때 경쟁적인 학습보다 협력적인 학습을 선호한다는 것을 발견했다는 결과가 있다(Xia & Zhong, 2019).

앞의 세 유형의 차이는 코딩을 어떻게 하느냐의 기준이라고 볼 수 있다. 그러나 그 활용의 결과는 매우 유사하다. 이들에 관한 연구도 대부분 최근에 수행된 것들이 많으며 교육용 로봇의 발전에 힘입어 로봇이 더 저렴해지고 접근성이 높아졌기 때문으로 보인다. 그러나 이 들 유형의 중요한 차이는 그 로봇을 가지고 어떤 활동을 수행할 수 있느냐에 달려 있을 것이다. 마지막으로, 한 가지 언급할 것은 사용되는 로봇의 유형과 관계없이, 모든 로봇은 공통적으로 학생들의 협력활동을 용이하게 한다는 점이다.

2) 로봇 활동의 의미와 유형

학생들은 교육용 로봇과의 놀이를 통해 수학적 사고의 기본적인 인지능력 중 하나인 컴퓨팅 사고(computational thinking)를 발달시킨다. 요약하면, 학생들은 계획되거나 계획되지 않은 일련의 로봇 활동을 통해서 다양한 종류의 문제들을 해결하기 위해 사용하는 사고적 과정을 개발하는 데 도움을 얻는다.

교육용 로봇은 컴퓨팅 사고를 개발할 뿐만 아니라 어린이와 젊은이들 사이에서 다음과 같은 인지능력의 개발을 촉진한다.

- **실수로부터 배우기**: 실수가 최종적인 것이 아니라 새로운 결론의 원천이라는 것을 발견하는 것은 학생들의 미래를 위한 귀중한 교훈으로 작용한다.
- **팀워크**: 로봇의 협력활동은 학생들의 사회화와 타인을 배려하는 협업을 북돋는다.
- **적응력**: 로봇의 사용에 익숙해지는 것은 아이들이 내일의 세계에 더 쉽게 적응하도록 도울 것이다.
- **창의성**: 해결책을 찾고 이러한 로봇에 새로운 기능을 할당할 수 있는 자유로움은 상상력과 창의력을 자극한다.

- **자아존중감**: 새로운 분야에서 성공을 거두는 것은 아이들의 자기존중감을 향상 시킨다.
- **적극적 태도**: 한 분야에서의 성공은 자아존중감을 높이는 것 외에도 다른 분야에서 새로운 일을 적극적으로 하도록 격려한다.
- **자기평가**: 교사나 리더가 아이들 자신들이 잘했는지 못했는지를 평가하기 이전에 자신들의 행동 결과를 즉시 볼 수 있게 됨으로써, 아이들은 자신의 성과를 평가하는 법을 배운다.
- **실용적 적용**: 학교에서 배운 수학적 또는 물리적 지식을 적용하는 것은 아이들이 이 과목들을 계속 공부하도록 동기를 부여한다.

　교육용 로봇에 의해 긍정적인 영향을 받는 다른 인지 능력은 책임감, 질서 그리고 공간 인식과 사물 간의 관계에 대한 인식이다. 교육용 로봇의 또 다른 중요한 이점은 로봇 활동을 통하여 아이들이 기본적인 프로그래밍 개념에 익숙해지고 배우게 된다는 점이다. 중등 학생의 경우 코딩 방식의 로봇 유형은 학생들로 하여금 로봇과 프로그래밍에 대한 지식을 심화시키도록 돕는다. 게다가 로봇 공학과 프로그래밍

그림 8-24　로봇 활용으로 인한 다양한 능력 개발

수업에서 이론과 실제 사이를 완벽하게 연결하는 고리의 역할을 할 것으로 기대한다.
　학교에서 교육용 로봇의 사용은 일반적으로 학습 대상으로서의 로봇과 학습 도구로서의 로봇의 두 가지 범주로 분류할 수 있다. 학습 대상으로서의 로봇은 로봇 및 관련된 공학을 하나의 과목이나 주제로서 어떻게 가르칠 것인가에 초점을 맞춘다. 로봇 공학이 학습의 한 주제로서 여기에는 로봇 구조, 로봇 프로그래밍 및 인공지능 등이 포함될 것이다. 학습 도구로서의 로봇은 로봇을 다른 교과와 통합하여 교과의 지식을 배우는 데에 도움을 얻는 것을 의미한다. 언급한 바대로 올바르게 사용될 경우 로봇은 일반적인 스팀 과목을 가르치는 데 유용하다. 로봇공학에 관련된 연구의 하나로 안와르 등(Anwar et al., 2019)은 45개의 K-12 로봇공학 연구에 대한 체계적인

검토를 하여서 응급실 활동에 대한 32개의 연구가 코딩, 로봇에 관련된 과학적 이론, 그리고 실제 문제해결 경험을 제공했다고 보고하고 있다. 구체적으로 "로봇공학에 대한 학습으로 인하여 능동적인 학습법이 촉진되었고 로봇공학의 성취를 더욱 높여 주었다"(p. 7)고 말하고 있다. 이러한 맥락은 학생들이 깊고 추상적인 로봇공학의 내용을 인식하고 연결하는 데 많은 도움이 되었다는 것을 입증하고 있다. 두 번째 활용 유형, 즉 로봇 활동에 의해 만들어진 대화형 학습환경에 초점을 맞춘 연구에서, 연구자들은 학생들이 과제를 완수하기 위해 그룹으로 일할 필요가 있다고 믿는다는 것을 발견했으며(Hwang & Wu, 2014), 그룹 로봇 활동에서 초등학생의 경우에 3개의 다른 교실에서 3년에 걸친 연구는 팀 형성, 갈등 해결, 협력, 팀워크 등 긍정적인 대인관계 기술과 전략을 실천할 수 있는 환경을 유기적으로 조성한 것으로 나타났다(Nemiro, 2020; Taylor & Baek, 2018).

3) 수업 사례

(1) 교육용 로봇활동과 컴퓨팅 사고

교육용 로봇활동을 하여 컴퓨팅 사고력을 증진시킨 연구수업의 사례를 소개한다 (Hudson & Baek, 2022). 이 수업은 16주에 걸쳐서 일주일에 2시간 동안 위두 레고 로봇(WeDo Lego Robot)을 구축하고 및 코딩을 통하여 로봇을 제어하는 활동을 하였다.

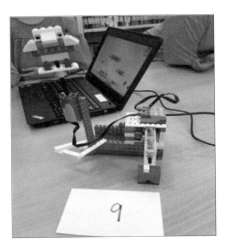

그림 8-25 위두 레고 키트

로봇의 조립 내지는 구축(Build)은 교사가 몇 가지의 로봇을 선택하여 매 시간마다 구축하는 연습을 하도록 하였다. 로봇의 전체 모양을 설명한 뒤에, 각각의 부분을 설명하였으며 어떤 부품들로 구성되어 있는지를 설명하였다. 이어서 두 명이 서로 논의하여 구축하는 활동을 하였으며 어려움을 겪을 때는 교사나 보조자들이 도움 설명을 하여 시행착오를 겪으면서 결국 두 명이 스스로 구축하도록 유도하였다. 이어지는 로봇은 제어 및 운용은 컴퓨터에서 블록으로 된 명령어를 작성하여 로봇에게 지시하도록 하였다. 이때에는 활용-수정-만들기(Use-Modify-Create)하는 학습과정을 거치도록 하였다. 즉, 학습 진행은 학생들이 컴퓨팅 사고능력을 개발하고 단지 사용하고 활용하는 역할에서 벗어나 무엇을 만들어 내는 역할로 이동하도록 고안된 절차를 따랐다(Baek et al., 2019). 학생들은 먼저 제공된 로봇 구축 및 코딩 지침('활용' 단계)을 사용하여 로봇을 만들었고, 다음으로, 학생들은 이러한 프로젝트를 수정하고 반복적으로 개선하여 자신만의 프로젝트('수정' 단계)로 만들어 컴퓨팅 사고능력을 개발했다. 학생들이 기술과 자신감을 얻음에 따라, 학생들은 자신이 선택한 문제('만들기' 단계)를 해결하는 자신만의 새로운 로봇 프로젝트를 개발하고 아이디어를 창출하도록 장려되었다.

한편, 컴퓨팅 사고능력의 성찰, 탐구 및 성장을 촉진하기 위해 고안된 '컴퓨팅 사고 노트북 활동'에 하루 20분 동안 일주일에 3일씩 참여하도록 하였다. 즉, 학생들의 활동은 매주 로봇 구축 및 코딩 세션 동안, 그리고 '컴퓨팅 사고 노트북 활동'을 수행하도록 하였다. 로봇 활동의 마지막에는 학생들의 로봇 쇼케이스(showcase)를 마련하여 전시하도록 하였는데, 두 명이 한 팀이 되어서 쇼케이스에서 발표될 새로운 로봇 프로젝트를 만들고 코딩하였다.

이렇게 수업을 한 결과, 학생들에게 친화적으로 접근한 로봇 활동은 그들의 컴퓨팅 사고 기술 개발에 긍정적인 변화를 일으켰으며, 특히 로봇 프로그래밍에 대한 세 단계의 과정, 즉 활용-수정-만들기는 수업의 결과에 긍정적으로 작용하였다. 이와 함께 동료와 협력하고 학습할 기회, 성찰, 탐구 및 창의성을 촉진하기 위해 설계된 컴퓨터 사고 노트북 활동 등의 요소가 모두 수업 및 학습의 성공에 중요한 역할을 한 것으로 나타났다.

그림 8-26 로봇 쇼케이스 프로젝트 산출물

학생들은 매주 실시된 로봇 구축 활동에 좋은 기억을 하고 있었다. 어떻게 로봇에 대해 그렇게 많이 그리고 재미있게 배웠는지 물었을 때, 한 학생은 "우리는 로봇에 대해 많은 것을 배웠다. 왜냐하면 우리는 매번 우리가 그것들을 조립하고 나서 어떻게 작동하는지, 어떻게 움직이고 회전하는지, 그리고 어떻게 명령이 작동하는지에 대해 친구와 토론하면서 더 많이 배웠기 때문이다." 이 수업의 정점에 이른 활동은 학생 로봇 전시회였다고 한다. 쇼케이스 전후의 학생들의 흥미와 참여가 높아졌으며 쇼케이스 기간 동안 발표된 학생들의 작업을 통해 그들의 몰입 정도와 학습된 바를 다 보여 줄 수 있었기 때문이다.

(2) 교육용 로봇을 통한 음악활동

미국 아이다호의 한 초등학교에서 행한 연구수업에서는 음악활동과 로봇을 통합하여 2, 3학년 학생들에게 14주 동안 매주 한 시간 동안 로봇 음악 프로젝트를 수행하였다(백유미, 2020). 우선 로봇의 조립을 일주일에 마치고, 로봇 제어를 위한 코딩은 3주 동안, 스크래치(Scratch)를 이용하여 음악 코딩을 3주 동안, 로봇에게 노래를 가르치는 활동은 2주 동안, 로봇으로 작곡하는 활동은 3주 동안 수행되었다. 음악 선생님과 로봇 선생님이 수업을 같이 진행하였다. 즉, 로봇 선생님은 코딩을 가르치는 데 주된 역할을 했고 음악 선생님은 음악 작곡 활동을 같이 수행하였다.

음악 로봇을 사용한 절차와 활동은 [그림 8-27]에 제시하였다. 참가자들은 간단한 로봇을 조립하여 개별적으로 로보틱스 활동을 시작했다. 로봇을 조립한 후, 스크래치로 코딩하는 것을 배웠다. 즉, 스크래치 코딩을 세 시간의 수업을 하였다. 그들은 미리 만들어서 나누어 준 스크래치 설명서를 따라서 3주 동안 음악으로 디지털 스토리를 만들었다. 이 디지털 스토리를 다 완성하고 난 다음에 스크래치와 연결된 레고 마인드스톰 로봇을 도입하여 추가적으로 코딩 연습을 하였다. 코딩을 배울 때는 변수, 조건, 루프(loop) 및 알고리즘과 같은 코딩 개념을 위한 용어와 함께 실습하여 그런 구문도 익히도록 하였다. 예를 들어, 학생들이 스크래치에서 블록 코딩으로 루프를 배웠으며 재미있게 하기 위해서 특정한 애니메이션이 지정하는 횟수만큼 반복하는 방법을 사용하였다. 또한 'While' 문장과 'if ~then' 명령을 사용하여 조건을 배웠다. 3학년 학생들은 일반적으로 2학년 학생들보다 코딩 명령을 더 빠르고 쉽게 배웠는데 추가적으로 연습을 하기 위해서 시트를 사용하여 노래에 필요한 노트를 적게 하

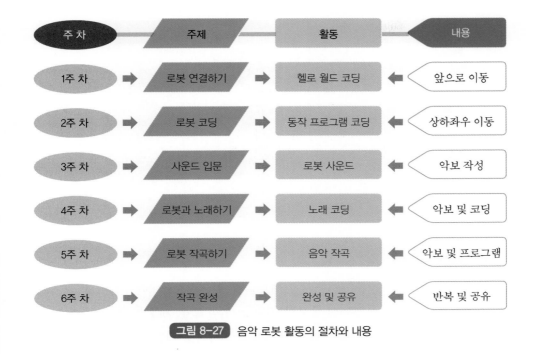

주차	주제	활동	내용
1주 차	로봇 연결하기	헬로 월드 코딩	앞으로 이동
2주 차	로봇 코딩	동작 프로그램 코딩	상하좌우 이동
3주 차	사운드 입문	로봇 사운드	악보 작성
4주 차	로봇과 노래하기	노래 코딩	악보 및 코딩
5주 차	로봇 작곡하기	음악 작곡	악보 및 프로그램
6주 차	작곡 완성	완성 및 공유	반복 및 공유

그림 8-27 음악 로봇 활동의 절차와 내용

고 연주하게 하였다.

음악과 함께하는 로봇 활동의 5주 동안, 선생님은 학생들에게 음악 프로그래밍과 작곡을 가르쳤다. 〈반짝반짝 작은 별〉이라는 노래를 음악 프로그래밍 연습에 사용하였으며, 학생들은 노트북을 사용하여 레고 마인드스톰 로봇을 프로그래밍하고 그에 필요한 음악을 코딩하였다. 음표의 코딩이 완료되면, 레고 마인드스톰 로봇을 노트북 컴퓨터에 연결하여 학생들이 로봇에 의해 연주되는 자신들의 노래를 들을 수가 있었다. 오류가 발견되면 코드를 디버깅하도록 하였고 디버깅에는 옥타브를 변경하거나 정확한 음을 녹음하는 작업 등이 포함되었다. 시행착오의 과정을 통하여 음악과 노래를 만들었으며 최종적으로는 학생들이 로봇을 노트북에 연결하여 자신이 완성한 노래를 들었다. 이 고정에는 기존의 노래를 코딩하는 것과 함께 마지막 과제로 학생들은 각자가 만든 노래를 코딩하여 서로 발표하고 공유하였다.

이러한 음악 로봇 활동을 통하여 학생들은 자기효능감, 즐거움과 만족감을 느끼게 되었다. 이에 덧붙여 작곡에 대한 자신감과 로봇을 통한 연주 및 감상에 흥미를 느끼게 되었다.

Aa 학습과제

1. 교육용 로봇의 개념과 기원, 유형에 관해 서술해 봅시다.

2. 로봇 활동의 이점과 유형에 대해 간략히 서술해 봅시다.

3. 교육용 로봇 활동 사례들의 특징 및 이점을 서술해 봅시다.

4. 디지털 게임

디지털 게임은 교육 분야에서 중요한 역할을 하고 있다. 게임은 학습자들에게 문제 해결, 협력, 의사결정, 전략 수립 등의 기술을 연마하고 개발하는 데 도움을 줄 수 있으며 게임은 학습을 더욱 즐겁게 만들 수 있는 요소로 작용한다.

1) 디지털 게임의 이해

디지털 게임은 컴퓨터 기술과 상호작용적인 디자인이 결합된 형태의 엔터테인먼트로 플레이어가 가상 세계에서 다양한 경험을 할 수 있도록 해 주는 매체다. 게임은 다양한 장르와 플랫폼에서 제공되며, 현대사회에서 점점 더 중요한 역할을 하고 있다. 즉, 게임은 단순한 오락일 뿐만 아니라 교육, 문화, 사회적 상호작용 등 다양한 측면에서도 큰 영향을 미치고 있다. 디지털 게임은 인간의 흥미와 상상력을 자극하며, 학습, 협력, 문제 해결 등의 기술을 향상시키는 데에도 활용될 수 있다. 디지털 게임을 에듀테크의 하나로 제시하는 근거는 디지털 게임은 교육 분야에서 혁신적으로 활용될 수 있는 강력한 도구로 각광받고 있기 때문이다. 게임은 학습자들에게 문제 해결, 의사결정, 협력, 전략 수립 등의 핵심 능력을 개발하도록 도와주며, 이를 통해 학습자의 창의적 사고와 자기조절 능력을 향상시킬 수 있다. 또한 게임은 학습을 더욱 흥미롭게 만들어 학습 동기를 높일 수 있다. 예를 들어, 교육용 게임은 수학, 과학, 역사 등 다양한 학문 분야에서 사용되며, 학습자들에게 학습과정을 더욱 효과적으로 경험하게 해 준다. 이러한 관점은 다양한 연구와 교육 현장에서의 실제 적용을 통해 뒷받침되고 있다. 예를 들어, 지(Gee, 2003)는 게임에서의 학습경험이 학습자의 문제해결 능력과 비판적 사고능력을 촉진한다고 주장하였으며, 스타인 퀠러와 덩컨(Steinkuehler & Duncan, 2008)은 온라인 멀티플레이어 게임이 협력과 커뮤니케이션 기술을 향상시킨다고 보고한 바가 있다. 또한 스콰이어(Squire, 2003)와 쉐퍼(Shaffer, 2006)는 교육용 게임이 학습자들에게 심층적인 학습경험을 제공하며, 학습목표를 달성하는 데 도움이 된다고 제안하였다. 이러한 연구와 교육 현장에서의 사례를 통해 디지털 게임이 교육 분야에서 유용하게 활용될 수 있는 근거가 제시되고 있는 것이다.

2) 게임 활용의 방법

게임은 교육 분야에서 다양한 방식으로 활용될 수 있으며, 학습자들의 참여도를 높이고 학습목표를 달성하는 데 기여할 수 있는 강력한 도구로 인식되고 있다. 이러한 게임 활용은 교육과 학습 분야에서 혁신적인 접근법으로 자리 잡고 있으며, 다음과 같은 다양한 방식으로 구체화될 수 있다.

게임의 설계 및 만들기　　게임을 만드는 과정을 교수−학습의 일부로 채택하고 그 과정을 통하여 학습을 할 수 있도록 하는 방식이다. 예를 들어, 마인크래프트(Minecraft, https://education.minecraft.net/)는 가상 세계에서 블록을 조작하고 건물을 짓고 자원을 수집하는 게임인데, 학습자들이 창의적인 건설과 문제해결 능력을 키우는 데 사용될 수 있다. 학습자들은 게임 내에서 가상 세계를 조작하고 건물을 짓고 자원을 수집하며 동시에 논리적 사고와 공간 지각 능력을 향상시킨다. 또한 마인크래프트는 학습자들이 자유롭게 가상 세계를 탐험하고 개발할 수 있는 공간을 제공한다. 한 예를 들면, 학습자들은 블록을 사용하여 복잡한 구조물을 건설하고, 생존을 위해 자원을 효율적으로 관리해야 하는데, 이를 통해 문제해결 능력을 향상시키고 창의적인 아이디어를 구현하는 데 필요한 능력을 발전시킬 수 있다. 이러한 활동은 학습자들의 뇌를 자극하고 문제해결 능력을 기를 수 있는 효과적인 방법 중 하나다.

그림 8-28 마인크래프트에서의 학습활동

출처: https://www.educatorstechnology.com/2018/02/minecraft-education-edition-offers.html

또 하나의 게임 만들기 활동으로 스크래치(Scratch)를 들 수 있다. 스크래치는 교육 분야에서 매우 유용하게 활용되고 있는 프로그래밍 학습 도구 중 하나로 학습자들에게 프로그래밍의 기초를 가볍게 익히고 창의적인 프로젝트를 개발하는 기회를 제공한다(https://scratch.mit.edu). 스크래치는 사용자 친화적인 그래픽 사용자 인터페이스를 통해 학습자들이 블록 형식의 코드를 시각적으로 조립하고 프로그램을 만들 수 있게 해 준다. 이로써 프로그래밍 언어에 대한 두려움을 줄이고, 학습자들은 논리적인 사고와 문제해결 능력을 기르면서 동시에 창의적인 프로젝트를 개발할 수 있다. 예를 들어, 학습자들은 자신만의 컴퓨터 게임, 애니메이션, 인터랙티브 이야기 등을 만들 수 있으며 이를 통해 프로그래밍 개념을 학습하고 이를 실제 프로젝트에 적용함으로써 실제적인 기술과 경험을 얻을 수 있다. 한편 스크래치는 학습자들 간의 협력과 공유를 촉진하는데, 커뮤니티를 통해 학습자들은 자신의 작품을 공유하고 다른 학습자들의 프로젝트를 참고할 수 있다. 이러한 협업과 공유는 학습자들에게 자신의 작품을 자랑하고 피드백을 주고받을 수 있는 기회를 제공하며, 학습자 간의 상호작용을 촉진한다.

그림 8-29 스크래치 게임 만들기

출처: https://knilt.arcc.albany.edu/Project-Based_Learning_from_Scratch

교수-학습과정의 일부로 활용　게임은 구체적인 수업의 목표를 달성하기 위한 유용한 도구로 활용될 수 있다. 예를 들어, 수학 수업에서 교사는 학습자들에게 수학 퍼즐 게임을 제공하여 논리적 사고능력과 수학 개념을 함께 강화할 수 있다. 게임은 학습자들이 문제를 해결하고 새로운 개념을 이해하는 데 도움을 주며, 교과 과정의 목표를 달성하기 위한 효과적인 수단으로 활용된다. 아래에 예를 들어 본다.

수학 퍼즐 게임 수업　교사는 논리적 사고능력과 수학 개념을 함께 강화하기 위해 수학 퍼즐 게임을 도입한다. 학생들은 수학 문제를 풀어 레벨을 클리어하는 게임을

		5	x	4	=						
				x							
						x	6	=			
x				=		x					
2	x	6	=				x	10	=	90	
=						=					
18											

그림 8-30 수학 퍼즐 게임

출처: https://www.mathEasily.com

할 수 있고, 이 게임을 교육과정에 통합함으로써 학생들은 활발하게 수학 문제를 해결하면서 더 즐겁게 학습할 수 있다. 게임을 통해 학생들은 논리적 사고능력을 향상하고 수학 개념을 게임을 통해 숙달할 수 있다.

과학 시뮬레이션 게임　과학 수업에서 교사는 실제 과학 실험을 모방한 시뮬레이션 게임을 도입한다. 학생들은 가상 환경에서 실험을 진행하고 데이터를 분석하며 결론을 도출할 수 있다. 이 시뮬레이션 게임은 학생들에게 실험을 직접 수행해 보는 기회를 제공하며 과학 원리를 이해하는 데 도움이 된다. 학생들은 가상 환경에서 실험을 시도하고 실패해도 안전하게 배울 수 있다.

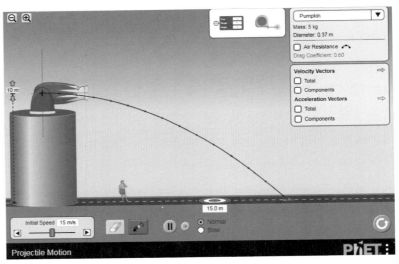

그림 8-31 과학 시뮬레이션 게임

출처: https://www.legendsoflearning.com/

언어 학습 앱　언어 학습과정에서 언어 관련 게임을 포함한 앱을 사용한다. 이 앱은 어휘 퀴즈, 언어 퍼즐, 발음 도전 등 다양한 게임을 제공한다. 언어 학습 앱을 활용하면 학생들은 상호작용적이고 재미있는 방식으로 언어 실력을 향상할 수 있다. 게임을 통해 어휘력, 발음, 이해력을 향상하면서 학습 동기를 높일 수 있다.

그림 8-32 언어 학습 게임

출처: https://www.openpr.com/news/2764864/global-language-learning-games-market-competitive-landscape

　게임을 교수-학습과정의 일부로 통합함으로써 교사들은 학습자들이 학습목표를 달성하는 동안 더욱 높은 참여도와 집중력을 유지하도록 도울 수 있다. 또한 게임은 학습자들에게 즐거운 학습경험을 제공하며, 이러한 긍정적인 경험이 학습 동기와 자신감을 높일 수 있다. 이처럼 게임은 교육과 학습에 다양한 수준에서 효과적으로 통합될 수 있으며, 학습자들의 학습과정을 더욱 흥미롭고 효과적으로 만들어 주는 강력한 도구로 인정받고 있다. 따라서 게임 기반 학습은 교사와 학습자들에게 현대 교육 분야에서 중요한 역할을 하고 있으며, 이를 통해 학습목표를 달성하는 데 도움을 주고 있다.

3) 게임기반학습

　게임기반학습은 교육 분야에서 혁신적인 접근법으로 주목받고 있는 학습방법 중 하나다. 이 방법은 교육적인 목표를 달성하기 위해 게임적인 원소를 활용하는 것을 의미한다. 다양한 연구와 경험을 통해 게임기반학습은 학습자들에게 흥미를 유발하고 참여도를 높이며, 동시에 문제 해결, 의사결정, 협력, 전략 수립 등의 핵심 능력을 개발하도록 도와준다. 게임기반학습의 주요 유형은 다음과 같다(Baek, 2017).

　시뮬레이션 게임　시뮬레이션 게임은 실제 환경을 모방한 가상 환경에서 학습자가 경험을 쌓는 방식으로 학습한다. 의료 시뮬레이션 게임과 같은 학습 도구는 실제 환자와 상호작용하고 진단 및 치료 기술을 연습할 수 있도록 한다. 이러한 게임은 실제 상황에서 필요한 기술을 연습하고 향상시킬 수 있는 효과적인 방법을 제공한다.

퍼즐 및 문제해결 게임   퍼즐 및 문제해결 게임은 학습자의 논리적 사고와 문제해결 능력을 향상시키는 데 중점을 둔다. 이러한 게임은 미로 찾기, 수학 퍼즐, 언어 퍼즐 등을 포함하며 학습자들은 문제를 해결하면서 새로운 개념을 이해하고 습득한다.

롤플레잉 게임   롤플레잉 게임은 학습자들이 특정 역할을 맡아 가상 세계에서 스토리를 진행하는 활동을 포함한다. 역사 시뮬레이션 게임은 역사적 이벤트에 참여하며 역사를 체험하고 이해할 수 있는 기회를 제공한다.

모바일 게임   모바일 게임은 학습자들이 스마트폰 또는 태블릿을 통해 액세스할 수 있는 게임 형식의 학습 도구다. 이러한 게임은 다양한 주제와 학습목표에 맞게 디자인될 수 있다. 모바일 애플리케이션을 활용한 언어 학습 게임은 단어 외우기, 문법 규칙 학습, 문장 구성 연습 등을 게임 형식으로 제공하여 학습자의 휴대성과 흥미를 높여 준다.

게임기반학습은 교사와 학생들 사이에서 긍정적으로 평가되고 있다. 교사들은 게임을 사용함으로써 학습자들의 참여도와 흥미를 높일 수 있으며, 학습내용을 효과적으로 전달할 수 있는 도구로 인식하고 있다. 학생들은 게임을 통해 학습이 더욱 흥미롭고 유익하다고 느끼며, 자신의 학습경험을 긍정적으로 평가하고 있다.

🅰️ 학습과제

1. 디지털 게임이 교육 분야에서 중요한 역할을 하는 이유와 그 영향에 대해 조사하고 간단한 보고서를 작성해 봅시다.

2. 게임기반학습의 다양한 형태와 실제 활용 사례에 대해 조사하고 발표 자료를 작성해 봅시다.

참고문헌

백유미(2020). 초등학생의 로봇 작곡 활동을 통한 음악 프로그래밍에 있어서 성별(Gender) 이 자아 효능감, 즐거움, 역량에 미치는 영향. 음악교육공학, 46, 1-21. http://dx.doi. org/10.30832/JMES.2021.46.1

산업통상자원부(2022. 6.). 이러닝(전자학습)산업 발전 및 이러닝 활용 촉진에 관한 법률(약 칭: 이러닝산업법)

Anwar, S., Bascou, N. A., Menekse, M., & Kardgar, A. (2019). A systematic review of studies on educational robotics. *Journal of Pre-College Engineering Education Research, 9*(2), 19-42. https://doi.org/10.7771/2157-9288.1223

Baek, Y. (2017). *Game-Based Learning: Theory, Strategie sand Performance* Outcomes (Eds.), Nova Science Publishers, Inc.

Baek, Y., & Taylor, K. (2020). Not just composing, but programming music in group robotics. *Music Education Research, 22*(3), 315-330. https://doi.org/10.1080/14613808 .2020.1767558

Baek, Y., & Yogi, J. (2023). Exploring Group Interactions in Educational Robotics. *Intelligent Information Convergence and Future Education, 2*(1), 1-11. http://www. earticle.net/Article/A428952

Baek, Y., Wang, S., Yang, D., Ching, Y.-H., Swanson, S., & Chittoori, B. (2019). Revisiting Second Graders' Robotics with an Understand/Use-Modify-Create (U2MC) Strategy. *European Journal of STEM Education, 4*(1), 07. https://doi.org/10.20897/ejsteme/5772

Cacco, L., & Moro, M. (2014). When a bee meets a sunflower. *In Proceedings of 4th International Workshop Teaching Robotics and 5th International Conference on robotics education* (pp. 68-75).

Chalmers, C. (2018). Robotics and computational thinking in primary school. *International Journal of Child-Computer Interaction*, 93-100.

Data Reportal. "Global Social Media Stats October 2021." Accessed Nov. 22, 2021. https:// datareportal.com/social-media-users

De Michele, S., Demo, G. B., & Siega, S. (2008). A Piedmont SchoolNet for a K-12 Mini-Robots Programming Project: Experiences in Primary Schools. *Autonomous Robots*, 90-99.

Digital Marketing Institute (2021). "Social Media: What Countries Use It Most & What Are

They Using?." Accessed Oct 31, 2021. https://digitalmarketinginstitute.com/blog/social-media-what-countries-use-it-most-and-what-are-they-using

Evripidou, S., Georgiou, K., Doitsidis, L., Amanatiadis, A. A., Zinonos, Z., & Hudson, M.-A., Baek, Y. (2022). Increasing Elementary Students' Computational Thinking Skills Using a Multifaceted Robotics-based Intervention. *Computers in the Schools, 39*(1), 16-40. http://dx.doi.org/10.1080/07380569.2022.2037295

Gee, J. P. (2003). What Video Games Have to Teach Us About Learning and Literacy. *Computers in Entertainment(CIE), 1*(1), 20-20.

Hudson, M.-A., & Baek, Y. (2022). Increasing Elementary Students' Computational Thinking Skills Using a Multifaceted Robotics-based Intervention. *Computers in the Schools, 39*(1), 16-40. http://dx.doi.org/10.1080/07380569.2022.2037295

Hwang, W. Y., & Wu, S. Y. (2014). A case study of collaboration with multi-robots and its effect on children's interaction. *Interactive Learning Environments, 22*(4), 429-443. https://doi.org/10.1080/10494820.2012.680968

Nemiro, J. (2020). Building collaboration skills in 4th-to 6th-grade students through robotics. *Journal of Research in Childhood Education, 35*(3), 351-372. https://doi.org/10.1080/02568543.2020.1721621

Scaradozzi, D., Sorbi, L., Pedale, A., & Valzano, M. (2015). Teaching robotics at the primary school: an innovative approach. *Procedia-Social and Behavioral Sciences, 174*, 3838-3846. https://doi.org/10.1016/j.sbspro.2015.01.1122

Shaffer, D. W. (2006). Epistemic frames for epistemic games. *Computers & Education, 46*(3), 223-234.

Squire, K. D. (2003). Video games in education. *International Journal of Intelligent Simulations and Gaming, 2*(1), 49-62.

Steinkuehler, C., & Duncan, S. (2008). Scientific habits of mind in virtual worlds. *Journal of Science Education and Technology, 17*(6), 530-543.

Taylor, K., & Baek, Y. (2018). Collaborative robotics, more than just working in groups. *Journal of Educational Computing Research, 56*(7), 979-1004. https://doi.org/10.1177/0735633117731382

Xia, L., & Zhong, B. (2019). The investigation of primary school students' cooperative and competitive personality in robotics course. *Proceedings-2019 12th International Conference on Ubi-Media Computing, Ubi-Media 2019*, 336-340. https://doi.org/10.1109/Ubi-Media.2019.00074

Watters, A. (2015, April 10). *Lego Mindstorms: A History of Educational Robots*. Hack Education. http://hackeducation.com/2015/04/10/mindstorms

[참고 사이트]

https://classroom.google.com

https://info.flip.com

https://kahoot.com

https://knilt.arcc.albany.edu/Project-Based_Learning_from_Scratch

https://www.educatorstechnology.com/2018/02/minecraft-education-edition-offers.html

https://www.iberdrola.com/innovation/educational-robots

https://www.legendsoflearning.com/

https://www.mathEasily.com

https://www.openpr.com/news/2764864/global-language-learning-games-market-competitive-landscape

제9장

인공지능의 활용

이 장에서는 20세기 중반의 이론적 개념에서 시작하여 21세기 뛰어난 컴퓨팅 기술과 정교한 알고리즘의 출현으로 기하급수적인 발전을 해 온 인공지능에 대해 다룬다. 첫 번째 절에서 인공지능의 개념 및 기본 원리와 학습에서의 역할을 알아보고, 두 번째 절에서는 빅 데이터의 개념을 이해하고 교육적 맥락에서 인공지능의 활용에 대해서 탐구한다. 세 번째 절에서는 챗봇의 개념과 학습환경 내에서 챗봇의 활용에 대해서 살펴본다. 이어서 챗봇에 대해서, 그리고 학습환경 내에서 챗봇을 어떻게 활용할 수 있는지를 살펴본다. 마지막으로, 메타버스의 개념과 특성, 교육적 활용, 그리고 메타버스를 수업에 활용한 사례들을 살펴본다.

1. 인공지능의 이해

이 절에서는 인공지능의 개념을 알아보고 인간과 인공지능의 차이점을 이해하고 인공지능과 관련된 잠재적 위험과 긍정적 및 부정적 영향을 알아본다. 또한, 인공지능이 교육 및 학습 분야에 미치는 영향에 대해 살펴본다.

1) 인공지능의 개념 및 영향

(1) 인공지능의 개념

인공지능(artificial intelligence)은 기계, 특히 컴퓨터 시스템에 의한 인간의 지능 과

그림 9-1 인공지능

정을 시뮬레이션하는 것이라고 말할 수 있다. 즉, 인공지능은 인간의 지능을 모방하는 것인데, 인공지능을 이해하기 위해서는 먼저 인간의 지능이 무엇이고 어떤 능력을 지능이라고 하는가를 살펴볼 필요가 있다.

사전적인 의미의 지능은 "새로운 대상이나 상황에 부딪혀 그 의미를 이해하고 합리적인 적응 방법을 알아내는 지적 활동의 능력"으로 정의된다(위키백과). 인간의 지능을 구성하는 요소는 논리력, 이해력, 인과관계 파악 능력, 계획력, 창의력, 문제해결 능력 등 매우 다양하며, 이러한 요소들이 복합적으로 합쳐져서 지능을 구성한다. 이러한 요소들은 공통적으로 다음과 같은 특징을 지닌다(위키백과, https://ko.wikipedia.org/wiki/지능).

- 지능은 적응적(adaptive)이다. 지능은 다양한 상황과 문제에 융통성을 갖고 반응하는 데 사용된다.
- 지능은 학습능력(learning ability)과 관련이 있다. 특별한 영역에 지적인 능력을 가진 사람은 그렇지 아니한 사람보다 더 신속하게 새로운 정보를 처리할 수 있다.
- 지능은 새로운 상황을 효과적으로 분석하고 이해하기 위해 선행 지식을 활용

(use of prior knowledge)하는 것이다.

- 지능은 여러 가지 다른 정신 과정들의 복잡한 상호작용과 조정을 포괄한다.
- 지능은 문화특수적(cultural specific)이다. 한 문화에서 지적인 행동이 반드시 다른 문화에서 지적인 행동으로 간주될 필연성을 갖지 않는다. 즉, 지능은 보편적이지 않다.
- 지성은 감정과는 독립하여 사고하는 기능이다.

지능은 학업성취와 같이 개인이 실제로 학습한 것과는 다르며 반드시 영구적이고 변하지 않는 것이 아니라 지능은 경험과 학습을 통해 변화될 수 있다(Ormrod, 2011).

앞과 같은 배경으로 인공지능을 다시 기술하면 인공지능은 기계, 특히 컴퓨터 시스템에 의한 인간의 지능의 과정을 시뮬레이션하는 것이다(Russel & Norvig, 2016). 인공지능은 "지능적인 인간의 행동을 모방하는 기계의 능력"이라(Barber, 2018)고 정의할 수 있다. 따라서 인공지능은 컴퓨터와 소프트웨어를 활용하여 인간이 행하는 문제 해결 및 의사결정 능력을 모방하고자 하며 인간적으로 행동하고, 인간적으로 생각하고, 이성적으로 행동하고, 이성적으로 생각하는 것들을 성취하고자 한다(Russell, 2022).

(2) 인간지능 대 인공지능

인간의 지능과 인공지능은 서로 다른 형태의 지능이다. 최근 몇 년 동안 인공지능의 분야에서 많은 연구와 적용을 하려는 노력이 이루어졌다. 인간의 지능은 문제 해결, 의사결정, 그리고 학습과 같은 인지적 과제를 수행하는 인간의 정신적인 능력을 포함하는 반면에 인공지능은 일반적으로 인간의 지능을 필요로 하는 부분에서 컴퓨터의 소프트웨어를 적용하며 이미지를 인식하거나, 자연어를 처리하거나 또는 일부의 의사결정에 이용되어 왔다.

인간의 지능과 인공지능의 차이는, 특히 이미지 인식 분야에서 주목할 수 있는데, 인간은 이미지가 부분적으로 가려지거나 다른 각도에서 촬영된 경우에도 높은 정확도로 이미지의 객체를 인식할 수 있다(Fei-Fei, 2007). 이에 대조되어, 인공지능 시스템은 이미지를 인식하는 데 인간의 능력을 따라잡지 못한다. 현재로서도 인간과 유사한 결과를 얻기 위해 인공지능은 많은 양의 데이터와 계산 능력을 필요로 한다

표 9-1 인공지능과 인간지능의 비교

인간지능이 가능한 것	인간/인공지능이 모두 가능한 것	인공지능이 가능한 것
• 상식을 적용 • 지식을 새로운 경험으로 쉽게 전이 • 몇 가지의 예를 통해서도 학습이 가능 • 추상적으로 생각 • 의미를 이해	• 경험을 통해 배우기 • 의사결정 • 예측하기 • 프로세스 언어 • 객관적으로 표현하기 • 문제 해결	• 즉각적이고 정확한 컴퓨팅 • 많은 양의 데이터와 알고리즘을 사용하여 학습 • 방대한 양의 데이터를 즉시 처리 • 몇 초 만에 대량의 데이터 분석

(Krizhevsky et al., 2012). 인간의 지능과 인공지능 사이의 차이점의 또 다른 예는 자연어 처리 영역에서 찾을 수 있다. 인간은 모호성과 문맥 의존적 의미가 존재하는 경우에도 상당한 정확성으로 자연어를 이해하고 생성할 수 있다(Fodor, 1983). 반면, 인공지능은 자연어를 이해하고 생성하는 데 상당한 진전을 이루었지만, 관용적 표현과 비유적 언어를 이해하는 것과 같은 작업에 여전히 어려움을 겪고 있다(Liu, 2018). 이를 〈표 9-1〉에 정리하여 제시하였다(Kent, 2022).

앞의 설명과 비교에서 알 수 있듯이 인공지능은 프로그래밍을 통하여 다음과 같은 인지 기술을 달성하고자 노력한다.

- **학습**(learning): 인공지능의 학습 측면은 데이터를 획득하고 이를 실행 가능한 정보로 전환하는 방법에 대한 규칙을 만드는 데 중점을 둔다. 알고리즘이라고 불리는 이 규칙은 컴퓨팅 장치에 특정 작업을 완료하는 방법에 대한 단계별 지침을 제공한다.
- **추리**(reasoning): 인공지능은 추리를 하고 원하는 결과에 도달하기 위해 올바른 알고리즘을 선택하는 데 초점을 맞춘다.
- **자기 교정**(self-correction): 인공지능은 자기 교정을 하기 위해 알고리즘을 지속적으로 미세적으로 조정하고 가능한 가장 정확한 결과를 제공하고자 노력한다.
- **창의력**(creativity): 인공지능은 신경망, 규칙 기반 시스템, 통계적 방법 및 기타 기술을 사용하여 새로운 이미지, 새로운 텍스트, 새로운 음악 및 새로운 아이디어를 생성하고자 노력한다.

(3) 인공지능의 위험 요소 및 긍정적·부정적 영향

인공지능은 매우 특별한 소프트웨어 또는 응용 프로그램으로 여러 측면에서 인간에게 긍정적·부정적인 영향을 미치고 있다.

우선 인공지능이 개인과 사회 전반에 미치는 수많은 긍정적인 영향을 살펴본다. 인공지능은 다양한 산업에서 효율성, 정확성 및 자동화와 같은 많은 편리함과 생산성을 높여 주고 있다. 의료 분야에서 인공지능을 활용한 진단 도구는 의료 영상을 분석하고 의사가 질병을 조기에 식별하는 데 도움을 줄 수 있으며, 인공지능 로봇은 반복 작업을 수행하고 사람의 실수 위험을 줄임으로써 생산성을 높일 수 있다. 인공지능은 또한 자연 재해를 예측하는 데 도움을 줄 수 있어, 생명을 구하고 재산 피해를 줄일 수 있으며, 경영의 관점에서 인공지능 시스템은 재무 예측에 도움이 되고, 회사가 더 나은 결정을 내리고 수익을 높이는 데 도움이 될 수 있다.

하지만 일반인들은 인공지능이 인간의 지능을 능가하여 인간을 위협할 것이라는 우려하고 있으며 위험하다고 느끼고 있다. 지적되고 있는 주요 위험 요소 중 하나는 현재 인공지능을 사용하는 카피라이터에게 일어나고 있는 것처럼 자동화가 더 보편화됨에 따라 실직을 할 수도 있다는 것이다. 한편 인공지능 시스템의 안전성과 신뢰성에 대한 우려도 있으며, 특히 자율 주행 차량 및 군사 시스템과 같은 중요한 애플리케이션에서 이런 우려는 크게 나타나고 있다. 인공지능 시스템은 사이버 공격과 잘못된 정보를 퍼뜨리는 데 악용될 수 있으며, 이는 보안에 위협을 가할 수도 있다.

앞에서의 위험 요소 이외에도 부정적인 영향이 뒤따를 수 있다. 대부분이 인공지능을 도입하면서 의도하지는 않았지만 인공지능 기술의 결과로서 나타나는 부정적인 영향인데, 예를 들면 경제적·사회적·윤리적인 측면에서 좋지 않은 결과를 초래할 수 있다는 점이다. 인공지능을 기반으로 하는 기업의 소유주들 사이에서 경제적 불평등의 증가와 부의 집중이 한 예다. 또한 인공지능 시스템이 더욱 발전하고 자율화됨에 따라, 인공지능에 활동이나 행동에 대한 통제력과 책임감의 상실에 대한 우려가 있다. 게다가 인공지능은 많은 양의 개인 데이터를 수집, 저장 및 분석할 수 있으므로 사생활을 침해할 가능성도 존재한다. 마지막으로, 아마도 가장 위협적일 수 있는 것은 자율적 무기 및 기타 보안 위협과 같은 윤리적 문제를 야기할 수 있는 군사 응용 프로그램에서 인공지능을 오용하는 것이다.

2) 교수–학습에서의 인공지능

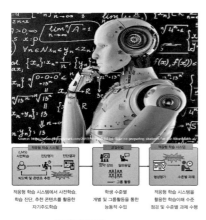

그림 9-2 로봇 학습

인공지능의 가장 유망한 사용 중 하나는 인간의 지능을 지원하거나 증강하는 것이다. 인간처럼 학습하고 의사결정을 할 수 있는 컴퓨터화된 시스템을 개발하는 것이 인공지능 기술의 최종적인 목표이기 때문에 인간이 학습하고 결정을 내리는 데 사용될 수 있다는 것은 당연한 것이기도 한다. 인공지능은 개인화된 학습경험을 만들고, 학생들에게 개인 튜터를 제공하고, 협업 학습을 촉진하고, 동료 학습(Peer-to-Peer Learning)을 가능하게 하는 혁신적인 교육 및 학습방법을 제공함으로써 교육에 혁명을 일으킬 수 있는 잠재력을 가지고 있다.

개인화된 맞춤형 학습 차별화된 교육, 개인화된 학습, 학생들에게 '목소리와 선택권'을 제공하는 것은 모두 인공지능이 지원하기에 적합할 수 있는 개념이다. 교실에서 개별 학생들에게 개인화된 학습 경로를 제공하는 것은 교육 연구에서 항상 초미의 관심을 끌고 있는 주제이지만, 많은 학생들의 교육과정을 감독하는 한 명의 교사에게는 기대하기 어려운 것이기도 하다. 교실의 수업에서 모든 학생들에게 개별화된 학습 경로를 만드는 것은 교사 혼자서 처리하는 것이 거의 불가능하다. 그러나 인공지능을 도입한 반응형(responsive) 학습 시스템이 해결책으로 작용할 수 있다.

반응형 학습 시스템은 새로운 개념은 아니다. 예를 들어, 오래전의 플레이토(PLATO) 시스템은 형성적 평가에 대한 결과를 기반으로 개개인의 학생에게 할당할 수 있는 커리큘럼의 한 일부인 플렉스 과제(Flex Assignments)를 사용한 적이 있다. 형성적인 시험에서 특정 수학 개념과 씨름하는 학생에게는 이미 마스터한 주제를 반복하지 않고 어려움을 겪는 것으로 나타난 개념을 마스터하는 데 집중할 수 있도록 설계된 보다 유연한 과제가 할당될 수 있다(Edmentum, 2020). 그러나 이 시스템은 학생 개개인에게 특별하게 주어지는 교육의 내용을 수동으로 할당하였다. 수년 전에 칸 아카데미(Khan Academy)에서는 패턴 인식 및 예측 추론을 사용하여 웹 사이트에서 학습자의 이전 활동을 기반으로 비디오로 시청하게 한 과제를 학습자에게 추천하는 알고리즘을 도입한 바가 있다. 이러한 비디오 과제는 학습자 대시보드에 표시되었으며 넷플릭스 및 유튜브에서 볼 수 있는 것과 같이 다른 콘텐츠를 추천하는 알고리즘과 비슷한 방법을 사용하였다. 현재 인공지능의 기술을 적용하면, 교사의 직접적인 참여 없이도 교실에서 학습자의 고유 관심사, 능력 및 필요에 따라 학습자에게 교육 내용을 자동으로 할당할 수 있으며 이것은 교사가 각 학생들의 관심사와 기술에 근거하여 수업을 '처방'할 필요 없이 독립적으로 부여되는 커리큘럼으로 학생들을 지원할 수 있다.

개인 교사(personal tutor)   개인화된 맞춤형 학습 시스템과 유사하게 개인화된 튜터링 시스템(TutorBot, 2021)을 활용하여 학생들의 고유한 학습 요구에 대응할 수 있다. 과거에 전형적으로 학습자의 이전 행동이나 형성적 평가에 입각하여 조언이나 더 나은 학습을 위한 조치를 해 주는 개인화된 학습 시스템과는 달리, 인공지능 기반의 튜터링 시스템은 일반적으로 더 즉각적인 질의응답 시스템을 수반하며, '챗봇'의 형태로 나타나기도 한다. 학습자가 문의한 내용과 요청 사항을 대화상자에 입력하면 인공지능 시스템이 자연어 처리를 이용해 응답한다. 이런 시스템은 학습자에게 특정 학문적 주제를 탐색하는데 활용될 뿐만 아니라 대학 지원과 같은 상황을 탐색하는 데 활용되기도 한다.

동료 학습(Peer-to-Peer Learning)   지원 협력 학습 및 일부 튜터링 시스템과 유사하게 동료 학습을 지원하기 위한 사회화 과정을 포함하고 있다. 이것은 밴듀라(Bandura)가 1977년에 제안한 사회적 학습이론(Social Learning Theory)과도 관련되어 있는데, 사회적 학습이론은 학습에 있어서 다른 사람들의 행동, 태도, 정서적 반응을 관찰하고 모델링하고 모방하는 것이 중요하게 작용한다는 것을 강조한다. 즉, 학습에 있어서 개인적이고 인지적 요인과 함께 사회적이며 환경적 요인이 인간의 학습과 행동에 영향을 미치고 있음을 강조한다(Mcleod, 2016). 인공지능은 학생들에게 지식을 공유하고 서로 협력할 수 있는 온라인 포럼 및 토론 게시판을 분석하여 동료 학습을 촉진하는 데 사용될 수 있다. 예를 들어, 튜터링 사이트에서 두 명의 학생이 어느 문제에 대해 대화하고 있는 내용을 분석하여 교사에게 어떤 제안을 할 수도 있다.

지능형 가상현실(Intelligent Virtual Reality) 인공지능은 가상현실과 함께 사용될 수 있으며, 인간이 자연스러운 맥락에서 가상 세계와 상호 작용하는 경험을 향상시킨다. 예를 들어, 학생들은 가상현실 속에서 운전 연습을 할 수 있다. 인공지능은 데이터를 수집하고, 학생의 행동으로부터 학습하여 학생의 기반으로 그에 적절한 과제를 제공할 수 있다. 이것은 인공지능 프로그램이 학생들의 요구에 적응적으로 대처하여 학습의 효과를 극대화할 수 있게 한다.

인공지능은 교육내용의 제공 방식에 상당한 영향을 미칠 수 있다. 이를 이용하여 교사와 관리자가 학생들의 요구를 더 잘 이해하고 지원할 수 있을 뿐만 아니라 더 개인화된 효과적인 학습경험을 제공할 수 있다.

> ### 학습과제
>
> 1. 인공지능이 교육 분야에서 어떤 영향을 미치는지 서술해 봅시다.
>
> 2. 인공지능의 잠재적 위험과 긍정적 · 부정적 영향에 관해 서술해 봅시다.
>
> 3. 챗봇의 개념과 학습환경 내에서의 활용 방법에 대해 서술해 봅시다.

2. 빅 데이터의 이해와 활용

빅 데이터는 다양한 디지털 플랫폼을 통해 생성되는 데이터가 기하급수적으로 증가하는 디지털 시대와 함께 등장했다. 이 절에서는 빅 데이터의 기본 개념과 특징, 활용 방법에 대해 알아보고 교수-학습에서의 빅 데이터의 역할을 탐구한다.

1) 빅 데이터의 이해

(1) 빅 데이터의 개념

빅 데이터는 지속적으로 증가하는 크고 다양한 정보 집합을 의미한다. 여기에는

빅 데이터의 다양화

정보의 양(Volume), 정보가 생성되고 수집되는 속도(Velocity), 그리고 다루는 데이터 지점의 다양성(Vareity) 또는 범위가 포함된다. 빅 데이터는 데이터를 발굴(mining)하여 만들어지게 되며 여러 형식으로 전달되는데, 구조화(정형), 비구조화(비정형) 및 반구조화(준정형) 정보의 대규모 세트로 구성된다.

빅 데이터의 특성상 기존의 데이터 처리 소프트웨어로 처리하기에는 많은 무리가 따른다. 따라서 빅 데이터의 문제를 해결하기 위한 새로운 도구들과 새로운 분야가 생겨나게 되었다. 빅 데이터에서의 '빅'이란 단어 때문에 과연 어느 정도의 크기가 되어야 '빅'이라고 말할 수 있는가의 의문이 생기는 데 일반적이다. 그러나 '빅 데이터'라는 용어는 특정한 양의 데이터를 지칭하지 않는다. 즉, 데이터의 양을 '빅 데이터'로 분류해야 하는 나타내는 명확한 경계가 없다. 그러나 일반적으로 너무 커서 더 이상 기가 바이트로 측정할 수 없는 데이터의 양을 나타낸다고 보면 된다. 때문에 '빅 데이터'는 데이터 처리에 사용되는 기존 소프트웨어와 하드웨어가 더 이상 사용할 수가 없을 정도의 복잡한 데이터 양을 말한다. 한편 이러한 데이터가 인터넷 사용자의 의사소통이나 소비자 행동과 같은 개인 정보도 참조할 수 있다는 사실을 고려할 때, 데이터를 수집하고 평가할 때 잠재적인 인권 문제를 야기할 수도 있다.

빅 데이터는 구조화, 반구조화, 또는 비구조화된 데이터로 분류될 수 있다. 구조화된 데이터는 전통적인 데이터로 구성되어 있고 데이터의 형식적인 구조를 준수한다. 예를 들면, 날짜, 시간, 금액 등이 포함된 은행 명세서 등이다. 이 유형의 데이터는 데이터베이스와 스프레드시트에서 조직이나 기관에서 이미 관리하는 정보로 구성되며, 종종 숫자로 표시된다. 비구조화된 데이터는 체계화되지 않은 정보이며 미리 정해진 모델이나 형식에 속하지 않는데, 조직화된 데이터가 아니며 관계형 데이터베이스의 행과 열 구조에 맞지 않는다. 예를 들면, 텍스트 파일, 전자 메일, 이미지, 비디오, 음성 메일, 오디오 파일 등이다. 반구조화된 데이터는 기존 방식으로 캡처되거나 포맷되지 않은 데이터를 말한다. 반구조 데이터는 고정 스키마가 없기 때문에 테이블 데이터 모델 또는 관계형 데이터베이스의 형식을 따르지 않으나 데이터는 완전히 원시적이거나 비정형적이지 않으며 태그 및 조직 메타데이터와 같은 일부 구조적 요소를 포함하여 분석이 비구조화된 데이터보다는 용이하다. 반구조화 데이터의 장점은 구조화 데이터에 비해 유연하고 확장이 간단하다는 것인데, 예를 들면, HTML 코드, 그래프 및 테이블, 전자 메일, XML 문서로서 객체 지향 데이터베이스에서 흔히 볼 수 있다.

빅 데이터는 소셜 네트워크 및 웹 사이트에서 공개적으로 공유된 의견, 개인 전자 제품 및 앱에서 자발적으로 수집된 의견, 설문지, 제품 구매 및 전자 체크인을 통해 수집할 수 있다. 또한 스마트 장치에 센서 및 기타 입력 정보가 있으면 광범위한 상황 및 상황에 걸쳐 데이터를 수집할 수도 있다. 이렇게 수집되거나 축적된 빅 데이터는 대부분 컴퓨터 데이터베이스에 저장되며 대규모의 복잡한 데이터 세트를 처리하도록 특별히 설계된 소프트웨어를 사용하여 분석된다. 빅 데이터의 원천(source)는 다

표 9-2 데이터의 분류

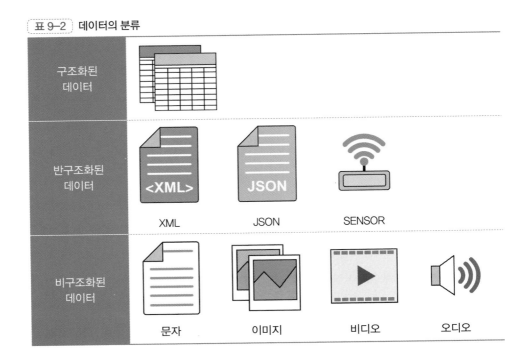

구조화된 데이터			
반구조화된 데이터	XML	JSON	SENSOR
비구조화된 데이터	문자	이미지	비디오 오디오

음과 같이 다양하다.

- 모바일 인터넷
- 소셜미디어
- 클라우드 컴퓨팅
- 중요 데이터 측정 사이트
- 미디어 스트리밍 등등

한편 빅 데이터는 수집된 데이터만을 지칭하는 것이 아니라 데이터를 처리하고 분석하여 정보를 얻어내는 것을 지칭하기도 한다. 즉, 데이터 속에서의 패턴과 관계를 찾고 이를 올바른 맥락에서 해석하는 것을 빅 데이터라고 지칭한다는 것이다. 이렇게 하는 데 있어 가장 큰 어려움 중 하나는 엄청난 양의 데이터를 처리해야 하는 것, 변화하는 속도에 어울리게 실시간으로 수집, 저장 및 처리해야 하는 것, 그리고 다양한 정보를 의미 있게 구성하는 것 등이라고 할 수 있다.

앞에서 기술된 빅 데이터의 주요 요점을 정리하면 다음과 같다.

- 빅 데이터는 점점 더 점점 더 빠른 속도로 전달되고 많은 양의 다양한 정보를 제공한다.
- 빅 데이터는 구조화(숫자로 구성되고, 쉽게 삭제 및 저장됨)되거나 비구조화(자유형화, 수량화)될 수 있다.
- 빅 데이터는 설문지, 제품 구매 및 전자 체크인을 통해 소셜 네트워크 및 웹 사이트에서 공개적으로 공유된 의견, 개인 전자 제품 및 앱에서 수집될 수 있다.
- 빅 데이터는 대부분 컴퓨터 데이터베이스에 저장되며 대규모의 복잡한 데이터 세트를 처리하도록 특별히 설계된 소프트웨어를 사용하여 분석된다.

(2) 빅 데이터의 특성

사용 가능한 데이터 양이 증가하는 것은 우리에게 유익하게 이용할 수 있는 기회를 주기도 하지만 여러 가지 문제를 지니고 있기도 하다. 기업에서 일반적으로 고객(및 잠재 고객)에 대한 데이터를 더 많이 확보하면 기업은 최고 수준의 만족도를 창출하고 영업을 하기 위해 제품 홍보 및 판매의 노력을 더 잘 조정할 수 있게 될 것이다. 많은 양의 데이터를 수집하는 기업은 모든 이해관계자의 이익을 위해 더 깊고 풍부한 분석을 수행할 수 있는 기회를 갖게 된다. 한편, 오늘날 개인이 사용할 수 있는 개인 데이터의 양이 증가함에 따라 기업은 이 데이터를 보호하기 위한 조치를 취하는 것이 중요하게 되었다. 개인의 정보보호는 오늘날 온라인 세상에서 뜨거운 논쟁거리가 되었다. 또한 빅 데이터는 과부하와 잡음을 발생시켜 유용성을 감소시킬 수도 있는 문제를 발생시키고 있으며, 또한 여러 종류의 데이터 특성과 형식은 작업을 수행하기 전에 특별한 처리가 필요할 수 있다. 즉, 숫자 값으로 구성된 구조화된 데이터를 쉽게 저장하고 정렬할 수 있으나 전자 메일, 비디오 및 텍스트 문서와 같은 비정형 데이터는 유용하게 만들기 위해서는 더욱 정교한 기술을 적용해야만 한다.

빅 데이터의 특징은 빅 데이터의 다섯 가지 V로 알려진 것으로 가장 잘 설명할 수 있다.[1]

볼륨(Volume)　　볼륨은 빅 데이터의 크기와 양을 나타내는데, 수백만 개의 다양한 리소스에서 빅 데이터가 수집된다. 처리되기 전에 수집되는 빅 데이터는 대개 밀도가 낮고 구조화되지 않은 데이터들이다. 최근의 빅 데이터는 클라우드 컴퓨팅, 모바일 컴퓨팅 등으로 인해 주로 많이 발생한다. 처리하는 컴퓨터의 성능에 따라 볼륨이 결정되기도 하지만 다양하고 수많은 정보 전송의 소스 때문에 그 양은 방대하게 된다.

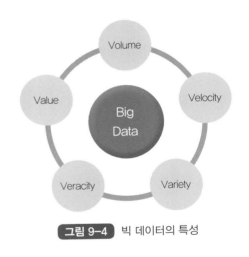

그림 9-4 빅 데이터의 특성

속도(Velocity)　　속도는 데이터가 얼마나 빨리 생성되고 얼마나 빨리 이동하는지를 설명한다. 속도는 휴대전화, 소셜미디어, 네트워크, 그리고 서버 등에서 서로 다르

---

1) https://www.simplilearn.com/5-vs-of-big-data-article

게 되는데, 정보가 지속적으로 어떻게 흐르는지도 설명한다. 예를 들어, 네트워크에 연결된 센서가 있는 웨어러블 기술을 사용하면 착용한 사람으로부터 계속해서 데이터가 발생하는 대로 소스에 전달된다. 수백만 개의 장치가 동시에 오랫동안 이러한 동작을 수행하기 때문에 볼륨과 속도는 빅 데이터의 두 가지 주요 특성이 된다.

또한 속도는 원시적인 빅 데이터가 얼마나 빠르게 유용하게 이용될 수 있는 정보로 전환되는지에 영향을 미친다. 경영 분야이든 또는 의료 분야이든 실행 가능한 정보를 빨리 얻고 그에 따라 행동을 바로 취하는 것은 매우 중요하다. 의료 산업과 같은 분야에서는 환자의 건강을 위해 환자 모니터링을 통해 수집된 의료 데이터를 신속하게 분석하는 것이 생명에 관계되기 때문이다.

다양성(Variety)   다양성은 데이터 유형과 데이터 소스의 다양성을 말한다. 빅 데이터 정보는 방대한 양의 소스에서 추출되며, 모든 소스가 동일한 수준의 가치 또는 관련성을 제공하는 것은 아니다. 이미 설명되었듯이 소스에서 추출한 데이터는 구조화, 반구조화, 그리고 비구조화된 데이터의 세 가지 유형이 있다. 유형에 따라 추가 평가 및 분석이 필요한 것도 있고 바로 사용할 수 있는 준비가 되어 있는 데이터도 있다.

진실성(Veracity)   진실성은 데이터의 정확성과 품질을 설명한다. 데이터는 다양한 소스에서 추출되기 때문에 정보에는 불확실성, 오류, 중복성, 격차 및 불일치가 있을 수 있다. 분석가가 정확도에 문제가 있는 데이터 세트를 얻는 것은 바람직하지 않다. 결함이 있는 데이터가 너무 많으면 데이터 분석과 결과에 오류나 오해가 발생할 소지가 있다. 반면, 빅 데이터의 양이 부족하면 불완전한 정보가 발생할 수 있다. 진실성은 데이터에서 편견, 불일치, 결함, 그리고 더 중요한 것은 가치가 없는 중복을 제거하는 데 집중하는 것을 의미한다.

가치(Value)   가치는 빅 데이터의 마지막 특성이지만, 결코 덜 중요한 것은 아니다. 빅 데이터를 수집 분석하는 것은 궁극적으로 그 속에서 가치를 추출하기 위한 것이기 때문에 분석가들이 이러한 대량의 데이터를 분석하는 목적에 부합되도록 활용 가능한 데이터로 전환할 수 없는 한 무용지물이 될 수도 있다. 이러한 맥락에서 가치는 빅 데이터가 제공할 수 있는 잠재적 유용성을 의미하며 처리된 데이터로 기관의 분석가가 수행할 수 있는 분석 작업과 직접적인 관련이 있다. 빅 데이터에서 더 많은 가능성에 대한 통찰력을 얻을수록 빅 데이터의 가치는 더 높아진다.

(3) 빅 데이터의 활용

빅 데이터는 사회의 여러 분야에서 응용되고 있어 우리에게 편리하면서도 질 높은 삶을 추구할 수 있도록 도와준다. 우리가 무심코 사용하는 매우 단순하고 일상적인 응용 프로그램도 빅 데이터 기술을 기반으로 하는 것들이 많다. 우리가 쉽게 물건을 사기 위해서 온라인 몰에서 어떤 물건을 검색할 때 관련된 상품을 보여 준다든지 다른 고객들은 그 상품과 함께 어떤 추가 제품을 구입했는지 알려 주는 서비스 등은 모두 빅 데이터를 활용함으로써 가능한 서비스다.

빅 데이터를 통해 유용한 정보를 활용하는 분야들의 대표적인 예를 들면 다음과 같다.

- **의학 연구**: 많은 양의 데이터를 평가함으로써, 의사들은 환자들을 위해 가능한 최고의 치료 방법과 치료 계획을 만들 수 있다.
- **제조업체**: 기업은 생산 설비의 데이터를 모니터링하여 생산의 효율성과 지속 가능성을 높일 수 있다.
- **경영 분야**: 빅 데이터를 통해 기업은 고객을 파악하고 고객의 요구 사항에 더 잘 부합할 수 있다.
- **에너지 분야**: 에너지 소비를 개별적인 용도에 맞게 조정하려면 사용량 비율을 알아야 할 것이다. 빅 데이터는 사용자의 데이터를 오랜 기간에 걸쳐 수집하여 장기적으로 보다 지속 가능한 에너지 공급을 계획할 수 있다.
- **마케팅**: 마케팅 측면에서 빅 데이터는 종종 잠재 고객층을 선별하는 데 사용된다.
- **테러 및 범죄 예방**: 전 세계의 정부와 국방부는 테러와의 전쟁에서 그들의 노력을 지원하기 위해 빅 데이터를 사용하고 있으며 사물 인터넷(IoT, Internet of Things)의 기술과 함께 경찰과 사법부의 수사를 더 쉽게 도와준다. 즉, 범죄를 발견하고 감시하는 시스템을 제공함과 동시에 수사관들이 범죄 동향을 분석할 수 있게 해 경찰이 언제 어디서 강력범죄가 발생할지 예측하고 이를 예방할 수 있는 자원을 확보하는 데 도움을 준다.

빅 데이터의 사용에 비판적인 관점도 존재한다. 이 중 가장 큰 주목을 맡는 것은 역시 개인 정보의 유출에 의한 사생활 침해다. 데이터 보호 활동가들과 시민 단체들은 개인들이 창출한 데이터의 수집과 이를 근거로 하여 거꾸로 개인들이 마켓팅의 대상이 되는 것 등을 개인의 사생활 침해라 보고 있다. 또 다른 논란의 여지가 있는 문제는 일부 기업이 이러한 데이터에 대해 보유하고 있는 독점적인 권한이다. 기업 활동 등으로 인하여 얻게 된 빅 데이터의 통제권으로 인하여 막대한 이익을 얻을 수 있는 이 모든 잠재력은 구글과 같은 거물들이 주도권을 잡을 수 있는 환경을 만든다. 대형 검색 엔진 공급업체가 주도하는 이러한 권력 독점은 널리 비판받고 있다. 데이터를 보호하고 익명화하기 위한 명확한 규칙과 규정 없이는 남용할 가능성을 완전히 배제할 수 없다. 이러한 비판에도 불구하고 기술이 올바르게 구현된다면 빅 데이터는 매우 유용할 수 있다. 빅 데이터의 힘이 없었다면 암 연구의 중요한 성과는 불가능했을 것이며 전력 공급 및 교통 시스템에서 수집된 데이터를 분석하여 서비스 구조를 최적화하는 것도 힘들었을 것이다. 따라서 책임 있는 빅 데이터의 사용이 중요하며 빅 데이터 프로젝트의 목표를 잃지 않으면서도 개인의 권리가 존중되도록 하여야 할 것이다.

2) 교수-학습에서의 빅 데이터

빅 데이터는 교육의 여러 측면에 상당한 변화를 가져오고 있다. 이 변화 중에서 가장 중요한 것은 교육 시스템을 모니터링하는 능력일 것이다. 교육에서 빅 데이터가 어떻게 생성되고 있는 예를 들어 보기로 한다. 학생들은 매일 많은 양의 데이터를 생성하고 있는데, 이 데이터는 다양한 원천에서 나온다. 예를 들어, 일부 강사들은 소셜 네트워크에 적용되는 앱을 교육과정의 운영에 통합하고 있다. 학생들의 블로그를 살펴보고, 특정 과목에 얼마나 관심이 있는지 측정한다. 이러한 시스템을 통하여 특정 강사의 강의가 학생들에게 얼마나 효과적이었는지를 측정한다.

빅 데이터가 교육에 미치는 중요한 영향 중의 하나는 학습 관리 시스템이다. 교사들은 자동화된 프로그램을 사용하여 온라인에서 수집된 정보를 사용하여 과제와 테스트를 작성할 수 있으며 이 과정은 모두 자동화되어 있다. 이런 것들은 빅 데이터가 현재의 교육 시스템에 미치는 긍정적인 영향일 것이다. 그러나 교육에서 빅 데이터를 처리하고 사용할 기술이 부족하다거나 소프트웨어의 부족 및 인터넷의 보급률과 속도 등은 빅 데이터의 수집 분석 활용을 더디게 하는 요소이기도 하다. 또한, 빅 데이터 분석은 교육과정의 투명성, 학습자와 교육자 모두에 대한 가치, 비용 및 개방성과 같은 많은 요소에 따라 달라지게 될 것이다. 빅 데이터는 계속 발전하고 있는 분야인 만큼 교육에의 영향력과 그 사용은 여전히 연구되고 있다.

빅 데이터 기술이 오늘날의 학습환경을 변화시키고 있는 양상과 교육과 학습의 미래를 개선할 수 있는 잠재력을 중심으로 살펴보고자 한다.

첫째, 맞춤형 커리큘럼의 구성과 제공

빅 데이터 기술은 디지털 학습 및 맞춤형 커리큘럼과 같은 새로운 교육 모델의 출현을 지원하고 있다. 디지털 교실에서 교사들은 빅 데이터 기술을 사용하여 학생들에 대한 정보를 수집하고 맞춤형 학습 계획을 개발한다. 개개 학생을 위한 학습 경로를 관리하는 역할을 담당하는 교사들에게 특히 유용하다. 전통적인 커리큘럼은 개개 학생들의 학업성취도와는 관계없이 모든 학습자에게 일관되게 적용되는 학습 계획으로 구성된다. 그러나 빅 데이터 시스템의 도움으로 이제는 기존의 교실과 온라인 학습을 통합하는 혼합된 학습 프로그램을 구현할 수 있다. 이를 통해 최적의 속도로 학습을 진행하면서 목표를 효율적으로 성취할 수 있게 되었다.

둘째, 학습과정의 모니터링

교육이 표준화되고 교육의 기술이 발전함에 따라, 빅 데이터 시스템은 교사들이 인간의 행동을 더 잘 이해하고 새로운 결론을 형성하는 데 도움을 준다. 결과적으로, 교육의 최신 동향과 빅 데이터 분석을 이해하는 것이 교사들에게 점점 더 중요해지고 있다. 교사들은 학습에 있어서의 문제를 파악하기 위해 표준화된 테스트에 의존하는 대신 빅 데이터 기술을 사용하고, 적응형 학습 기술을 사용함으로써 학생들은 학습의 내용 선정, 투자하는 시간, 그리고 학습의 양을 조절하면서 학습을 진행한다. 예를 들면, 전체 학습에서 자신에게 쉽거나 어려운 부분에 대한 학습을 조절하면서 적응적으로 대처할 수 있게 된다.

빅 데이터 시스템은 교사들이 학생들의 진도와 발전 가능성을 지속적으로 모니터링하면서 그들을 정확하게 평가하는 데 도움을 준다. 1년 단위가 아니라 상급학교에 진학을 하는 경우에 도, 그리고 개인의 평생에 걸쳐서도 코스 및 학습의 성과를 관리하고 조절하여 교육의 질을 높이는 데 크게 기여한다.

셋째, 학습 경로의 조정

전통적인 교실에서는 학생들이 진급함에 따라 자신들의 학습 경로를 택하게 된다. 뛰어난 학업성취를 보이는 학생들은 고급 과정에 들어갈 수 있지만, 테스트가 자주 있는 것이 아니므로 이를 발견하기도 쉽지 않다. 때문에 성취가 낮은 학생들과 같은 반에 남아 있게 되는 것이 보통이다. 빅 데이터 시스템은 각 학생에게 적합한 경로를 만들어 주기 위해 예측 분석을 사용할 수 있으며, 이 결과를 활용하면 중도 탈락자 또한 적절한 대안의 경로를 택하게 하여 미리 예방할 수 있을 것이다. 교사는 빅 데이터 시스템을 사용하여 지속적으로 학생들의 성취를 점검할 수 있고 그 결과에 따라 학생들의 배치를 유연하게 할 수 있으며, 학생들의 학습 경로를 효율적으로 조절할 수 있게 도움을 줄 수 있다.

빅 데이터 시스템은 앞으로 교실 수업에서 학생들의 학습 성과를 이해하고 개선하는 방법을 찾는 데 중요한 역할을 하게 될 것이다. 그리하여 결국은 빅 데이터 기술이 학습환경의 주요 요소로 자리 잡게 될 것이다.

Aa 학습과제

1. 빅 데이터의 개념과 특징에 대해 서술해 봅시다.

2. 빅 데이터를 교육에 활용하는 방법에는 어떤 것들이 있고 그것들에 대해 간략히 설명해 봅시다.

3. 챗봇의 활용

챗봇은 인간과 같은 대화가 가능한 기계를 만드는 개념에서 시작하여 지금의 고급 인공지능 및 자연어 처리로 작동되는 디지털 비서가 되어 다양한 분야에서 널리 사용되고 있다. 이 절에서는 챗봇의 의미와 유형, 교육에서의 챗봇의 역할, 언어 학습 및 수학에 활용되는 챗봇을 소개한다.

1) 챗봇의 이해

(1) 의미

챗봇은 인간의 문자에 의하거나 음성에 의한 대화를 시뮬레이션하고 처리하는 의인화된 컴퓨터 프로그램으로, 사용자가 실제 사람과 의사소통하는 것처럼 상호작용할 수 있다. 챗봇은 간단한 질문에 한 줄로 대답하는 기본적인 프로그램처럼 단순할 수도 있고, 정보를 수집하고 처리함에 따라 개별화된 수준을 높이고, 학습하고, 그리고 진화하는 디지털 보조 프로그램처럼 정교할 수도 있다.

챗봇은 인공지능, 자동화된 규칙, 자연어 처리, 기계학습(Machine Learning)에 의해 구동되며 데이터를 처리하여 모든 종류의 요청에 대한 응답을 만들어 내어 사용자에게 전달한다.

챗봇은 회사에서 내부 직원에게 제공되는 셀프 서비스 및 프로세스 자동화를 지향하여 업무 환경을 및 서비스 관리 환경을 개선하기 위해 자주 사용되기도 한다. 지능형 챗봇을 사용하여 비밀번호를 업데이트하거나, 시스템 상태를 알려 주거나, 사내의 정보 관리와 같은 일반적인 작업을 쉽게 자동화하고 시간에 관계없이 언제든지 사용

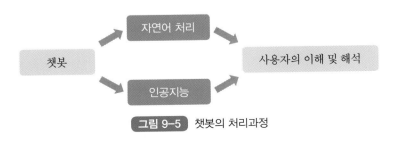

그림 9-5 챗봇의 처리과정

할 수 있으며, 기존에 사용되던 대화 기반의 서비스에 대화형으로 서비스를 확장시켜 주는 의미가 있다.

비즈니스 측면에서 챗봇은 들어오는 요구 사항들을 관리하고 고객의 문의 사항에 적절한 안내를 하기 위해 고객센터에서 많이 사용된다. 또한 신입 사원을 배치하고 휴가 일정, 교육, 컴퓨터 및 비즈니스 용품 주문, 기타 인력의 개입이 필요 없는 셀프 서비스 활동을 비롯한 모든 직원의 일상적인 활동을 지원하는 등 내부 목적으로도 자주 사용된다.

소비자 측에서는 챗봇이 이벤트 티켓 주문부터 호텔 예약 및 체크인, 상품 및 서비스 비교 등 다양한 고객 서비스를 수행하고 있다. 챗봇은 또한 은행, 소매 및 식음료 부문 내에서 일상적인 고객 활동을 수행하는 데 일반적으로 사용되며, 공공 부문에서도 사용자가 민원 제출, 일상적인 업무처리 등 챗봇을 이용하는 사례가 늘고 있다.

(2) 종류

챗봇은 크게 두 가지 유형이 있다.

첫째, 작업 지향의 선언형(declarative) 챗봇은 하나의 기능을 수행하는 데 초점을 맞춘 단일 목적의 프로그램인데, 규칙, 자연어 처리 및 매우 적은 수의 기계학습을 사용하여 사용자 질문에 대해 자동화된 대화형 응답을 생성한다. 이러한 챗봇과의 상호작용은 매우 구체적이고 체계적이며 사용자를 단순하게 지원하는 서비스 기능에 적합하다. 작업 지향 챗봇은 업무 시간에 대한 질문 등 다양한 변수가 포함되지 않는 단순하고 일반적인 질문을 처리하는 것이 보통이며 사용자가 대화 방식으로 경험할 수 있도록 자연어를 사용하지만 그 기능은 매우 기본적이다. 현재 가장 일반적으로 사용되는 챗봇이다.

둘째, 데이터 기반의 예측형(predictive) 챗봇은 가상 비서 또는 디지털 비서(digital assistant)로 불리며, 작업 지향 챗봇보다 훨씬 정교하고 상호작용적이며 개별화된 챗봇이다. 이 유형의 챗봇은 상황에 의존하여 인식하며 자연어 이해 및 처리의 수준이 높다. 그리고 많은 수의 기계학습을 활용하여 스스로 학습한다. 예측 지능과 분석 기능을 적용하여 사용자 프로필 및 과거 사용자 행동을 기반으로 개별화가 가능하며, 디지털 비서는 시간이 지남에 따라 사용자의 선호도를 파악하고, 권장 사항을 제공하며, 사용자가 필요로 하는 것을 예측할 수 있다. 데이터와 사용자의 의도를 모니터링하는 것 외에도 대화를 할 수 있다. 예를 들면, 애플의 시리(Siri)와 아마존의 알렉사 (Alexa)는 소비자 지향적이고 데이터 중심적이며 예측 가능한 챗봇들이다.

디지털 비서는 교실의 활동에서 학생들을 지원할 수 있는데, 개별화된 경험을 제공 하고 참여도를 높이고 학습 성과를 향상시킬 수 있다. 아마존의 알렉사는 수학 개념 학습과 수학적 기술을 강화시키는 데에 활용할 수 있는 디지털 비서의 한 예다.

2) 교수-학습에서의 챗봇

챗봇, 또는 디지털 비서를 수업에 활용하는 아이디어를 다음의 세 가지를 살려 보 면서 이해하기로 한다.

(1) 디지털 비서의 역할

챗봇은 디지털 비서(Digital Assistant)라고 불리기도 한다. 켄트(Kent, 2022)는 디지 털 비서를 기계와 상호작용하거나 우리 주변의 세계와 상호작용하는 비교적 자연스 러운 방법을 지원하는 컴퓨터화된 시스템이라고 설명한다. 디지털 시스템은 일반적 으로 음성 또는 음성 인식 기술, 자연어 처리 및 그래픽 사용자 인터페이스 대신에 구 두에 의한 사용자 명령에 응답할 수 있는 시스템이며 독립형 애플리케이션으로 사용 하거나 다른 기기에 연결하여 사용할 수도 있다.

현재 우리가 볼 수 있는 디지털 비서는 알렉사(Alexa), 빅스비(Bixby), 코타나 (Cortana), 구글 어시스턴트(Google Assistant), 샘(SAM), 시리(Siri) 등이며 더욱 현병하 게 작동하는 비서들이 등장하고 있다. 사람들은 질의응답 세션을 주최하거나, 장치 에 음악을 재생하도록 요청하거나, 장치를 스마트 전자 장치와 연결하여 가정의 기기 들을 관리하는 데 도움을 주는 등, 여러 가지 유용하고 재미있는 방법으로 이러한 장 치와 상호작용할 수 있다. 디지털 비서는 독립적으로 사용하거나 알렉사 및 구글 어 시스턴트와 같은 스마트폰 및 스피커와 같은 다양한 장치에 통합될 수도 있다. 이러 한 통합 장치는 음성 상호작용, 음악 및 비디오 재생, 사용자가 할 일의 목록 생성, 알 람 설정, 미디어 스트리밍, 오디오북 재생, 이야기 전달, 게임 재생 및 실시간 정보 제 공을 포함한 다양한 작업을 수행할 수 있다. 학생들의 경우에, 디지털 비서는 시간적 인 제약이 없이 의사소통에 입각하여 일대일 지원을 해 줄 수 있다.

　알렉사의 경우를 좀 더 살펴보기로 한다. 알렉사는 아마존이 개발한 디지털 비서로 다양한 아마존 기기에서 그리고 스마트폰에서 활용될 수 있다. 학생들은 알렉사를 수학 숙제와 수학 연습을 포함한 숙제에 대한 도움으로 사용할 수 있는데, 아이들과 친화적인 환경을 만들기 위해 아마존 키즈를 켜서 어린이 친화적인 답변만 가능하게 할 수도 있다. 알렉사는 전통적인 방식으로 학생들이 알렉사에게 수학 문제를 질문하도록 요구하고, 알렉사는 이에 대한 답을 제공한다. 하지만 교육적으로 잘 활용하기 위해서는 알렉사에게서 답만 얻어내는 것이 아니라 알렉사가 어떻게 그 답에 도달했는지 분석하는 경우에만 좋은 학습으로 이어질 것이다. 아마존 스토어를 통해 활성화할 수 있는 수학 앱이나 게임과 풍부한 학습경험을 제공하는 알렉사의 수학 기능이 있다. 예를 들어, 아마존 알렉사(Amazon Alexa, 2021) 비디오를 활용하며 다음과 같은 상호작용이 발생한다.

　　　알렉사에게 아이가: "아마존 수학으로 덧셈을 연습하고 싶어요."
　　　알렉사가 아이에게 "5가지 추가 질문을 하겠습니다."라고 대답한다.

　그런 다음 알렉사는 질문을 계속하고, 학생은 대답을 하고, 알렉사는 자동으로 그것이 맞는지 틀리는지를 말하면서 피드백을 주는데 이것은 학생이 실시간 피드백을 받을 수 있는 좋은 방법이 된다.

　교육적 맥락에서 디지털 비서의 사용 사례로는, ① 교실 관리, ② 언어 학습, ③ 탐색 시에 접근성 향상, ④ 학생을 위한 튜터링 제공 등이 있다(Kent, 2022). 예를 들어, 학생들은 주제를 수동으로 검색하기 위해 브라우저를 열 필요 없이 특정 주제에 대해 이해를 하고 있는지 확인하기 위해 숙제를 하는 동안 디지털 비서에게 질문을 할 수 있다. 신체적 한계가 있거나 시각장애 학습자에게 이것은 특히 유용한 옵션이 된다. 학습자들은 또한 디지털 비서와 대화를 함으로써 교사에 의한 압력감이나 스트레스를 느끼지 않고 자신의 언어 기술을 연습할 수 있다.

　디지털 비서는 최근에 인기를 많이 얻고 있으며, 향후 우리의 일상생활에서 중요한 역할을 할 것으로 예상된다(Fernandez-Ahumada et al., 2021). 사용자의 효율성과 편의성을 향상시킬 수 있는 잠재력을 가지고 있으며, 인공지능 및 자연어 처리 기술이 발전함에 따라 비서들의 능력이 계속해서 발전하여 더 쉽고 효율적이며 효과성이 높기 때문이다.

(2) 언어 학습에서 듀오(Duo)의 활용

듀오는 듀오링고(Duolingo)의 언어 학습을 지원하는 디지털 어시스턴트, 즉 언어

학습을 위한 챗봇이다. 듀오는 게임화한 방법을 사용하여 새로운 언어를 배우는 것을 재미있고 매력적으로 만들고 사용자에게 대화형 언어 수업, 퀴즈 및 언어 기술에 대한 피드백을 제공할 수 있다. 듀오링고는, 특히 어휘와 문법 능력 향상을 위해 언어 학습에 효과적인 디지털 보조자가 될 수 있으며 듀오는 듀오링고의 사용을 촉진하는 챗봇이며 듀오링고를 통한 언어 학습을 재미있게 하고 긍정적인 상호작용에 입각한 언어활동에 적극참여하도록 도와준다.

그림 9-6 듀오링고

(3) 수학에서의 활용

씽크 캡 수학(Thinking Cap Math)은 이야기를 통하여 학생들을 참여시켜 프레드 코치와 그의 수학 팀이 생각하는 캡 수학 챔피언십에서 우승하도록 돕는다. 인공지능과 통합되어 있어 학생이 앱을 실행할 때마다 새로운 질문과 이야기가 제공되어 수학 문제의 지루함과 암기를 피할 수 있다. 아마존 수학(Amazon Math)과 유사하게, 학

생이 질문에 답하면 즉시 피드백이 제공된다. 씽크 캡(Thinking Cap) 수학(2019)의 동영상에서 보듯 답이 틀리면 학생에게 보조적인 추가 질문을 함으로

그림 9-7 수학 퀴즈 챗봇

써 이전 질문에 대한 이해를 높일 수 있도록 도와준다. 여기에는 또 다른 유형이 있는데 그것은 수학 퀴즈(Math Quiz)다. 이것은 학생들이 더하기, 빼기, 곱하기, 나누기, 그리고 비교하는 것을 시험할 수 있게 해 준다. 이 앱은 학생에게 모든 정답에 대해 포인트

그림 9-8 수학적 사고 캡 챗봇

를 할당하고 학생의 진행 상황을 추적하고 제공해 줌으로써 학생들이 이전 점수보다 더 나은 점수를 갖고 싶어 하도록 격려한다.

(4) 나만의 챗봇 생성

구글 어시스턴트(Google Assistant)는 구글 지도, 구글 캘린더 및 지메일과 같은 다양한 구글 제품 및 서비스와 연결한다. 또한 구글 다이얼로그 플로우(Google Dialogflow)를 사용하여 만든 사용자 정의의 챗봇과도 연결할 수 있다. 이러한 시스템은 교육자가 디지털 보조자를 사용하여 학습자를 지원하는 방법에 대한 가능성을 쉽게 상상할 수 있도록 한다. 예를 들면, 구글 다이얼로그 플로우를 사용하여 학생들의 질문에 답할 수 있는 맞춤형 챗봇을 만들 수 있다. 이러한 챗봇은 학생들의 자주 묻는 질문을 쌓아서 만든 지식 베이스에서 답을 끌어낼 수 있다. 지식 베이스에 지식들이 저장되면 교사는 구글 다이얼로그 플로우를 사용하여 새 챗봇을 만들 수 있으며 지식 베이스를 사용하여 이 챗봇을 훈련시킬 수 있다. 이 챗봇을 만든 후교사는 구글 다이얼로그 플로우의 통합(Integrations) 옵션을 사용하여 챗봇을 구글 어시스턴트와 통합할 수 있다(그림 9-9 참조). 이를 통해 텍스트 기반 챗봇이 음성 명령 기반 질의 응답(Q&A) 시스템으로 자동 전환된다. 이렇게 하여 학생들이 구글 어시스턴트에게 그들의 학습과 관련된 질문을 구두로 물어볼 수 있고 그로부터 구두로 응답을 받을 수도 있다.

그림 9-9 Google Dialogflow에서 만든 챗봇

4. 메타버스의 활용

메타버스는 디지털 환경과 인터넷을 개념을 새로 정의하고 있으며 사회, 경제, 교육, 엔터테인먼트 등 다양한 분야에 매우 혁신적인 영향을 미치고 있다. 교육에 미치는 메타버스의 영향과 활용에 대해서 알아보기로 한다.

1) 메타버스의 개념과 특성

메타버스란 현실 세계와는 다른 가상 세계를 의미한다. 이 공간은 컴퓨터나 인터넷을 통해 접근하며, 우리가 현실에서 하는 것과 유사한 활동을 가상으로 수행할 수

그림 9-10 메타버스에 설치된 강의실

출처: https://www.ajudaily.com/view/20211012171453317

있다. 메타버스에서는 가상의 캐릭터를 만들고 다른 사용자와 소통하며, 가상의 공간에서 무언가를 창조하거나 놀 수 있다. 예를 들어, 메타버스에서 가상의 쇼핑몰을 운영하거나 가상의 부동산을 소유할 수 있다. 또한 가상 현실 게임을 플레이하거나 가상 콘서트에 참가할 수도 있다. 메타버스는 현실과 구분되는 독립된 디지털 세계이지만, 실제로 수많은 사람들이 이 공간에서 시간을 보내며 소통하고 활동한다.

메타버스의 주요 특성은 다음과 같다(Wang et al., 2022).

다차원 경험   메타버스는 다차원적인 경험을 제공한다. 사용자들은 3D 가상 환경을 탐험하며 가상 세계 내에서 다른 사용자와 상호작용할 수 있다. 이러한 다차원적 경험은 현실에서는 불가능한 환경 및 상호작용을 허용한다.

사회적 상호작용   메타버스는 사회적 상호작용을 촉진한다. 사용자들은 가상에서 다른 사용자와 소통하고 협업할 수 있으며, 가상공간 내에서 다양한 사회적 활동을 즐길 수 있다. 이는 가상 세계를 비즈니스 회의, 콘서트, 축제, 학습 공간 등으로 변환하는 데 활용된다.

경제 활동   메타버스는 경제 활동의 장으로 사용되기도 한다. 사용자들은 가상에서 비즈니스를 운영하고 무역을 할 수 있으며, 가상 자산을 거래하기도 한다. 또한 가상공간에서의 광고 및 브랜딩이 현실 세계와 연결돼 경제적 가치를 창출한다.

사용자 생성 콘텐츠   메타버스에서는 사용자가 생성한 콘텐츠를 중심으로 활동할 수 있다. 즉, 사용자들은 가상공간에서 자신만의 콘텐츠를 생성하고 공유할 수 있다. 이러한 창의적인 자유로움은 가상 세계를 다양하고 풍부하게 만들어 준다.

프라이버시와 보안 문제   메타버스에는 사용자의 개인 정보와 보안에 대한 문제가 있을 수 있다. 가상 환경에서의 활동은 현실과 유사하게 개인 정보 노출과 디지털 보안 위협을 내포하므로 이에 대한 적절한 보호와 규제가 필요하다.

메타버스에서는 현실과 가상 세계의 경계가 모호해진다. 즉, 현실 세계와 메타버스 간의 경계가 흐려져 현실에서의 경험과 가상에서의 경험이 서로 어우러져 상호작용할 수 있다는 것을 의미한다. 메타버스는 엔터테인먼트, 교육, 비즈니스 등 다양한 분야에서 혁신적으로 활용될 수 있으며, 미래의 디지털 세상에서 중요한 역할을 할 것으로 기대된다.

2) 메타버스의 교육적 활용

메타버스는 교육 분야에서 혁신적인 도구로서 확장되고 있으며, 이는 교육의 다양한 측면에서 중요한 기회와 도전을 제시하고 있다. 교육적 활용 측면에서 메타버스는 가상현실 환경을 통해 학습자들에게 현실 세계에서 어려운 접근성을 가진 경험을 제공하고, 창의적인 학습과 상호작용을 촉진한다. 예를 들어, 학생들은 역사 수업에서 메타버스를 이용하여 역사적인 사건을 재현하고 직접 체험함으로써 역사에 대한 깊은 이해를 얻을 수 있다. 이러한 가상현실 환경에서 학습은 추상적인 개념을 실제 경험으로 변환하고 학생들의 흥미를 끌어올린다. 이러한 교육적 활용을 지원하기 위해, 교사와 교육자들은 메타버스 플랫폼을 디자인하여 교육목표와 교과과정에 맞게 메타버스를 조정할 수 있다.

메타버스의 교육적 활용은 다음과 같이 몇 개의 유형으로 나누어 볼 수 있겠다.

가상 강의실과 교육 공간 활용　　가상 강의실은 메타버스를 이용하여 전자적으로 구축된 교육환경으로, 학습자들이 가상 세계에서 수업을 듣고 상호작용할 수 있다. 이러한 가상 강의실은 실제 강의실과 유사한 환경을 제공하며 학습자들에게 현실 세계에서 불가능한 체험을 제공한다. 예를 들어, 미노차와 튜더(Minocha & Tudor, 2012)는 가상 강의실을 통해 의료 학생들이 의료 시나리오를 가상으로 체험하고 의료 실무 능력을 향상시킬 수 있는 방법을 연구한 바가 있다.

시뮬레이션과 실험　　메타버스는 다양한 시뮬레이션 및 실험을 제공하여 학습자들이 안전하게 실제 환경에서는 어려운 작업을 연습하고 이해할 수 있게 한다. 예를 들어, 안전한 환경에서 항공기 비행 시뮬레이션을 통해 비행 학습자가 비행 조작 및 위험 상황 대응을 연습할 수 있다(Faria & Rodrigues, 2017).

협력과 커뮤니케이션   메타버스는 학생들 간의 협력과 커뮤니케이션을 촉진하는 데 이상적인 환경을 제공한다. 학습자들은 가상 세계에서 협업 프로젝트를 수행하고 문제를 해결하면서 팀원과 의사소통 및 협력 능력을 향상시킬 수 있다. 스타인 퀠러와 던캔(Steinkuehler & Duncan, 2008)는 멀티플레이어 게임을 통해 협력과 커뮤니케이션 기술을 향상시키는 데 메타버스를 활용한 사례를 연구한 바가 있다.

맞춤형 학습경험   메타버스는 학습자의 관심과 수준에 따라 맞춤형 학습경험을 제공할 수 있다. 학습자들은 가상 세계에서 자신의 관심사와 필요에 맞는 학습환경을 선택하고, 이를 통해 자기주도적으로 학습할 수 있다. 이러한 맞춤형 학습은 학습자의 독립적인 학습능력을 강화한다.

메타버스를 교육에 활용하는 방법은 다양하며, 이러한 유형은 학습목표와 교육 방식에 따라 다양하게 조합될 수 있다. 이러한 교육적 활용 방법은 학습자들에게 현실 세계에서는 어려운 경험과 기회를 제공하며, 더욱 효과적인 학습을 지원할 수 있다.

3) 수업에의 활용 사례

메타버스의 교육적 활용에 대한 중요한 연구들이 있다. 예를 들어, 류와 통(Liu & Tong, 2021)은 메타버스 환경에서 가상 교육 경험이 학습자의 창의성과 문제해결 능력 향상에 어떻게 기여할 수 있는지에 대해 연구하였다. 또한, 앤더슨과 디커(Anderson & Dikkers, 2021)는 메타버스를 사용하여 교육을 혁신하고 학습자들에게 새로운 기회를 제공하는 방법을 탐구한 연구를 수행하였다. 메타버스를 수업에 활용한 사례들을 중심으로 정리하여 제시해 본다.

가상 역사 시간 여행   메타버스를 활용한 수업에서, 학생들은 역사적인 사건과 시대로 여행할 수 있다. 예를 들어, 학생들은 고대 이집트의 피라미드를 탐험하거나, 미국 독립 전쟁의 전장을 체험할 수 있다. 이러한 가상 시간 여행은 학생들에게 역사 이벤트와 문화를 더 깊게 이해하고 공감할 수 있는 기회를 제공한다(Anderson & Dill, 2000).

과학 실험 시뮬레이션   메타버스를 이용한 과학 수업에서, 학생들은 다양한 과학 실험을 안전하게 가상 환경에서 시도할 수 있다. 이를 통해 학생들은 과학 원리를 직접 체험하고 실험의 결과를 관찰할 수 있다. 예를 들어, 화학 수업에서는 화학 반응을 가상으로 시뮬레이션하고 결과를 분석할 수 있다(Squire, 2003).

언어 학습과 교환   메타버스는 언어 학습을 위한 이상적인 플랫폼 중 하나인데 학생들은 다른 언어를 사용하는 가상 세계에서 상호작용하며, 언어 능력을 향상시킬 수 있다. 또한 다국적 환경에서 언어 교환 파트너를 찾고 실제 상황에서 언어를 사용할 기회를 얻을 수 있다(Peterson, 2010).

미술 및 창작 활동   메타버스는 미술 수업에서도 활용될 수 있다. 학생들은 가상공간에서 예술작품을 만들고 전시할 수 있으며, 다른 학생들과의 창작 협업을 통해 창의성을 발휘할 수 있다(Zagal, Rick, & Hsi, 2006).

수학 시뮬레이션   메타버스를 활용한 수학 수업에서, 학생들은 다양한 수학적 상황을 시뮬레이션하고 문제를 해결할 수 있다. 이를 통해 수학 개념을 보다 명확하게 이해하고 논리적 사고 능력을 향상시킬 수 있다(Gee, 2003).

문학 및 글쓰기 워크숍   메타버스는 문학 수업에서도 활용될 수 있다. 학생들은 가상의 작가 워크숍에 참여하여 글쓰기 기술을 연마하고 서로의 작품을 공유하며 피드백을 주고받을 수 있다(DiPardo & Boyle, 2015).

코딩 및 프로그래밍 교육   메타버스는 코딩 및 프로그래밍 교육에도 활용될 수 있다. 학생들은 가상 환경에서 프로그램을 개발하고 시험할 수 있으며, 이를 통해 컴퓨터 과학 및 프로그래밍 개념을 학습할 수 있다(Annetta et al., 2009).

이러한 메타버스 수업 활용 사례들은 다양한 학습목표와 교육 수준에 맞게 조정될 수 있으며, 학생들에게 새로운 학습경험을 제공하고 혁신적인 교육방법을 적용하는 데 도움을 준다.

참고문헌

정예희, 김형범, 박기락, 유상미(2023). 빅데이터 기반 인공지능 교육프로그램 연구: 일반계 고등학교 사례를 중심으로. 한국인터넷방송통신학회 논문지, 23(1), 83-92.

천종필, 김나리, 윤승원, 김동호(2022). 빅데이터와 교육. 서울: 커뮤니케이션북스.

한국소프트웨어기술인협회 빅데이터전략연구소(2023). 빅데이터 개론. 경기: 광문각.

Abirami, N. R., Kadry, S., Gandomi, A. H., & Balusamy, B. (2021). *A study of AI education program based on big data*. Wiley.

Amazon Alexa (2021, November 4). How to use Alexa to help with homework: Amazon Alexa. [Video]. YouTube. https://www.youtube.com/watch?v=OSfENFuFZug

Anderson, C. A., & Dikkers, S. (2021). Teaching in virtual worlds: Experiments in higher education using 3D immersive virtual environments. *Teaching and Teacher Education*, 99, 103297. DOI: 10.1016/j.tate.2020.103297

Anderson, C. A., & Dill, K. E. (2000). Video games and aggressive thoughts, feelings, and behavior in the laboratory and in life. *Journal of personality and social psychology*, 78(4), 772-790.

Annetta, L. A., Minogue, J., Holmes, S. Y., & Cheng, M. T. (2009). Investigating the impact of video games on high school students' engagement and learning about genetics. *Computers & Education, 53*(1), 74-85.

Barber, B. (2018). Artificial intelligence and the future of work. *The Future of Work, 1*(1), 1-13.

Chambers, B., & Zaharia, M. (2018). *Spark: The definitive guide: Big data processing made simple*. O'Reilly Media.

DiPardo, A., & Boyle, J. (2015). The virtual classroom as a space for writing. *Computers and Composition, 37*, 134-148.

Ding, Y., Zhou, X., & Luo, J. (2018). Understanding the determinants of users' continuance intention to use Siri. *Journal of Information Science, 44*(4), 535-551. doi: 10.1177/0165551517719434

Faria, A. J., & Rodrigues, P. (2017). Flight simulator as a learning tool in education and research. *Procedia Computer Science, 121*, 282-289.

Fei-Fei, L. (2007). One-shot learning of object categories. *IEEE Transactions on Pattern Analysis and Machine Intelligence, 29*(4), 594-611.

Fernández-Ahumada, E., Oliva-García, J., Rangel-Valdez, N., & Alanis-Rodríguez, E. (2021). Analysis of the use of voice assistants and their impact on individuals. *International Journal of Human-Computer Interaction, 37*(6), 510-517. doi: 10.1080/10447318.2020.1857736

Fernández-Toro, M., & Prata, G. (2018). The effectiveness of a mobile application for the development of L2 oral proficiency in Portuguese. *System, 74*, 13-24. doi: 10125/44013

Fodor, J. (1983). *The modularity of mind*. Cambridge, MA: MIT Press.

Gee, J. P. (2003). What video games have to teach us about learning and literacy. *Computers in entertainment(CIE), 1*(1), 20-20.

Han, S., & Kim, D. (2020). The Impact of User Perception of Digital Assistant Trust on the Intention to Use: The Case of Siri. *Journal of Open Innovation: Technology, Market, and Complexity, 6*(3), 60. doi: 10.3390/joitmc6030060

Kent, D. (2022). Artificial Intelligence in Education: Fundamentals for Educators. KOTESOL DCC, Korea.

Kent, D. (2022). Artificial Intelligence in Education: Fundamentals for Educators. KOTESOL DCC, Korea.

Kouroupa, A., Laws, K. R., Irvine, K., Mengoni, S. E., Baird, A., & Sharma, S. (2022). The use of social robots with children and young people on the autism spectrum: A systematic review and meta-analysis. *PLOS ONE, 17*(6), e0269800. https://doi.org/10.1371/journal.pone.0269800

Krizhevsky, A., Sutskever, I., & Hinton, G. (2012). ImageNet classification with deep convolutional neural networks. *Advances in Neural Information Processing Systems,*

25, 1097-1105.

Liu, I.-F., & Tong, Z. (2021). An immersive virtual reality learning environment for enhancing creative problem-solving skills in architectural education. *International Journal of Environmental Research and Public Health*, *18*(3), 957. DOI: 10.3390/ijerph18030957

Liu, Y. (2018). Advances and challenges in neural language understanding. *IEEE Intelligent Systems*, *33*(2), 80-85.

Luger, E., Moran, S., Rodden, T., & Jirotka, M. (2017). "I Can't Speak That!": Investigating the Accessibility of Talk-Based HCI for Non-Native Speakers. *Proceedings of the 2017 CHI Conference on Human Factors in Computing Systems*, 4083-4095. doi: 10.1145/3025453.3026042

Mcleod, S. (2016, February 5). Sociallearningtheory. SimplyPsychology. https://www.simplypsychology.org/bandura.html

Minocha, S., & Tudor, A. (2012). Collaborative learning in immersive virtual worlds: Role of representational guidance and expert facilitation. *Computers & Education, 58*(1), 59-68.

Ormrod, J. E. (2011). *Educational Psychology: Developing Learners*. Allyn & Bacon, Inc., p. 170.

Peterson, M. (2010). Computer games and language learning. *Computers in the Schools*, *27*(1), 53-66.

Russell, S. J., Stuart, J., Norvig, P., & Chang, M.-W. (2022). *Artificial intelligence: A modern approach* (Fourth edition. Global edition.). Pearson: WorldCat.org.

Russell, S. J., & Norvig, P. (2016). *Artificial intelligence: a modern approach* (3rd ed.). Prentice-Hall.

Squire, K. D. (2003). Video games in education. *International journal of intelligent simulations and gaming, 2*(1), 49-62.

Steinkuehler, C., & Duncan, S. (2008). Scientific habits of mind in virtual worlds. *Journal of Science Education and Technology, 17*(6), 530-543.

Sundqvist, P., & Sylvén, L. K. (2016). Language-related computer use: Focus on young L2 English learners in Sweden. *Language Learning & Technology, 20*(1), 118-140. doi: 10.1016/j.system.2018.02.007

Thinking Cap Innovations (2019, December 5). How thinking cap math uses Alexa to teach math without screens. [Video]. YouTube.

TutorBot. (2021, April 1). TutorBot. https://www.tutorbot.eu/ Links to an external site.

Wang, F.-Y., Qin, R., Wang, X., & Hu, B. (2022). Metasocieties in metaverse: Metaeconomics and metamanagement for metaenterprises and metacities. *IEEE Transactions on Computational Social Systems*, 9, 2-7.

Zagal, J. P., Rick, J., & Hsi, I. (2006). Collaborative games: Lessons learned from board games. *Simulation & gaming*, 37(1), 24-40.

[참고 사이트]

Amazon.com (n.d.). https://www.amazon.com/ref=nav_logo

Edmentum. https://www.edmentum.com/resources/videos/flex-assignments-plato-courseware

https://ko.wikipedia.org/wiki/지능

https://www.ajudaily.com/view/20211012171453317

https://www.simplilearn.com/5-vs-of-big-data-article

https://www.youtube.com/watch?v=RuaQxYdynDA

Math Quiz App, https://www.amazon.com/Somil-Gupta-Math-Quiz

Thinking Cap App, https://www.amazon.com/Thinking-Cap-Math

제 10 장

원격교육의 이해

이 장은 원격교육에 대한 종합적인 이해를 돕기 위해 작성되었다. 먼저, 원격교육의 개념과 주요 요소 네 가지를 설명하고, 다른 유사한 용어와의 공통점 및 차이점을 비교하며, 원격교육의 장단점을 소개한다. 그다음 원격교육의 역사적 발전 과정을 살펴본다. 우편통신부터 방송매체, 컴퓨터 네트워크를 통한 원격교육의 발전과 미래 전망을 제시하며, 국내 원격교육의 발전 과정도 간단히 소개한다. 세 번째로, 원격교육의 세 가지 주요 이론인 독립학습이론, 산업화 이론, 상호작용과 의사소통 이론에 대해 설명한다. 그 후 원격교육의 체제적 개발 모형으로 ADDIE 모형과 네트워크 기반 교수체제 개발 모형을 소개한다. 마지막으로, 원격교육에서 사용되는 온라인 플랫폼과 도구의 활용 사례를 제시한다. 원격교육의 특성과 장단점, 미래 전망에 대해 올바르게 인식함으로써 전통적인 수업과 원격교육을 적절하게 활용할 수 있는 소양을 기르고자 한다.

1. 원격교육의 개념과 특성

1) 원격교육의 정의

원격교육(Distance education)은 교수자와 학습자가 지리적으로 떨어져 있는 상태에서 기술적 수단을 활용하여 원격으로 상호작용하면서 교육이 이루어지는 형태를 의미한다. 초기 원격교육은 주로 통신 수단을 이용하여 교육을 제공하는 형태로, 우편, 팩스, 라디오, 텔레비전 등을 이용하여 교육자료를 전달하고 학습자가 이를 독립적으로 학습하는 형태로 이루어졌다. 최근에는 인터넷과 디지털 기술의 발전으로 온라인 환경에서 수업자료, 강의 비디오, 퀴즈, 토론, 실시간 채팅 등을 제공하며, 학습자와 교수자 간의 실시간 상호작용이 활발하게 이루어질 수 있는 형태로 발전하였다.

원격교육의 개념은 기술 공학이 발전하면서 계속 변화하기 때문에 지속적으로 새로운 개념 정립이 필요하다. 키건(Keegan, 1996)을 비롯하여 여러 선행연구의 정의를 종합해 보면, 일반적으로 원격교육이 갖추어야 하는 주요 요소는 교수자-학습자 간의 분리, 기술적 매체의 활용, 쌍방향 의사소통, 조직적 · 제도적 기반을 포함한다(임철일, 2011; Holmberg, 1977; Moore, 1973; Peters, 1971).

- **교수자와 학습자의 분리**: 원격교육은 학습자와 교수자가 지리적으로 떨어져 있는

그림 10-1 원격교육의 정의에 포함되는 4요소

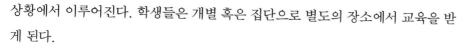

상황에서 이루어진다. 학생들은 개별 혹은 집단으로 별도의 장소에서 교육을 받게 된다.

- **기술적 수단의 활용**: 원격교육은 기술적인 도구와 수단을 활용하여 교육활동을 지원한다. 이는 교재, TV, 인터넷, 컴퓨터, 스마트폰, 동영상 회의 등을 포함한다.
- **쌍방향 의사소통**: 원격교육에서는 학습자와 교수자, 학습자들 간의 상호작용과 소통이 중요한 요소로 부각되고 있다. 이를 위해 온라인 플랫폼, 채팅, 이메일, 온라인 토론 포럼 등을 활용하여 소통이 이루어진다.
- **조직적 · 제도적 기반**: 원격교육은 학습자료의 계획과 준비, 학습 지원을 위한 제도 및 교육조직을 갖추어야 한다. 이는 학습자 스스로 학습을 진행하는 자학자습과는 구별되는 개념이다.

2) 원격교육과 관련된 유사 개념

원격교육과 관련된 유사 개념으로는 열린교육, 학습자 중심 교육, 성인교육, 평생교육, 온라인 교육, 이러닝 등이 있다(정인성, 나일주, 2004). 이러한 개념들은 탄생 배경과 의미가 조금씩 다르지만 모두 교육의 접근성, 유연성, 개인화, 자기주도성 등을 강조한다는 측면에서 원격교육의 개념과 특성을 내포하고 있다.

첫째, 열린교육(Open education)은 교육의 기회를 확대, 개방하는 것에 초점을 두고 있다. 즉, 전통적인 학교 교육이나 면대면 교육을 통해서 필요한 지식이나 기술, 학위 등의 자격증을 얻을 수 없는 사람들을 대상으로 교육에 대한 제약을 줄이고 학습 기회를 확장시키고자 한다. 원격교육도 지리적 · 시간적 · 경제적 제약으로 인해 교육에 참여하기 어려웠던 사람들에게 교육의 기회를 제공한다는 점에서 공통점을 찾을 수 있다. 강의나 학습자료를 온라인으로 제공하고, 자기주도적 학습을 장려하여 학습자들이 유연하게 학습할 수 있도록 하기 때문에 열린교육의 정신과 맥을 같이한다. 영국의 개방대학이 설립된 1960년대 이후, 대부분의 원격고등교육기관을 열린대학 혹은 개방대학(Open University)이라고 지칭한 것도 열린교육과 원격교육이 밀접하게 관련되어 있음을 보여 준다. 그러나 열린 교육이 원격교육이라는 형태를 통해서만 실현되는 개념은 아니라는 점에서 두 용어는 구분된다(정인성, 최성우, 1998).

둘째, 학습자 중심 교육(Learner-centered education)은 학습자의 관심과 필요에 맞

게 교육 경험을 개인화하고, 학습자의 참여와 활동을 중시하는 교육 방식 혹은 교육
철학이다. 학습자 중심 교육은 학습자의 이전 지식과 경험을 존중하며, 자기주도적
학습, 문제 해결, 협력, 창의적 사고 등을 촉진하여 학습자의 주체성을 강조한다. 원
격교육은 교수자와 학습자가 분리되어 있는 환경이기 때문에 학습자 중심의 교육철
학을 바탕으로 학습자 중심의 교수방법과 전략을 활용해야 한다. 그러나 모든 학습
자 중심 교육이 원격교육을 통해서만 이루어지는 것은 아니다.

셋째, 성인교육(Adult education)은 성인들의 지속적인 학습과 발전을 지원하는 교육
형태다. 성인교육은 일생 학습의 개념에 기반하여 취미, 전문 기술, 직업 역량 개발 등
다양한 분야에서 이루어지며, 성인들의 배움에 대한 관심과 필요성을 반영하여 교육
프로그램과 방법을 설계한다. 원격교육은 성인은 물론 초 · 중등 학생들까지 모든 대
상에게 교육을 제공할 수 있지만 원격교육의 역사적 발전과정을 살펴보면 초기 70여
년 동안 주로 성인을 대상으로 실시되어 왔다(Keegan, 1996). 초기 원격교육은 주로 형
식교육의 기회에 접근하기 어려운 노동자, 장애인, 여성 등을 대상으로 문해교육이나
기술교육을 중심으로 이루어졌다. 이후에 중산층의 교양교육이나 직장인에 대한 재교
육과 여가 선용을 위한 교육 영역으로 확장되었다. 현대의 원격교육의 대상은 모든 연
령으로 확대되었기 때문에 더 이상 성인교육을 위한 교육 형태로만 보기는 어렵다.

넷째, 평생교육(Lifelong education)은 인생 전 과정 동안 지속적인 학습을 강조하는
개념이다. 평생교육은 교육을 단순히 학교나 대학의 범위로 제한하지 않고, 일상적
인 경험, 직업 역량 강화, 개인 발전 등을 포함하여 사회 전반에서 학습을 장려한다.
원격교육은 누구나 평생토록 교육을 받을 수 있는 환경과 조직적인 지원을 제공할 수
있다는 측면에서 평생교육의 이념을 실현하고 발전시킬 수 있는 하나의 교육 형태가
될 수 있다. 원격교육이 제공하는 유연한 학습환경, 시공간적 접근성 확대, 지속적인
업데이트와 최신 정보 제공 등은 평생교육에 기여할 수 있는 부분이다.

다섯째, 온라인 교육(Online education) 혹은 이러닝(e-Learning)은 인터넷과 디지털
기술을 통해 수업자료, 강의, 토론, 평가 등을 제공하고 수행하는 교육 형태다. 현재
가장 보편적인 원격교육의 형태가 온라인 교육 혹은 이러닝이라 할 수 있다. 이는 직
접 교실 환경에서 대면하는 것이 아니라 컴퓨터, 인터넷, 통신 기술 등을 이용하여 교
육자료를 제공하고 학습자는 인터넷을 통해 온라인 플랫폼에 접속하여 자신의 편한
장소와 시간에 맞춰 학습할 수 있으며, 학습자와 교수자 간의 상호작용과 피드백이

이루어진다. 이러닝에서는 학습자들이 온라인 학습 플랫폼, 화상회의, 이메일, 게시판 등의 도구를 활용하여 강의내용을 습득하고, 과제를 제출하며, 교수자와 학습활동에 대해 소통한다.

　원격교육은 시간적·지리적인 제약을 극복하고, 유연한 학습환경을 제공함으로써 학습자들에게 다양한 교육 기회를 제공한다. 특히, 이러한 방식은 개인, 가족, 직장 문제로 인해 여러 제약을 가진 사람들에게 유용하며, 전문 분야 교육이나 지속적인 직업교육을 필요로 하는 사람들에게도 많이 활용된다. 또한, 재난 상황이나 비상사태 등으로 인해 학습활동을 제약받을 때 유용하게 사용될 수 있다. 최근에는 코로나19와 같은 사회적 제약으로 인해 원격학습의 중요성이 부각되면서 빠르게 확산되어 더욱 주목받고 있다.

3) 원격교육의 장단점

　원격교육은 앞에서 언급한 바와 같이 교수자와 학습자들에게 많은 장점을 제공하는 한편 한계점도 가지고 있다. 먼저 원격교육의 장점을 살펴보면 다음과 같다.

- 시간적·지리적 제약을 극복한 교육 기회의 확대
- 학습 일정과 장소의 유연성
- 다양한 도구와 자료의 활용 가능성
- 개인 맞춤 학습환경 제공
- 학습 분석과 피드백 제공

　첫째, 시간적·지리적 제약을 극복하여 교육 기회를 더욱 넓힐 수 있다. 학습자들은 거주지나 위치에 구애받지 않고 언제, 어디서든 학습에 참여할 수 있으며, 세계 각지의 우수한 교육기관에서 제공하는 강의를 수강할 수 있다. 둘째, 학습 일정과 장소에 대한 유연성을 가지게 된다. 학습자는 자신의 편한 시간과 장소에서 학습을 진행할 수 있으며, 이는 직업과 개인적 생활의 조화를 이루게 한다. 셋째, 다양한 도구와 자료를 활용하여 학습경험을 향상시킬 수 있다. 인터넷을 통한 온라인 강의, 동영상 강의, 상호작용적인 콘텐츠 등 다양한 자료를 활용하여 흥미롭고 효과적인 학습경험을 할 수 있다. 넷째, 개인 맞춤 학습환경을 제공한다. 학습자들은 자신의 학습속도와 스타일에 맞춰 학습을 진행할 수 있다. 학습자들은 필요에 따라 학습속도를 빠르게 하거나 반복할 수 있고 추가 자료를 찾아 학습할 수 있게 된다. 다섯째, 학습과정을 분석하고 피드백을 제공할 수 있다. 원격교육 플랫폼은 학습의 진행과정을 추적하여 분석하고 피드백을 제공할 수 있다. 이는 학습자들에게 자신의 학습을 성찰하고 개선할 수 있는 기회를 제공하고 교수자의 수업을 개선하도록 지원한다.

원격교육의 여러 장점에도 불구하고 단점도 적지 않다. 원격교육의 단점으로는 교수와 학생 간 면대면 상호작용 기회 감소, 기술적인 문제 발생, 자기주도적 학습능력에 따른 학습 격차 등이다. 첫째, 원격교육은 대면 수업에 비해 실시간으로 교사와 학생들이 직접 대면하는 기회가 제한된다. 이로 인해 학생들은 직접적인 상호작용, 토론 및 질문에 대한 즉각적인 피드백을 받는 기회가 줄어들 수 있다. 둘째, 원격교육에서는 컴퓨터 장애, 인터넷 연결 장애, 낮은 접속 속도, 소프트웨어 및 기타 기술적 요구 사항이 수시로 발생한다. 또한, 학생들이 필요한 기술을 보유하고 있지 않거나 접근할 수 있는 환경을 갖추지 않았을 경우 학습에 방해가 될 수 있다. 셋째, 원격교육에서는 학습자의 자기주도적인 학습 관리를 요구한다. 자신의 일정을 자유롭게 조절하고 동기를 유지하는 능력을 갖추지 못한 학생들은 원격교육에서 더 큰 어려움을 느낄 수 있다. 다섯째, 원격교육에서 학생들은 동료들과의 직접적인 소통과 협업 기회가 제한될 수 있다. 개인 성향이나 기술적 환경에 따라 다르겠지만, 온라인 환경에서 팀 프로젝트나 그룹 활동을 통해 협업하는 것이 더 어려울 수 있다.

이러한 단점들을 극복하기 위해서는 원격학습에 적절한 기술적 인프라를 갖추고 온라인 교육에서 교수자와 학습자의 역할 변화에 대해 충분히 인지하고 그에 맞추어 학습자 지원 및 피드백 체제를 잘 갖추는 것이 중요하다.

🔳 학습과제

1. 일반적으로 원격교육이 갖추어야 할 4가지 주요 요소는 무엇인지 말해 봅시다.

2. 면대면 수업에 비해 원격교육이 갖는 단점과 이를 극복하는 방법에 대해 설명해 봅시다.

2. 원격교육의 역사적 발전 과정

원격교육은 오랜 역사를 가지고 있다. 초기 원격교육은 정규교육이 불가능한 상황에서 특정 집단의 학습을 지원하기 위한 목적으로 시작되었지만 점차 다양한 목적과 상황에 맞추어 지속적으로 발전해 왔다. 원격교육의 발전 과정은 매체의 발전과 교육방법의 변화에 따라 구분할 수 있다.

1) 우편통신 학습을 통한 원격교육

우편통신 학습은 원격교육의 초기 형태로서 우편을 통해 교재, 과제 및 평가물을 주고받으면서 교육이 이루어지는 방식이다. 원격교육은 1833년 스웨덴의 한 신문사의 광고에 우편을 통한 작문교육이 등장하면서 시작되었다. 이후 1840년 영국의 아이작 피트맨(Issac Pitman)이 제공한 속기교육과 1873년에 미국 보스턴에서 엘리엇 티크너(Anna Eliot Ticknor)가 시작한 가정학습(home study)이 우편을 통한 원격교육의 초기 사례들이다. 19세기 초반에는 영국, 독일, 미국, 스웨덴을 중심으로 여러 형태의 우편통신 학습이 발전하게 되었다. 1890년에 미국 시카고 대학교에서는 우편통신 교육으로 운영되는 최초의 단과대학(extension university)을 만들어 수천 명의 학생들이 등록하였으나 점차 중도이탈자가 많아지면서 재정적인 문제로 문을 닫게 되었다(임철일, 2011).

우편통신을 통한 원격교육은 주로 언어교육, 직업교육, 고등학교 교육, 대학 강의의 형태로 제공되었다. 우편통신 학습은 20세기 후반에 정보통신 기술의 발전과 온라인 학습 플랫폼의 등장으로 대부분 대체되었지만, 꽤 오랫동안 많은 학습자들에게 교육 기회를 제공하는 방법으로 활용되어 왔다.

2) 방송 매체를 통한 원격교육

우편통신에 의한 원격교육은 라디오와 텔레비전과 같은 대중매체의 등장으로 새로운 방식의 원격교육으로 전환하게 된다. 1920년대부터 미국에서는 라디오를 이용한 교육방송이 활발하게 이루어졌으며, 1930년에는 TV가 등장하면서 교육용 방송 프로그램이 제작되기 시작하였다. 제2차 세계 대전이 끝나고 1950년대부터 주요 상업용 방송국에서 교육용 프로그램을 본격적으로 방송하기 시작하였다. 1960년대 초반, 스푸트니크(Sputnik)호 사건을 계기로 미국은 교육의 일대 전환기를 맞이하게 되고 교육방송 프로그램 개발에 많은 투자가 이루어졌다. 이후 교육용 인공위성이 갖추어지면서 미국 전역의 학생들에게 양질의 방송 프로그램이 제공되기도 하였다. 이 시기는 전 세계적으로 고등교육의 대한 수요가 폭발적으로 늘어나는 시기여서 라디오와 TV 등의 대중매체를 기반으로 한 원격교육이 양적으로 크게 성장하게 되었다.

1971년 영국의 개방대학(Open University)이 설립되었다. 영국의 개방대학이 체계적인 원격교육의 운영 시스템을 갖추게 되면서 이를 모델로 한 유사한 대학들이 우리나라를 비롯해서 독일, 캐나다, 남아프리카공화국, 이란, 튀르키에, 태국, 중국 등 여러 나라에서 문을 열게 되었다. 독일의 페른 대학교(Fern University of Germany), 남아프리카 대학교(The University of South Africa), 중국의 개방 대학교(The Open University of China), 인도의 간디 대학교(India Gandhi National Open University), 한국방송통신대학교(Korea National Open University) 등 많은 대학들이 20만 명 이상의 거대 원격대학으로 성장하였다(임철일, 김동호, 한형종, 2022).

3) 컴퓨터 네트워크를 통한 원격교육

1990년대 중반부터 개인용 PC의 보급과 인터넷의 발전을 기반으로 성장한 원격교육의 형태다. 초기에는 전용 네트워크를 통해 컴퓨터를 연결하기 위해 고가의 장비와 화상회의 시스템을 구축해야 했으나 웹 기술의 발전으로 새로운 전기를 마련하게 되었다. 교사는 웹 사이트를 통해 강의 콘텐츠를 제공하고, 학생들은 웹 브라우저를 통해 접속하여 학습자료를 확인하고 과제를 제출할 수 있었다. 학생은 이메일을 통해 학습자료를 받고, 과제를 제출하거나 질문을 할 수 있게 되었다. 이 단계에서는 아직 실시간 상호작용이 제한적이었다.

비디오 콘퍼런싱 기술이 점점 발전하면서 실시간으로 교사와 학생이 대화할 수 있는 환경이 조성되었다. 교사와 학생은 화상회의 시스템과 작은 웹 카메라를 사용하여 얼굴을 보여 주고 음성 및 비디오를 통한 대화가 가능하게 되었다. 온라인 가상 강의실은 학생들이 가상공간에서 교사와 실시간으로 상호작용할 수 있는 환경을 제공한다. 이러한 가상 강의실에서는 교사가 스크린 공유, 화이트보드, 채팅 등을 통해 학습활동이 이루어진다.

2000년을 넘어서면서 웹을 기반으로 한 정보통신기술 환경이 크게 개선되었고 컴퓨터와 인터넷을 기반으로 한 온라인 대학, 사이버대학이 등장하였다. 이들 대학은 기존의 거대 원격대학에 비해 규모가 작지만, 온라인 교육의 편의성과 유연성, 지리적 제한의 해소, 직업과의 병행 등의 장점으로 인해 많은 학생들이 사이버대학을 선택하고 있다. 현재 전 세계에는 수많은 사이버대학이 존재하고 있다. 일부는 전통적인 대학이 사이버대학의 형태로 전환한 경우이며, 일부는 온라인 교육에 특화된 대학으로 설립된 경우도 있다. 이들 대학은 각자의 강점과 특성을 가지고 있으며, 학위 프로그램부터 단기 과정까지 다양한 온라인 학습 옵션을 제공하고 있다.

MOOC(Massive Open Online Course)는 또 다른 형태의 온라인 교육으로 누구나 무료로 접근하여 수강할 수 있는 개방적인 강좌다. 이러한 개방성은 교육의 기회를 보다 많은 사람들에게 제공하고, 지리적·시간적 제약을 극복하여 전 세계적으로 다양한 사람들에게 교육 기회를 제공하는 장점을 가지고 있다. 수강자들은 자신의 관심사나 학습목표에 맞게 다양한 강좌를 선택하고, 자율적으로 학습을 진행할 수 있다. 강의 비디오나 자료를 통해 개별적으로 학습하고, 온라인 토론 포럼이나 팀 프로젝트를 통해 다른 수강자들과 소통하며 학습경험을 공유할 수 있다. MOOC 플랫폼에서는 수강자들에게 인증서를 발급하거나 대학 학점을 부여하는 경우도 있다. 이를 통해 수강자들은 학습 성과를 인증받을 수 있으며, 일부 대학에서는 MOOC 강좌를 대학 학점으로 인정하기도 한다.

MOOC를 운영하는 대표적인 기관으로는 스탠퍼드 대학교의 연구원들에 의해 2012년에 설립된 코세라(Coursera)와 하버드 대학교와 매사추세츠 공과대학교(MIT)의 공동 설립으로 2012년에 시작된 에덱스(edX), 서배스천 스런(Sebastian Thrun)과 데이비드 스타븐스(David Stavens)의 주도로 설립된 유다시티(Udacity), 영국의 고등교육기관들이 협력하여 2013년에 시작된 퓨처런(FutureLearn) 등이 있다. 한국에는 2015년에 정부의 주도로 시작된 K-MOOC가 있다.

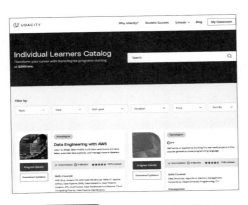

그림 10-2 Udacity 홈페이지 화면

그림 10-3 K-MOOC 홈페이지 화면

4) 가상현실과 인공지능을 활용한 미래 원격교육

미래의 원격교육은 지속적인 기술 혁신과 교육방법의 변화에 따라 다양한 형태로 이루어질 것으로 예상된다. 먼저, 인공지능(AI)과 기계 학습 기술의 발전으로 개인화 학습경험이 더욱 강조될 것이다. 학습자의 특성과 성향을 분석하여 맞춤형 콘텐츠와 평가를 제공하며, 개인의 학습 수준과 요구 사항에 따라 학습 경로가 개별화된다. 이를 통해 학생들은 자신의 학습속도와 스타일에 맞춰 효과적으로 학습할 수 있게 된다. 또한, 온라인 플랫폼을 통해 학생들은 협력적 학습과 소셜 러닝을 강화할 수 있다. 그룹 프로젝트, 온라인 토론 등을 통해 학생들은 서로 협력하고 지식을 공유하며, 다양한 배경과 경험을 가진 동료들과 함께 학습할 수 있다. 이를 통해 학생들은 상호 작용과 팀워크 능력을 향상시킬 수 있다.

가상현실(VR)과 증강현실(AR) 기술의 발전은 학습환경의 혁신을 가져올 것이다. 학생들은 가상공간에서 실제와 같은 상호작용을 경험하고, 가상 세계에서 현실감 있는 학습을 할 수 있게 될 것이다. 시뮬레이션과 가상 실험 등을 통해 학생들은 실제 상황을 모사하고 체험함으로써 실제적인 문제해결 능력을 기를 수 있을 것이다. 상호작용 콘텐츠와 게임 기반 학습은 학습자의 참여도와 흥미를 높일 수 있는 효과적인 방법이다. 시뮬레이션, 문제해결 게임, 가상 세계 등을 통해 학생들은 더욱 적극적으로 학습에 참여하고, 게임 요소를 통해 학습동기를 유지할 수 있다. 실시간 상호작용과 온라인 피드백은 학습자와 교사 또는 다른 학습자들 간의 즉각적인 소통과 피드백을 제공한다. 온라인 평가와 자동 피드백 시스템을 통해 학생들은 학습 결과를 신속하게 확인하고 개선할 수 있다.

이러한 기술과 방법들은 미래의 원격교육에서 학습의 효과를 극대화할 것이며 전통적인 캠퍼스 형태 대학들의 생존을 위협할 것이다. 2012년 4월에 설립된 미네르바 대학교(Minerva University)는 이러한 가능성을 보여

그림 10-4 애플사의 가상현실 헤드셋

주는 혁신적인 사례다. 이 대학의 학생들은 매 학기 세계 7개국 도시의 기숙사에 거주하면서, 다양한 나라의 학생, 교수들과 교류하고, 각 도시의 정부, 기업, 비영리단체와 협업하는 새로운 교육 커리큘럼을 경험한다. 미네르바 대학교는 전통적인 캠퍼스 형태의 대학과는 달리, 학생들이 각자 자신의 컴퓨터를 통해 온라인으로 수업을 듣고 학습을 진행한다. 학생들은 전 세계에서 온 다양한 배경과 문화를 가진 동료들과 함께 공동의 가상 강의실에서 학습하며, 강의 내용에 대해 토론하고 팀 프로젝트를 수행한다. 이를 통해 국제적인 관점과 문제해결 능력을 함양하고, 협력적인 학습 환경에서 성장할 수 있는 환경을 제공한다. 우리나라에도 '한국판 미네르바대'로 불리는 태재대학교가 설립인가를 받아 2023년 9월 개교하게 되었다.

5) 국내 원격교육의 발전 과정

우리나라의 원격교육은 외국과 같이 우편통신을 이용한 원격교육은 거치지 않고 6 · 25 전쟁 중 1951년에 KBS 라디오 학교를 운영하면서 시작되었다. 피난 시절에 교육시설과 교육체계가 무너지면서 이를 해결하기 위한 방법으로 라디오 방송이 활용되었던 것이다. 이후 1969년에 이르러 TV 학교 방송이 시작되었고 1972년에는 한국교육개발원(KEDI)이 설립되면서 국가 주도의 교육방송이 제작되었다. 초기 교육방송은 KBS 방송국의 채널을 활용하다가 1990년에 분리되어 교육전문 방송국인 EBS로 정식 출범하였다. 1997년에는 한국교육개발원과 분리되어 한국교육방송원이 창립되었으며 이후 위성교육방송과 인터넷 교육방송을 실시하였다. 2001년에는 디지털 TV 방송국을 개국하였고 2005년에는 위성 DMB(EBSu) 방송을 실시하고 2008년에

는 IPTV, 2010년에는 모바일 웹 서비스를 제공하여 다양한 매체를 활용한 학습환경을 구현하게 되었다. 국내 교육방송은 초·중등 학습 콘텐츠, 수능 강의 등을 통해 사교육비 경감과 공교육 지원을 위한 국가교육 정책의 주요 목표를 지향하고 있으며, 어학, 직업, 교양, 다큐멘터리 등 성인을 위한 평생교육 프로그램을 제작·방영함으로써 지금까지 국내 원격교육의 한 축을 담당하고 있다(임철일, 2011).

1970년대 초반, 영국 개방대학이 설립되면서, 국내에서도 폭발적인 고등교육의 수요를 감당하기 위해 1972년 한국방송통신대학교(Korea National Open University, KNOU)가 설립되었다. 강의는 원격강의(PC, 모바일, TV)와 전국 지역대학에서 진행하는 오프라인 수업을 병행한다. 학사과정인 4개 단과대학(인문과학대학, 사회과학대학, 자연과학대학, 교육과학대학)에 23개 학과와 프라임칼리지에 2개 학부(4개 전공)가 있다. 석사과정으로는 대학원 18개 학과와 경영대학원의 8개 전공이 있다. 개교 이후 입학생은 268만여 명, 졸업생 수는 60만여 명이고 재학생은 12만여 명으로 국내 최대 규모의 대학이고 세계적으로도 10대 원격대학에 들고 있다(2019년 4월 기준). 최근에는 입학생 수가 다소 줄고 있으나 여전히 국내 유일의 거대 원격대학으로 운영되고 있다.

국내 원격대학은 2001년을 기점으로 새로운 전기를 맞이하였다. 기존의 유일한 원격대학인 한국방송통신대학교 이외에 인터넷 기반의 원격대학이 설립되기 시작한

표 10-1 국내 사이버대학 현황(2022년 기준)

구분	운영 대학
4년제 학사 과정 (17개)	건양사이버대학교, 경희사이버대학교, 고려사이버대학교 국제사이버대학교, 글로벌사이버대학교, 대구사이버대학교 디지털서울문화예술대학교, 부산디지털대학교, 사이버한국외국어대학교 서울디지털대학교, 서울사이버대학교, 세종사이버대학교 숭실사이버대학교, 한국열린사이버대학교, 원광디지털대학교 한양사이버대학교, 화신사이버대학교
2년제 전문학사 과정 (2개)	영진사이버대학교 한국복지사이버대학
원격대학 형태의 평생교육시설 (2개)	영남사이버대학교(학사 학위과정) 세계사이버대학교(전문학사 학위과정)

것이다. 2001년 9개를 시작으로 2022년 기준으로 21개의 원격대학이 운영되고 있다. 이 중 4년제 대학이 17개, 2년제 전문대학이 2개, 평생교육시설이 2개다. 설립 초기에는 「평생교육법」에 따라 전문대학 또는 대학 졸업자와 동등한 학력, 학위를 인정하여 주는 '원격대학 형태의 평생교육시설'로 설립되었다가 2007년에 「고등교육법」 개정으로 기존의 학위 인정기관에서 정규 학사학위 수여기관인 '사이버대학'으로 승격하는 전기를 맞이하게 되었다.

6 · 25 전쟁의 와중에서 라디오 방송으로 처음 시작된 국내 원격교육의 역사는 한국방송통신대학교를 비롯한 다수의 사이버대학 형태로 이어지면서 꾸준히 발전하였다. 2019년 말부터 시작된 코로나 팬데믹으로 인해 원격교육은 새로운 변화를 겪게 되었다. 오랜 기간 사회적 거리두기 및 규제 조치가 시행되면서 전국의 초 · 중등학교을 포함한 모든 대학은 오프라인 수업을 중단하거나 제한하게 되었고, 이에 따라 원격교육은 학생들에게 교육 기회를 제공하는 대안으로 부상하게 되었다. 이를 통해 학생들이 학교나 대학에 가지 않고도 교육 중단을 최소화하고 학생들의 학습과정을 유지하는 데 도움이 줄 수 있다는 것이 확인되었다. 학생들은 개인 컴퓨터, 노트북, 스마트폰 등을 통해 온라인 교육 플랫폼에 접속하고 강의를 수강할 수 있었고, 고속 인터넷 연결과 줌(Zoom)과 같은 화상회의 도구를 이용하여 실시간 상호작용이 가능해졌다. 코로나 팬데믹은 교육뿐만 아니라 직업 세계에도 변화의 기폭제가 되었다. 원격교육에 대한 거부감이 컸던 사람들에게 학습 유연성과 접근성을 제공할 수 있는 새로운 교육 방식이라는 인식이 빠르게 확산되었다. 기업에서도 온라인을 기반으로 한 재택근무가 일상화되고 있다. 이제 교육 기관들은 온라인 학위 프로그램이나 혼합 교육 모델을 도입하여 학생들에게 다양한 교육 경험을 제공하는 것을 훨씬 자연스럽게 수용하게 되었다.

🅰 학습과제

1. 원격교육의 역사적 발전과정을 매체의 발전과 연관 지어 설명해 봅시다.

2. 코로나 팬데믹이 원격교육에 미친 영향에 대해 토론해 봅시다.

3. 원격교육의 주요 이론

오랜 원격교육의 역사에도 불구하고 원격교육에 대한 이론은 크게 발전하지 못하였다. 1970년대 원격교육이 대학의 형태로 조직화되면서 원격교육의 특성을 이해하고 규명하려는 노력이 본격적으로 시작되었다. 대표적인 원격교육학자인 키건(Keegan)은 1986년에 선행연구를 토대로 원격교육의 특성을 설명하는 세 가지 이론을 다음과 같이 제시했다.

1) 독립학습이론

독립학습이론(Independent Learning Theory)은 학습자가 독립적으로 학습을 진행하는 것을 강조한다. 원격교육에서 학습자는 교육자나 동료와 직접적인 대면 상호작용이 없으므로, 자기주도적으로 학습하고 자기관리 능력을 갖추어야 한다. 이 이론은 학습자의 자율성, 독립성, 책임감 등을 강조하며, 학습자의 학습동기 부여와 효과적인 학습전략 사용을 중요시한다. 이는 초기의 우편통신 학습의 특성을 가장 잘 반영하고 있다. 웨더마이어(Wedmeyer, 1973)는 원격교육에서 '독립학습(independent study)'이라는 용어를 처음 사용했으며, 원격교육은 학습자의 독립성과 자율성을 바탕으로 하며 이를 지원하는 방식으로 기술을 활용하는 교육체제가 마련되어야 한다고 강조했다.

무어(Moore, 2007)는 교류 간격 이론(Transactional Distance Theory)을 개발하고, 원격교육을 간격(Distance)과 구조(Structure)의 두 가지 요소를 바탕으로 원격교육의 특성을 설명하고자 하였다. 여기서 간격이란 학습자와 교수자 사이의 물리적·시간적·지적·문화적인 거리를 의미한다. 이 간격은 대면 교육과 비교하여 원격교육에서 더 커지는 경향이 있다. 간격이 증가하면 학습자와 교육자 사이의 상호작용이 제한되고, 이는 학습과정에 영향을 미칠 수 있다. 간격 요인을 극복하기 위해 원격교육에서는 구조화된 학습경험과 자원이 필요하다. 적절한 구조는 학습자에게 명확한 지침, 자료, 피드백 등을 제공하여 학습과정을 지원하고 거리를 극복하는 데 도움을 줄 수 있다.

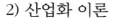

2) 산업화 이론

산업화 이론(Industrialization Theory)은 원격교육을 산업화와 연관 지어 설명한다. 산업화 이론은 원격교육을 대량 생산과 유사한 방식으로 조직화하고 시스템화하는 것을 강조한다. 이 이론은 효율성, 표준화, 비용 절감 등을 강조하며, 원격교육을 대규모로 제공하기 위한 기술, 운영 및 관리 시스템의 중요성을 강조한다. 이는 1970년대 거대 원격대학의 특성을 설명하는 데 가장 부합되는 이론이라 할 수 있다. 독일의 오토 피터스(Otto Peters)는 교수의 산업화 이론(Industrialization of teaching)을 제안하였다.

교수의 산업화 이론은 교육환경을 산업화와 비교하여 설명하는 개념이다. 이 이론은 교육과정, 교수방법 및 교육 시스템의 표준화와 효율화를 강조한다. 오토 피터스는 교육을 대량 생산과 유사한 방식으로 조직화하고 시스템화하는 것을 주장하였다. 교수의 산업화는 다음과 같은 주요 개념들을 포함한다.

- **표준화(Standardization)**: 교수의 산업화 이론에서는 교육과정, 교육자료 및 평가 방법을 표준화하는 것이 중요하다고 강조한다. 표준화는 일관된 학습경험을 제공하고 효율성을 향상시키며, 대규모 교육의 가능성을 열어 준다.
- **분업화(Division of Labor)**: 교수의 산업화는 교수 업무를 분업화하여 특정 역할과 책임을 갖는 전문가들이 참여하는 시스템을 구축하는 것을 제안한다. 이를 통해 효율성과 전문성을 강화할 수 있다.
- **자원의 최적화(Resource Optimization)**: 교수의 산업화는 교육 자원의 효율적인 활용을 강조한다. 이는 컴퓨터, 멀티미디어 자료, 온라인 플랫폼 등의 교육 기술을 적극 활용하여 학습경험을 향상시키는 것을 의미한다.

3) 상호작용과 의사소통 이론

의사소통 이론은 원격교육에서의 의사소통과 상호작용의 중요성을 강조한다. 원격교육에서는 학습자와 교육자 간의 시공간적인 제약으로 인해 대면 상호작용이 제한적일 수 있다. 이 이론은 원격교육에서의 효과적인 의사소통 전략과 도구의 사용, 소셜미디어 및 커뮤니티의 활용, 그리고 피드백의 중요성을 강조한다. 이는 웹

과 초고속 인터넷을 기반으로 한 원격교육의 특성을 가장 잘 설명하고 있다. 홈버그 (Holmberg, 1988)에 의해 개발된 '안내된 교수적 대화(Guided didactic conversation)'는 원격교육에서의 상호작용과 학습 지원에 대한 개념을 강조한다. 이 개념은 교수자가 학습자에게 안내적인 역할을 수행하면서 대화와 토론을 통해 학습을 이끌어 나가는 것을 의미한다. 교육자는 학습자에게 목표와 내용을 안내하고, 문제 해결 및 학습과 정에 대한 지원을 제공한다. 안내된 교수적 대화는 다음과 같은 특징을 갖고 있다.

- **상호작용적인 학습**: 학습자와 교육자 사이의 상호작용을 통해 학습이 이루어진 다. 단방향적인 지식 전달보다 상호 대화와 토론을 통해 학습자의 참여와 이해 를 촉진해야 한다.
- **개별화된 지도**: 교수자는 학습자의 개별적인 수준과 학습 요구에 맞춰 안내를 제 공해야 한다. 학습자의 질문에 대답하고, 피드백을 제공하며, 필요한 지원을 제 공하여 학습자의 학습경험을 최적화할 수 있다.
- **학습자 참여 촉진**: 안내된 교수적 대화는 학습자의 참여를 촉진한다. 학습자는 질 문을 하고 의견을 나누며, 주제에 대한 자신의 이해를 발전시킬 수 있다.

안내된 교수적 대화는 학습자의 자기주도성과 독립적인 학습능력을 강화하면서도 교육자의 지도와 지원을 통해 효과적인 학습을 도모하는 방법을 제시한다. 이 개념 은 원격교육에서 학습자와 교육자 간의 상호작용과 학습 지원을 강화하기 위해 활용 될 수 있다.

🔠 학습과제

1. 독일의 오토 피터스(Otto Peters)는 원격교육의 특성을 산업화의 관점에서 설명하고 있다. 여 기서 가장 중요하게 여기는 원격교육의 운영 전략은 무엇인지 설명해 봅시다.

2. 원격교육의 가장 큰 어려움은 학생들을 학습에 몰입하게 하는 것이다. 상호작용과 의사소통 이론의 관점에서 학습동기를 높일 수 있는 구체적인 전략에 대해 말해 봅시다.

4. 원격교육의 체제적 개발

원격교육을 위한 콘텐츠 설계 및 개발 모형은 교육목표와 학습자의 요구에 맞게 적절한 원격교육 자료를 개발하고 제공하는 프로세스를 의미한다. 일반적으로 ADDIE 모형은 전통적인 교수설계 모형이지만 원격교육에서도 가장 보편적으로 활용되는 모형이다. 그 외 정인성(1999)의 네트워크 기반 교수체제 개발 모형(Network-Based ISD)이 원격교육 프로그램 개발을 위한 모형으로 소개되고 있다.

1) ADDIE 모형을 활용한 원격교육 프로그램 개발

먼저, ADDIE 모형은 분석(Analysis), 설계(Design), 개발(Development), 실행(Implementation), 평가(Evaluation)의 다섯 단계로 구성된 전통적인 교수설계 모형이다. ADDIE 모형은 앞 장에서 자세히 소개되었으며, 이를 원격교육에서도 활용할 수 있다. 이 모형은 각 단계에서 목표 설정, 콘텐츠 개발, 테스트 및 평가 등을 순차적으로 수행하며 이전 단계의 결과물을 기반으로 다음 단계를 진행한다. 이 모형의 각 단계를 기반으로 원격교육을 위한 프로그램을 개발하는 절차는 다음과 같다.

- 분석(Analysis): 분석 단계에서는 교육의 목표와 목표를 달성하기 위해 필요한 학습자의 요구 사항을 파악한다. 교육의 목표, 대상 학습자의 특성, 기존 지식수준, 학습환경, 기술적 요구 사항 등을 조사하고 분석하여 교육 계획을 수립한다. 원격교육에서는 학습자가 서로 떨어져서 동일한 시간 혹은 다른 시간에 학습을 하기 때문에 분석 단계에서 보다 철저한 준비가 필요하다. 예를 들어, 학습자들의 컴퓨터 활용 기술이나 사용자 네트워크 환경, 원격교육 플랫폼 사용에 어려움이 없는지 파악해야 한다.
- 설계(Design): 설계 단계에서는 분석 결과를 기반으로 학습내용, 교육방법, 평가방법 등을 설계한다. 이미 개발된 콘텐츠를 활용하거나 새로 개발해서 활용해야 할지를 먼저 결정해야 한다. 새로 개발하는 원격교육 자료의 구조와 절차를 설계하고, 학습자의 특성과 요구에 맞게 학습자 중심의 디자인을 고려한다. 또한

교육자료의 제작 일정, 인력 및 자원 계획 등을 수립한다.

- 개발(Development): 개발 단계에서는 설계된 내용을 기반으로 원격교육 자료를 실제로 제작한다. 이 단계에서는 교육자료의 구성 요소를 개발하고 편집하여 완성도 높은 학습 콘텐츠를 생성한다. 동영상 강의, 슬라이드, 퀴즈, 시뮬레이션 등 다양한 형태의 교육자료를 개발한다. 적절한 도구와 소프트웨어를 활용하여 원격교육 자료를 완성한다.
- 실행(Implementation): 실행 단계에서는 개발된 교육자료를 실제 학습환경에 적용한다. 이 단계에서는 온라인 플랫폼이나 학습 관리 시스템을 구축하고, 학습자들이 교육자료에 접근하고 활용할 수 있는 환경을 제공한다. 또한 교사들에게 필요한 교육 및 지원을 제공하여 원활한 구현을 돕는다.
- 평가(Evaluation): 평가 단계에서는 원격교육의 효과와 품질을 평가한다. 학습자의 학습 결과와 만족도를 평가하고, 원격교육 프로그램의 개선 사항을 도출한다. 평가 결과를 피드백으로 활용하여 개선과 수정을 진행한다. 학습의 과정에서 생성된 다양한 피드백을 체계적으로 수집하고 분석하여 반영함으로써 원격교육의 질을 개선하도록 해야 한다.

2) NBISD 모형을 활용한 원격교육 프로그램 개발

원격교육을 위한 콘텐츠나 프로그램을 개발하기 위해 활용할 수 있는 또 다른 모형으로는 정인성(1999)이 제안한 '네트워크 기반의 교수체제 개발 모형'이 있다. 이 모형은 [그림 10-5]와 같이 일반적인 체제적 교수설계 모형을 기반으로 하면서도 원격교육 과정의 특성을 고려하도록 한다.

첫 번째, 분석 단계에서는 먼저, 원격 프로그램 개발의 목적을 명확히 이해하고, 개발하려는 원격 프로그램의 구체적인 목표를 설정한다. 학습자가 어떤 지식, 기술, 또는 역량을 개발해야 하는지를 정의해야 한다. 또한, 대상 학습자 분석을 위해 학습자의 연령, 경험, 관심사 등의 일반적인 특성과 학습자의 정보탐색 기술 수준 분석을 포함한다. 그다음, 웹 기반 교육을 개발하고 활용하기 위한 기술 수준과 환경에 대한 분석이 이루어진다. 학습 플랫폼, 기술적 요구 사항, 인터넷 연결 상태, 접근성 등을 포함한다.

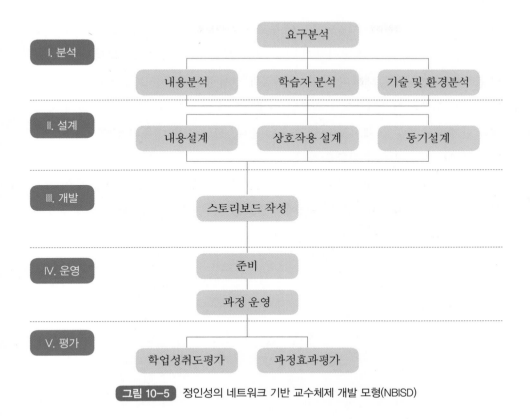

그림 10-5 정인성의 네트워크 기반 교수체제 개발 모형(NBISD)

두 번째, 설계 단계에서는 내용설계, 상호작용 설계, 동기설계를 포함한다. 내용은 명확하고 구조화되어야 하며, 학습자의 이해를 돕기 위해 다양한 리소스를 활용해야 한다. 상호작용 설계에서는 학습자와 학습 플랫폼 또는 자료 간의 인터페이스를 설계하고 학습자들이 자료를 탐색하고 참여할 수 있는 방법을 고안한다. 예를 들어, 퀴즈, 토론, 포럼, 시뮬레이션 등을 고려한다. 상호작용 설계는 사용자 경험(UX)을 향상시키고 학습자가 내용에 더욱 적극적으로 참여할 수 있도록 돕는다. 마지막으로, 동기설계는 학습자들의 동기를 유지하고 학습하는 동안 학습에 대한 몰입을 유도하는 방법을 고려하는 단계다. 예를 들어, 게임, 도전과제, 경쟁 요소를 활용하여 학습자들이 목표 달성에 도달하고 성취감을 느낄 수 있도록 지원한다. 개별 학습자의 관심과 필요에 맞추기 위한 맞춤형 학습경험을 고려한다. 이러한 설계 요소는 원격교육 프로그램을 개발하고 제공하는 데 있어 핵심적인 역할을 한다.

세 번째, 개발 단계에서는 전 단계의 설계안을 바탕으로 구체적인 스토리보드(storyboard)를 작성한다. 스토리보드는 다양한 매체나 프로그램의 시각적 요소와 구조, 스토리 라인을 보여 주는 도구로서 주로 영화, 애니메이션, 웹디자인, 교육자료, 앱 개발, 광고 등의 다양한 분야에서 사용된다. 스토리보드에는 프로그램의 목표, 장면 분할, 프레임 구성, 대화와 설명, 타이밍과 전체적인 흐름을 보여 준다. 스토리보드는 프로그램을 시각적으로 계획하고 이해관계자 간에 의사소통을 원활하게 하며, 제작 단계에서 방향을 제시하는 데 도움을 준다. 또한 전체 내용의 일관성과 학습효과를 보장하는 데 중요한 역할을 한다.

네 번째, 준비와 과정운영 단계에서는 학습자를 등록하고 접근 권한을 부여한다. 교육 프로그램이 시작되면 학습자들에게 필요한 지원을 제공하고 학습 진행을 모니터링한다. 이메일, 채팅, 온라인 포럼 등을 통해 질문에 답하고 도움을 준다.

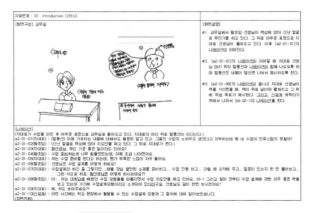

그림 10-6 스토리보드 화면 예시

마지막 단계는 평가와 피드백으로 이루어진다. 학습자의 성과를 평가하고 피드백을 제공한다. 콘텐츠의 업데이트와 개선도 함께 이루어진다. 교육내용과 프로그램을 지속적으로 개선하고 업데이트한다. 학습자의 피드백을 수용하고 반영한다. 프로그램의 성과를 평가하고 결과를 보고서로 작성하여 프로그램의 품질과 효과를 개선한다.

1. 전통적인 면대면 수업과 다르게 원격수업을 설계하는 과정에서 특히 고려해야 할 부분은 무엇인지 말해 봅시다.

2. 원격교육 프로그램 개발에 있어서 스토리보드는 어떤 역할을 하는 도구인지 설명해 봅시다.

5. 원격교육을 위한 플랫폼과 도구

원격교육을 위해 사용되는 주요 매체와 소프트웨어는 다양하다. 선택할 매체와 소프트웨어는 교육목표, 학습자 요구 사항, 기술적인 요구 사항, 예산 등을 고려하여 결정해야 한다. 다음은 원격교육에서 사용될 수 있는 최근의 매체와 소프트웨어다.

1) 온라인 플랫폼

온라인 플랫폼(Online Learning Platforms)은 학습자와 교사가 원격으로 상호작용하고 학습자료를 제공하는 데 사용된다. 대표적인 상용 플랫폼으로는 무들(Moodle), 블랙보드(Blackboard), 캔버스(Canvas), 구글 클래스룸(Google Classroom) 등이 있다. 개별 대학이나 기관에서 자체 개발하여 사용하는 경우도 있다. 이러한 플랫폼은 학습관리, 콘텐츠 제공, 토론 및 평가 등 다양한 기능을 제공하여 원격교육의 전반적인 운영을 지원한다.

그림 10-7 한국방송통신대학교의 온라인 학습 배움터

그림 10-8 구글 클래스룸을 활용한 온라인 수업 운영

2) 웹 기반 동영상 플랫폼

웹 기반 동영상 플랫폼(Web-based Video Platforms)은 교육 비디오 콘텐츠를 제작, 관리 및 공유하는 데 사용된다. 유튜브(YouTube), 비메오(Vimeo) 등이 대표적인 플랫폼이다. 이러한 플랫폼은 동영상 강의, 강의 녹화, 화상 강의 등을 제공하여 학습자들이 동영상 콘텐츠를 시청하고 학습할 수 있도록 지원한다.

그림 10-9 유튜브에 탑재된 교육용 동영상

3) 웹 기반 협업 도구

웹 기반 협업 도구(Web-based Collaboration Tools)는 학생들 간의 협력적인 학습
환경을 조성하는 데 사용된다. 구글 닥스(Google Docs), 잼보드(Jamboard), 멘티미터
(Mentimeter), 카후트(Kahoot), 패들렛(Padlet) 등이 이에 속한다. 이러한 도구는 학생
들이 함께 문서를 작성, 토론하고 공유할 수 있도록 지원하여 그룹 작업과 협력을 촉
진한다.

그림 10-10 구글 잼보드를 활용한 성찰활동

4) 가상 학습환경

　가상 학습환경(Virtual Learning Environments)은 학습자들이 가상의 공간에서 실제 같은 학습경험을 할 수 있도록 하는 도구다. 가상현실(Virtual Reality), 증강 현실(Augmented Reality) 및 가상 세계(Virtual Worlds)와 같은 기술이 사용된다. 이러한 환경은 학생들이 실험, 시뮬레이션, 가상 훈련 등을 통해 실제 상황에 대한 학습을 할 수 있도록 지원한다.

　메타버스는 가상현실 기술을 기반으로 한 온라인 가상공간으로, 사회적 상호작용과 협업이 가능한 가상 세계를 구축하는 개념이다. 메타버스를 활용한 가상 강의실은 실제 강의실과 유사한 형태를 가지고 있으며, 강사의 캐릭터나 아바타가 존재하는 강단, 학생들이 앉는 의자, 화이트보드 등의 요소가 포함될 수 있다. 학생들은 가상 아바타를 통해 다른 학생들이나 강사와 상호작용하고 소통할 수 있다. 음성이나 텍스트 채팅을 통해 질문을 하거나 토론을 나눌 수 있으며, 강사는 화이트보드를 사용하여 개념이나 그림을 설명하거나, 3D 모델이나 시뮬레이션을 통해 학습자들에게 직관적인 경험을 제공할 수 있다. 가상 강의실에서는 학생들이 그룹 활동을 수행하거나 프로젝트를 협업적으로 진행할 수 있다.

그림 10-11 메타버스 공간에서 진행한 대학 입학식

출처: https://www.ajunews.com/view/20210512155443174

5) 원격 회의 및 화상 통신 소프트웨어

원격 회의 및 화상 통신 소프트웨어는 실시간으로 교사와 학습자가 대화하고 상호 작용할 수 있도록 하는 도구다. 줌(Zoom), 마이크로소프트 팀즈(Microsoft Teams), 구글 미트(Google Meet), 웹엑스(Webex) 등이 사용된다. 이러한 소프트웨어는 화상 강의, 그룹 토론, 질의응답 등을 원활하게 진행할 수 있도록 지원한다.

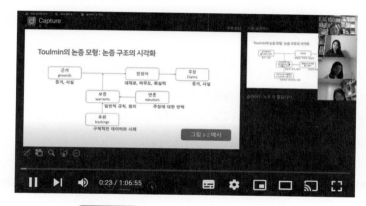

그림 10-12   줌(Zoom)을 활용한 동영상 강의

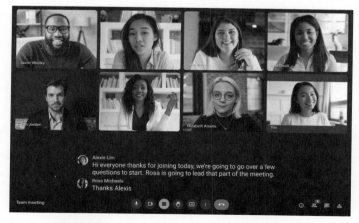

그림 10-13   구글 미트(Google Meet)를 활용한 화상회의

출처: https://apps.google.com/intl/ko/meet/

Aa 학습과제

1. 온라인 협업도구 중 두 가지를 선택하여 실제로 사용해 보고 장단점에 대해 토론해 봅시다.

2. 메타버스를 활용한 가상 강의실에서 어떤 교수-학습활동이 가능한지 구상해 봅시다.

참고문헌

김영환, 이상수, 정희태, 박수홍(2003). 원격교육의 이론과 실제. 서울: 학지사.

임철일(2011). 원격교육과 사이버교육 활용의 이해(2판). 경기: 교육과학사.

임철일, 김동호, 한형종(2022). 원격교육과 사이버교육 활용의 이해. 경기: 교육과학사.

정인성(1999). 원격교육의 이해. 경기: 교육과학사.

정인성, 나일주(2004). 원격교육의 이해(2판). 경기: 교육과학사.

정인성, 최성우(1998). 열린원격교육과 정보통신공학. 교육공학연구, 14(1), 163-180.

Holmberg, B. (1977). *Distance education: A survey and bibliography.* London: Kogan Page.

Keegan, D. (1986). *The Foundations of Distance Education.* New York: St. Martin's Press.

Keegan, D. (1996). *Foundations of Distance Education.* London: Routledge.

Moore, M. G. (1973). Toward a theory of independent learning and teaching. *Journal of Higher Education, 44*(9), 661-679.

Moore, M. G. (2007). The theory of transactional distance. In M. G. Moore (Ed.), *Handbook of distance education* (pp. 89-105). Mahwah, NJ: Erlbaum.

Peters, O. (1971). Theoretical aspects of correspondence instruction. In O. Mackenzie & E. L. Christensen (Eds.), *The changing world of correspondence study.* University Park and London: Pennsylvania State.

Wedemeyer, C. (1973). The use of correspondence education for post-secondary education. In A. Kabwasa & M. Kaunda (Eds.), *Correspondence education in Africa* (pp. 72-79). London, UK: Routledge and Kegan Paul.

[참고 사이트]

https://www.ajunews.com/view/20210512155443174

제11장

교수-학습의 실천

이 장에서는 교수-학습의 성공적 실천을 위한 방법으로써의 수업 관찰 및 분석의 개념에 대하여 이해하고, 수업 실연의 목적과 방법을 배운다. 또한, 효과적인 교육을 위한 핵심 도구인 교수-학습과정안의 작성법과 구성 요소를 살펴보며, 이를 통해 교수-학습의 효과를 극대화하는 방법을 배운다.

1. 수업 관찰 및 분석

이 절에서는 수업 관찰 및 분석의 기본적인 개념을 설명하고, 이를 수행하는 데 있어 중요한 대상과 방법에 대해 논의하게 된다. 이를 통해 수업을 평가하는 방법과 수업의 효과성을 향상시키기 위한 방법에 대한 이해를 높일 수 있을 것이다.

1) 수업 관찰 및 분석의 개념

(1) 수업 관찰

수업 관찰은 교사의 교수 행동과 수업 진행에 있어서의 전문성을 체계적으로 관찰하고 기록하는 과정으로, 교사의 수업 능력을 정량적으로 평가하는 방법을 의미한다. 이는 교실이나 학습환경에서 진행되며, 주로 두 가지 유형으로 나눈다.

그림 11-1 수업 관찰

첫 번째 유형은 학교 관리자가 정기적으로 실시하는 공식적인 직무평가의 일환으로, 교사의 성과를 관찰하는 방식이다. 두 번째 유형은 교사의 동료, 교육 전문가, 또는 코치가 교사의 교실 관리와 수업 기법을 개선하기 위한 목적으로 교사에게 피드백을 제공하기 위해 실시하는 관찰이다. 학생과의 상호작용과 교수법을 기반으로 이때, 관찰 대상은 수업 중 일어나는 학생과의 상호작용, 교수법 등을 포함한다.

수업 관찰의 주요 목적은 교사의 수업 능력을 향상시키고, 이를 통해 학생들의 학업 성과를 높이는 것이다(O'Leary, 2020). 또한, 다양한 학생 그룹 사이에서 발생할 수 있는 교육적 불평등을 조사하는 것도 중요한 목표다. 이를 통해 교사와 연구자는 성별, 사회경제적 지위, 또는 기타 차별적 요인에 따라 학생 그룹을 대하는 방식에서의 편견을 찾아내고 이를 해결할 수 있다. 마지막으로, 수업 관찰은 연구자에게 현재의 교육 관행에 대한 정보를 제공하고, 교육적 문제를 발견하는 것이 목표다. 이를 위해 수업 관찰은 수업활동에 대해 최대한 객관적인 자료를 수집하는 것이 중요하다(Dobbins, 2021).

(2) 수업 분석

수업 분석은 수업 관찰을 통해 관련 자료를 수집하고 분석하여 교사에게 유용한 정보를 제공하는 활동이다. 수업 관찰에서 얻을 수 있는 데이터는 관찰노트, 체크리스트, 설문, 인터뷰 등 다양한 형태의 데이터를 포함하므로 효과적인 분석을 위해서는 데이터 분석뿐 아니라 분석 결과의 의미를 해석 및 평가하기 위한 엄밀한 접근이 요구된다. 이는 다양한 요소들이 복합적으로 작용하는 수업을 이해하고 평가하는 복잡하고 다양한 과정으로, 누가 어떤 필요에 의해 어떤 목적을 달성하기 위해 실시하는지에 따라 그 의미나 특성이 달라진다.

수업 분석은 교사와 학생 간의 상호작용, 수업 운영의 특성, 교사의 의사결정 과정 등 수업에서 발생하는 다양한 요소를 관찰하고 분석함으로써 수업의 효과성을 향상시키고 더 나은 수업 전개 방안을 도출하는 것을 목표로 한다. 또한, 수업 분석은 수업을 구성하는 요소 간의 연관성을 파악하고, 교육적 문제를 발견하고 이를 해결하기 위한 방안을 제시하는 데도 사용되므로, 교육의 효과성을 높이고 교육과정을 개선하는 데 필수적인 활동이라고 볼 수 있다.

2) 수업 관찰 및 분석의 대상과 방법

(1) 수업 관찰 및 분석의 대상

수업 관찰의 주 대상은 경험이 상대적으로 적고 이 과정을 통해 큰 이익을 얻을 수 있는 신입 교사들이며, 이는 일반 교사와 특수교육 교사를 모두 포함한다(Hollins, 2011). 그러나 이는 경험 많은 교사들에게도 유용하며, 그들은 관찰을 통해 얻은 피드백과 통찰력을 활용할 수 있다. 또한, 그들이 부적절하게 사용하거나 전혀 사용하지 않는 기술을 발견하는 새로운 시각을 제공할 수 있다. 수업 관찰은 몇 분에서 하루 종일 또는 그 이상의 시간 동안 진행될 수 있다.

수업 관찰 및 분석 시 다음과 같은 요소들을 고려해야 한다.

첫째, 수업목표가 학생들의 학습 수준과 일치하는지, 그리고 목표를 달성하기 위한 수업방법이 적절한지 확인해야 한다. 수업방법은 수업활동, 교수전략, 학생활동 등 다양한 영역을 포함할 수 있다. 객관적인 분석을 위해서는 교사가 제공하는 수업계획서를 검토하거나 수업 중에 직접 관찰할 수 있다.

둘째, 교사가 학생들의 이해도를 평가하기 위해 사용하는 방법이 적절한지 확인한다. 또한, 교사가 학생들의 학습과정을 지속적으로 평가하고 피드백을 제공하는 형성 평가를 사용하는지 확인한다.

셋째, 학생들이 수업에 집중하고 있는지, 그리고 학생들이 수업내용을 이해하고 있는지 관찰한다. 이를 위해 학생들의 행동, 표정, 그리고 질문 등을 관찰하고, 필요하다면 학생들에게 직접 질문을 하여 이해도를 확인할 수도 있다.

(2) 수업 관찰의 방법

교사를 평가하는 데 효과적인 것으로 입증된 관찰 방법은 〈표 11-1〉과 같다. 그러나 체계적인 관찰을 위한 가장 보편적인 절차는 대화형 코딩 시스템(Interactive Coding System)을 사용하는 것이다. 대화형 코딩 시스템이 자주 사용되는 이유는 관찰자가 관찰하는 동안 교사와 학생 사이에서 일어나는 거의 모든 일을 문서화할 수 있기 때문이다. 대화형 코딩 시스템은 객관적이고 관찰자의 개인적인 판단이나 추론이 관찰 과정에서 수집된 데이터를 왜곡하지 않도록 도와주는 방식으로 설계되었기 때문에 널리 사용되는 도구다.

대화형 코딩 시스템은 데이터를 쉽게 코딩하고 분류할 수 있는 방식으로 구체적이고 쉽게 식별할 수 있는 행동을 쉽게 식별하고 캡처할 수 있어 데이터를 분석하고 교사에게 객관적인 피드백을 제공하는 데 특히 유용하다(Mintrop et al., 2018).

표 11-1 수업 관찰 방법

관찰 방법	주요 내용
관찰내용을 서술식으로 기록하는 방법	• 전체적인 기록: 교사와 학생의 모든 언어를 기록 • 부분적인 기록: 특이한 언어만을 기록(예: 교사의 발문, 학생에 대한 피드백 방법, 교사의 지시와 구조적인 진술 등)
관찰된 사항을 기초로 기록하는 방법	• 학생들의 과업 집중도 기록법: 학생들의 과업집중 형태를 기록 • 교사와 학생들 간의 언어흐름 기록법: 교사와 학생들 간의 언어적 상호작용 형태를 기록 • 교사와 학생들의 이동기록법: 교사와 학생들의 수업 중 이동양식을 기록 • Flanders의 상호작용 분석법: 교사와 학생들 간의 언어적 상호작용 형태를 기록·분석

체크리스트법	• 학교 또는 개인별로 자체 개발한 다양한 체크리스트를 사용하여 수업 관찰 결과를 기록
녹음이나 녹화하는 방법	• 녹음·녹화 내용 　-전체 녹음·녹화: 전 수업과정을 녹음, 녹화 　-부분 녹음·녹화: 관찰 중점 또는 수업 개선 자료로서 가치 있는 부분을 녹음, 녹화 • 녹음·녹화 담당자: 장학 담당자, 교수-학습이론의 임상장학에 익숙한 교사 • 녹음·녹화 자료 활용: 수업 분석의 객관적 근거 자료, 교사의 자기 수업 반성 자료, 자체 연수 자료

(3) 수업 분석의 방법

수업 분석 방법에는 종합적 접근법과 미시적 접근법이 있다. 수업 분석을 위해서는 먼저 미시적인 방법을 통한 분석을 바탕으로 종합적인 분석을 해야 한다. 수업을 미시적으로 분석하기 위해서는 교사 행동 관찰, 학생 행동 관찰, 수업 모형에 따른 관찰 등을 고려할 수 있으며, 수업 자체에 대한 미시적 분석이 완료되면 관찰 내용, 분석 결과, 문서화된 정보, 평가자의 성찰에 기반한 종합적인 분석을 하게 되고 최종 분석 결과를 도출하게 된다. 이는 양적 분석 방법과 질적 분석 방법을 포함한다 (Ndihokubwayo et al., 2020).

양적 분석 방법은 수량화(quantification)가 가능한 데이터에 기반한 연구로 실증적 자료를 객관적인 절차에 의하여 분석하고 이러한 결과를 일반화하고자 하는 목적을 가지고 있다. 반면, 질적 분석 방법은 자연적 현상이나 수량화가 가능하지 않은 데이터를 가지고 분석하는 방법으로서 분석 대상에 대한 이해와 현상의 해석에 중점을 둔다. 예컨대, 수업에서의 교사 행동을 분석하고 이를 범주화할 때 연구자의 주관적 감정이나 해석이 개입될 수 있으며, 이를 통하여 교수 행동에 대한 깊이 있는 이해를 도출하고자 하는 것이다.

수업 관찰을 통하여 얻어진 데이터를 분석할 때 데이터의 종류나 분석의 목적에 따라 양적·질적 분석 방법을 선택할 수 있다. 필요한 경우에는 두 가지 접근을 동시에 사용하여 관찰 대상 수업에 대한 다각적 이해를 도모할 수 있다.

〈표 11-2〉에 제시되어 있듯이 양적 분석 방법은 관찰된 행동을 수치화시키기 위

한 목적을 가지고 있다. 예컨대, 플랜더스(Flanders, 1976)의 언어 상호작용 분석법은 교사-학생 간에 일어나는 언어적 상호작용을 수치화시킬 때 유용하게 활용할 수 있는 방법이다. 플랜더스가 제시한 코딩 체계에서는 교사 발화, 학생 발화, 침묵 등의 대분류가 존재하고 가장 하위 분류는 감정적 교류, 인지적 질문, 지휘나 명령 등 구체적 발화 행동을 명시하여 연구자가 쉽게 발화 상황을 코딩할 수 있도록 한다. 반면, 질적 분석 방법의 경우 연구자의 질적 데이터 해석을 돕기 위한 방법들이 제시되어 왔다. 예컨대, 결정적 사건 분석은 수집된 질적 데이터를 교수활동의 국면을 전환하거나 문제 상황을 유발한 사건(event)을 중심으로 분석하는 방법이다. 질적 데이터를 분석하는 방법은 매우 다양할 수 있으나 분석 도구에 따라 해석의 강조점은 달라질 수 있다.

표 11-2 **수업 분석 방법**

분석 방법	종류
양적 분석 방법	Flanders의 언어 상호작용 분석법 필터식 분석법 교실좌석표를 이용한 분석법 평정 척도 및 범주 체계 Exter의 행동관리 분석
질적 분석 방법	결정적사건 분석 비언어적 분석 일화기록 녹음 또는 녹화기록 그림자 연구법

Aa 학습과제

1. 수업 관찰의 두 가지 주요 유형에 대해 설명하고 각 유형의 목적을 기술해 봅시다.

2. 수업 분석의 개념에 대해서 서술해 봅시다.

2. 수업 실연

교사는 수업 방식, 교수전략, 자료 등을 활용하여 실제 수업 현장에서 실연하는 것을 말한다. 이 절에서는 수업 실연의 목적과 중요성에 대해 다루고, 수업 실연을 준비하고 진행하는 과정에서 고려해야 하는 주요 요소들에 대해 이야기한다.

1) 수업 실연의 개념

수업 실연은 교수 능력과 기술을 평가하기 위해 면접 위원회 또는 학생 그룹을 대상으로 계획된 수업을 진행하는 것을 의미한다. 이 과정은 수업 실연을 실시하는 교육기관의 특성에 따라 차이가 있을 수 있다.

수업 실연의 목적은 수업을 가르치기 위해 얼마나 잘 준비되어 있는지, 어떻게 발표하는지, 학생을 어떻게 참여시키는지 사전에 평가하고 실제 현장에서의 교수활동을 대비하기 위함이다. 수업 실연이 선발을 위한 면접에 활용될 때에는 미리 구성된 면접 위원회가 평가자가 되고 일반적인 상황에서 일어날 때는 선배나 동료교사도 평가자가 될 수 있다. 평가자는 수업 실연 이후에 실연자에게 피드백을 제공하기도 하는데, 이는 실연자의 수업전략을 향상시키고 수업내용을 보완하기 위하여 활용될 수 있다.

수업 실연의 면접관 혹은 평가자들은 복잡한 주제를 학습 가능한 일련의 단계로 세분화하는 능력, 그룹 앞에서 침착하고 편안한 태도, 학생의 이해를 얼마나 잘 확인하는지, 학생이 이해하지 못할 때 얼마나 잘 조정하는지 등을 면밀히 검토한다. 또한, 강의실 관리 능력과 수업 계획 기술도 살펴볼 수 있다. 평가자가 수업을 참관하는 동안 소그룹 또는 전체 학생들과 함께 수업을 진행하도록 요청받을 수도 있다(Smith et al., 2013).

2) 수업 실연의 준비

(1) 수업 실연 시작 전

수업 실연을 준비하기 위해서는 우선 수업의 목표와 기대치를 명확히 파악해야 한다. 이를 위해, 수업 실연을 시작하기 전에 몇 가지 중요한 질문을 해 보는 것이 도움이 된다.

먼저, 수업 실연을 위해 어떤 사람에게 보고하거나 요청해야 하는지 알아야 한다. 이는 수업 실연의 책임자를 파악하고, 필요한 지원을 받을 수 있도록 돕는다. 또한, 가르치게 될 학년과 수업 시간을 알아야 한다. 이 정보는 수업의 내용과 방식을 결정하는 데 중요한 역할을 한다.

다음으로, 수업에 맞추었으면 하는 특정 공통 핵심 표준이 있는지, 아니면 학생들이 현재 어떤 내용을 배우고 있는지 알아야 한다. 이를 통해 수업을 학생들의 현재 학습 상황에 맞게 조정할 수 있다. 마지막으로, 교실에서 사용할 수 있는 자료나 기술이 무엇인지 알아야 한다. 이는 수업을 준비하고 진행하는 데 필요한 자원을 파악하고, 필요한 경우 추가 자원을 준비할 수 있도록 한다.

수업 실연자가 주요 사항에 대하여 숙지를 하여야 수업에 대한 통찰력을 얻고, 학생들이 이미 배우고 있는 내용을 중심으로 수업을 구성하는 데 도움이 된다. 이를 위해, 실연자는 수업 계획을 꼼꼼히 검토하고 내용을 숙지해야 한다. 또한, 수업을 뒷받침하는 데 필요한 모든 자료를 수집하고, 필요한 복사본을 미리 만들어 두어야 한다. 수업 현장에서는 실연에 필요한 자료를 즉시적으로 얻지 못할 수 있으므로 수업 활동에 대한 완전한 이해를 통하여 사전에 배포할 자료들을 준비해야 한다(Gannon, 2019).

(2) 수업 실연 시

① 수업 도입

수업 실연을 시작할 때, 교사는 침착하고 자신감을 유지해야 한다. 명확하고 큰 목소리로 모든 학생이 들을 수 있도록 말해야 한다. 수업의 주제에 대해 학생들이 이미 알고 있는 내용을 파악하는 것이 도움이 될 수 있으며, 이를 위해 학생들에게 몇 가지 질문을 하고 그들의 반응을 관찰하는 것이 좋다(예: ○○○에 대해 들어 본 적이 있으면 손을 들어 보세요. ○○○는 무엇을 의미하거나 무엇을 말하나요?). 교사는 학생들을 존중하며, 그들과 함께 일하는 것을 즐긴다는 것을 보여 주어야 한다. 수업 계획을 준비하되, 필요에 따라 유연하게 조정이 필요할 수 있음을 기억해야 한다.

② 수업 전개

수업 전개 단계에서는 학생들의 참여를 유도하고, 학습을 심화시키는 활동을 진행한다. 이 단계에서는 학생들에게 적극적으로 참여하고, 문제를 해결하며, 새로운 개념을 탐색하고 이해하는 기회를 제공한다. 일반적으로 학생들은 수업 시작 후 12분을 기점으로 집중력이 급격하게 떨어진다고 한다(Guo, Kim, & Rubin, 2014). 집중력이 저하된 상태에서 수업내용을 계속 전달하기보다 중간 활동 변화, 정리 활동 등을 통해 학생들의 참여를 독려시키는 것이 좋다. 이를 위해 교사는 다양한 교수법과 전략을 사용할 수 있다. 예를 들어, 그룹 활동, 토론, 실험, 실습, 프로젝트 기반 학습 등을 활용할 수 있다. 또한, 그래프나 기타 데이터 시각화를 사용하는 경우, 그래프가 스스로 말하도록 두지 않는다. 대신 학생이 이러한 시각화에 반응하도록 한다. 예를 들어, 그래프가 무엇을 보여 주는지 간단히 설명하여 학생들에게 그래프를 안내한 다음, 그래프에 대한 질문을 던지고 학생들이 어떤 식으로든 그래프를 해석하도록 하여 학생들의 참여를 유도한다. 이러한 활동은 학생들의 창의성과 비판적 사고 능력을 촉진하며, 새로운 내용을 이해하는 데 도움이 된다(Jenkins, 2017).

③ 수업평가

수업평가는 수업의 마지막 단계로, 이 단계에서는 학생들이 수업에서 배운 내용을 얼마나 잘 이해하고 있는지를 평가한다. 이를 위해 교사는 다양한 평가 도구와 전략을 사용할 수 있다. 예를 들어, 퀴즈, 테스트, 작문 과제, 프로젝트, 발표 등을 통해 학생들의 이해도를 체크할 수 있다. 또한, 학생들의 참여도, 집중도, 토론에 대한 반응 등을 관찰하여 학생들의 학습 태도와 수업에 대한 반응을 평가할 수 있다. 이러한 평가는 교사에게 수업의 효과성을 판단하고, 필요한 경우 수업 계획을 수정하거나 개선하는 데 중요한 피드백을 제공한다.

(3) 수업 실연 후

수업 실연을 마친 경우, 수업 실연 후 1~2일 후에 감사 이메일을 보내는 것이 중요하다. 감사 이메일을 통해 교장과 채용 담당자에게 수업 실연을 제공하고 학교에 대해 알아볼 수 있는 기회를 주셔서 감사하며, 수업 실연을 참관하는 시간을 소중히 여긴다는 점을 알릴 수 있다. 이 이메일은 또한 채용 담당자에게 여러분의 주요 강점과 관심 분야를 상기시키는 유용한 방법이 될 수 있다.

> **Aa 학습과제**
>
> 1. 수업 실연의 목적과 중요성에 대해 서술해 봅시다.
>
> 2. 수업 실연을 준비하고 진행하는 과정에서 고려해야 할 주요 요소들에 대해 설명해 봅시다.

3. 교육과정 운영 계획서 작성

교육기관이나 교사가 교수활동을 계획할 때 한 학기 또는 수업 기간 동안 전체적인 교육과정의 운영을 계획한다. 운영 계획서는 장기적인 교육 계획과 방향을 기술하는 문서로 이 절에서는 운영 계획서의 개념과 구성 요소에 대해 다루고자 한다.

1) 운영 계획서의 개념

운영 계획서는 학교의 교육목표를 달성하기 위한 전략과 행동 계획을 체계적으로 정리한 것을 말한다(Kim, 2008). 단위 수업이 단시간 내에 이루어지는 미시적 교수활동을 의미한다면 운영 계획은 학교의 교육활동 전체에 대한 목표와 방향성을 포함한 거시적 지침으로 정의할 수 있다.

운영 계획에는 교과 수업뿐 아니라 비교과 활동, 학생 주도 활동, 학교 혁신 계획 등 다양한 활동들을 포함한다. 학교의 수업 및 미시적 활동 실행에 앞서 운영 계획서가 확립되어야 일관된 목표 아래 다양한 활동들을 전개할 수 있다. 운영 계획 수립 시 학교 관리자뿐 아니라 교사가 함께 참여하여 논의하는 것이 일반적이다. 최근에는 학생 자치회, 학부모, 관련 전문가 등 다양한 교육 주체들이 협력적으로 운영 계획을 수립하기도 한다.

2) 운영 계획서의 구성 요소

- **목표**: 운영 계획서의 목표는 교육기관이 달성하고자 하는 구체적이고 측정 가능한 목표를 명시한다. 예를 들어, "2023학년도까지 학생들의 수학 성적을 10% 향상시키는 것"이라는 목표를 설정할 수 있다.

- **전략**: 목표를 달성하기 위한 전략은 교육기관이 어떤 방식으로 목표를 달성할 것인지를 명시한다. 예를 들어, "수학교육 프로그램을 강화하고, 수학에 대한 학생들의 흥미를 높이는 것"이라는 전략을 설정할 수 있다.

- **행동 계획**: 행동 계획은 각 전략을 실행하기 위한 구체적인 단계를 제시한다. 이는 각 전략이 어떻게, 언제, 누구에 의해 실행될 것인지를 포함한다. 예를 들어, "교육 팀이 1학기 내에 수학교육 프로그램을 개선하고, 수학에 대한 학생들의 흥미를 높이는 다양한 활동을 기획하는 것"이라는 행동 계획을 설정할 수 있다.

- **자원**: 자원 부분은 계획을 실행하기 위해 필요한 자원을 명시한다. 이는 인력, 재정, 시간 등을 포함할 수 있다. 예를 들어, "수학교육 프로그램 개선을 위해 천만 원 예산과 교육 팀의 2명의 직원을 배정하는 것"이라는 자원 계획을 설정할 수 있다.

- **성과 측정**: 성과 측정은 계획의 성과를 어떻게 측정할 것인지를 명시한다. 이는 특정 지표, 목표치, 또는 성과 측정 도구를 포함할 수 있다. 예를 들어, "학생들의 수학 성적, 수학에 대한 학생들의 흥미 수준, 수학교육 프로그램의 효과 등을 통해 성과를 측정하는 것"이라는 성과 측정 방법을 설정할 수 있다.

- **리스크 관리**: 리스크 관리는 가능한 위험 요소와 이를 관리하는 방법을 명시한다. 이는 위험 요소의 식별, 위험 평가, 그리고 위험 관리 전략을 포함할 수 있다. 예를 들어, "수학교육 프로그램의 실패, 예산 초과, 교사 부족 등의 위험을 식별하고, 이에 대한 대응 계획을 마련하는 것"이라는 리스크 관리 계획을 설정할 수 있다.

이러한 각 구성 요소는 교육과정 운영 계획서가 교육목표를 명확하게 설정하고, 이를 달성하기 위한 전략과 행동 계획을 체계적으로 관리하도록 돕는 역할을 한다(Sari & Sari, 2020).

3) 운영 계획서 사례(주요 부분)

> 기후변화 대응 탄소중립 환경교육을 위한
> # 2022 생태 · 환경교육 운영 계획

1 목적

- 자연과 어우러지는 교육을 통해 환경보전에 대한 가치와 생태 · 환경 감수성 증진
- 지속 가능한 미래를 창출하는 생태전환 교육으로 기후위기와 환경재난에 능동적으로 대처하고 탄소중립을 위해 노력하는 환경 시민 육성
- 인간 중심적 사고에서 인간과 자연의 공존과 지속 가능성을 실천하는 미래 민주 시민 역량 강화
- 학교 안과 밖의 교육적 자원과 김포혁신지구사업의 연계를 통한 생태 · 환경교육의 내실화

2 기본 방향

- 학년공동체 협의를 통해 학생 발달 단계를 고려하고 교과 내용을 연계한 생태 · 환경교육 프로그램 구성
- 학교, 지역 및 김포혁신지구사업의 생태환경 교육 자원 적극적 활용
- 학생들의 생태 감수성을 신장시킬 수 있는 다양한 실천적 체험활동 기회 제공
- 생태 · 환경교육의 중요 요소인 생명의 소중함의 이해 · 실천을 돕기 위한 1인 1반려식물 기르기 활동 운영

3 세부 추진 계획

1) 교육과정 연계 생태·환경교육 강화

(1) 교육과정 재구성을 통한 '지구지킴이 일일 프로젝트' 실시

○ 학교교육과정 분석을 통한 학교자율과정 운영

○ 주제 통합 '지구 지킴이 일일 프로젝트' 실시

- 교과 내, 교과 간 연계를 통해 기후변화, 생태·환경, 1회용품 사용 줄이기, 학교숲 등을 주제로 한 학년 한 주제 이상 프로젝트 수업 운영

　※ 생태전환교육(탄소중립 환경교육)을 위한 학년별 2차시 이상 편성·운영 노력

- 지속가능발전목표와 관련한 기후변화 교육과정 운영

지구 지킴이 일일 프로젝트

○ 지구 지킴이: 지구온난화에 대한 이해를 바탕으로 이산화탄소 배출을 줄이기 위한 교육과 실천 활동

○ 일·일: 한 학년 1주제 이상 프로젝트 구성 및 실시를 의미하나 한편으로 매일 매일의 지구 지킴이 활동을 다중적으로 나타냄

---

2) 교육공동체 탄소중립 생활 실천 운동 전개

(1) '기후행동 1.5℃ 실천 운동' 전개

○ '기후행동 1.5℃' 앱 활용, 탄소중립 생활 실천 운동 운영

- 기후행동 1.5℃ 앱을 활용하여 학생 스스로 가정, 마을, 학교에서의 탄소중립 생활 실천 및 활동 기록

- 경기도교육청 기후행동 1.5℃ 스쿨 챌린지 운영 기간 참여 노력

(2) 탄소중립 환경교육 활성화

○ 에너지 절약 실천 주간 운영 및 환경기념일 연계 계기 교육 실시

> ※ 환경기념일: 세계 물의 날(3. 22.), 지구의 날(4. 22.), 세계 환경의 날(6. 5.), 에
> 너지의 날(8. 22.)
> －1회용품 사용 줄이기 교육(물티슈 사용 줄이기, 안에서는 머그컵/밖에서는 텀
> 블러)
> －수다날(수요일은 다 먹는 날), 채식의 날 운영 및 교실별 분리수거함 설치
> －자원재활용(업사이클링) 작품 전시회, 물자절약 교육 등

(3) 학생 주도 생태 · 환경 동아리 운영

　　○ 주제: 다시 자연! 학생 자율 동아리
　　○ 활동 내용: 탄소중립을 위한 생활 속 실천 방안 탐구, 캠페인 등 실천 운동 중
　　　심의 학생 주도 프로젝트 동아리
　　○ 기간: 2022. 4. 11. ～ 2022. 11. 25.
　　○ 장소: 교실, 상상누리터 등
　　○ 구성: 지도교사 1명, 학생 5명

(4) 학생자치회 중심의 환경보전 실천 운동 전개

　　○ 학생자치회 중심 학교 또는 학급단위의 '기후변화 대응 실천 약속' 마련 및
　　　실천

> 예 1회용품 사용 줄이기, 음식 잔반 최소화하기, 페트병 버릴 때 비닐 라벨 떼기, 안 쓰는 방(교
> 실) 전등 끄기, 폐건전지 분리수거하기 등

　　　－학생자치회 협의를 통해 '기후변화 대응 실천 약속' 실천 모니터링 및 개
　　　　선 방안 마련
　　　－학생회가 주도하여 생활 속 환경보전 활동을 실천하기 위한 '푸른지구 생
　　　　명살림' 운동 전개

3 학년별 생태환경교육 최소 이수기준 시수

미래교육 하위 영역	학년 구분					
	1	2	3	4	5	6
생태환경교육	10(10)	21(10)	32(10)	13(10)	10(10)	10(10)

4 생태 · 환경교육 예산(생략)

5 학년별 생태환경교육

학년별로 개요와 세부 내용, 예산 계획을 작성한다. 여기서는 지면 관계로 4학년의 계획만을 제시한다.

1. 4학년 생태 · 환경교육

1). 생태 · 환경교육 개요

학년	주제	핵심 역량	교육내용	교과/차시	시기	비고
4	초록빛을 알고 가꾸는 우리들	자주적 행동 역량, 비판적 성찰 역량, 문화적 소양 역량, 의사소통 역량, 협력적 문제 해결 역량	■ 우리와 함께하는 식물 알아보기 • 우리 학교 화단 답사하기 　－네이버 스마트렌즈를 이용하여 교내 식물 이름 확인 • 관찰한 식물 분류하고 생태도감 만들기 　－크롬북으로 식물의 특징을 조사 · 분류하기 　－패들릿 등 여러 매체를 활용한 생태도감 만들기	• 과학(4) • 창체(1)	5월	• 예산: 생략 • 주의 사항: 식물을 관찰하는 과정에서 조성된 식물을 훼손하지 않도록 지도한다.

| | | | ■ 유해식물과 생물 다양성 알기
• 유해식물의 뜻을 알고 종류 조사
 하기
 −유해식물을 조사(크롬북 활용)
 하고 학습지 해결하기
• 생물 다양성에 대해서 알아보기
 −생물 다양성과 유해식물 간의
 관계 알아보고 발표하기 | • 창체(4) | 9월 | • 크롬북을
 활용하여
 조사활동
• 4학년 과
 학'식물의
 한 살이'와
 연계 |
| | | | ■ 반려식물 심고 알아보기
• 식물이 자라는 데 필요한 조건을
 생각하며 꽃씨 심기
 −봉숭아 꽃씨와 개인 반려식물을
 기르며 식물이 자라는 데 필요
 한 조건 생각하기
 −꽃의 한살이를 관찰하며 계절에
 따라 변하는 우리 주변의 자연
 환경에 대해 발표하기 | • 과학(1) | 5월 | |

🅰 학습과제

1. 운영 계획서의 개념 및 구성 요소에 대해 설명해 봅시다.

2. 제시된 운영 계획서의 사례를 살펴보고, 운영 계획서의 각 구성 요소에 해당하는 내용이 잘 포함되어 있는지 분석해 봅시다.

4. 학습과정안 작성

누군가를 가르친다는 일에는 예술적 측면과 과학적 측면이 존재한다. 교수자는 학생들과 공감하며 그들의 이해를 촉진하는 하는 동시에, 학습목표에 기반하여 학생들의 지식, 기술, 역량을 개발하기 위해 제반 활동과 요소를 설계하고 수업에 필요한 절차를 갖춰 학습 방향은 설계한다. 이 절에서는 학습과정을 체계적으로 촉진하기 위하여 학습과정안을 개념과 작성방법에 대해 살펴보고자 한다.

1) 학습과정안의 개념

학습과정안(Lesson Plan)은 학생이 학습해야 하는 내용과 수업 시간 동안 효과적으로 학습하는 방법, 평가방법 등을 체계적으로 정리한 것을 말한다. 이는 수업에 필요한 절차를 갖추어 학습 방향을 안내하는 과정이며, 교사가 수업을 준비하고 진행하는 데 필요한 핵심 정보를 포함하고 있다. 학습과정안은 수업의 방향을 유지하고, 학습 활동을 명확하게 하는 데 필요성이 있다(Anderson, 2015).

2) 학습과정안 작성

학습과정안은 학생이 배워야 할 내용, 수업방법, 학습 측정방법에 대한 교사의 일일 가이드다. 학습과정안은 각 수업 시간에 따라야 할 세부적인 개요를 제공하여 교사가 교실에서 더 효과적으로 수업할 수 있도록 도와준다. 효과적인 학습과정안은 다음과 같은 요소들을 포함해야 한다(König et al., 2020; Nyirahagenimana et al., 2022).

수업 명   학습의 범위를 명확히 하기 위해 수업 취지와 효과를 고려한 수업 명을 제시한다.

수업 설명   수업 취지와 개발 배경, 전체 교육 프로그램에서의 위치와 역할, 단원 구성 내용과 이유, 수업 구조 및 수업설계상의 고려점 등을 제시한다.

학습목표 설정   학습목표는 학습자들이 학습을 끝마쳤을 때 무엇을 할 수 있을 것인지에 대한 상세한 기술이다. 학습목표를 명확하고 구체적으로 설정하면 학습효과를 극대화하고 평가를 용이하게 할 수 있다. 메이거(Mager, 1997)는 학습목표 개발 기준인 ABCD 룰을 제시했다. 학습목표를 제시할 때는 대상학습자(Audience)를 명확하게 정의하고, 학습자가 어떤 특정한 행동(Behavior)을 수행하는지 정의하며, 목표를 달성하기 위해 어떤 환경이나 조건(Condition)이 제공되어야 하는지 명시하며, 목표를 얼마나 성취해야 하는지 양적 혹은 질적 기준(Degree)을 제시한다. 예를 들어, ABCD 룰을 충족한 학습목표는 다음과 같다.

Audience(학습자/주어)	• 교수자가 아닌 대상 학습자를 명확하게 진술
Behavior(행동)	• 학습자가 학습경험 후 수행 가능한 것으로 기대되는 특정 행동 진술
Condition(조건)	• 학습자에게 주어지거나 제한되는 환경이나 조건 진술
Degree(기준)	• 목표를 얼마나 성취해야 하는지 질적 혹은 양적 준거 진술

▶ 예제: 20개의 덧셈 문제를 주면, 계산기를 사용하지 않고 학습자는
　　　　　　　　　　　조건　　　　　　　　　　　　　　　주어
적어도 18개는 정확히 계산할 수 있다.
　　기준　　　　　　　행동

그림 11-2 학습목표 진술 ABCD 룰 적용 사례

　　학습자들은(대상 학습자; Audience) 교육방법 지식을 활용하여(조건; Condition) 2종류 이상의(기준; Degree) 수업지도안을 작성할 수 있다(성취행동; Behavior).

　　학습목표는 학습자의 관찰 가능한 성취행동으로서 서술된다. 이는 다시 '인지 영역 학습목표', '기능 영역 학습목표', '태도 영역 학습목표'로 세분화할 수 있다. 학습자 수준에서 이해 가능한 문장으로 표현하며, 학생, 학교, 학급의 성격, 지역 실태 등을 고려하여 목표를 설정한다.

　　학습활동 계획　　학생들이 학습목표를 달성할 수 있도록 돕는 활동을 계획한다. 이러한 활동은 학생들을 참여시키고 학습과정을 상호작용적으로 만들어야 한다. 이는 강의, 토론, 실습 실험, 그룹 작업, 멀티미디어 프레젠테이션 등을 포함할 수 있다.

　　수업자료 및 유의점　　수업에 필요한 모든 자료를 준비한다. 이는 교과서, 슬라이드, 비디오, 학습지, 또는 수업을 지원하는 다른 리소스를 포함할 수 있다. 그리고 교사의 입장에서 유의할 점을 적는다.

평가방법   학생들이 학습목표를 달성했는지 측정하기 위한 평가방법을 개발한다. 이는 퀴즈, 과제, 프로젝트, 또는 수업 참여나 관찰과 같은 비공식적인 평가를 포함할 수 있다.

수업 절차 작성   수업의 자세한 절차를 작성한다. 이는 도입, 전개, 정리 구조로 구성된다.

- 도입: 전시학습 상기, 동기유발, 학습문제 협의, 학습활동 안내 & 평가 안내를 포함한다. 이 단계에서는 학습의 목표와 방향을 설정하고, 학생들의 학습동기를 유발한다.
- 전개: 실질적으로 학습활동을 하는 부분으로, 활동 1, 활동 2, 활동 3 등으로 구성한다. 이 단계에서는 학습활동을 통해 학습목표를 달성하는 과정을 진행한다.
- 정리: 학습내용 정리, 수준별 지도, 과제 제시, 차시 예고를 포함한다. 이 단계에서는 학습한 내용을 복습하고, 다음 수업의 준비를 한다.

수업 반성   수업 후에는 어떤 것이 잘 작동했는지, 어떤 것이 그렇지 않았는지에 대해 반성하는 시간을 가져야 한다. 이는 미래의 학습지도안을 개선하는 데 도움이 된다.

학습지도안은 교사가 수업을 효과적으로 준비하고 진행할 수 있도록 돕는 도구다. 이를 통해 교사는 학생들의 학습과정을 체계적으로 관리하고, 학생들이 학습목표를 달성하는 데 필요한 지원을 제공할 수 있다. 이는 학습목표를 설정한 자신의 기준이 적절한지, 학습자의 수준, 요구를 반영하면서도 교수자의 역량이 반영된 것, 수업 시간과 재료, 기법, 결과물의 완성도를 고려한 내용 조직 등을 고려해야 한다(König et al., 2021).

3) 학습과정안 사례(고촌초등학교, 경기 김포)

교수-학습과정안

학습주제	AI 작품의 예술적 가치 생각해 보기		차시	3/3
학습목표	[6국01-03] 절차와 규칙을 지키고 근거를 제시하며 토론한다. [6도03-04] 세계화 시대에 인류가 겪고 있는 문제와 그 원인을 토론을 통해 알아보고, 이를 해결하고자 하는 의지를 가지고 실천한다.			
단계	교수-학습활동		지도상의 유의점	
도입	[동기유발] –지난 차시에 친구들이 그린 AI 활용 작품 다시 살펴보기 –A학생의 '직접 그린 그림'과 'AI의 도움을 받은 작품' 비교하기 –A학생이 AI의 도움을 받아 만든 작품은 예술적 가치를 인정받을 수 있을까? –AI의 도움을 받은 A학생의 작품은 A학생의 그림이라고 할 수 있을까? [학습문제 인식] –AI의 작품, 예술 가치를 인정받을 수 있는가? –AI의 도움 받은 작품, 저작권은 누구의 것일까? 		–딥드림 학생 작품 및 직접 그린 그림 스캔본을 자료로 사용한다.	

[활동 1] AI의 그림 표현 기술 원리 알아보기

−딥드림으로 살펴보는 AI 기술의 원리(머신러닝과 딥러닝, 빅데이터)

−화가들의 화풍을 학습하는 AI

−기존 그림체(데이터)를 학습하여 복제, 결합하여 그림으로 표현함

−그림 외에도 사진도 변화 주는 예시 보기

−읽기자료 1, 2는 AI 작품의 가치 유무와 관련하여 읽어 보도록 지도한다.

[활동 2] AI 미술작품으로 발생한 논란 살펴보기

−경매로 나온 AI의 작품(자료 1)

−5억 원에 낙찰된 AI 그림 〈에드먼드 데 벨라미의 초상화〉

−딥드림이 그린 29점의 작품 판매

−美 미술전에서 우승한 AI 작품(자료 2)

−'미드저니(텍스트로 된 설명문을 입력하면 이미지로 변환)'라는 AI 프로그램으로 만든 작품 '스페이스 오페라 극장'이 1위를 차지

−'부정행위다' vs '문제없다' 논란

−읽기자료 3은 AI 프로그램으로 만든 작품의 저작권과 관련지어 읽어 보도록 지도한다.

−동기유발에서 사용한 그림을 활용해 AI 기술의 도움을 다시 한번 살펴본다.

전개

–논란 중인 AI의 저작권(자료 3)

–미국 저작권 사무소와 미국 법원은 'AI는 저작권을 가질 수 없다' 판결

–'미드저니'로 그린 만화, 미국에서 첫 저작권 인정. 다만 저작권은 AI 프로그램을 사용한 카시타노바가 소유 및 등록

–'미드저니'로 직접 AI가 그림을 그리는 과정 살펴보기

–동기유발에서 사용한 A학생의 그림을 다시 보며, 문장으로 바꿔 보기

–미드저니에서 문장을 입력하여 AI의 작품으로 변환 후 감상하기

–'예술의 위기'인지, '지평 확대'인지 생각해 보며 토론해 보도록 안내하기

[활동 3-1] 토론 1 〈AI의 작품, 예술 가치를 인정받을 수 있는가?〉
−모둠별 토론활동
−AI가 만든 작품(딥드림으로 만든 작품, 미드저니의 작품)을 생각하면서 이 작품이 예술 가치가 있는지 모둠 토론을 통해 하나의 의견으로 모으기
−전체 토론활동
−모둠별로 근거와 함께 의견 펼치기

[활동 3-2] 토론 2 〈AI의 도움 받은 작품, 저작권은 누구의 것일까?〉
−모둠별 토론활동
−AI가 만든 작품(딥드림으로 만든 작품, 미드저니의 작품)을 생각하면서 이 작품의 저작권은 누구에게 있는지 하나의 의견으로 모으기
−전체 토론활동
−모둠별로 근거와 함께 의견 펼치기

정리	[해결 대안 모색 및 결과 예측] −AI작품의 예술 가치를 인정하면 발생할 일 예상하기 −위 읽기자료 1, 2처럼 예술 가치를 인정하면 어떤 일이 생길 수 있는지 좋은 점과 나쁜 점 예상해 보기 −AI 작품의 예술 가치를 인정하지 않으면 발생할 일 예상하기 −위 읽기자료 2에서 가치를 인정받지 못하고 수상이 취소된다면? 　AI의 작품이 가치를 인정받지 못하면 생길 수 있는 긍정적·부정적 결과 예상해 보기 [결론] AI 작품의 예술 가치에 대해 결론 내리기 −자신의 의견 패들렛에 작성하기 −의견 작성 후 전체 의견을 공유하며 서로의 생각 이해하기 	−구체적으로 어떤 일이 발생할 수 있는지 대립 가치들을 선택할 때 나타날 긍정적·부정적 결과를 예측해 보고 비교, 분석한다.

🔤 학습과제

1. 학습지도안의 개념과 그 필요성 및 수업에 미치는 영향에 대해 설명해 봅시다.

2. 효과적인 학습지도안을 작성하기 위한 주요 요소들에 대해 설명해 봅시다.

참고문헌

Anderson, J. (2015). Affordance, learning opportunities, and the lesson plan pro forma. *ELT Journal, 69*(3), 228-238.

Dobbins, K., Adams, N., Bishop, E., Ismayilli, M., Papadopoulou, M., Phillips, M. L., Tauchner, N., Van Wessem, E., & Watkins, J. (2021). The power of peers in GTA development of practice: evaluation of an equal-status teaching observation project. https://dx.doi.org/10.21100/COMPASS.V14I2.1203

Flanders, N. (1976). Interaction analysis of clinical supervision. *Journal of Research and Development in Education*, 47-48.

Gannon, K. (2019). How to succeed at a teaching demo | Chronicle Vitae.

Guo, P. J., Kim, J., & Rubin, R. (2014, March). How video production affects student engagement: An Empirical Study of MOOC Videos.

Hollins, E. R. (2011). Teacher preparation for quality teaching. *Journal of Teacher education, 62*(4), 395-407.

Jenkins, R. (2017). The Teaching Demo: less power, more point – The Chronicle of Higher Education.

Kim, J. (2008). A Study on the Management Improving Plan for Graduate School Library. *Journal of Information Management, 39*(4), 21-40.

König, J., Bremerich-Vos, A., Buchholtz, C., & Glutsch, N. (2020). General pedagogical knowledge, pedagogical adaptivity in written lesson plans, and instructional practice among preservice teachers. *Journal of Curriculum Studies, 52*(3), 392-411.

König, J., Krepf, M., Bremerich-Vos, A., & Buchholtz, C. (2021). Meeting Cognitive Demands of Lesson Planning: Introducing the CODE-PLAN Model to Describe and Analyze Teachers' Planning Competence. *Teacher Development, 25*(4), 463-487.

Mager, R. F. (1997). *Preparing instructional objectives* (3rd ed.). Atlanta, GA: Center for Effective Performance.

Mintrop, R., Órdenes, M., Coghlan, E., Pryor, L., & Madero, C. (2018). Teacher Evaluation, Pay for Performance, and Learning Around Instruction: Between Dissonant Incentives and Resonant Procedures. *Educational Administration Quarterly, 54*(3), 409–445.

Ndihokubwayo, K., Uwamahoro, J., & Ndayambaje, I. (2020). Implementation of the Competence-Based Learning in Rwandan Physics Classrooms: First Assessment Based on the Reformed Teaching Observation Protocol. https://dx.doi.org/10.29333/ejmste/8395

Nyirahagenimana, J., Uwamahoro, J., & Ndihokubwayo, K. (2022). Assessment of Physics Lesson Planning and Teaching based on the 5Es Instruction Model in Rwanda Secondary Schools. *Contemporary Educational Researches Journal, 12*(1), 1–16.

O'Leary, M. (2020). *Classroom observation: A guide to the effective observation of teaching and learning.* Routledge.

Reyes, J. K. Q., & Bangasan, G. C. (2021). The Study of Policy Implementation on Teaching Observation in Darasamutr School Sriracha, Chon Buri, Thailand. https://dx.doi.org/10.31014/aior.1993.04.03.357

Sari, D. P., & Sari, F. M. (2020). Implementation of Total Quality Management in School Management: Cross Site Study at SMK Negeri 2 Banjarmasin and SMK Negeri 4 Banjarmasin. *Journal of Educational Management, 4*(2), 06–12.

Sihombing, S. O. (2021). School Management Based on the Balanced Scorecard at SMA Negeri 2 Lintong Nihuta, Humbang Hasundutan Regency. *Advances in Social Science, Education and Humanities Research,* 110, 107–112.

Smith, M. K., Wenderoth, M. P., & Tyler, M. (2013). The teaching demonstration: What faculty expect and how to prepare for this aspect of the job interview. *CBE Life Sciences Education, 12*(1), 12–18. Retrieved from http://doi.org/10.1187/cbe.12-09-0161

[참고 사이트]

http://contents.kocw.or.kr/choihyesoon

https://cft.vanderbilt.edu/services/individual/teaching-observation

https://cte.smu.edu.sg/approach-teaching/integrated-design/lesson-planning

https://edpsych.pressbooks.sunycreate.cloud/chapter/instructional-planning/

https://www.educationdegree.com/articles/teaching-demo-lesson-tips/

https://www.hangyo.com/news/article.html?no=76350

https://www.torsh.co/article/classroom-observation

찾아보기

인명

내용

저자 소개

백영균(Baek Youngkyun)

조지아 주립대학교(Ph.D.)

한국교원대학교 교수 역임

현 미국 Boise State University 교육공학과 교수

⟨저서⟩

Game-Based Learning: Theory, Strategie sand Performance Outcomes(2017)

⟨논문⟩

Autonomous Robotics Math Curriculum Development Using C Coding Language to
　Increase Student Attitudes and Learner Outcomes(2022)

김정겸(Kim Jeongkyoum)

충남대학교 대학원 교육학 박사

현 충남대학교 사범대학 교육학과 교수
　한국교육공학회 회장

⟨저서⟩

창업교육론(공저, 동문사, 2020)

⟨논문⟩

대전형 디지털 교육의 방향 탐색(2022)

K-MOOC 강좌에서 지각된 유용성, 지각된 용이성, 이러닝효능감, 교수실재감, 학습만족도,
　학습지속의향의 관계 규명(2022)

변호승(Byun Hoseung)

미국 Indiana University, Bloomington(Ph.D.)

현 한국교육정보미디어학회 회장

　　충북대학교 교수학습지원센터장

　　교육용콘텐츠진흥육성협의회 위원

〈연구〉

전자교과서 개발 표준안 연구(2005)

고등학생의 MBTI성격유형과 학업성취도에 따른 학습방법 탐색 연구(2020)

〈역서〉

MOOC과 개방교육(아카데미프레스, 2016)

교수설계 이론과 모형(아카데미프레스, 2018)

왕경수(Wangg Kyungsu)

인디애나 주립대학교(Ph.D.)(교육공학 및 인지과학 복수 전공)

현 전북대학교 교수

〈저서 및 역서〉

교수 설계 이론(편역, 원미사, 2010)

교육공학탐구의 새 지평(공저, 교육과학사, 2012)

〈논문〉

Research on Influencing Factors of Continuance Usage Intention to "Study with Me" Live Streaming(2022)

윤미현(Yoon Meehyun)
미국 University of Georgia(Ph.D.)
현 충북대학교 교육학과 조교수

〈논문〉

Video learning analytics: Investigating behavioral patterns and learner clusters in video-
　based online learning(2021)
Task type matters: The impact of virtual reality training on training performance(2023)

최명숙(Choi, Myoungsook)
텍사스 A&M 대학교(Ph.D.)
현 계명대학교 교육학과 교수

〈저서〉
에듀테크 활용 상호작용 교수법(공저, 학지사, 2020)
교육정보화 기본계획 성과관리 지표 개발 연구(2016)

인공지능 시대의

교육방법 및 교육공학(5판)
Educational Methods and Technology (5th ed.)

2003년   3월 10일 1판   1쇄 발행
2006년   3월 20일 1판   7쇄 발행
2006년   8월 25일 2판   1쇄 발행
2009년 10월 15일 2판   7쇄 발행
2010년   2월 17일 3판   1쇄 발행
2015년   1월 20일 3판 11쇄 발행
2015년   9월 15일 4판   1쇄 발행
2022년   8월 10일 4판 12쇄 발행
2024년   1월 30일 5판   1쇄 발행

지은이 • 백영균 · 김정겸 · 변호승 · 왕경수 · 윤미현 · 최명숙

펴낸이 • 김진환

펴낸곳 • ㈜ **학지사**

04031 서울특별시 마포구 양화로 15길 20 마인드월드빌딩

대표전화 • 02-330-5114   팩스 • 02-324-2345

등록번호 • 제313-2006-000265호

홈페이지 • http://www.hakjisa.co.kr

인스타그램 • https://www.instagram.com/hakjisabook

ISBN 978-89-997-3037-5 93370

정가 23,000원

출판미디어기업 **학지사**

간호보건의학출판 **학지사메디컬** www.hakjisamd.co.kr
심리검사연구소 **인싸이트** www.inpsyt.co.kr
학술논문서비스 **뉴논문** www.newnonmun.com
교육연수원 **카운피아** www.counpia.com